贝页

ENRICH YOUR LIFE

管理期货的趋势跟踪策略
寻找危机阿尔法

〔美〕亚历克斯·格雷泽曼　〔美〕凯瑟琳·卡明斯基　著　姜焱Grace　译
Alex Greyserman　　　　　Kathryn Kaminski

Trend Following with Managed Futures
The Search for Crisis Alpha

文匯出版社

图书在版编目（CIP）数据

管理期货的趋势跟踪策略：寻找危机阿尔法 /（美）亚历克斯·格雷泽曼（Alex Greyserman），（美）凯瑟琳·卡明斯基（Kathryn Kaminski）著；姜焱译. —上海：文汇出版社，2021.6

ISBN 978-7-5496-3452-1

Ⅰ.①管… Ⅱ.①亚… ②凯… ③姜… Ⅲ.①期货交易—基本知识 Ⅳ.①F830.93

中国版本图书馆CIP数据核字（2021）第038489号

Trend Following with Managed Futures: The Search for Crisis Alpha（9781118890974 / 1118890973）by Alex Greyserman and Kathryn Kaminski

Copyright © 2014 by Alex Greyserman and Kathryn Kaminski.

All rights reserved. This translation published under license. Authorized translation from the English language edition, published by John Wiley & Sons. No part of this book may be reproduced in any form without the written permission of the original copyrights holder.

Copies of this book sold without a Wiley sticker on the cover are unauthorized and illegal.

本书简体中文字版专有翻译出版权由John Wiley & Sons, Inc. 公司授予上海阅薇图书有限公司。未经许可，不得以任何手段和形式复制或抄袭本书内容。本书封底贴有Wiley防伪标签，无标签者不得销售。

上海市版权局著作权合同登记号：图字09-2021-0068号

管理期货的趋势跟踪策略：寻找危机阿尔法

作　　者 /	（美）亚历克斯·格雷泽曼
	（美）凯瑟琳·卡明斯基
译　　者 /	姜焱 Grace
责任编辑 /	戴　铮
助理编辑 /	邱奕霖
封面设计 /	李嘉宝
版式设计 /	汤惟惟
出版发行 /	文匯出版社
	上海市威海路755号
	（邮政编码：200041）
印刷装订 /	上海颛辉印刷厂有限公司
版　　次 /	2021年6月第1版
印　　次 /	2021年6月第1次印刷
开　　本 /	700毫米×1000毫米　1/16
字　　数 /	442千字
印　　张 /	28.75
书　　号 /	ISBN 978-7-5496-3452-1
定　　价 /	88.00元

目 录

序言　罗闻全（Andrew W. Lo）　　　　　　　　　　　　　　 I
前言　　　　　　　　　　　　　　　　　　　　　　　　　　 I
绪论　　　　　　　　　　　　　　　　　　　　　　　　　　 VII

第一部分　历史观点

第 1 章　趋势跟踪策略的发展史

趋势跟踪策略的发展史：从历史中学习　　　　　　　　　　 5
数个世纪以来趋势跟踪策略的收益特征　　　　　　　　　　 7
数个世纪以来趋势跟踪策略的风险特征　　　　　　　　　　19
数个世纪以来趋势跟踪策略的投资组合收益　　　　　　　　21
本章总结　　　　　　　　　　　　　　　　　　　　　　　23
附录：包含的市场和相关假设　　　　　　　　　　　　　　24
延伸阅读与参考文献　　　　　　　　　　　　　　　　　　26

第二部分　趋势跟踪策略的基本知识

第 2 章　期货市场和期货交易概览

远期合约和期货合约的基本知识　　　　　　　　　　　　　29
管理期货行业回顾　　　　　　　　　　　　　　　　　　　37
场外产品场内化　　　　　　　　　　　　　　　　　　　　41
本章总结　　　　　　　　　　　　　　　　　　　　　　　46
延伸阅读与参考文献　　　　　　　　　　　　　　　　　　47

第 3 章　系统化趋势跟踪策略的基本知识

趋势跟踪策略系统的基本构建模块　51

策略分类与核心差异　61

趋势跟踪策略系统的分类　64

本章总结　65

延伸阅读与参考文献　66

第三部分　理论基础

第 4 章　适应性市场和趋势跟踪策略

适应性市场假说　70

投机性风险承担策略的框架　78

细看危机阿尔法　82

本章总结　94

延伸阅读与参考文献　94

第 5 章　市场分歧和趋势的可交易性

风险 vs 不确定性　97

市场趋同 vs 市场分歧　99

市场趋同和市场分歧的量度　105

衡量投资组合层面的市场分歧　111

检验市场分歧的平稳性　119

趋势的可交易性　122

入市开仓与平仓退市的重要性　127

本章总结　129

延伸阅读与参考文献　130

第 6 章　利率的作用和迁仓收益

抵押收益率　133

目录
Preface

　　分解成迁仓收益和现货　　　　　　　　　　　135
　　本章总结　　　　　　　　　　　　　　　　　145
　　延伸阅读与参考文献　　　　　　　　　　　　145

第四部分　作为另类资产类别的趋势跟踪策略

第 7 章　趋势跟踪策略的收益特征
　　作为另类资产类别的趋势跟踪策略　　　　　　149
　　危机阿尔法　　　　　　　　　　　　　　　　151
　　危机贝塔　　　　　　　　　　　　　　　　　154
　　关键的统计特征　　　　　　　　　　　　　　161
　　本章总结　　　　　　　　　　　　　　　　　166
　　附录：常用的业绩评价指标　　　　　　　　　166
　　延伸阅读与参考文献　　　　　　　　　　　　168

第 8 章　回撤、波动率和相关性特征
　　理解回撤的特征　　　　　　　　　　　　　　170
　　趋势跟踪策略投资组合的波动率　　　　　　　181
　　投资组合层面的相关性和分散度　　　　　　　188
　　本章总结　　　　　　　　　　　　　　　　　193
　　延伸阅读与参考文献　　　　　　　　　　　　194

第 9 章　趋势跟踪策略的隐藏风险和未隐藏风险
　　方向性策略和非方向性策略：综述　　　　　　195
　　定义隐藏风险和未隐藏风险　　　　　　　　　196
　　夏普比率的神话与神秘感　　　　　　　　　　203
　　揭开动态杠杆的隐藏风险　　　　　　　　　　204
　　本章总结　　　　　　　　　　　　　　　　　216
　　延伸阅读与参考文献　　　　　　　　　　　　216

第 10 章　不同宏观经济环境下的趋势跟踪策略

利率环境　218

监管力量和政府干预　226

后危机复苏　231

本章总结　239

延伸阅读与参考文献　240

第五部分　业绩基准和风格分析

第 11 章　收益率离散度

策略分类与收益率离散度　247

进一步研究资金配置与头寸调整　252

投资者视角下的收益率离散度　262

收益率时间序列相关性的理论和实证研究　271

本章总结　279

延伸阅读与参考文献　280

第 12 章　指数与风格因子构建

回顾市场分歧风险承担策略　282

定义市场分歧趋势跟踪策略　285

构建风格因子　294

风格因子的特征　299

本章总结　304

延伸阅读与参考文献　305

第 13 章　业绩基准和风格分析

基于收益的风格分析框架　308

单个 CTA 基金经理的风格分析　312

市场规模因子的行业层面分析　319

关于风格分析的说明　　324
基金经理选择和配置　　331
本章总结　　335
延伸阅读与参考文献　　335

第六部分　投资组合中的趋势跟踪策略

第 14 章　投资组合视角下的趋势跟踪策略

仔细研究危机阿尔法　　339
每日结算制度对相关性的影响　　349
理解波动率的周期性　　352
本章总结　　357
延伸阅读与参考文献　　358

第 15 章　规模、流动性和容量的可行性

规模重要吗？　　360
流动性较低的市场的影响　　368
本章总结　　376
附录：市场符号和名称　　376
延伸阅读与参考文献　　377

第 16 章　分散化投资

从纯粹趋势跟踪策略到多策略　　378
转向多策略的投资组合分析　　383
对低波动率策略放大杠杆的隐藏风险　　395
本章总结　　402
延伸阅读与参考文献　　402

第 17 章　对趋势跟踪策略的动态配置

动态配置的框架体系　　403

趋势跟踪策略收益率时间序列的均值回归　　　　　　　　405
研究动态配置策略　　　　　　　　　　　　　　　　　412
本章总结　　　　　　　　　　　　　　　　　　　　　418
附录：趋势跟踪策略均值回归的理论分析　　　　　　　419
延伸阅读与参考文献　　　　　　　　　　　　　　　　422

词汇表　　　　　　　　　　　　　　　　　　　　　　423
关于作者　　　　　　　　　　　　　　　　　　　　　435

序 言

作为学者,受邀为学生与人合著的书写序言,是难得的乐趣和荣幸,这与家长看到孩子上大学并成功开创事业一样。然而,与为人父母不同的是,凯蒂·卡明斯基(Katy Kaminski)①给我带来的挑战要小得多。因为她十多年前第一次出现在我的办公室时,已经在数学、统计学和运筹学方面训练有素,并且对金融行业充满了热情。本书作者之一——凯蒂·卡明斯基就像我有幸在麻省理工学院带的大部分学生一样令人省心,我只需提供建议即可。凯蒂自身勤奋又努力,我担任的角色主要是观众,负责在一旁为她加油打气。

本书系凯蒂与经验丰富的华尔街资深人士和统计学博士亚历克斯·格雷泽曼(Alex Greyserman)合著,对长期以来一直笼罩于金融业阴影之下的投资策略——趋势跟踪——进行了一次精彩而及时的审视。由于种种原因,趋势跟踪策略受到主流投资者和投资组合经理的严厉抨击。也许最明显的原因是人们在任何创造性领域中对创意的自然偏好,无论是艺术还是科学——当你能做出独一无二的事情时,为什么要盲目从众呢?

对盲目模仿的本能厌恶,使人们忽视了自然界中频繁出现的模仿策略,包括大多数动物物种的羊群行为。比如,变色龙的模仿能力使其可将身体颜色变得与周围环境相同,亿万年来DNA代代相传依然具有高保真性。在智人社会中,就连火、石器、农业和工业等技术的传播过程都揭示了趋势的存在,更不用说衣裙的长度、低碳水化合

---

① 凯蒂是对凯瑟琳·卡明斯基的昵称。——编者注

物的饮食和应用软件了。在狭义的金融投资定义下，投资经纪人、金融投资顾问和负责营销金融新产品（如全球战术资产配置、130/30基金和风险平价策略的创新金融产品）的其他从业人员，对趋势简直再熟悉不过了。由于某些投资产品受到追捧或者冷落，伴随着资金在这些金融产品中的流入和流出，资产价格便产生了趋势。

尽管趋势存在并存续的原因有很多，但是某些投资者似乎仍然对趋势跟踪策略抱有一种近乎宗教般的厌恶。我认为这种厌恶基于下列三点。第一点是有效市场假说（EMH）——如果趋势跟踪策略真的有效，当每个人都去跟随趋势时，趋势还存在吗？第二点是早期的趋势跟踪策略与技术分析或者"图表"有关，而金融圈里的学院派认为技术分析等同于巫术和占星术。第三点是趋势跟踪策略缺乏透明度，这使得投资者很难知道趋势跟踪策略是如何以及何时产生价值的，为什么趋势跟踪策略能够提供独一无二的多样化收益，以及在什么条件下趋势跟踪策略的收益会低于大多数传统的投资策略。

对于第一点，可以通过观察到的现象解决：即使价格已经立即并且无成本地反映了市场中的所有已知信息，但如果资产的风险溢价为正，趋势依然存在。那么，所谓的风险溢价到底是什么呢？只不过是预期超额收益率为正，意味着具有上涨趋势的价格序列！趋势跟踪策略正是利用了这种风险溢价，但是比起买入并持有策略，其复杂度更高。因为采取趋势跟踪策略的投资者意识到风险溢价是随着时间变化的，当趋势中断时，他们会用止损策略来降低下行风险。但是市场并不是在任意时刻、任意点位总是有效的，正如现在许多学院派和业界专家所承认的——投资者会适应变化的经济环境，在适应性市场中，趋势和趋势反转是很常见的现象。

第二点是趋势跟踪策略投资者长期以来不得不面对的顽疾，但是实干家们不甘于无声地承受这种因与技术分析的联系而产生的罪名，他们通过对趋势跟踪策略更深层的描述，清楚地把两者区别开来。这些深层描述引申出的许多投资推断，如业绩基准、投资组合构建、风格分析和收益归因等，又可以解决第三个问题。在这本令人兴奋的书中，格雷泽曼和卡明斯基正是这么做的。

趋势跟踪策略可能永远也不会像被动股票指数基金那样受欢迎，但这可能是一件

序 言
Foreword

好事——如果趋势跟踪策略那么普及，也就不会像现在这样成为分散化收益的主要来源了。但是在趋势跟踪策略普及之前，每个认真的投资者都应该读这本书！

罗闻全（Andrew W. Lo）

于马萨诸塞州剑桥市

2014 年 3 月

前　言

我出生在前苏联，12 岁时来到美国。在学习了数学、统计学和工程学之后，25 年前[1]我来到了一条岔路口。我记得，在从事一项进展缓慢的工程技术工作 1 年以后，我在哥伦比亚大学的研究生院选修了一门名为"金融运筹学"的课程，并对有关金融世界的一切感到好奇。1989 年，我前往新泽西州的密尔本接受拉里·海特（Larry Hite）的面试。拉里是趋势跟踪策略系统的早期开拓者之一，那时他正在运营世界上最大的 CTA[2]，名为"明特"（Mint），资产管理规模接近 10 亿美元。我面试的岗位的职业描述是入门级的编程和数据分析。在面试过程中，当我问拉里他主要做什么时，拉里告诉我他打败了市场，因为他"认识和了解了他所不知道的事情。"他还告诉我，他认为"不受高等教育的桎梏"给他带来了优势。因为我刚刚完成所谓的"高等教育"，所以我听不懂他在说什么。但我明白一件事……相比工程技术工作的薪酬，拉里给我开的年薪要高出数千美元，基于这个缘由，我决定放手一搏。自我从事金融行业以来，拉里·海特一直是我的导师。缺乏正规的量化教育是他的主要优势。他提出问题，并以比大多数宽客更好的方式，从正规量化教育的思维定势中寻求突破。

在过去的 25 年里，我在 CTA 行业里经历了许多起起伏伏。由于各种各样的原因，该行业多次被宣告死亡，但每一次都存活下来并且发展壮大。构建系统化交易策略的考验和磨难就像骑行在未经开拓的道路上一样。毋庸置疑，模型有时起作用，有时不

---

[1] 相对于原书出版年（2014 年）而言。——编者注
[2] CTA，全称为 Commodity Trading Advisors，即商品交易顾问。——译者注

I

起作用。圣杯是不存在的。谨慎的风险管理和生存是这个交易游戏的代名词。在某种程度上,市场走势似乎往往会让最多的人亏损最大额的金钱。这些都是适应和进化的必要推动力。正如凯恩斯所说,"市场保持非理性的时间可以长于你能保持偿付能力的时间。"

出于简单和实用的目的,金融建模通常避免复杂。主导"买方"的,不是思维缜密的数学或奇迹般的发现,而是量化分析和对金融交易的理解、合理的风险管理,以及某种意义上在寻求"优势"的过程中的"谦逊"感。过去的12年里,我一直在哥伦比亚大学教授数学金融课程。我遇到的最大挑战,同时也是教学目标,是每个学期在坐满了高智商数学天才——这些数学天才做任何事情时都很少出错——的教室里,教他们面对现实的投资世界时保持敬畏心和谦逊感。我的授课内容涵盖了各种素材和数学公式,但在一天的课程结束时,我的教学目标部分是心理学上的。我希望我的学生懂得他们可能是错的,或者说市场会证明他们是错的,或者有时模型会赔钱而你根本就不知道为什么,在投资领域取得成功的第一条规则就是,丢掉对自己的高智商或确定感的情绪依赖。在学期结束时,即使只有一小部分学生能够理解失败是投资过程的一部分,并有能力应对,我想我的课程目标就实现了。

首先,我要感谢我的家人。为了让我能够在美国充分寻求各种发展机会,我的父母付出了很多。我的妻子伊莱恩(Elaine)和我一起开车前去参加前面提到的拉里·海特的面试。正如约吉·贝拉[1]曾经说过的,"当你来到岔路口时,只管选择一条路走下去。"我们接受了新的机会,进入了金融界,我的妻子25年以来一如既往地支持和鼓励着我。我的孩子——杰奎(Jacquie)、马克斯(Max)、迪安(Dean)和里德(Reed),激励着我每天努力工作(四个大学学位可不便宜)。

感谢ISAM[2]团队鼓励我完成这本书的撰写。感谢斯坦利·芬克(Stanley Fink)、

---

[1] 约吉·贝拉(Yogi Berra),原名劳伦斯·彼得·贝拉(Lawrence Peter Berra,1925—2015),美国著名棒球运动员,入选棒球名人堂。留下了诸多妙语,被多次引用。——编者注

[2] ISAM,国际标准资产管理公司(International Standard Asset Management)。格雷泽曼是ISAM的首席科学家,参见后文的"关于作者"。——编者注

前言
Preface

拉里·海特、罗伊·谢尔（Roy Sher）、亚历克斯·洛（Alex Lowe）、达伦·厄普顿（Darren Upton）、杰克·韦纳（Jack Weiner）和里瓦·沃勒（Riva Waller）等同事（和兼职编辑）长期以来对我的支持。

亚历克斯·格雷泽曼

■ ■ ■

11岁的时候，我做了第一个关于神经传导和温度的科学项目。我的母亲是一位能干的金融理财师，而父亲是一位临床神经病学专家，因此，我的求学路径从数学到电气工程，再到运筹学，最后进入量化金融界也就不足为奇了，量化金融学是行为金融学和神经金融学在金融投资领域的应用。我在田纳西州纳什维尔长大，但对数学和科学的热情使我成了麻省理工学院的学生。我对信号处理和系统工程很着迷——谁不想构建一个MP3播放器或者为卫星电话写代码呢？在法国巴黎综合理工学院学习工程物理的那几年，我对傅里叶变换心醉神驰，然后又为法国兴业银行的定量模型团队建立了次级债务合约的时间模型，此后我便对量化金融领域产生了兴趣，去麻省理工斯隆管理学院攻读了运筹学博士学位。我很高兴有机会跟随金融界数一数二的量化专家罗闻全学习。他让我思考，为什么交易中的止损规则可以止损，启发式思维和简单规则在投资中有什么价值。每个投资者在交易中都使用这些规则，这种交易行为的背后肯定存在着某些原因。

当人们说往右走时，我通常会往左走。我想学习启发式思维和简单规则，因为基于我的父亲教给我的关于人类认知的知识，期望效用理论显然是无稽之谈。我跟随导师罗闻全，拥有了几年不可思议的学习经历，学会了他可以教给我的关于金融的一切。他教我大胆地提出疑问，挑战已有的金融理念，永远不要害怕尝试从新的角度来解决棘手的问题，并坚持自己的观点（比如，我认为期望效用理论纯属无稽之谈，这也没关系）。多年以来，罗一直是我的顾问、我的导师、我的朋友，最后成了我的同事。他引导我踏上了研究在投资管理中应用启发式思维和简单规则的旅程，对此我永远心怀感恩。鉴于趋势跟踪策略本质上是一系列启发式思维和简单规则的集合，因此我年复一年地研究趋势跟踪策略是如何以及为何在投资交易中起作用的，并完全沉迷其中，也就不足为奇了。

首先，我要感谢我的家人：我的丈夫，两个女儿，父母以及美国和瑞典的大家庭。我的丈夫皮埃尔（Pierre）一直在背后支持着我，并鼓励我接受合著本书这个疯狂艰巨的任务。我亲爱的孩子埃利诺（Ellinor）和海莉（Hailie）是我的生命之光。感谢我的父母为我打开了知识的大门，并一直对我的成功抱有很高的期望。我的哥哥马特（Matt）从我记事起就一直是我的靠山和支柱。我永远感谢我的超级明星导师、顾问和朋友罗闻全。如果没有您的指导和支持，我将永远不会取得这样的成就，并学会跳出思维定势和理论框架去思考。我很感谢我的同事，我在金融行业的女性友人们：米拉·格特曼斯基-谢尔曼（Mila Getmansky-Sherman）、贾斯米娜·哈桑霍德齐克（Jasmina Hasanhodzic）和玛丽亚·斯特伦奎斯特（Maria Strömqvist）。我在麻省理工学院的许多同学和教授为我打开了新世界和新思维的大门，让我能够从新的视角看待事物。也很感谢我的朋友让我更脚踏实地：安（Ann）、本内迪克特（Benedicte）、埃米莉（Emily）、朱利安娜（Juliane）、露西尔（Lucile）、林恩（Lynn）、玛格丽特（Margret）、玛丽亚（Maria）、内比贝（Nebibe）、苏米塔（Sumita）、苏珊（Susan）、斯韦特兰娜（Svetlana）和塔尼娅（Tanya）。

RPM 的前同事是影响我进入管理期货行业的重要原因。约翰·舍丁（John Sjödin）是我长期以来的朋友和知己，他能和我在很多想法上产生共鸣和激荡。我很感谢在瑞典财政部任职的给予我支持的同事和我在瑞典金融业的朋友们。我的老板、朋友和同事佩尔·维森（Pehr Wissen）在本次著书过程中给予了我重要的支持。我的教学热情也一直备受斯德哥尔摩经济学院（SSE）、麻省理工斯隆管理学院和瑞典皇家理工学院（KTH）许多学生的支持。

凯瑟琳·卡明斯基

前言
Preface

∎ ∎ ∎

我们在芝加哥商品交易所（CME）集团有一位共同的朋友——兰迪·沃萨格（Randy Warsager）。兰迪一直以来都是管理期货行业的坚定拥护者，也是许多管理期货从业者的朋友。兰迪基于我们共同的研究兴趣介绍了我们认识。第一次见面时，我们就一拍即合：必须写一本关于趋势跟踪策略的包罗万象的学术教科书。我们背景相同，都是从信号处理相关方向转到金融行业，此外，我们还都有一种与生俱来的渴望，那就是简化复杂性。我们面临的共同挑战，是将趋势跟踪策略从极客和金融民间传说的世界转变为严谨的客观学科。而实际上，趋势跟踪策略也确实是一门严谨的客观学科。

首先，我们要感谢不可思议的 ISAM 团队。Lian Yan 一直是本研究不可或缺的一部分，并在本书的创作中发挥了重要作用。我们还要感谢诺埃尔·西斯科（Noelle Sisco）对细节的热切关注和支持。杰克·韦纳仔细阅读并对整本书做了评论。还要感谢量化分析师团队克里斯·布里奇斯（Chris Bridges）和帕特里克·勒基特（Patrick Luckett）一直以来的支持。

感谢管理期货行业的朋友和趋势跟踪策略的拥趸：RPM、Efficient Capital、Abbey Capital、Lighthouse Partners、Hermes、Newedge 和 CME 集团。在兰迪·沃萨格的热情和努力下，与 CME 集团的关系使我们得以相识并合著了这本书。同样作为趋势跟踪策略研究理论的拥护者，Newedge 集团在我们写作本书的过程中给予了尤其多的帮助和支持。我们感谢詹姆斯·斯凯格斯（James Skeggs）对本书所做的细致的复审，感谢金融投资业界和学术界众多聪明而富有洞察力的同事：英厄马尔·贝里达尔（Ingemar Bergdahl）、斯万特·贝里斯特伦（Svante Bergström）、兰詹·巴杜里（Ranjan Bhaduri）、埃里克·邦道尼斯（Eric Bundonis）、盖伦·布格哈特（Galen Burghardt）、安德烈亚斯·克列诺（Andreas Clenow）、约翰·康诺利（John Connolly）、亚当·邓肯（Adam Duncan）、托尼·甘农（Tony Gannon）、乔尔·汉迪（Joel Handy）、埃里克·霍（Eric Hoh）、佩尔·伊瓦尔松（Per Ivarsson）、埃内斯特·贾法里安（Ernest Jaffarian）、格兰特·贾法里安（Grant Jaffarian）、格雷格·约翰斯（Greg Jones）、马丁·谢尔斯特伦

（Martin Källström）、侯赛因·卡齐米（Hossein Kazemi）、拉里·基斯科（Larry Kissko）、约翰·拉布兹韦斯奇（John Labuszewski）、罗闻全、马克·梅林（Mark Melin）、亚历山大·门德（Alexander Mende）、肖恩·麦古尔德（Sean McGould）、罗穆勒·诺哈西亚里索亚（Romule Nohasiarisoa）、彼得·奥德诺夫（Petter Odhnoff）、凯莉·珀金斯（Kelly Perkins）、布鲁·帕特南（Blu Putnam）、埃德·罗贝蒂耶洛（Ed Robertiello）、塔里克·里兹克（Tarek Rizk）、约翰·舍丁、詹姆斯·斯凯格斯、克里斯·索拉兹（Chris Solarz）、米卡埃尔·斯滕布姆（Mikael Stenbom）和布莱恩·韦尔斯（Brian Wells）。特别感谢其中那些看过我们的作品后提出反馈意见或者在我们撰写本书的过程中提供见解的人。

亚历克斯·格雷泽曼博士和凯瑟琳·卡明斯基博士

绪　论

趋势跟踪策略是经典的投资风格之一。"找到一个趋势并跟随它"是一个已经流传了数个世纪的谚语。趋势跟踪策略的概念很简单：当有趋势时，跟随它；当情况对你不利或趋势已经消失时，截断亏损。尽管这一概念很简单，但该策略却在新古典主义经济学家中引起了大量批评。数十年来，趋势跟踪策略投资者一直被看作投资风格的害群之马而避之唯恐不及。无论是在学校的课堂上，还是在学术研究中，甚至在大众媒体中，许多人都鼓吹"有效市场"这个词，大肆渲染股票溢价的价值，并断言长期买入并持有的重要性。

图Ⅰ.1显示了趋势跟踪策略和股票市场的收益表现。图Ⅰ.2显示了趋势跟踪策略和股票市场的最大回撤情形。在过去20年中，股票市场经历了相当跌宕起伏的大牛市和大熊市周期。尽管趋势跟踪策略的投资者跟随市场的趋势，但这种方法似乎与这个惊心动魄的大牛市和大熊市周期不相关。股票市场的最大回撤曲线类似于极速过山车。虽然长期投资有很多好处，但这个简单的例子表明，长期投资的过程可能是一个随着市场不断起起伏伏的过程。相较之下，趋势跟踪策略投资者的数据曲线一贯有着持续不断的较小回撤。尽管在历史上饱受诟病，但跟随趋势显然是有一定道理的。①

在股市震荡期间，趋势跟踪策略投资者的收益相当稳健，这引发了下列几个问题。如果趋势跟踪策略指数具有相同的波动率，会发生什么？或者甚至更有趣一些——如

---

① 市场有效性、股票溢价和买入并持有都是金融领域的重要概念。我们要强调的一点是，它们并不否定趋势跟踪策略的价值。事实上，趋势跟踪策略是这些概念的自然补充。本书的目的就是证明和阐释这一点。

图 I.1 趋势跟踪策略（用巴克莱 CTA 指数代表）和股票市场（用标准普尔 500 总收益指数代表）的累计收益。样本期为 1993—2013 年。

数据来源：彭博（Bloomberg）。

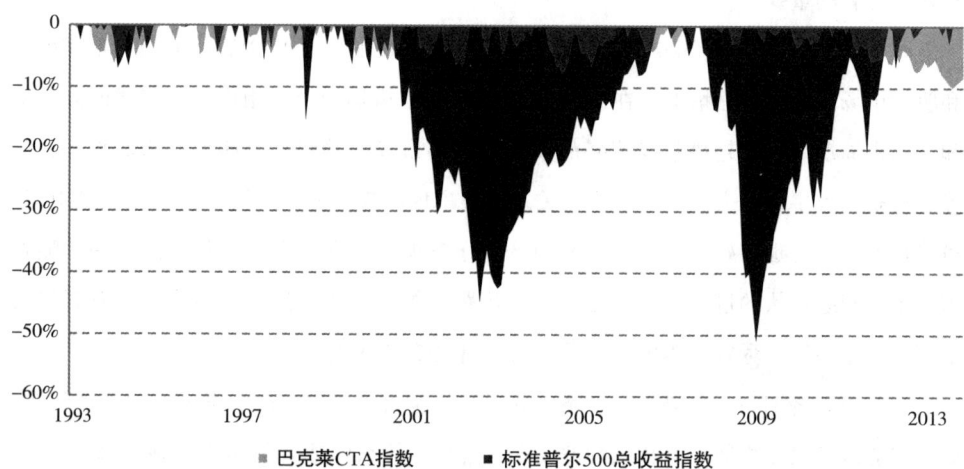

图 I.2 趋势跟踪策略（用巴克莱 CTA 指数代表）和股票市场（用标准普尔 500 总收益指数代表）的最大回撤情形。样本期为 1993—2013 年。

数据来源：彭博。

果股票市场和趋势跟踪策略以 50/50 的权重组合,会发生什么?

图 I.3 展示了相同波动率下的股票市场、趋势跟踪策略以及两者以 50/50 组合后的累计收益表现。趋势跟踪策略和股票市场的组合似乎提供了最稳定的收益率时间序列。表 I.1 列出了股票市场、趋势跟踪策略以及两者以 50/50 组合后的收益表现的统计指标。股票市场和趋势跟踪策略的夏普比率值比较接近,但相比股票市场,两者等权重投资组合的夏普比率值提高了 66%,并且最大回撤从 51% 降低到了 22%。尽管这个例子很简单,但我们确信金融投资中存在着一些独一无二的,并且与趋势跟踪策略互补的策略和投资方法,值得我们进一步分析和研究。

图 I.3　股票市场(用标准普尔 500 总收益指数代表)和相同波动率下的趋势跟踪策略(用巴克莱 CTA 指数代表)以及将股票和趋势跟踪策略(标准普尔 500 总收益指数、巴克莱 CTA 指数)以 50/50 的权重组合后的累计收益表现。样本期为 1993—2013 年。

数据来源:彭博。

现代的趋势跟踪策略是用系统化的方法发现市场价格的趋势,跟随趋势,并在市场价格趋势消失之前退出交易。对于这种类型的动量策略而言,策略的执行既是一门科学,也是一门艺术。计算能力和交易自动化的发展,促进了现代系统化的趋势跟踪策

表 I.1 股票市场（用标准普尔 500 总收益指数代表）和相同波动率下的趋势跟踪策略（用巴克莱 CTA 指数代表）以及 50/50 的股票和趋势跟踪策略（标准普尔 500 总收益指数、巴克莱 CTA 指数）投资组合的收益统计指标。样本期为 1993—2013 年。

	巴克莱 CTA 指数 （相同波动率）	标准普尔 500 总收益指数	50/50 的投资组合
平均收益率（年化）	10.19%	9.22%	10.37%
波动率/标准差（年化）	14.94%	14.94%	10.10%
夏普比率（年化）	0.68	0.62	1.03
最大回撤	19.53%	50.95%	21.89%

略这门科学的发展。主观（或自主）的经验法则和启发式方法已被交易规则的结构化系统所取代，从而创建了自动化的交易系统，即众所周知的"黑盒"。现代系统化的趋势跟踪策略系统已经变得更像是一个精心设计的机器，能够和市场的节奏保持一致。这些机器根据价格的变动（输入）来调整其输出（交易头寸）。每个系统都由基本构建模块（风险管理系统）构成，用于管理和控制市场的压力和冲击所带来的风险。[①] 这些系统的设计在结构上具有简单、高效、透明的特点。趋势跟踪策略系统的简单性和稳健性至关重要，因为这些交易系统同时管理着数百到数千个头寸。

现代趋势跟踪策略的艺术性来自信号处理和交易执行的环节。趋势跟踪策略投资者使用信号来确定趋势何时开始以及何时结束。这些信号必须经过量化、处理并与其他信号相结合。为了实现交易，需要在信号处理和相应的交易执行之间建立连接，这项技能要求形象化交互、实践经验，以及对交易细节的高度关注。[②]

与任何全面而又繁重的作品一样，本书先从趋势跟踪策略的发展史开始，以哲学和历史的眼光审视了数个世纪以来趋势跟踪策略的概念。本书有一个崇高的目标，即

[①] 手机（或者任何一种移动设备）就是一个很好的实例。移动设备用结构化的方法处理用户的外部输入。移动设备的功能是通过将规则和指令耦合在一起的系统网络来组织的。这些规则和指令由外部输入初始化。移动设备处理用户的外部输入，通过规则产生指令，如果指令的参数合适，移动设备将会执行该指令，产生一系列的行为。如果指令对系统产生了压力，会产生类似断路的故障，或者外部输入不在设备可接受范围之内的控制故障。

[②] 回到和手机类比的例子，移动设备的结构和操作系统必须是功能性的，艺术性在于处理外部输入的用户界面和形象化交互。

绪 论
Introduction

站在最终用户——机构投资者的角度，为读者揭开趋势跟踪策略的艺术和科学的神秘面纱。

■ 本书引言

本书首先讲述了趋势跟踪策略的发展史，从历史的角度考察了数个世纪以来有关趋势跟踪策略的观点，为其余章节更深入、更详细地分析现代系统化趋势跟踪策略系统奠定了基础。本书分为六个核心部分：

第一部分　历史观点

使用独特的 800 年历史数据集，对趋势跟踪策略进行实证研究，时间跨度达数个世纪。

第二部分　趋势跟踪策略的基本知识

第二部分的目的是介绍趋势跟踪策略系统的构建及其在期货市场交易的方法。本部分对期货市场、期货交易和管理期货行业进行了综述，并讨论了现代系统化趋势跟踪策略系统的基本构建模块。

第三部分　理论基础

第三部分为我们理解趋势跟踪策略为何有效提供了理论基础。本部分引入了适应性市场假说（AMH），用于推导和阐明危机阿尔法（crisis alpha）的概念，介绍了市场分歧（divergent）和市场趋同（convergent）的风险承担策略，同时也解释了市场分歧的概念及其在趋势跟踪策略的收益表现中所扮演的角色。考虑到趋势跟踪策略是应用于期货市场的，本部分还讨论了利率的作用和滚动收益率。

第四部分　作为另类投资资产类别的趋势跟踪策略

将趋势跟踪策略当作另类资产大类进行了讨论。本部分讨论了趋势跟踪策略收益的关键特征，包括收益和风险指标、危机阿尔法、危机贝塔、最大回撤、相关系数和波动率，阐释了隐藏和非隐藏风险的概念、动态杠杆所带来的杠杆风险和宏观环境。

第五部分　业绩基准和风格分析

第五部分讨论了收益率离散度、业绩基准和风格分析。参数选择所带来的独特影响和趋势跟踪策略的收益率离散度有关。本部分引入了市场分歧趋势跟踪策略指数（DI）和三个风格因子，用于说明基于收益的风格分析的应用。收益归因、监控、合适的业绩基准、基金经理选择和基金经理配置都是风格分析的应用。

第六部分　投资组合中的趋势跟踪策略

第六部分从投资者的视角讨论趋势跟踪策略，并基于前面几部分的基础主题介绍高级主题，包括危机阿尔法在股票市场上扮演的角色，每日结算制度（marked-to-market）对投资组合内部基金经理相关性的影响，市值、流动性和容量相关方面，以及从纯粹趋势跟踪策略到多策略的转变。最后，本部分还讨论了动态配置，即何时投资于趋势跟踪策略的问题。

第一部分

历史观点

HISTORICAL PERSPECTIVES

第 1 章

趋势跟踪策略的发展史

> 截断亏损,让利润奔跑。
> ——著名的政治经济学家大卫·李嘉图
> 出处:《大都会》(*The Great Metropolis*),1838

趋势跟踪策略是金融市场上最经典的投资风格之一。本章讲述了数个世纪以来趋势跟踪策略的发展史。在本书的后续章节对趋势跟踪策略的细节进行深入研究和分析之前,基于趋势跟踪策略的发展史,运用定性研究的方法来讨论趋势跟踪策略的典型例子会非常有趣。尽管我们在分析中用到了大量的数据,但这个方法和严谨的学术实践还是相去甚远。和任何长期历史研究一样,对趋势跟踪策略长期历史的研究也充斥着一系列问题,比如假设、数据可信性和其他偏差。尽管存在着这些问题,历史仍塑造了我们关于趋势跟踪策略的看法;历史无疑是高度主观的,但它为我们提供了与趋势跟踪策略相关的背景。

本章采用时间跨度约 800 年的金融数据对趋势跟踪策略进行了简单地描述。尽管这种描述较为简单,且仅仅使用了数个世纪以来金融数据的粗略集合,但仅凭"截断亏损,让利润奔跑"所带来的抢眼的收益表现就已经足够吸引我们的眼光了。本章的目的不是引用 t 统计量,也不是基于历史数据做出坚决的假设,而是提出问题——著名的海龟交易者大卫·李嘉图和历史上许多成功的趋势跟踪策略投资者只是过分夸大的民间传说，抑或是他们有自成一派的观点？

近来，趋势跟踪策略由于在极端市场灾难时期堪称卓越的收益表现而获得了广泛的关注。在紧随信用危机和臭名昭著的雷曼兄弟破产之后极度糟糕的时期，趋势跟踪策略投资者仍然获得了 15%~80% 的收益率。许多人想知道这个收益表现仅仅是昙花一现，还是在市场的其他困难时期也这么好。例如，趋势跟踪策略投资者在大萧条期间、17 世纪，以至更早的 13 世纪的危机中究竟表现如何。

基于本章所讨论的趋势跟踪策略的发展史，似乎唯一合适的方式是以一个有争议的和相对轰动一时的历史事件开始——17 世纪早期的荷兰郁金香泡沫。郁金香球茎的历史价格如图 1.1 所示。趋势跟踪策略中的常见类型是通道突破策略（breakout strategy）。当信号突破了一系列值范围的上限（下限）时，通道突破信号开多头（空头）仓位。使用简单的通道突破信号①，一个采取趋势跟踪策略的投资者可能会在 1636 年 11 月 25 日之前持有多头仓位，而在 1637 年 2 月 9 日前后退出交易（通过卖出郁金香球茎，甚至有可能的话最终卖空）。一位趋势跟踪策略投资者所做的只是"跟随趋势"，并在趋势消失时截断亏损。以郁金香球茎为例，一位趋势跟踪策略投资者可能会搭上郁金香球茎价格上升的泡沫，并在价格开始下降时卖出。这个方法可能会带来非常可观的收益率，而不是最后手持一把郁金香球茎经历经济崩溃。尽管郁金香球茎的例子相当深奥，但它表明：从长远来看，在诸如趋势跟踪策略之类的动态策略中，存在着某些稳定或者基本的和收益表现相关的因子。值得重点指出的是，像在大多数金融市场中一样，在这个例子中，何时退出市场的决策比何时进入市场的决策更加重要。"截断亏损，让利润奔跑"的重要性似乎推动着收益表现。这是本书中反复提到的观点。

趋势跟踪策略会去适应金融市场。当市场价格由于许多基本面、技术面和参与者的行为原因而产生趋势时，采取趋势跟踪策略的投资者会发现趋势交易的机会。总的来说，采取趋势跟踪策略的投资者从市场分歧中获利，在市场价格中搭上趋势的顺风

---

① 通道突破策略和趋势跟踪策略系统的其他构建模块将在第 3 章中讨论。

第1章 趋势跟踪策略的发展史
Chapter 1　A Multicentennial View of Trend Following

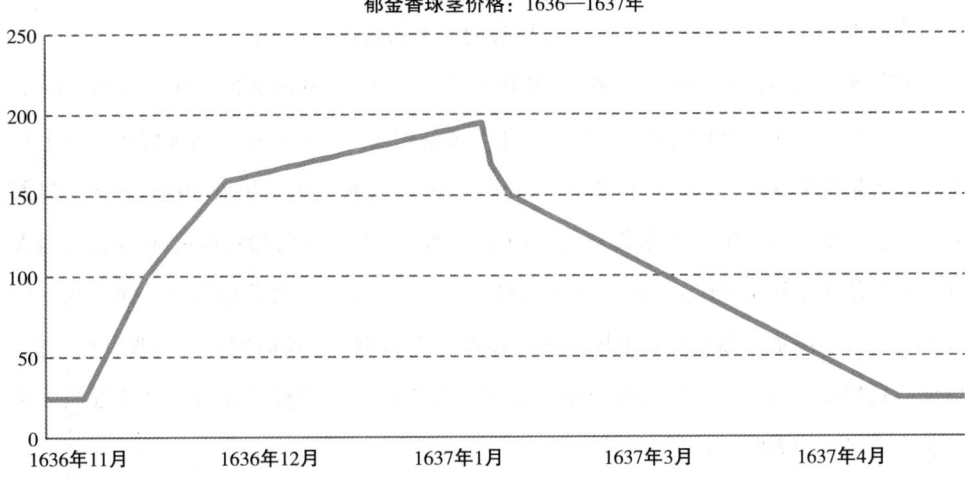

图1.1　郁金香球茎价格的标准化价格指数。
数据来源：Thompson（2007）。

车，并在趋势消失时在市场中截断他们的亏损。在市场中，可能创造趋势的驱动因素包括风险转移（或者经济租金①从对冲交易者转向投机交易者）、信息传播过程和行为偏差（狂喜、恐惧等）。尽管存在大量相关的解释，但市场分歧背后的潜在原因对于采取趋势跟踪策略的投资者来说并不重要。他们追求的是当机会出现时能够及时把握住机会。纵观历史，趋势的机会总是会出现。趋势跟踪策略在过去800年里强劲的收益表现进一步佐证了这个观点。②

■ 趋势跟踪策略的发展史：从历史中学习

尽管著名的政治经济学家大卫·李嘉图提出趋势跟踪策略的交易理念——"截断亏损，让利润奔跑！"——距今已经过去了近两个世纪，但趋势跟踪策略同样的核心原则在现代依然获得了特别的关注。用独特的800年历史数据集进行回测，在广泛的经济

---

① 经济租金，供应弹性为零、价格仅由需求决定的生产要素的收入超过其机会成本的差额。——译者注
② 本书的第4章和第5章讨论了适应性市场、动态风险承担以及市场分歧的作用。

环境中检验趋势跟踪策略的收益表现,揭示出趋势跟踪策略具有以下特点:和传统资产类别的低相关性、正偏度,以及在危机时期的强劲收益表现①。

趋势跟踪策略的收益表现在应用和学术论文中(Moskowitz、Ooi 和 Pedersen,2012)已经得到了广泛的论述。② 尽管如此,考察的大部分数据序列通常仅限于数十年来实际可追踪的交易记录和源自 20 世纪的期货/现金数据。为了扩展和进一步证实以前的研究,本章对 800 年的数据集进行了历史回测。③ 为了考察趋势跟踪策略的长期表现,我们使用了从 1200 年代至 2013 年,横跨 84 个市场(包含股指期货、固定收益债券期货、外汇期货和商品期货市场)的月度收益率数据。④ 我们做了一些假设和近似,以便对趋势跟踪策略进行长期的分析。为了行文简洁,我们将重要的假设和近似以及所包含市场的列表收录在了本章附录中。

长久以来,市场行为本质上是风格迥异的。要通过历史数据构建有代表性的数据集,对经济发展的巨大变化有一定的认识是非常重要的。这意味着,数据集应该尽可能地接近和代表市场中的真实投资所产生的收益率。举个具体的例子,从 17 世纪早期到 20 世纪 30 年代,英国、美国和其他主要国家都是贯彻金本位的。在这段时期,黄金的价格基本上是个固定值。所以,在这一特定的时期内,必须将黄金从可投资市场的样本中剔除。再举个例子,在 19 世纪的大多数时间里,资本利得仅代表了股票收益中微不足道的一小部分。平均而言,美国的投资者仅仅获得了 0.7% 的年化资本利得率,但是每年的股息率可达 5.8%(如图 1.2 所示)。实际上,直到 20 世纪 50 年代,相比公司债券,股票一贯地更容易产生更高的股息收益率。⑤ 因此,必须使用总收益(TR)

---

① 第 7 章至第 10 章将现代系统化的趋势跟踪策略作为一种另类投资资产类别进行了研究。
② Moskowitz、Ooi 和 Pedersen(2012)证明了称为"**时间序列动量**"(momentum)的现象。他们的研究表明,多资产动量投资组合的溢价为正。时间序列动量和经典的横截面动量不同,后者由 Jegadeesh 和 Titman(1993)提出,随后涌现出大量相关的学术著作研究。
③ 作者特意在此指出,本章的分析是想讲述"趋势跟踪策略的发展史"。本章从历史视角阐述了趋势跟踪策略的概念,并不能取代现代学术论文中严谨的分析或者本书后面详细的分析。在长期的分析中,存在着诸如可交易性、交易限制(如卖空的限制)和长期时间序列的可信性等问题。
④ 数据来源是路透(Reuters)、彭博和全球金融数据(Global Financial Data,GFD)。
⑤ 参考"GFD 总收益率指南"(Taylor)。

指数表示一段时间内股票市场的收益率。

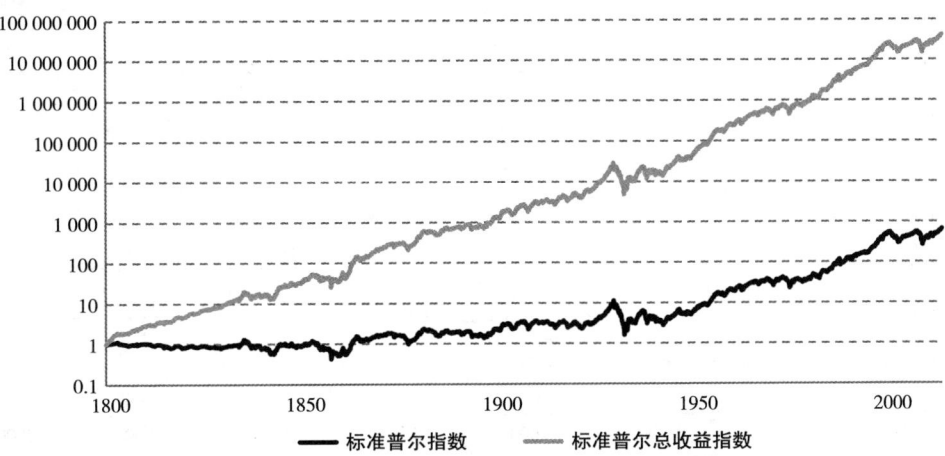

图1.2 标准普尔500指数和标准普尔500总收益指数的历史数据（对数）（1800—2013年）。

使用追溯到远至1223年的收益率数据，即可建立一个时间跨度将近800年的代表性趋势跟踪策略系统。① 代表性趋势跟踪策略系统能够代表千百年来"跟踪趋势"在任意有效市场中的收益表现。尽管某些期货市场，比如稻米期货，最早可追溯到公元1000年左右，但分析只能始于已有少许可获得市场的1223年。在任意时间点，为了计算出是否存在趋势，投资组合中仅包含至少有12个月历史的市场。假设趋势跟踪策略组合既可以做多也可以做空，使用月度数据分析。在一组简单的流动性约束的基础上，构建了由可获得市场构成的投资组合。投资组合中的市场数目随时间的变化如图1.3所示。期货市场的发展使交易的可获得市场增多，从而促进了趋势跟踪策略的发展。

■ 数个世纪以来趋势跟踪策略的收益特征

随着时间的推移，趋势跟踪策略需要根据多头和空头趋势对许多不同的资产进行

---

① 使用12个月滚动收益率，每个月末构建交易信号。如果一个特定市场（例如棉花）在过去的12个月里获得了正（负）收益，则设定多头（空头）头寸。头寸规模根据市场间的等风险配置来确定。我们将在第3章中讨论这个概念。

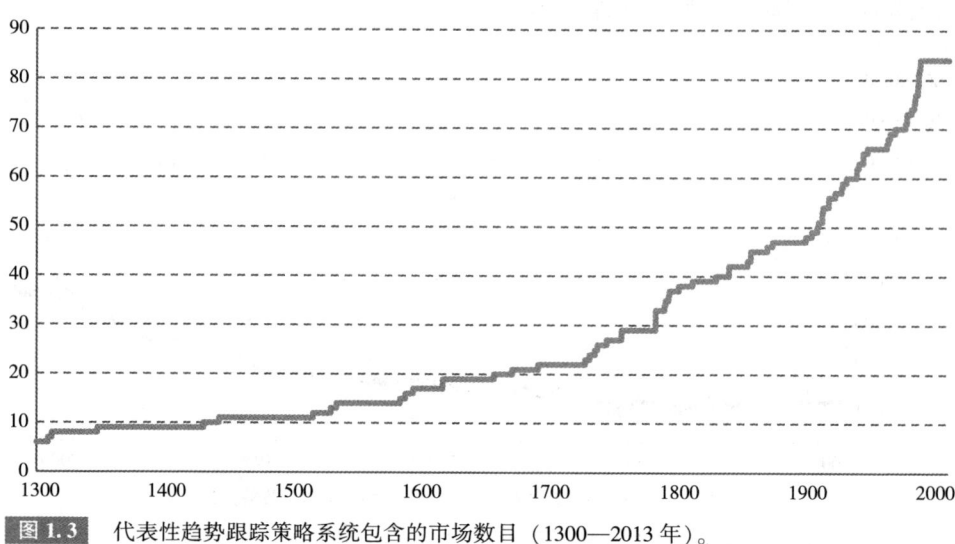

图1.3 代表性趋势跟踪策略系统包含的市场数目（1300—2013 年）。

动态配置。图 1.4 绘制了趋势跟踪策略在近 800 年里的（对数）收益表现。在 1300—2013 年的整个历史时期内，代表性趋势跟踪策略系统产生了 13% 的年化收益率和 11% 的年化波动率。这个收益表现对应的夏普比率为 1.16。①

许多金融专家主张降低长期风险，或者应该简单地买入并持有。趋势跟踪策略根据趋势动态地调整仓位，成为买入并持有的纯多头策略的交易对手方。这两者间的差异可以让我们深入了解在资产类别间做主动管理的附加价值。为了实现风险平权，趋势跟踪策略和买入并持有策略的头寸规模都要按月进行动态再平衡。和买入并持有策略不同，趋势跟踪策略系统可以自由地做空。② 相比之下，买入并且持有投资组合则代表了分散化的纯多头组合，由股票、固定收益债券和商品期货组成。③ 表 1.1 列出了纯多头买入并持有投资组合和代表性趋势跟踪策略投资组合的业绩统计指标。就夏普比

---

① 在夏普比率的计算中，假设无风险利率为 0。做出这样的假设，是由于在整个数据集中，无法获取无风险借贷利率。
② 在期货合约中卖空很简单，但是实际上，在历史上的很多时期内，卖空都是很困难的，甚至是不可能的。
③ 在传统的买入并持有投资组合中，外汇期货市场并不包含其中。买入并持有投资组合会通过月度再平衡，保持和相应的趋势跟踪策略投资组合相同的风险。

第1章 趋势跟踪策略的发展史

率而言,在过去的 800 年里,趋势跟踪策略的总体表现远远领先。这表明,在允许空头头寸的情况下,趋势跟踪策略相比主动管理具有风险溢价和方向灵活性。考虑到趋势跟踪策略相对于纯多头买入并持有投资组合的优异的收益表现,有必要进一步研究可能影响收益表现的各种因子。在接下来的小节中,我们将详细地研究利率、通货膨胀、金融泡沫和危机以及市场分歧的影响。

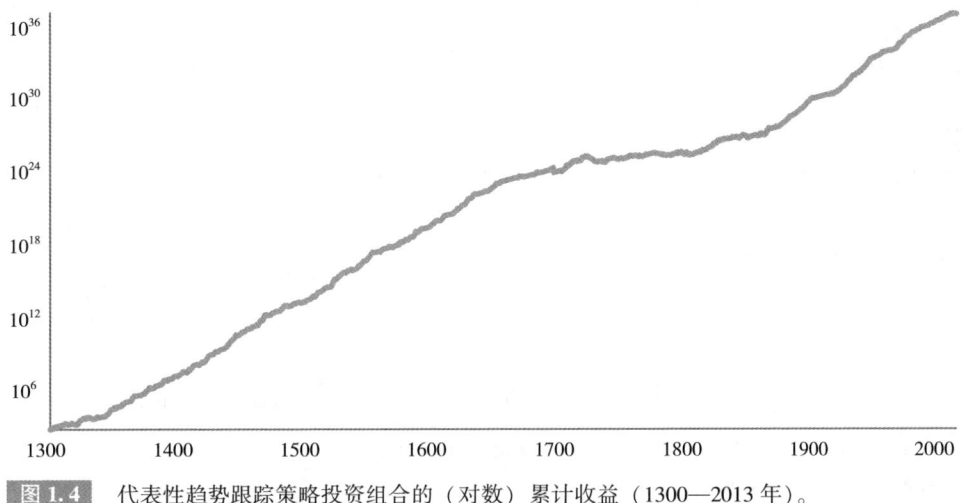

图1.4 代表性趋势跟踪策略投资组合的(对数)累计收益(1300—2013 年)。

表1.1 买入并持有投资组合和趋势跟踪策略投资组合的业绩统计指标(1223—2013 年)。

	买入并持有投资组合	趋势跟踪策略投资组合
算术平均收益率(年化)	4.8%	13.0%
标准差(年化)	10.3%	11.2%
夏普比率	0.47	1.16

利率的政策依赖性

由于利率会影响市场参与者从事借贷业务的能力和货币的时间价值,故而利率是研究动态策略的一个重要因子。随着利率政策的变化,利率在很多方面都能够影响动态策略。目前,利率处于历史低位,而历史上的利率政策一直在变化。图1.5 展示了过去700多年间政府固定收益债券的收益率曲线。在本小节中，我们基于700年的历史来讨论利率政策。①

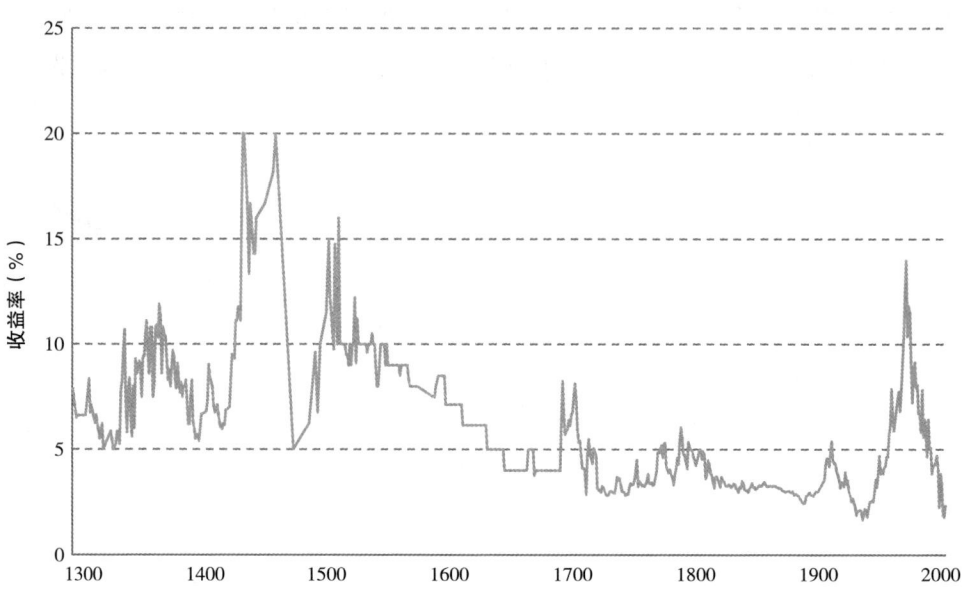

图1.5 GFD长期政府固定收益债券收益率指数（1300—2013年）。

数据来源：全球金融数据。

约公元1300年以来，长期固定收益债券收益率的中位数平均值在5.8左右。尽管从直观上看，利率政策对趋势跟踪策略有着基本的重要影响，但实际上利率水平和趋势跟踪策略收益率的相关系数只有0.14。为了考察不同的利率政策是否会对趋势跟踪策略的收益表现产生影响，将利率水平分为高利率和低利率。高利率政策界定为一年内的平均收益率在中位数之上，低利率政策界定为一年内的平均收益率在中位数之下。纵观高利率和低利率政策，平均而言，趋势跟踪策略在高利率政策时期的收益表现更优，如表1.2所示。

---

① 第6章和第10章中会在近来的环境中讨论利率。

表1.2 趋势跟踪策略在不同的利率政策下的收益表现（1300—2013年）。

	高利率	低利率	利率上行	利率下行
算术平均收益率（年化）	15.5%	10.6%	11.9%	14.4%
标准差（年化）	9.9%	12.2%	11.2%	11.1%
夏普比率	1.56	0.86	1.06	1.30

实际上，不仅是利率水平的高低，利率的相对变化方向也会影响市场。为了估计利率变化的影响，可以计算从这个年末到下个年末的利率差异。如果在这一时间周期内变化是正的（负的），该年被定义为利率上行（下行）年。利率变化和趋势跟踪策略收益率的相关系数为0，表明无论是在利率上行时期还是利率下行时期，趋势跟踪策略收益表现的差异看起来并不显著。

通货膨胀环境因子

检验了利率环境对趋势跟踪策略的影响之后，讨论通货膨胀环境因子对趋势跟踪策略的影响同样很有趣。由于买入并持有策略和趋势跟踪策略都是跨资产类别配置资产，包括商品期货和外汇期货（买入并持有策略仅持有商品期货），随着时间的推移，通货膨胀环境可能会发挥重要的作用。即使脱离这项长期历史研究的视角，在现代，新的高通货膨胀环境的威胁也是相当紧迫的。自从2008年的经济危机之后，世界各国都采取刺激性货币政策，可以合理地预测，这些政策将最终导致全球范围内更高水平的通货膨胀。

为了检验不同的通货膨胀环境的影响，我们用始于1720年的美国和英国的消费者价格指数和生产者价格指数，构建一个混合通货膨胀率指数，如图1.6所示。

1720—2013年，在超过25%的时间里，混合通货膨胀率指数在5%以上；在超过13%的时间里，混合通货膨胀率指数在10%以上。我们将通货膨胀环境分为低通货膨胀（低于5%）、中通货膨胀（介于5%和10%之间）和高通货膨胀（超过10%）。然后在不同的通货膨胀环境下检验趋势跟踪策略的收益表现。尽管通货膨胀环境存在着巨大的不同，在跨越低、中、高三种不同的通货膨胀环境下，趋势跟踪策略的收益表现却几乎一样。表1.3总结了不同的通货膨胀环境下趋势跟踪策略的收益表现。趋势跟踪策略在不同的通货膨胀环境下依然强劲的收益表现,表明趋势跟踪策略能够适应不同的通货膨胀环境。

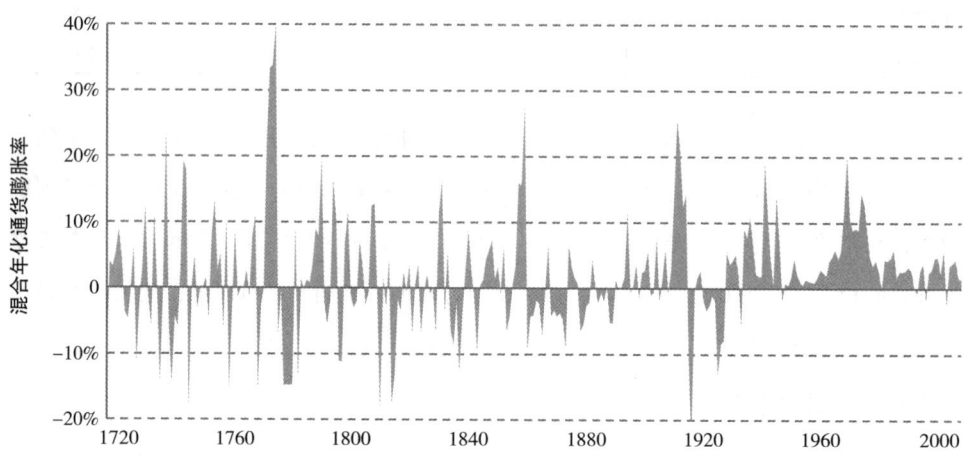

图 1.6 美国和英国的混合年化通货膨胀率（1720—2013 年）。

数据来源：全球金融数据。

表 1.3 不同的通货膨胀环境下趋势跟踪策略的收益表现（1720—2013 年）。

	通货膨胀率<5%	5%<通货膨胀率<10%	通货膨胀率>10%
算术平均收益率（年化）	10.4%	10.1%	14.9%
标准差（年化）	12.0%	9.9%	14.6%
夏普比率	0.87	1.02	1.02

金融泡沫和危机

作为示例，本章的引言中简单地讨论了 17 世纪的荷兰郁金香泡沫。几个世纪以来，金融市场充斥着众多的经济危机（或市场泡沫）。接下来我们讨论另外一个例子——1929 年的华尔街崩盘（1929 年 10 月 28 日，著名的黑色星期一），其影响波及全球，后果严重。图 1.7 展示了黑色星期一前后两年时间内道琼斯工业指数的点位。黑色星期一当天，道琼斯工业指数暴跌 13%，成了历史上引人注目的一天。

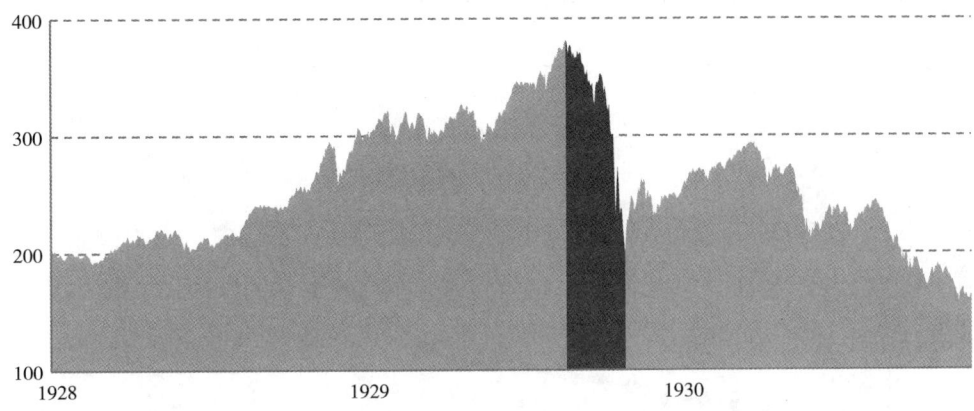

图1.7 1929年华尔街崩盘（黑色星期一）期间的道琼斯工业指数。

数据来源：全球金融数据。

与图1.7同一时间周期内，代表性趋势跟踪策略系统的累计收益曲线如图1.8所示。1929年10月，当道琼斯指数在一个月内几乎缩水一半时，代表性趋势跟踪策略系统却获得了微小的正收益率。更令人吃惊的是，在华尔街崩盘前后两年多的时间里，趋势跟踪策略获得了将近90%的收益率。其中大部分收益来源于崩盘之后，也就是大萧条时期的初期。

趋势跟踪策略在危机时期内获得正的收益率，并不只有荷兰郁金香狂热时期或者1929年华尔街崩盘这两个特例。实际上，在历史上大部分困难时期，趋势跟踪策略看起来都表现得很好。仔细研究一下固定收益市场和股票市场收益率双双为负的时期，该时期趋势跟踪策略的平均收益如图1.9所示。从图1.9中可以观察到，当股票指数收益率为负时，趋势跟踪策略的条件平均月度收益率为正。例如，在图1.9的上图中，当股票组合的收益率介于-4%~-6%时，这98个月中趋势跟踪策略的平均月度收益率是0.2%。在图1.9的下图中，当固定收益债券指数都为负数时，趋势跟踪策略的收益则表现出不一致的模式（即平均月度收益率有正也有负）。当固定收益债券收益率为负时，趋势跟踪策略数月的平均收益率是正的。似乎当股票和固定收益债券都处于最糟糕的时期时，趋势跟踪策略的收益表现看起来最好。①

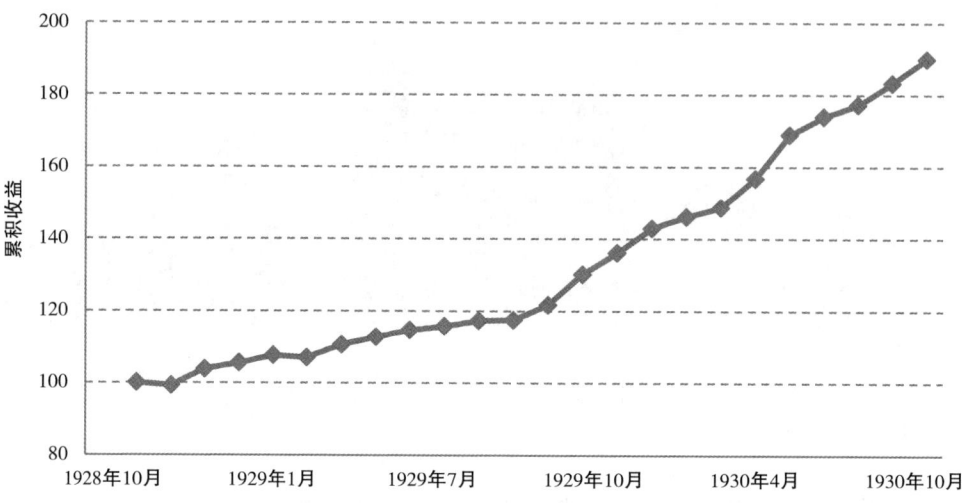

图1.8　代表性趋势跟踪策略系统在1929年华尔街崩盘（黑色星期一）前后的累计收益。时间周期为1928年10月至1930年10月。

除了抓住股票市场以外的趋势从而获得收益之外，趋势跟踪策略在下行市场中的一部分收益也来自卖空的能力。例如，当股票市场限制做空时，趋势跟踪策略会存在股票多头偏差，可以用过去300年的数据集来研究趋势跟踪策略（无论是否存在多头偏差）在股票市场下行月份中的收益表现。在股票市场下行期间，存在和不存在多头偏差的两种情况下，趋势跟踪策略的平均月度收益率的比较如图1.10所示。从图1.10中可以看出，股票多头偏差降低了下行股票市场中趋势跟踪策略的收益率表现。举个具体的例子，在股票指数下跌超过10%时的几个月里，标准（平衡）趋势跟踪策略系统历史上的平均收益率为1.2%，与此相对的是，被限制只能做多股票的趋势跟踪策略仅获得了一个略负的平均收益率。尽管略负的收益率听上去令人沮丧，但如果从纯多头组合的角度来看，和不幸的纯多头投资者亏损了将近14%相比，略负的收益率在数

---

① 第4章中会详细地解释适应性市场和危机阿尔法的概念。危机阿尔法——在危机时期的收益表现——是趋势跟踪策略的关键特征之一。对这个概念的讨论将贯穿本书的其余部分。

第 1 章　趋势跟踪策略的发展史
Chapter 1　A Multicentennial View of Trend Following

量级上则显得小得多。

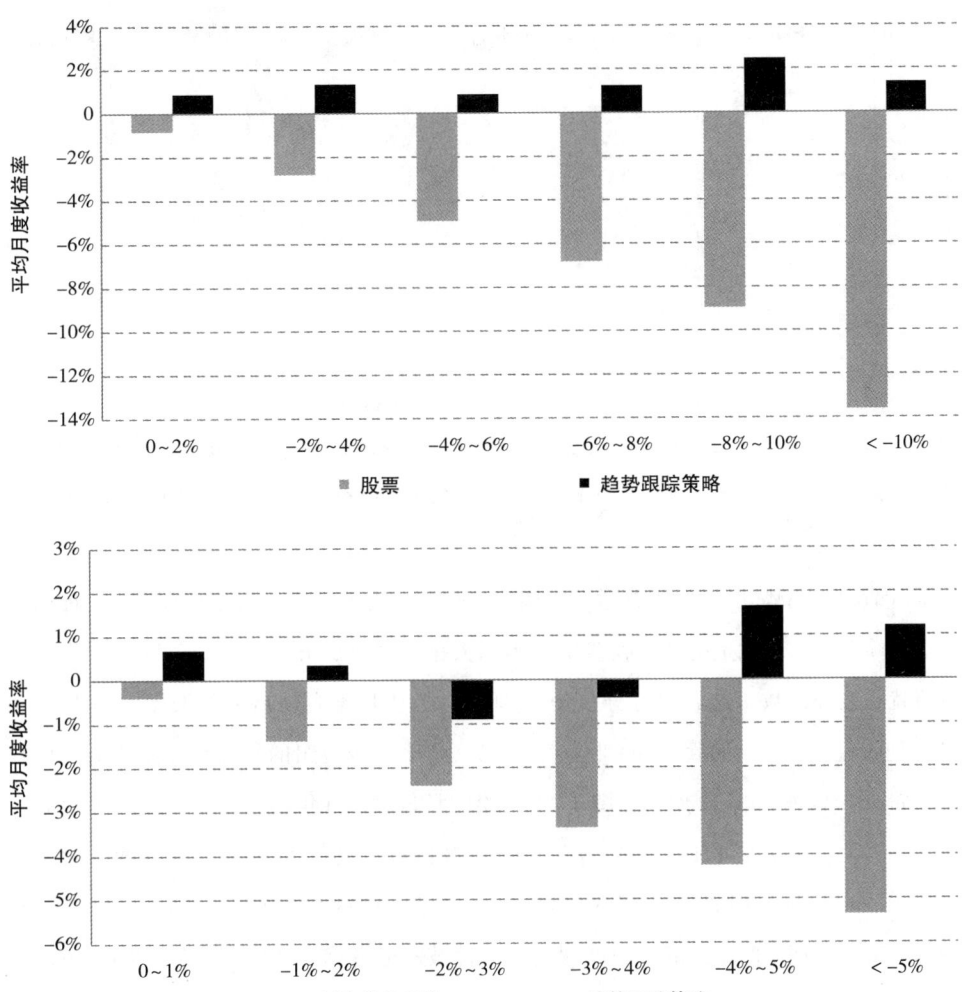

图 1.9　代表性趋势跟踪策略系统在股票和固定收益债券投资组合下行周期内的平均月度收益率。

市场分歧

市场会随着时间而变化和调整。市场异动剧烈（或者市场分歧拉大）的时期，产

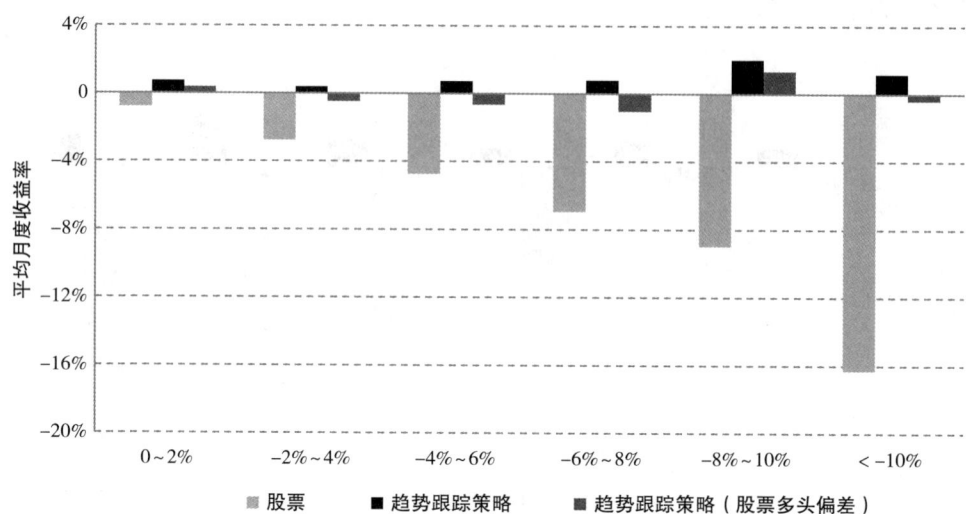

图1.10 股票市场下行时期，趋势跟踪策略的平均月度收益率。其中，趋势跟踪策略分为存在或者不存在股票多头偏差两种情况。

生了所谓的"趋势"，此时正是适合采用趋势跟踪策略的时期。在月度水平上，证明这一点最简单的方法就是把月度收益率由小到大排列并分成五等份，处于四个分割点的数值就是五分位数。这五个五分位组分别代表了从收益表现最差的股票月度收益率（1）到收益表现最佳的股票月度收益率（5）。每个五分位组的趋势跟踪策略的条件收益率如图1.11和图1.12所示。图1.11描绘的是过去100年的数据集，该数据集分为两个子时期，分别是1913—1962年和1963—2013年。图1.12又分别把这两个时期分成涵盖25年的子时期，也就是1913—1937年、1938—1962年、1963—1987年和1988—2013年四个时期。这些图展现出了一种被从业者称为"CTA微笑"的现象。当市场分歧最大时，趋势跟踪策略的收益表现往往最好。例如，在这四个25年的时间周期内，第一个25年时期，也就是包含了1929年华尔街崩盘和大萧条的时期，表现出著名的"CTA微笑"特征：趋势跟踪策略的最佳收益表现发生在股票市场最好和最差的那些时期。大萧条后的时期，是股票市场最好的时期，同样也是趋势跟踪策略表现最好的时期。第三个时间周期同样显示出了"CTA微笑"曲线。最后一个25年期间，也

第 1 章 趋势跟踪策略的发展史
Chapter 1　A Multicentennial View of Trend Following

就是包含了信用危机和科技泡沫以及其他危机的时期,在股票市场表现最差的期间,出现了大量的趋势机会。趋势跟踪策略的凸性收益表现(在两个极端情况下的收益表现)表明了市场分歧或市场错位所起到的作用(无论是好的还是坏的)。本书的第 5 章将会详细讨论市场分歧。这一概念有助于推动基于市场分歧风险承担原则构建指数,以现代化的视角为场景设置合适的业绩基准和风格分析,这些内容将在第 12 章和第 13 章中讲述。

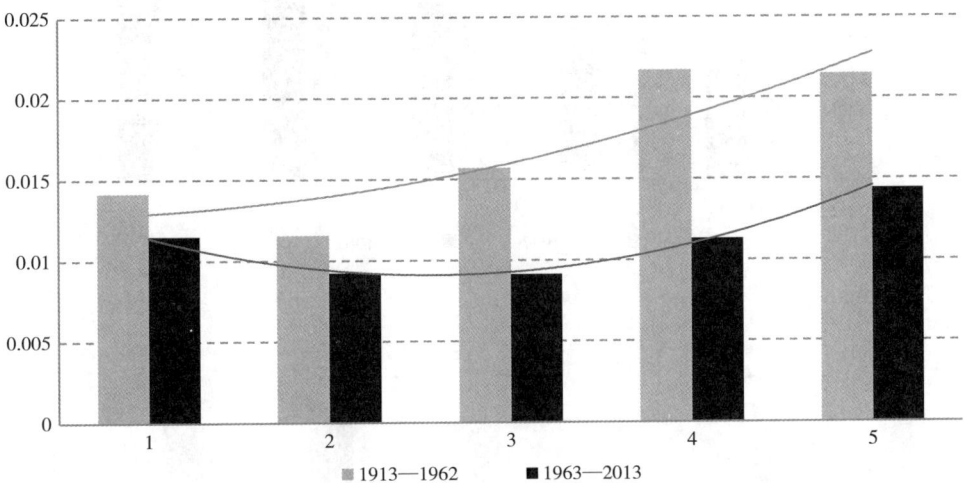

图 1.11　"CTA 微笑":趋势跟踪策略的五分位数分析(1913—1962 年、1963—2013 年),按照股票收益率的五分位组从 1(最差)到 5(最好)进行排序。

由于"CTA 微笑"表明了趋势跟踪策略和股票市场之间存在着凸性关系,故而投资者又把趋势跟踪策略称为"波动率多头"也就不足为怪了。尽管投资者采取趋势跟踪策略在极端情形下得到了优异的收益表现,但并不是所有的波动率都会产生同样的结果。当波动率增大并且市场中有趋势产生时,趋势跟踪策略是波动率多头。当波动率增大但是没有趋势产生时,趋势跟踪策略收益是平的甚至看起来是波动率空头。① 更简单地说,趋势跟踪策略是市场分歧多头。市场分歧和波动率相关,但这并不意味着任何

---

① 如果需要从行为金融学的视角进一步研究这个主题,可以参考 Kaminski(2012)。

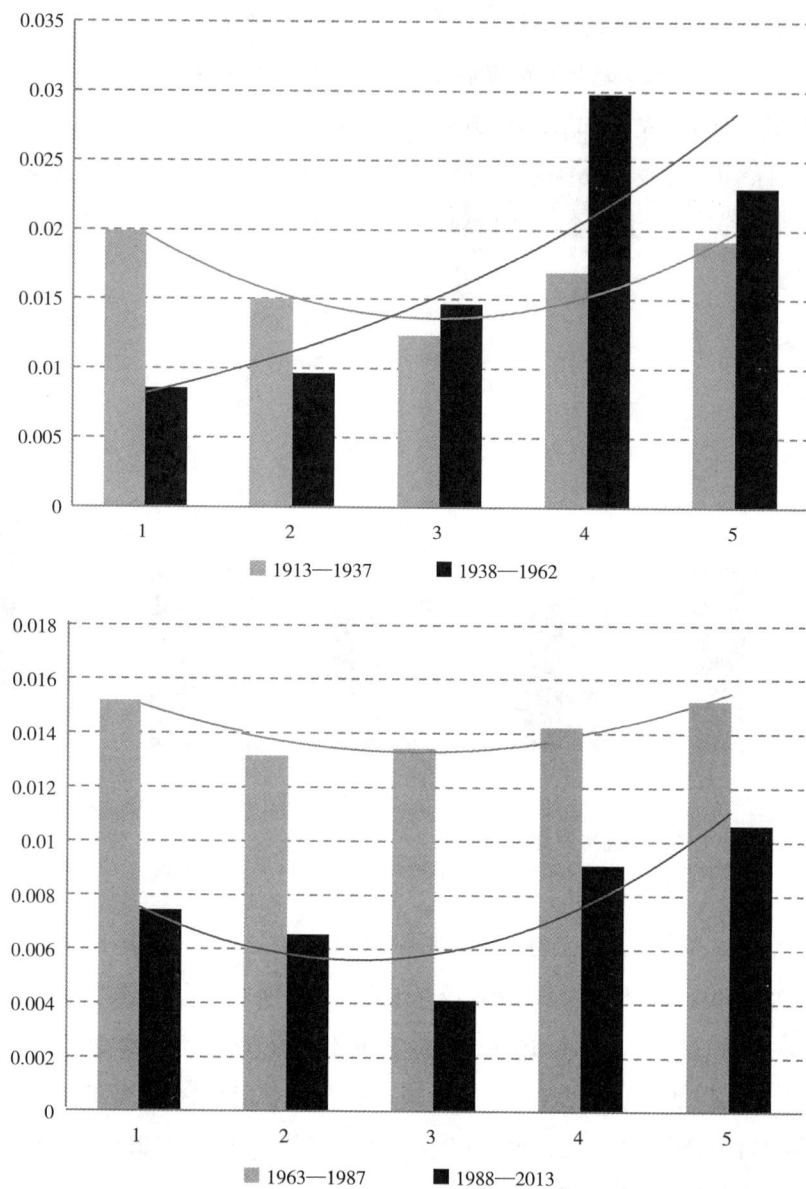

图 1.12 "CTA 微笑":趋势跟踪策略的五分位数分析(1913—1937 年、1938—1962 年、1963—1987 年、1988—2013 年),按照股票收益率的五分位组从 1(最差)到 5(最好)进行排序。

第 1 章　趋势跟踪策略的发展史
Chapter 1　A Multicentennial View of Trend Following

情况下两者都等价。本书将在第 5 章中详细讲述市场分歧。①

■ 数个世纪以来趋势跟踪策略的风险特征

"截断亏损，让利润奔跑"的原则，使趋势跟踪策略能够以较多小的亏损而不是大的回撤，达到一个理想的风险状况。② 用统计术语来说，趋势跟踪策略的收益分布呈现出一定的正偏态。在大约 800 年的历史时期内，趋势跟踪策略月度收益率的偏度为 0.3。正偏度说明趋势跟踪策略发生左尾风险或者大的回撤的概率相对较小。从某种程度上来说，趋势跟踪策略的这个特征是独一无二的。大多数资产类别和策略的收益分布都呈现出一定的负偏态。③

在大约 800 年的历史时期内，除了收益分布呈现出一定的正偏态以外，趋势跟踪策略与传统资产类别的相关性还较低。为了量化趋势跟踪策略和传统资产类别之间的关系，我们用多个全球股票指数和固定收益债券市场的月度收益率的算术平均值，分别构建了简化的股票指数和固定收益债券指数。④ 代表性趋势跟踪策略系统的月度收益率和股票指数的相关系数为 0.05，和固定收益债券指数的相关系数为 0.09。考虑到这些相关系数可以代表趋势跟踪策略和股票以及固定收益债券市场之间的关系，趋势跟踪策略对股票和固定收益债券市场的贝塔值通常都极低也就不足为奇了。

除了偏度和相关性之外，最大回撤也是大多数趋势跟踪策略投资者关心的问题。代表性趋势跟踪策略的最大回撤和前五大回撤的平均值相对于同一时间周期内买入并持有投资组合的比值，如图 1.13 所示。从图 1.13 中可以看出，相比买入并持有投资组合，趋势跟踪策略的最大回撤明显较低。趋势跟踪策略的最大回撤比买入并持有投资

---

① 市场分歧同时考虑了价格趋势和波动率，而波动率仅仅考虑了相对价格移动。参见第 5 章的内容。
② 分散风险承担的概念将在第 5 章中讲述。
③ 趋势跟踪策略的收益分布呈现出正偏态的特征将会在第 7 章中讲述。
④ 股票指数是富时（FTSE）100 指数、标准普尔 500 指数、CAC 40 指数和日本日经 225 指数月度总收益的平均值，而固定收益债券指数是由美国 10 年期国债、法国 10 年期固定收益债券、日本 10 年期固定收益债券以及 GFD 长期政府债券指数月度总收益的平均值构建的。为了扩展数据范围，当这些单独的股票指数或者固定收益债券市场还不存在时，我们用等价市场的收益来替代。股票指数始于 1693 年，固定收益债券指数则始于 1300 年。

组合的最大回撤低大约25%。就平均值来说，趋势跟踪策略前五大回撤的平均值相比买入并持有投资组合的，低将近1/3。

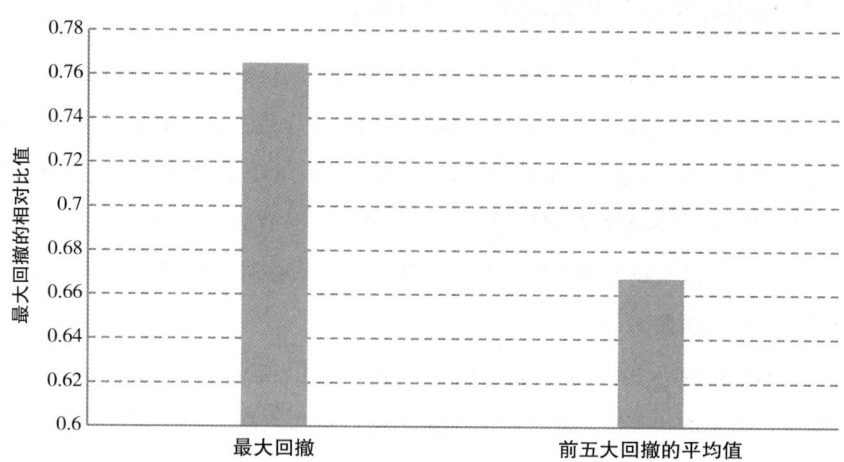

图 1.13　趋势跟踪策略的最大回撤和前五大回撤的平均值相对于同一时间周期内买入并持有投资组合的比值。趋势跟踪策略的最大回撤大约是买入并持有投资组合的最大回撤的75%。

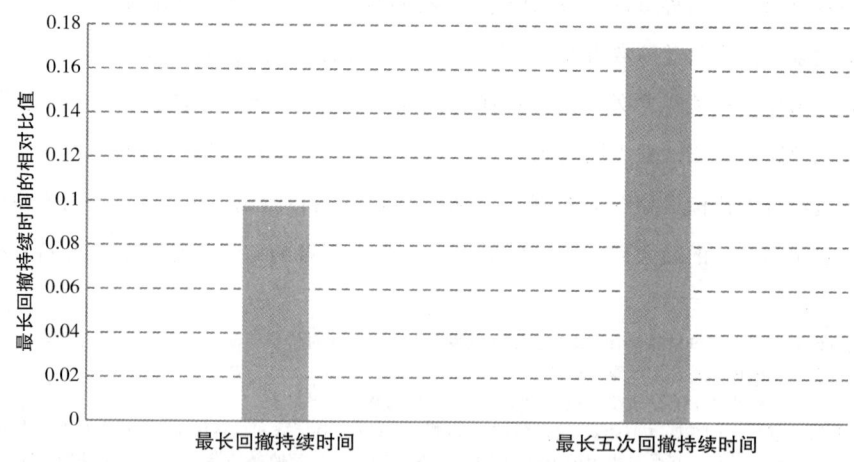

图 1.14　趋势跟踪策略最长回撤持续左右时间和最长五次回撤持续时间的平均值相对于买入并持有投资组合的比值。趋势跟踪策略的最长回撤持续时间相比买入并持有投资组合短10%左右。

第 1 章 趋势跟踪策略的发展史
Chapter 1　A Multicentennial View of Trend Following

如图 1.14 所示，趋势跟踪策略的回撤持续时间也基本上短于买入并持有投资组合经历的回撤持续时间。在过去的 700 年里，和买入并持有投资组合相比，趋势跟踪策略的最长回撤持续时间和最长五次回撤持续时间的平均值分别缩短了大约 90% 和 80%。趋势跟踪策略具有更好的最大回撤表现，与收益率分布的正偏态以及序列负相关性有关。[1] 关于趋势跟踪策略投资组合的回撤问题将在第 8 章中进一步讨论，并在本书第五部分从投资组合的角度再次探讨。

■ 数个世纪以来趋势跟踪策略的投资组合收益

之前的几节我们讨论了趋势跟踪策略的收益和风险特征。在横跨 800 年的广阔时期里，趋势跟踪策略投资组合获得了相当令人瞩目的收益率，夏普比率为 1.16。趋势跟踪策略和传统的资产类别、利率政策和通货膨胀等都具有低相关性。除此之外，在整个样本区间内，即使在金融危机时期，趋势跟踪策略都获得了可观的正收益率。通过对股票市场进行五分位数粗略研究，我们发现，市场价格分歧是趋势跟踪策略收益来源的驱动因子。并且，相比买入并持有策略，趋势跟踪策略具有正偏态和更小的最大回撤。趋势跟踪策略的所有这些特征使都它成为传统投资组合最大分散度的不二选择。

从 1690 年代至 2013 年，股票指数获得了相对较高的夏普比率值 0.7。[2] 在更长的历史时期内，从 1300 年代至 2013 年，固定收益债券指数的夏普比率也是正的。尽管如此，趋势跟踪策略的夏普比率还是远远优于买入并持有投资组合的夏普比率。这说明，在买入并持有策略中加入一些趋势跟踪策略可能会优化其收益表现。将买入并持有投资组合（股票或固定收益债券指数）与代表性趋势跟踪策略投资组合均等配置，所构建的投资组合的收益表现如表 1.4 所示。[3] 此分析的起始日期对应于股票市场和固定收益债券市场最早的可用数据。在一个风险平配的投资组合中加入趋势跟踪策略，对收

---

[1] 关于最大回撤的理论分析，可以参考 Bailey 和 Prado（2013）的著作。
[2] 股票指数的构建方法同前上一节（详见第 19 页脚注）。
[3] 当趋势跟踪策略和股票或者固定收益债券组合相结合时，会把趋势跟踪策略的波动率调整到和股票或者固定收益债券投资组合的波动率相同的水平。

益率表现的优化（相比传统的股票和固定收益债券投资组合）还是比较明显的。

表 1.4　股票指数、固定收益债券指数、趋势跟踪策略和混合投资组合的收益表现。股票指数的样本期为 1695—2013 年，固定收益债券指数的样本期为 1300—2013 年。

	股票和趋势跟踪策略 (1695—2013)			固定收益债券和趋势跟踪策略 (1300—2013)		
	股票	趋势跟踪策略	股票+趋势跟踪策略	固定收益债券	趋势跟踪策略	固定收益债券+趋势跟踪策略
算术平均收益率（年化）	7.85%	10.74%	9.68%	6.57%	12.97%	7.74%
标准差（年化）	11.28%	12.91%	8.81%	7.31%	11.21%	5.44%
夏普比率	0.7	0.83	1.1	0.9	1.16	1.42

把趋势跟踪策略加入传统的股票或者固定收益债券投资组合，可以提高这两个指数的夏普比率。为了从传统投资组合的角度对此进行研究，可以把趋势跟踪策略加入一个典型的股票/固定收益债券配比为 60/40 的股票/债券投资组合。例如，我们构建一个混合投资组合，其中 80% 是传统的 60/40 股票/固定收益债券组合，余下的 20% 是趋势跟踪策略。在这种情况下，具体的构成相当于 48% 的股票、32% 的固定收益债券和 20% 的趋势跟踪策略。① 图 1.15 展示了各种投资组合的夏普比率收益表现，包括单独的股票投资组合和固定收益债券投资组合、趋势跟踪策略投资组合、60/40 股票/债券投资组合，以及 60/40 股票/债券和趋势跟踪策略的混合投资组合。在 1695—2013 年期间，仅仅加入了 20% 的趋势跟踪策略，就把传统的 60/40 股票/债券投资组合的夏普比率从 1.0 提高到了 1.2。

---

① 在将它们组合之前，不同资产类别的波动率会被标准化为同一水平。

第 1 章 趋势跟踪策略的发展史
Chapter 1　A Multicentennial View of Trend Following

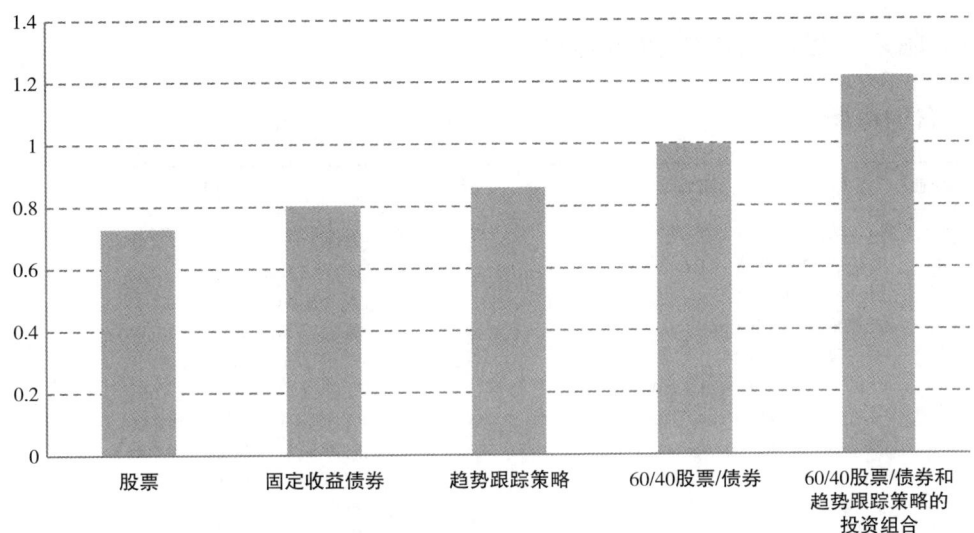

图 1.15　包括股票在内的三类资产以及三类资产的投资组合的夏普比率。

■ 本章总结

过去的 30 年间，趋势跟踪策略作为一种另类投资策略，在金融市场中的应用得越来越广泛。我们使用了大约 800 年的历史数据，从长期视角研究趋势跟踪策略。数个世纪以来，在金融市场中，趋势跟踪策略已经创造了显著的正收益率和较高的夏普比率。同时，趋势跟踪策略还和传统资产类别、通货膨胀和利率政策有着较低的相关性。即使在金融危机时期，趋势跟踪策略依然能够持续创造正的收益率，而这种表现似乎与市场分歧有关。从投资组合的角度来看，传统投资组合（如 60/40 股票/债券的投资组合）混合了趋势跟踪策略以后，投资组合的风险调整后收益可以得到显著改善。

■ 附录：包含的市场和相关假设

包含的市场

行业	市场	行业	市场
商品期货	铝（Aluminum） 布伦特原油期货（Brent Crude Oil） 黄油（Butter） 奶酪期货（Cheese） 煤炭期货（Coal） 可可，纽约（Cocoa, NY） 可可，伦敦（Cocoa, London） 咖啡（Coffee） 铜（Copper） 玉米（Corn） 棉花（Cotton） 原油期货（Crude Oil） 饲牛（Feeder Cattle） 法国金币造币①（French Gold Coin Mintage in Livres Tournois） 法国银币造币（French Silver Coin Mintage in Livres Tournois） 柴油（Gas Oil-Petroleum） 黄金期货（Gold） 取暖用油期货（Heating Oil） 啤酒花（Hops） 铁矿石（Iron Ore） 瘦肉猪（Lean Hogs） 活牛（Live Cattle） 麦芽（Malt） 生铁（Manufactured Iron） 天然气期货（Natural Gas） 镍（Nickel） 燕麦（Oat） 橙汁（Orange Juice） 铂金（Platinum）	商品期货 固定收益债券期货	大米（Rice） 黑麦（Rye） 银（Silver） 黄豆（Soybeans） 豆粕期货（Soyameal） 豆油（Soyaoil） 11号糖期货（Sugar #11） 白糖期货（Sugar, White） 烟草（Tobacco） 小麦（Wheat） 硬红冬小麦（Wheat, Hard Red Winter） 木材（Wood） 羊毛（Wool） 锌（Zinc） 加拿大银行承兑汇票（Bankers Acceptance Canada） 加拿大10年期国债（Canadian 10-Year Bond） 欧洲债券（Euro-BUND） 欧洲美元（Eurodollar） 法国10年期国债（France 10-Year Bond） 金边证券（Gilts） 日本固定收益债券（Japanese Bond） 长期政府固定收益债券（Long-Term Government Bond） 荷兰10年期国债（Netherlands 10-Year Bond）

---

① 法国金币造币与下文的法国银币造币都是法国大革命前的一种法国硬币。——译者注

第1章　趋势跟踪策略的发展史
Chapter 1　A Multicentennial View of Trend Following

续表

行业	市场	行业	市场
固定收益债券期货	短期英国货币（Short Sterling） 英国国债（UK Consolidated） 美国10年期国库券（U.S. 10-year T-Note） 美国2年期国库券（U.S. 2-year T-Note） 美国30年期国库券（U.S. 30-year T-Note） 美国5年期国库券（U.S. 5-year T-Note） 威尼斯货币（Venice Prestiti）	外汇期货	葡萄牙埃斯库多兑美元货币对（Portugal Escudo per US Dollar） 瑞典克朗兑英镑货币对（Swedish Krona per British Pound）
外汇期货	澳元兑美元货币对（AUD/USD） 加元兑美元货币对（CAD/USD） 加元兑英镑货币对（Canadian Dollars per British Pound） 瑞士法郎兑美元货币对（CHF/USD） 荷兰盾兑英镑货币对（Dutch Guilders per British Pound） 欧元兑美元货币对（德国马克兑美元货币对）[EUR/USD（DEM/USD）] 英镑兑美元货币对（GBP/USD） 德国马克兑法国法郎货币对（Hamburg Mark for Paris Francs） 德国马克兑奥地利克朗货币对（Hamburg Mark for Vienna Crowns） 日元兑美元货币对（JPY/USD）	股指期货	澳大利亚SPI200指数（Australian SPI200 Index） 法国CAC 40股票指数（CAC 40） 德国DAX指数（DAX Index） 纳斯达克100迷你指数（E-Mini Nasdaq 100 Index） 罗素2000迷你指数（E-Mini Russell 2000 Index） 标准普尔500迷你指数（E-Mini S&P 500 Index） 富时100指数（FTSE 100 Index） 恒生指数（Hang Seng） 意大利40指数（Italy All Index） 日经指数（Nikkei） 新加坡MSCI指数（Singapore MSCI Index） 台湾MSCI指数（Taiwan MSCI Index） 东京证券交易所指数（Tokyo Stock Exchange Index）

假设和近似

为了对趋势跟踪策略进行长期分析，我们做了一些假设和近似。为简单起见，下面列出了这些假设和近似：

1. 期货价格优先：如果期货市场的数据可得，那么优先使用期货市场的收益率。
2. 股票和固定收益：在期货市场数据可用之前，使用股票和固定收益市场的指数收益率。总收益率是用适当的短期利率构建的。
3. 外汇期货：对于货币市场，会根据两种相关货币的利率差调整现货价格。当无法获得利率数据时，则不经调整直接使用货币的现货价格。

4. 商品期货：当商品期货价格数据缺失时，直接用现货市场的收益率代替。

5. 超额现金收益：在本书的分析中，不包括保证金和现货收益率赚得的利息收入。

■ 延伸阅读与参考文献

Bailey, D., and M. Prado. "Drawdown-Based Stop-Outs and the 'Triple Penance' Rule." Working paper, 2013.

Grant, J. *The Great Metropolis*. Philadelphia: E. L. Carey & A. Hart, 1838.

Greyserman, A. "The Multi-Centennial View of Trend Following." ISAM white paper, 2012.

Jegadeesh, N., and S. Titman. "Returns to Buying Winners and Selling Losers: Implications for Stock Market Efficiency." *Journal of Finance* 48, no. 1 (1993): 65-91.

Kaminski, K. "Managed Futures and Volatility: Decoupling a 'Convex' Relationship with Volatility Cycles." CME Market Education Group, May 2012.

Moskowitz, T., T. Ooi, and L. Pedersen. "Time Series Momentum." *Journal of Financial Economics*, no. 104 (2012).

Taylor, B. "The GFD Guide to Total Returns on Stocks, Bonds, and Bills." Global Financial Data working document, www.globalfinancialdata.com/articles/total_return_guide.doc.

Thompson, Earl. "The Tulipmania: Fact or Artifact?" *Public Choice* 130, nos. 1-2 (2007): 99-114.

第二部分

趋势跟踪策略的基本知识

TREND FOLLOWING

BASICS

第 2 章

期货市场和期货交易概览

趋势跟踪策略集科学性与艺术性于一身,本书旨在从最终用户——机构投资者的角度,揭开趋势跟踪策略的神秘面纱。本章介绍了理解期货市场、期货交易和管理期货行业的基本知识所需的背景知识。由于期货具有交易便利和流动性相对较高的特点,所以趋势跟踪策略系统能够在全球范围内的期货市场和银行间远期市场进行交易。因此,了解远期和期货合约以及期货市场的主要特征至关重要。这些市场提供了对多种资产类别的敞口,包括股指、外汇、硬商品、软商品以及固定收益等。衍生工具允许利用杠杆,同时期货市场具有中央统一结算的特点,从而减少了交易对手风险。

■ 远期合约和期货合约的基本知识

其实在货币交易和现代银行系统出现之前,人们就已经在交易商品了。几个世纪以来,农产品基于交换制度、远期承诺、物物交换的原则进行买卖交易。

远期合约是在交易双方(买方和卖方)之间达成的协议,双方约定以合约开始时(协议时间)商定的确定价格(远期价格)交易某种货物或商品(标的资产),并在到期时(结算时间)交割和结算。随着人们开始订立合约,约定当前以确定的价格买入并在未来交付货物,远期市场的概念应运而生。使用远期合约,人们能够更好地为未来做计划,协议以预先约定的价格进行交易,从而对冲未来价格或者商品之间的汇率变动带来的不确定性风险。然而,远期合约在带来好处的同时,也带来了两个非常重要并且不容忽视的风险:交易对手风险和流动性风险。

正如图 2.1 和表 2.1 所示，在远期合约开始时（协议时间 0 时刻），双方达成协议，约定在指定时间 T 时刻（结算时间）以价格 $F_{0,T}$ 交易商品或者货物。在本次双边交易中有两个交易对手方，他们分别是交付商品或货物的卖方以及承诺在未来 T 时刻购买商品或货物的买方。对于买卖双方而言，在结算时间 T 时刻（到期日），合约的价值由商品或货物在现货市场上的未来价值（用 S_T 表示）决定。

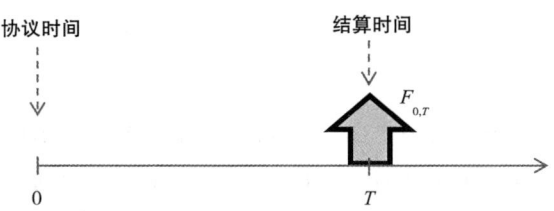

图 2.1 远期合约的现金流示意图。

表 2.1 远期合约在协议时间 0 时刻和结算时间 T 时刻的合约价值。

交易对手方	0 时刻的价值	T 时刻的价值
卖方（确保交货）	0	$F_{0,T} - S_T$
买方（收货方）	0	$S_T - F_{0,T}$

举例来说，假设有一位玉米生产商，他想要在 3 个月后以 4.50 美元/蒲式耳的价格卖出 10 000 蒲式耳玉米。恰好有一位经销商想要在 3 个月后以 4.50 美元/蒲式耳的价格买入 10 000 蒲式耳玉米，则经销商和玉米生产商可以根据双方需求订立一份远期合约。玉米的购买价格在 0 时刻锁定，但是在未来指定的时间才会按照今日商定的价格买入玉米。由于季节性因素、供需的平衡以及许多其他因素的影响，很可能 3 个月到期后玉米的价格和今日的价格不同了。3 个月到期后，经销商将以 4.50 美元/蒲式耳的约定价格买入 10 000 蒲式耳玉米。如果玉米的价格上涨，比如，此时玉米的价格涨到 6 美元/蒲式耳，买方由于签订了以 4.50 美元/蒲式耳买入玉米的远期合约而感到庆幸，而卖方则会对以低于现货市场价格 6 美元/蒲式耳的价格卖出玉米而感到沮丧。如果情况反过来，假设玉米的价格跌到了 3 美元/蒲式耳，卖方则感到庆幸，买方会感到沮丧。在远期合

约中,除非到期结算时的现货价格和初始约定的价格相同,否则总会有一方相对于现货价格获利,而另一方遭受一定的亏损。这就带来了远期合约的第一个核心问题:**交易对手风险**(counterparty risk)。如果现货价格过度地偏离了合约中约定的交割价格,需要重点关注的是,合约的一方可能不会履行其合约义务。如果交易对手方中的一方违约,则另一方将不得不接受交割或在现货市场中卖出,并且价格很可能对自己非常不利。在这种情况下,双方都非常依赖交易对手方履行其合约,从而导致了巨大的交易对手风险。这是在所有双边合约中都需要普遍关注的问题。

另一个需要关注的问题是**流动性风险**(liquidity risk)。远期合约的条件通常非常具体。当合约条件与两个交易对手方的需求相互重合时,远期合约才会达成。但是如果远期合约的条件过于具体,则可能很难或几乎不可能找到远期合约的交易对手方。比如,回到前面玉米经销商的例子,经销商在3个月到期后需要履行买入10 000蒲式耳玉米的合约,如果一个月以后,经销商决定停止生产包含这种特定类型玉米的产品,这可能会导致很多问题。经销商需要找到解除合约的方法,或者如果有可能的话,找到接管这个合约的第三方。如果经销商在合约到期时简单地履行合约进行实物交割,则需要依赖于在现货市场上再次卖出这些玉米。而转让合约可能涉及法律问题,从而产生额外的成本。因此,双边远期合约,特别是那些具有非标准化条款的合约,可能会非常缺乏流动性。如果外部商业环境发生变化,就会给远期合约带来流动性风险。

期货市场回顾

回溯到中世纪以前,远期合约作为一种创新工具,为未来的货物买卖创造了便利条件。这类合约特有的双边结构带来了大量的交易对手风险以及与具体条款相关的流动性问题。期货合约作为一种现代金融创新工具,随着芝加哥交易所(Chicago Board of Trade, CBOT)的成立,出现于1848年。为了保证农产品的未来价值,农民们前去CBOT交易农产品。CBOT成立不久,首批农产品期货合约就开始在CBOT交易,比如玉米期货。

期货合约旨在解决传统远期合约的核心问题:交易对手风险和流动性风险。**期货**

合约是一种类似于远期合约的合约，期货合约的价值由货物或商品（标的资产）的未来价值决定。期货合约是标准化的、可转让的，并且在交易所内交易。期货合约以标准单位交易，当前期货合约的价值由特定标的资产的未来价值决定。与远期合约相反，期货合约持有者持有一定数量标的资产的（多头或空头）头寸，其中交割日期或到期日明确。对于每个期货合约持有者而言，他们的交易对手方都是清算所。清算所汇集了所有期货合约持有人的资金，成为所有仓位持仓人的交易对手方。为了确保清算所能够支付由于标的资产每日价格波动带来的支出，所有持有期货合约（多头或空头）的市场参与者必须开设保证金账户。保证金账户作为缓冲资金，可以有效地保护清算所免受价格波动的影响。当前标的资产的未来交付价格每天都有变动，并且在每个交易日结束时，所有期货合约的头寸都标记到市场价格。例如，假设你昨天卖空一个玉米期货合约，合约中约定在 3 个月内以 4.50 美元/蒲式耳的价格卖出 10 000 蒲式耳玉米，总的空头头寸为 45 000 美元。如果今天在 3 个月内卖出玉米的期货合约价格跌至 4.40 美元/蒲式耳，对空头头寸来说，这带来了盈利。在每个交易日结束时，持有玉米期货合约的所有头寸都标记到市场价格，资金会通过保证金账户在市场参与者之间重新分配。在这个例子中，持有空头头寸的参与者会从持有多头头寸的参与者那里获得资金。资金会通过中央清算所在市场参与者之间转移，市场总是在第二天重新开始。这种每日结算制度（marked-to-market）使期货交割时的期货价格跟随现货价格。更具体地说，回到双边远期合约，在合约结束时，现货价格和合约中的约定价格可能会大不相同。而在期货市场上，随着到期日的临近，期货价格将慢慢收敛至现货价格。

当前的期货价格是指买卖双方约定在未来的指定日期交付标的资产的今日价格。

期货合约是金融衍生品合约。期货合约的价值来自特定标的资产的价值。每份期货合约都制定了具体的标的资产种类和交割细节、标准化的**合约规模**和固定的到期日。

通常情况下，期货合约的有效期一般不长。① 期货合约价格随时间变化的曲线通常称为**期货曲线**。期货曲线的情况要么是**期货升水**（contango），要么是**期货贴水**（backwardation）。期货升水发生在期货合约价格高于预期的未来现货价格②时。在期货升水的情况下，套期保值者通常更愿意现在支付更高的费用买入期货合约。举一个套期保值的例子：对于需要将石油用于其运营的公司来说，对冲3个月内的石油价格风险是很有价值的，他们可能更愿意为未来的石油支付更多费用以保证某个价格（而不是等待未来的现货价格变化）。与期货升水相反，期货贴水则发生在期货价格低于预期的未来现货价格（有时是当前的现货价格）时。在这种情况下，套期保值者愿意以低于预期现货价格的价格卖出期货合约。回到石油的例子，如果生产者有了净盈余，希望对冲石油卖出带来的风险。他们可能更愿意卖出石油期货合约以锁定石油的卖出价格，即使略有损失或折价。期货贴水对于商品期货来说很常见，但对于股指期货则不然。事实上，仍然存在某些商品的期货曲线处于期货升水的情形。例如，对于某些存储成本较高的商品而言，升水导致的**持有成本**（cost of carry）的增加，而这又进一步导致了升水。③ 换句话说，在许多情况下，人们更愿意为了锁定商品价格而支付溢价，尤其是那些随着时间的推移更加难以替代的商品。

期货合约的核心属性

期货合约的许多特征使它们被广泛用于投机和套期保值。首先，不同于传统市场（如股票或期权市场），期货合约的多头和空头合约之间没有表现出不对称性。例如，传统市场中，卖空股票（卖出期权）要比买入股票（买入期权）复杂得多，但期货市场并非如此。期货市场允许市场参与者持有多种标的资产的多头和空头头寸，包括外

---

① 期货合约有最后交易日条款，指期货合约停止买卖的最后截止日期。每种期货合约都有一定的月份限制，到了合约月份的一定日期，就要停止合约的买卖，准备进行实物交割。例如，CBOT 规定，玉米、大豆、豆粕、豆油、小麦期货的最后交易日为交割月的倒数第七个营业日。——译者注
② 更复杂的是，升水也可以定义为期货合约价格高于当前的现货价格时。这种定义方法没有把货币的时间价值考虑进去。
③ 这种效应在学术文献中通常被称为**便利收益**（convenience yield），即现在消耗库存的倾向。当这种情况发生时，一些持有者将选择以后再消耗库存，导致当前价格下降，期货升水。

汇期货、利率期货、股指期货、商品期货和能源期货等。虽然在大多数期货合约中可以实物交割，但这种情况非常罕见（实际交割的合约大约只占1%）。

如果要持有期货合约的头寸，所有投资者必须以保证金的形式为头寸提供担保，并在清算所经纪人处维持其**保证金账户**（margin account）。清算所作为所有投资者的交易对手方，每天都会将所有合约标记为市价，利用每个投资者保证金账户中的资金，结算投资者群体之间的浮动收益和浮动亏损。由于每日结算制度，对于多头和空头头寸来说，期货合约所需的保证金都在1%~15%之间。① 而传统市场的保证金水平明显更高且往往不对称——对于空头头寸而言，所需的保证金水平更高。例如，根据美国的T条例（Regulation T），股票空头方需要150%的保证金，而股票多头方仅仅需要50%的保证金。

由于期货合约的价格由标的资产在未来某个日期的价格决定，期货价格与其相对应的标的资产价格高度相关。这种相关性使它们成为在各种资产类别中持有方向性头寸和对冲交易的绝佳工具。期货市场的清算所机制、每日结算和资金的重新分配、较低的保证金约束条件以及合约的透明化和标准化等一系列特征，创造了一个具有充足流动性的市场，并且，期货市场还减少了交易对手风险和常见于传统市场的多头与空头头寸之间的不对称性。这些期货市场的特征总结如表2.2所示。

表2.2 期货市场的特征。

透明性	标准化合约
最小的交易对手方/信用风险	实行每日结算制度，计算和汇总投资利润和亏损，通过清算所经纪人进行重新分配
高流动性	易于获取和使用，保证金水平要求低，多头和空头头寸之间是对称的，合约标准化，交易对手风险降低

套期保值和投机

远期合约允许市场参与者对冲货物或商品价格的未来变化带来的风险。期货合约

---

① 以欧洲美元合约为例，面值为100万美元的欧洲美元合约的保证金通常低至625美元。这相当于大约625个基点。资料来源：CME集团。

的特点带来了更大的灵活性，大大增加了套期保值和投机的可能性。根据持有仓位的基本目标划分，期货市场中的参与者通常分为两类：**套期保值者**（hedgers）和**投机者**（speculators）。套期保值者专注于对冲潜在的风险，并使用衍生工具管理其投资组合或业务策略中的风险。比如，像美国西南航空公司（Southwest Airlines）这样的公司可能会持有石油期货合约多头头寸，以对冲石油价格上涨的风险。这种用期货合约对冲未来现金流风险的做法，可以使西南航空对冲潜在的商业风险并在长期稳定现金流。长期稳定的现金流有利于非金融公司（如西南航空公司）更好地规划生产和分销流程。投机者是指预测期货价格的上涨或下跌方向并据此投机的人。

投机者和套期保值者之间的关系有史以来一直是广为讨论的话题。套期保值者需要投机者充当交易的对手方，以抵消多头或空头套期保值需求的不平衡。再次以石油为例，石油生产商需要对冲石油的未来售价。作为石油消费者的公司利用期货来控制其运营成本的风险，而石油生产商则使用期货合约来管理其利润现金流。如果经销商在现货市场上因价格下跌卖出现货蒙受的亏损大于在期货市场上因价格下跌买入期货合约平仓的获利，或者是加工商在现货市场上因价格上升买入现货蒙受的亏损小于在期货市场上因价格上升卖出期货合约平仓的获利，也就是净套期保值头寸有净盈利时，更多的套期保值者会加入追逐净盈利，此时多头或空头一方过多而导致了不平衡。这种不平衡反映在期货价格中，会出现**套期保值溢价**（hedging premium）的机会。此时，期货投机交易者试图对期货市场未来价格的走势下赌注来获取价差收益，在期货合约到期时，现货价格与期货价格会趋于一致，价格会回归到基本价值。

期货合约的交易细节

期货合约头寸的价值由标的资产或商品未来的价值决定。这意味着期货合约的持有者并没有真正地买卖资产，他们持有的是期货的头寸。这些头寸是通过保证金账户提供担保资金来维持的①。保证金账户类似于缓冲账户，用于承担期货头寸的亏损金额和积累期货头寸的盈利金额。保证金账户的结构由作为交易所直接联络人的期货经纪人和决定了保证金水平及缴款规则的交易所共同决定。期货交易者通过期货经纪人创建一个账户，期货经纪人接受期货交易者的委托，又在交易所创建账户，建立起客户和交易所之间的纽带。交易所确定建立头寸所需的初始保证金。初始保证金通常是标的资产名义价值的 10%~15%。例如，如果玉米价格为每蒲式耳 4.30 美元，标准化的玉米期货合约为每份合约 5 000 蒲式耳。在这种情况下，初始保证金为 2 150 美元。在每个交易日结束时，期货合约的价值**按市价结算**，交易账户的亏损和盈利通过参与者保证金账户之间的资金转移实现。② 举个例子，假设有玉米期货的多头头寸，开仓时价格为 4.30 美元，初始保证金为 2 150 美元。如果玉米期货的多头头寸在第二个交易日结束时价格收于 4.20 美元，该账户将损失 500 美元，损失的 500 美元将分配给那些持有玉米期货空头头寸的市场参与者。保证金账户中的资金不能低于某个阈值，我们通常称这个阈值为**维持保证金**（maintenance margin），其具体大小由交易所或经纪人设置。当保证金账户余额低于维持保证金水平时，参与者需要增加保证金以维持头寸的正常运行。这被称为**追加保证金通知**（margin call），历史上市场参与者会接到其经纪人的电话，要求他们追加保证金。保证金账户的其他特征包括使用**变动保证金**（variation margin）。变动保证金是当期货价格朝某个特定头寸方向移动时，为抵消这些不利的价格变动而增加的额外保证金。初始保证金可以以短期国库券（而不是现金）的形式过账，而变动保证金通常以现金形式追加。

考虑到期货交易的特殊结构，初始保证金通常反映了特定市场近在咫尺的风险。这就是为什么，从期货交易者的角度更进一步来看股票的保证金，会非常有趣。**保证**

---

① 采取实物交割的期货合约不到1%。为了实物交割，市场参与者必须向交易所提交交割意向书。据坊间传说，30万磅的牛在交割时可能会被送到你家门口。
② 用赌博游戏做一个类比，期货交易类似于在赛马比赛中下注。当你持有远期合约时，你买入了真正的马。在期货市场，你对标的马的比赛结果持有头寸（观点）。在每场比赛中，亏损和盈利都结清了。除非你在赌桌上有钱（担保物），否则你都无法下注。

金净值比率（margin to equity ratio）表示配置在保证金账户中的资金金额占总资金的比率。例如，如果将1 000 000美元的总资金中的100 000美元配置给保证金账户，则保证金净值比率为10%。关于保证金净值比率，我们将在第9章中作更详细的解释说明。

期货订单分为几种类型。简单的**市价单**（market orders）是标记为以最佳可用价格立即执行的期货订单。① **限价单**（limit orders）则是在市场价格达到特定的限制或价格时才会执行的期货订单。一旦限价单被触发，就会标记为以最佳可用价格立即执行。**止损单**（stop loss orders）是以预先指定的价格平仓的期货订单。限价止损单（stop loss limit order）是一旦达到某个限定价格就成为限价单的止损单。在期货交易中还有许多其他类型的期货订单。

■ 管理期货行业回顾

通常与商品交易顾问（CTA）相关的管理期货是另类投资策略的子类，主要在期货市场、远期市场、期权和其他流动衍生品以及结构性产品中持有头寸并进行交易。通过具有高度流动性的、每日结算的期货合约，他们通常将方向性策略应用在广泛的资产类别中，包括利率期货、外汇期货、股指期货、软商品期货、能源期货和金属期货。他们要么通过保证金的形式直接应用杠杆，要么通过如期权一样的衍生产品间接使用杠杆。这些商品交易顾问经常利用的另一个关键特征是期货能够相对轻松地做多或做空，这一特点使得期货市场成为实施此类策略的不二之选。管理期货行业也是一个有着悠久的监管历史的行业。以美国的期货市场为例，美国商品期货交易委员会（CFTC）于1974年成立，CTA同时受CFTC和美国国家期货协会（NFA）的监管。管理期货行业的主要特征如表2.3所示。

---

① 对于电子交易系统而言（如CME全球电子交易系统），简单的市价单将无法下单。除非期货下单在限定的价格范围内，和限价单类似。

表 2.3 管理期货行业的主要特征。通过专业的 CTA 投资在期货市场上的管理期货基金。

方向性的策略	系统地利用期货市场价格向上或向下的方向性的移动
全球分散化	在全球受监管的和银行间远期市场交易外汇期货、利率期货、股指期货、能源期货、金属期货和软商品期货的多空合约
受监管	通常由金融监管机构授权和监管，例如美国的 CFTC 和 NFA

管理期货策略

管理期货的策略类型多种多样，最常见的类型就是本书讲述的重点，即系统化趋势跟踪策略。一般来说，管理期货策略要么是系统化的，要么是主观交易的。**系统化**（systematic）策略意味着基金经理使用技术信号和交易系统程序化地交易期货头寸。系统化策略的交易系统是完全自动化的。**主观**（discretionary）策略则是基金经理酌情决定是否进行交易的策略，基金经理自行决定权的大小则因具体策略而异。在系统化的交易策略中，有几种核心类型：

- 中/长期趋势跟踪策略
- 短线交易策略
- 相对价值策略和非趋势跟踪策略
- 基本面交易策略

采用基本面交易策略的基金经理利用基本面信息来判断市场中是否存在错误定价。基本面系统的核心输入是经济数据，这些基金经理经常使用经济模型为其交易的资产进行定价和估值。中/长期趋势跟踪策略交易者使用来自历史价格和其他数据序列的信号，判断趋势何时产生。短线交易策略关注短期趋势和更快的数据/价格信息。短线交易策略有时也分为短期趋势跟踪策略和反向趋势（趋势反转）策略。**趋势反转策略**（contrarian strategy）和趋势交易相反，寻求从价格的反转中获利的机会。相对价值策略和非趋势跟踪策略则侧重于从跨市场或跨期限的不同资产之间的相对错误定价中寻找套利的机会。

历史上，中/长期趋势跟踪策略是管理期货的核心策略，这出于几个原因：动态交易策略的核心问题是交易成本、策略容量和滑点。中/长期趋势跟踪策略交易者更关注价格的长期趋势，他们不像短线交易者那样快速或频繁地调整头寸。从长远来看，更少的交易行为会带来更少的交易成本。更大的头寸在长期中更容易进行调整，并且更不容易受随着规模或容量限制而产生市场价格变动的影响。基本面交易策略或全球宏观策略可以成为趋势跟踪策略的良好补充，但它们依赖于相关证券价格的重新调整。如果所有经济模型都表明某些资产被低估了，那么核心问题在于——在市场意识到并反映相关资产被低估，在价格修正之前，基本面策略并不会获利。

管理期货行业的发展

伴随着期货市场巨大增长的同时，管理期货行业在过去30年中发展迅猛。美国知名基金数据库巴克莱对冲（Barclay Hedge）的数据表明，1980—2013年，具备独特特征的管理期货基金的数量增加了40倍，如图2.2所示。截至2013年底，期货市场资产管理规模（AUM）飙升至约3 300亿美元。实际上，如图2.3所示，自2002年以来，管理期货市场的资产管理规模几乎呈线性增长。

管理期货行业的增长和期货市场的增长密切相关，说明这一点非常重要。如果考虑到期货市场总交易量的大幅增加，相比之下，管理期货行业的规模和规模的变化似

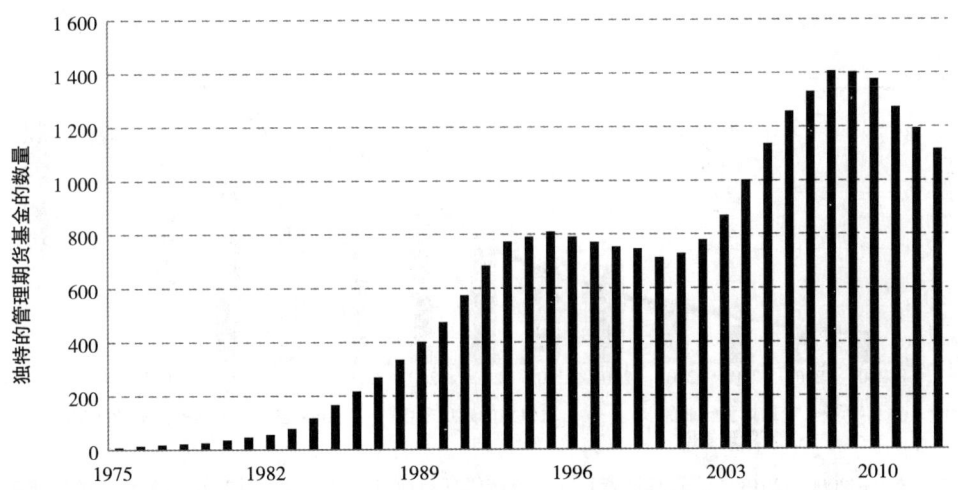

图2.2 1975—2013年具备独特特征的管理期货基金的数量。
数据来源：巴克莱对冲。

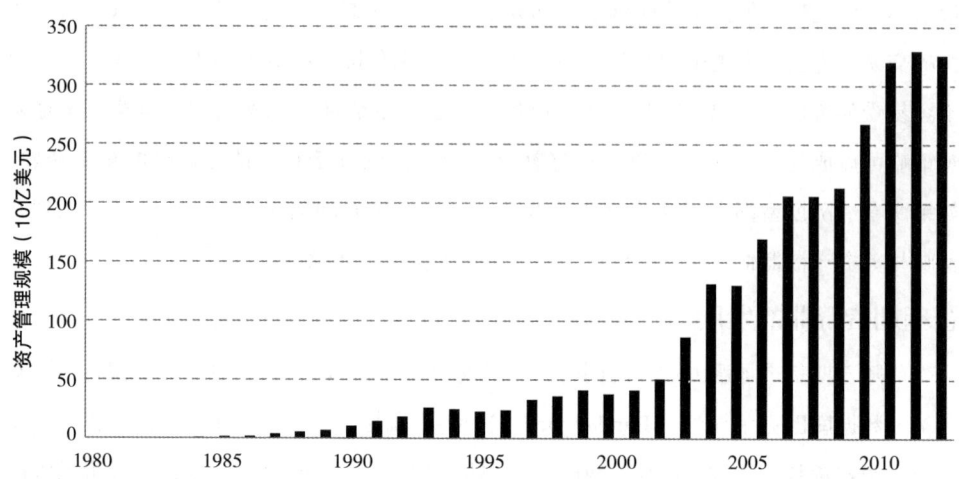

图 2.3 1980—2013 年管理期货行业的资产管理规模。

数据来源：巴克莱对冲。

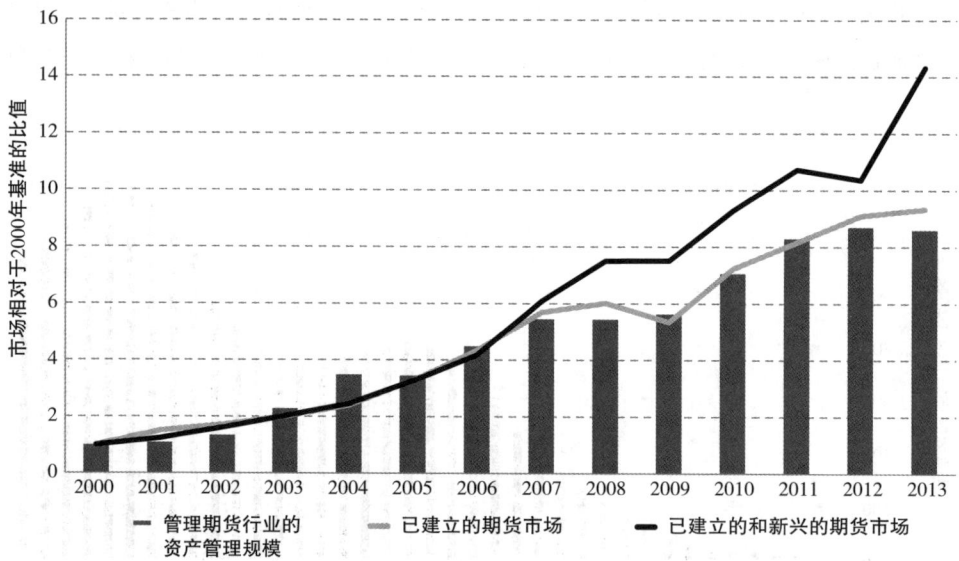

图 2.4 2000—2013 年，管理期货行业的资产管理规模以及已建立的期货市场和新兴的期货市场的平均相对交易量（相对于 2000 年的水平）。新兴期货市场由 10 个期货市场组成，于 2000 年 1 月 1 日之后开始交易。

乎不那么显著。图 2.4 展示了 2000—2013 年期货市场和管理期货基金的相对交易量与资产管理规模。其中，相对交易量表示为相对于 2000 年交易量的比值。

已建立的期货市场相对于 2000 年的平均交易量仅使用 2000 年 1 月 1 日之前开始交易的市场计算。管理期货基金的相对资产管理规模也表示为相对于 2000 年资产管理规模的比值，将 2000 年的资产管理规模设为 1。值得注意的是，单是这些较老的期货市场的交易量增长就已经与管理期货的资产管理规模增长保持同步。自 1990 年代以来涌现出大量新的期货市场开始进行交易，其中许多市场流动性很强。交易量的增长或许使期货市场能够维持管理期货策略的快速增长。在过去十年中，这些新兴期货市场的增长比较老的期货市场的增长更为显著。图 2.4 展示了一小部分新兴市场的交易量增长，这些市场是在 2000 年之后开始交易的。[1] 从图 2.4 中可以清楚地看出，场外产品场内化可能会影响管理期货行业未来的发展。有关这部分内容将在下一节中讨论。

随着管理期货的资产管理规模大幅上升，许多投资者自然开始担心该行业的容量问题。投资者担心的是，随着越来越多的投机资金涌入这些市场，竞争加剧，交易机会将变得越来越少。本书在第 15 章就规模和容量进行讨论时会阐述这个话题。

■ 场外产品场内化

衍生品世界在不断的进化中走向成熟。在次贷危机之前，衍生品交易在两个截然不同的场所进行：通过经销商网络进行场外交易（OTC）和通过中央清算所进行交易所交易（ETD）。[2] 尽管衍生品合约的特征在理论上应该大致相同，然而在应用中，它们的规则以及这些合约换手的结构方式却大不相同。2008 年，雷曼兄弟公司的破产揭

---

[1] 基于 10 个新兴市场。
[2] 衍生品行业的市场规模多达 700 万亿美元。绝大多数 OTC 衍生品合约都集中在几个大银行手中。仔细观察这些银行，或者至少是那些规模排在第一梯队的银行，我们发现只有极小比例（约 4%）的衍生品是在交易所交易的。之所以产生这个现象，是因为以前场外交易的交易成本更低，并且在交易所进行大宗交易存在潜在困难。无论是从名义总价值还是从银行交易收入（确切地说，2012 年为 17 万亿美元）来看，交易的核心都是 OTC 利率掉期合约。来源：OCC 2012 年第四季度季报。这些统计指标和名义数值有关。而交易量则是另一番景象。在期货市场中期货的交易量远远大于 OTC 衍生品市场的交易量。对此，更多的详情可以关注 BIS 三年一度的调查。

开了全球金融危机的序幕，引发了对衍生品合约的清算、保证金和换手方式的严格审查。为了给双方"创造公平竞争环境"，并为衍生品市场创造更具凝聚力、避免杂乱无序的方法，诸如美国的《多德-弗兰克法案》① 和欧盟的 EMIR② 等立法，带头改革并整顿衍生品世界的游戏规则。③ 这种整顿举措引起了场外产品场内化、互换产品期货化的进一步发展，越来越多的传统 OTC 合约转向了期货合约。

场外产品场内化（futurization）是将传统的基于交易商的双边合约转变为类似的标准化"期货式"合约，进行集中清算和交易所交易。这个观念绝非创新之举。事实上，这正是期货合约产生的原因：模仿双边 OTC 远期合约。期货市场结构旨在解决双边 OTC 合约存在交易对手风险、缺乏透明度，以及缺乏可转让性（"不可互换的"结构）的缺点。这种把交易对手方集中起来的方式能够降低保证金的比例，有利于进行多边头寸净额结算和降低风险。互换和其他 OTC 衍生品的场外产品场内化新浪潮的出现也正是为了应对相同的问题。通过强制集中清算，OTC 衍生品已经向期货合约迈进了一步。随着监管要求开始扩大对 OTC 合约的限制，场外产品场内化得到了进一步激励，用户可能因此得以规避其中的一些问题。（见图 2.5）

场外产品场内化的驱动力

新法规旨在加强对许多 OTC 合约，特别是标准 OTC 合约④的报告、登记和强制性中央清算的管制。大多数衍生品合约的中央清算是通过中央对手方（CCP）完成的，从而可以汇总信息，用于报告、多边头寸净额结算和交叉验证。未集中清算的衍生品所

---

① 《多德-弗兰克法案》，全称为《多德-弗兰克华尔街改革与消费者保护法案》（Dodd-Frank Wall Street Reform and Consumer Protection Act），这是美国政府为了应对 2008 年发端于美国并迅速席卷全球的金融风暴而制定的一部大规模金融改革法案，于 2010 年正式通过。——译者注
② EMIR，全称为《欧洲市场基础设施监管规则》（European Market Infrastructure Regulation），于 2012 年颁布，旨在提高场外衍生品市场的稳定性。——译者注
③ 来自麻省理工学院的约翰·E. 帕森斯（John E. Parsons）在他的博客中讨论过这种类比和场外产品场内化：押注商业，对非金融公司的金融风险管理。参见网址 bettingthebusiness.com。
④ 《多德-弗兰克法案》的第 7 章专门针对掉期，在美国，掉期和期货在法律上是有区别的。在欧盟，EMIR 试图创建一系列必须集中清算和强制交易的衍生品清单，以多元化的方式应对交易对手风险和透明度问题。这一清单包含标准期权、掉期、期货和现金结算的商品衍生品以及其他的外来种类。未来的几年里将会在欧盟国家分阶段实施。

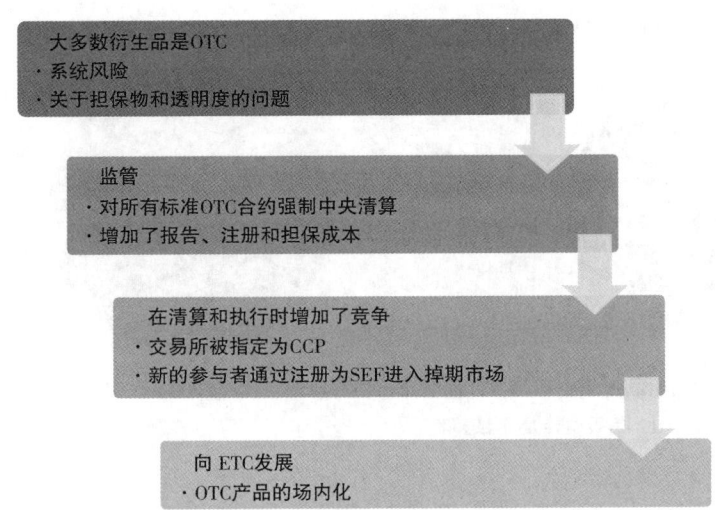

图 2.5 OTC 衍生品场外产品场内化的路径示意图。

占比例将变低①，报告、运营和合并增加等形式的监管成本将影响 OTC 衍生品产品的所有用户。

为了应对 OTC 产品中央清算的巨大需求，大型交易所已将其自身权限扩展为 CCP。新的参与者也通过注册为掉期执行设施（SEF）② 进入掉期市场，给掉期交易商带来了竞争。交易成本、运营效率和保证金管理应该减少 OTC 和交易所交易之间的差异。尽管如此，仍然存在着很多调整和增长的空间。③ 例如，2012 年，美国所有衍生品市场中掉期交易超过 60%。这是向期货交易所集中交易的一个转变，而这个转变是逐步发生的。我们再看一个例子，在美国，仅仅 6 年的时间里（2006—2012 年），期货/远期合约（主要是交易所交易合约）在衍生品市场中的比例已经从名义价值总额的 11% 上升到 19%。（见图 2.6）

---

① 对于那些未集中清算的衍生品，可以通过对标准 OTC 掉期合约设置例外或附加超过 5 天的保证金要求的保证金限制。这一举措在欧洲的实施仍在进行和讨论中。
② 在欧洲，SEF 包含多边交易设施（MTF）和组织交易设施（OTF）。
③ 当实施时间被推迟到 2014 年甚至以后，这在欧洲尤其如此。

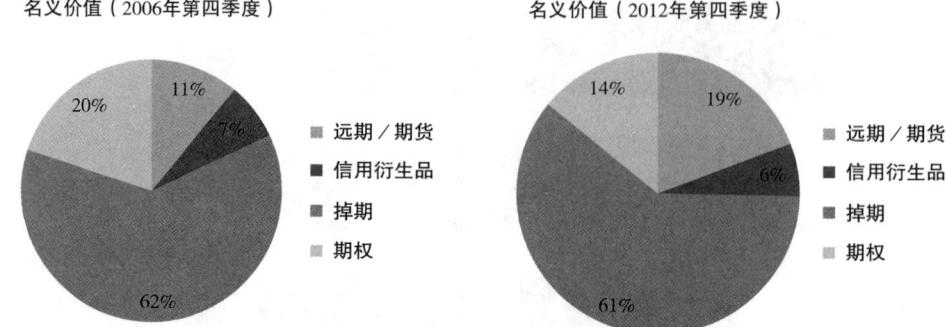

图 2.6 美国衍生品市场中各衍生产品名义价值占比的对比（2006 vs 2012）。
数据来源：OCC 2012 年第四季度季报。

掉期期货

掉期期货（swap futures）（或期货化的掉期）是掉期合约的新的交易所交易品种，旨在模仿掉期。做个类比，期货与远期的关系就像掉期期货与掉期的关系一样。为了满足掉期合约的持有者，这些新的期货合约试图保留掉期的一些可定制特征，同时保持集中交易的一些优势。交易所在制定交割选项时考虑到了更大的灵活性。[①] 并且交易所还为大宗交易提供了更大的灵活性。允许例外和修改将使掉期期货处于传统掉期和传统期货合约之间的灰色区域。掉期期货的主要优势包括较高的透明度、较低的保证金要求、可能降低的注册要求以及高流动性时易于交易；主要缺点可能包括缺乏定制化、交割限制、对大宗交易的不利以及潜在的流动性问题。各类合约特点的简单对比见表 2.4。

[①] 例如，在美国，可交割的掉期期货于 2012 年推出。这些期货合约在到期时会提供场外交易市场掉期交割。这些合约的优点是，在期货合约的有效期内，这些合约作为期货合约，相比可交割的场外掉期合约，有着更低的抵押品和保证金要求。

表 2.4 期货与远期和掉期期货与掉期的双重比较。期货与远期的关系就像掉期期货与掉期的关系一样。

	期货	远期	掉期期货	掉期
交易方式	交易所交易	场外交易**（美国：例外；欧盟：实物交割的情况例外）	交易所交易（有例外情况）	场外交易*（美国：SEF；欧盟：MTF 和 OTF）
清算	清算	取决于具体合约	中央清算（有例外情况）	大部分清算**（有例外情况）
交割	罕见，约 2%	大多数交割	取决于具体合约	大多数交割
透明度	标准化	定制	标准化，具有一定的灵活度	定制（更标准化）*
保证金	需要每日保证金作为担保	取决于具体合约	需要 1~2 天的保证金作为担保	需要 5 天的保证金作为担保（也可能有所不同）
交易对手风险	低	中等（变化）	低	低*，适中（双边未清算合约）

*此特征将在《多德-弗兰克法案》第 7 章和 EMIR 实施后生效。

**远期利率期货和外汇期货属于例外。实物交割和一些定制的掉期合约也不在此列。其他期货合约也存在例外，包括大宗交易和期货换现货（exchange for physical，EFP）。

场外产品场内化的优点与缺点

在一个以定制为主的市场中，人们对场外产品场内化的适用性存在着一些担忧。① 普遍的担忧主要涉及监管套利、系统性风险，以及伴随着缺乏定制化和可用性而产生的潜在问题。那些担心监管套利的反对者提出了相似合约中的交易费用和保证金不对称的例子，并对此感到忧心忡忡。② 他们担心监管套利驱动的市场可能会带来不确定的后果。跨境问题和全球各国不同的监管制度可能会使市场更为复杂。系统性风险则是另一个关键问题。在后多德-弗兰克和 EMIR 世界中，伴随着强制清算和合约交易转移到交易所，大型 CCP 作为具有系统重要性的实体或"大而不倒"的实体而存在。这种

---

① 随着《多德-弗兰克法案》将掉期从 OTC 掉期市场转向期货市场的新规定，交易所和掉期参与者提出了作为期货交易但提供掉期交易收益的新产品需求。——译者注
② 这在美国尤为明显，美国对掉期的抵押品和保证金要求与期货的处理方式有所不同。在欧盟，由于 EMIR 聚焦在以合约为基础的合约上，这些区别则不太明显。

结构的反对者厌倦了对清算和交易的垂直整合。此外，期货的新用户还担心，新产品无法充分定制，从而会产生潜在的基本风险和流动性问题。当务之急是要解决和大宗交易、灵活性以及增加交割选项相关的问题。

场外产品场内化的支持者列举了期货市场悠久而成功的发展史、更多地向期货转变的好处，以及新的期货产品在降低成本和提高交易灵活性方面的潜力。期货市场与监管的联系由来已久。监管制度的设计主要关注透明度、流动性、交易对手风险的降低、保证金成本的优化以及风险缓释。然而，要重点强调的是，期货交易获得的成功主要是数量上的。流动性差的期货合约不那么受欢迎，增加了流动性风险，尤其是那些频繁按市价结算的合约。场外产品场内化的支持者认为，期货市场交易量的增加可能会促进产品多样化。例如，一个积极的信号是，2012年秋季，18万亿美元每日名义能源交易中，有一半以上的交易默默地从掉期转向期货（参见Leising, 2013）。增加交易量可能有助于为新合约腾出空间，这可以更好地模拟更长期的掉期合约。与转向期货的能源交易商的坊间评论一致，降低成本、降低保证金要求、提高效率和灵活性是运用期货的常见优势。最后，和远期合约的场外产品场内化催生了期货合约的过程类似，场外产品场内化的支持者可以坚称，当前席卷OTC衍生品的场外产品场内化的浪潮只是现代金融市场自然发展的产物。与过去的场外产品场内化一致，这波浪潮将有助于创造人人机会均等的公平竞争环境，并且为市场增加灵活性。

衍生品行业的资金规模高达700万亿美元。该行业的监管力量和从业人员结构正在将合约从经销商网络转移到交易所，由此产生了一波新的场外产品场内化浪潮。对透明度和流动性的推动已经开始。过去的挑战可能得到了解决，但衍生品市场未来面临的危险和挑战仍不明朗。尽管质疑的声音从来没有停止过，但衍生品市场的未来趋势是场外产品场内化，这是很明显的。从管理期货策略的角度来看，这意味着期货市场的交易量预期会大幅度增长。

■ 本章总结

趋势跟踪策略是最经典的投资策略之一。由于使用交易系统，现代趋势跟踪策略投资者在各种资产类别的趋势中都能抓住机会。构建趋势跟踪策略系统既是一门科学，也是一门艺术。期货合约是具有透明度、流动性的合约，具有较小的交易对手风险。期货合约的这种结构为交易期货带来了便利性，同时，还可以通过保证金账户轻松获得杠杆。传统上，期货市场参与者分为套期保值者和投机者。套期保值者通过期货合约，降低由于未来市场价格变化的不确定性带来的潜在风险。投机者试图借助期货合约这一金融工具，押注市场未来价格的走势。考虑到期货合约的这种结构，期货市场为投资者运用最大分散化趋势跟踪策略提供了理想的场所。趋势跟踪策略投资者通过对期货合约的多空买卖来押注趋势的走向。

管理期货行业由专业的资金管理者组成，他们在期货市场上持有投机性的头寸。趋势跟踪策略可能是最普遍的管理期货策略。管理期货行业在过去30年中迅猛发展，期货市场的交易量也随着管理期货行业的发展同步增长。期货合约在衍生品行业的重要性在增加。通过透明度要求、保证金管理和中央清算制度，最近的监管趋势在金融行业推动了一波场外产品场内化的浪潮。场外产品场内化可能会带来期货合约成交量的进一步增加，并模糊未来OTC和ETD合约之间的界限。

■ 延伸阅读与参考文献

Acworth, W. "Futurization: Market Participants Clash." *Futures Industry* 23, no. 2 (March 2013): 36–40.

Casa, T., M. Rechsteiner, and A. Lehmann. "De-Mystifying Managed Futures: Why First Class Research and Innovation Are Key to Stay Ahead of the Game." White paper, Man Investments, 2010.

Hull, J. *Options, Futures, and Other Derivatives*. 6th ed. Upper Saddle River, NJ: Pearson Prentice-Hall, 2011.

Kaminski, K. "Diversifying Risk with Crisis Alpha." *Futures Magazine*, February 1, 2011.

Kaminski, K. "In Search of Crisis Alpha: A Short Guide to Investing in Managed Futures." CME Group white paper, April 2011.

Kaminski, K. "Thought Leadership: Riding the Next Wave of Futurization." *Institutional Insights*, June 2013.

Kaminski, K. "The Next Wave of Futurization." *Alternative Investment Analyst Review* 2, no. 3 (2013).

Kurbanov, R. "Swap Futurization—The Emergence of a New Business Model or Avoiding Regulation and Retaining the Status Quo?" *DerivSource*, February 13, 2013.

Leising, M. "Energy Swaps Migrating to Futures as Dodd-Frank Rules Take Hold." *Futures Magazine*, January 24, 2013.

Litan, R. "Futurization of Swaps: A Clever Innovation Raises Novel Policy Issues for Regulators." Bloomberg Government, BGOV Analysis, January 14, 2013.

Parsons, J. "3 Points on the Futurization of Swaps." *Betting the Business* (blog), January 31, 2013.

Rodriguez-Valladares, M. "Futures and Futurization: Full Steam Ahead on Dodd-Frank" MRV Associates, November 19, 2012.

第 3 章

系统化趋势跟踪策略的基本知识

本章致力于深入研究系统化趋势跟踪策略系统的基本构建模块。趋势跟踪策略的现代化系统已然成了一台精细化、自动化和工程化的机器。这些交易系统能够自动地交易多种资产类别,技术的进步和期货市场的发展使这种自动化交易成为可能。趋势跟踪策略系统的现代化大大提高了使用交易策略的效率,但也加剧了交易中的竞争。

典型的趋势跟踪策略系统包含以下四项核心决策:

1. **入市**:何时开仓。
2. **头寸规模**:持有多大的头寸。
3. **止盈止损**:何时平仓,退出盈利或亏损的头寸。
4. **策略**:配置给不同行业和市场的风险是多少。

基于这四项核心决策,交易系统成了一个从处理价格数据输入,到生成交易信号,再到输出自动执行的交易决策的动态系统。本章的第一部分介绍了简单的趋势跟踪策略系统的构建模块。重要的是理解主要构建模块是如何从总体和个人交易水平来共同构建交易系统的。第二部分从外部视角来观察趋势跟踪策略交易系统,并解释了对趋势跟踪策略系统进行分类时用到的若干指标和方法。本章的主要目的是提供一个详细的概述,从投资管理的角度为本书其余部分提供趋势跟踪策略系统的业绩基准。

趋势跟踪策略系统是一个接收数据输入、处理输入数据中的信息并形成系统化交易决策的系统,其流程示意如图 3.1 所示。趋势跟踪策略系统可以并行分析大量的数据,处理数据,创建交易信号,计算和配置风险,以及确定头寸规模、设置止损和限制条件。

在趋势跟踪策略系统的内部,我们将几个组成部分集成到投资组合的构建过程中,包括数据处理、信号生成、头寸调整、市场配置和交易执行。图 3.2 详细地刻画了每一组成部分是如何工作的。

图 3.1　从数据输入到头寸配置的趋势跟踪策略系统流程示意。

图 3.2　趋势跟踪策略系统的五个构成部分。

第 3 章 系统化趋势跟踪策略的基本知识
Chapter 3　Systematic Trend Following Basics

■ 趋势跟踪策略系统的基本构建模块

尽管有多种构建趋势跟踪策略系统的方法，但这些方法的核心无一例外都是基于使用价格数据来决定何时做多/做空的。趋势跟踪策略系统把向不同市场配置金额风险或资金的方法与交易执行方法关联在一起。考虑到这些方法的应用范围很广，本节解释并补充说明了类似于 Greyserman、Kaminski、Lo 和 Yan（2014）提出的方法。[1] 我们采取自上而下的方法来介绍这些模块是如何集成在一起工作的。

数据处理

输入趋势跟踪策略系统的数据通常是简单的价格和成交量数据，这些数据包含每个合约的规模和价格信息。需要注意的是，对于典型的中/长期期货策略，必须考虑到由于期货合约到期需要移仓换月的问题。更具体地说，仓位需要从到期合约转到新的合约。期货合约的移仓会使原来的价格时间序列产生缺口[2]，因而需要调整价格数据。由于趋势跟踪策略决策侧重于价格差而不是价格的绝对值，因此趋势信号可以通过所谓**连续价格时间序列**来计算，后者是通过消除价格时间序列中的缺口而创建的。这样做是为了抵消具有不同到期日的两个期货合约之间的价格差异（价差）。对价格时间序列的调整使数据处理和最终生成交易信号成为可能。

头寸调整

趋势跟踪策略系统通过在市场上持有多头和空头头寸，在多种资产类别中配置资金。这可以通过系统地将风险或资金配置给不同的市场来实现。头寸调整必须考虑到特定市场的波动率。无论是多头还是空头，特定市场中的名义头寸（v）都等于**头寸调整函数**（sizing function）乘以**调整后总金额风险**（total adjusted dollar risk），再乘以合约的名义价值。这可以表示为：

---

[1] 本节的目的是总结方法论。如果需要了解如何设计和实施简单的趋势跟踪策略系统，可以参考 Clenow（2013）。
[2] 也就是跳空，这种现象是由于不同期限的期货价格不同造成的。——译者注

$$v = s \times \frac{\theta \times c}{\sigma_K(\Delta p) \times PV} \times (PV \times P)$$

头寸调整函数（s）是介于 -1~1 之间的数字（$s \in [-1, 1]$），根据交易信号和趋势强度确定持有期货合约的头寸规模及做多/做空方向。本节后续将进一步详细讨论头寸调整函数和趋势强度。配置的调整后总金额风险等于**配置的金额风险**除以**期货合约金额风险**。配置的金额风险就是风险载荷（θ）乘以每个市场的配置资金（c）。期货合约金额风险就是每个合约价格在历史回测窗口（K）内已实现的金额风险 [$\sigma_K(\Delta p)$] 乘以点值（PV）。① 合约的名义价值等于点值（乘数）乘以合约价格。

例如，通过玉米期货多头头寸可以进一步证明该等式。假设未来玉米期货合约已实现的金额风险为 $\sigma_K^{Corn}(\Delta p) \times PV = 7\,000$ 美元，风险载荷为 0.02，配置资金为 1 000 000 美元，合约规模（点值）是 50，买入时的单位价格是 430 美元。为了简化，我们假设头寸调整函数为 1（也就是 $s=1$），那么名义头寸为玉米期货多头 61 427.57 美元。可将玉米期货合约与典型的原油期货合约相比。例如，假设原油期货已实现的金额风险为 $\sigma_K^{Oil}(\Delta p) \times PV = 24\,000$ 美元，风险载荷为 0.02，资金配置为 1 000 000 美元，点值为 1 000，买入时的单位价格为 95 美元。对于 $s=1$，这构成 79 166.67 美元的石油期货多头头寸。② 相对头寸调整非常重要。改变风险载荷的大小，趋势跟踪策略系统的总风险可以随之向上或向下调整。例如，如果每份合约的风险载荷翻倍至 0.04，则每个市场的头寸也会翻倍，玉米期货头寸为 122 857.14 美元，配置相同资金的石油期货头寸为 158 333.33 美元。

本节仅描述了基于金额风险的头寸调整的一个特征。有很多确定头寸规模的方法。例如，和金额风险的方法不同，头寸规模也可以由每个市场的交易波动幅度均值（average trading range，ATR）来决定。③ 交易波动幅度均值是结合实际交易波动率和成交

---

① 点值，用于计算期货合约规模的乘数。
② 这里重点指出，总名义风险敞口和配置资金并不相等。总的配置资金取决于由期货交易所设定的期货合约保证金要求，这些保证金要求通常也与过去的波动率和交易范围有关。
③ Clenow（2013）详细讨论了该方法。

量的简单方法,而非使用已实现的波动率。**交易波动幅度**是对某个市场在指定的一天内波动幅度的估计。交易波动幅度是当天最高价(H)和前一天收盘价(C_{t-1})的最大值与当天最低价(L)和前一天收盘价(C_{t-1})的最小值之差。**交易波动幅度均值**是一定时间窗口(n)内的波动幅度的平均值。例如,此窗口可能是100日或50日,具体取决于交易速度。

名义头寸(v)是每个单独市场的**交易波动幅度均值**(ATR_n)的函数,可以用下式表达:

$$v(ATR) = s \times \left(\frac{\theta \times c}{ATR_n \times PV} \right) \times (PV \times P)$$

其中,

$$TR_t = \max(H, C_{t-1}) - \min(L, C_{t-1})$$

$$ATR_n(t) = \frac{1}{n} \sum_{i=0}^{n-1} TR_{t-i}$$

交易信号生成和聚合

头寸规模取决于风险配置和头寸调整函数(s)。头寸调整函数建立在交易信号上,而交易信号取决于潜在趋势信号。**趋势信号**是定义看多/看空趋势的基本信号。**交易信号**需要聚合趋势信号,有时还需要过滤简单的趋势信号。[1] 在整个管理期货行业中,有两种简单的核心策略通常为趋势信号提供基础:第一种是**移动平均线策略**,第二种是**通道突破策略**。移动平均值就是价格的滚动平均值。简单的移动平均线策略会在价格高于移动平均值时产生多头信号,在价格低于移动平均值时产生空头信号。图3.3展示了2013年6月至2013年12月标准普尔500指数 SPX 的简单20日移动平均线示例。此示例还展示了多头交易信号和空头交易信号的几个入场机会。**移动平均线交叉策略**使

---

[1] 在实践中,趋势信号通常是二进制的0或1信号。交易信号可以是二进制的,也可以是非二进制的。同样的,交易强度可以是二进制的,也可以是非二进制的。本章后文中的示例将展示这一点。

用不同窗口的移动平均线以及交叉规则来确定趋势信号何时为多头或空头。例如，简单的情况是快速移动平均线和慢速移动平均线。更明确地说，价格的 150 日移动平均线可以是慢速移动平均线，价格的 50 日移动平均线可以是快速移动平均线。当快速移动平均线自下而上突破慢速移动平均线时，产生多头趋势信号。当快速移动平均线自上而下跌破慢速移动平均线时，产生空头趋势信号。简单应用此策略的一个关键问题是，基于移动平均线的趋势信号可能经常变化。① 这可能会导致不必要的交易和相关的交易成本。关键在于，趋势信号取决于移动平均线，随着移动平均线的变化而变化。

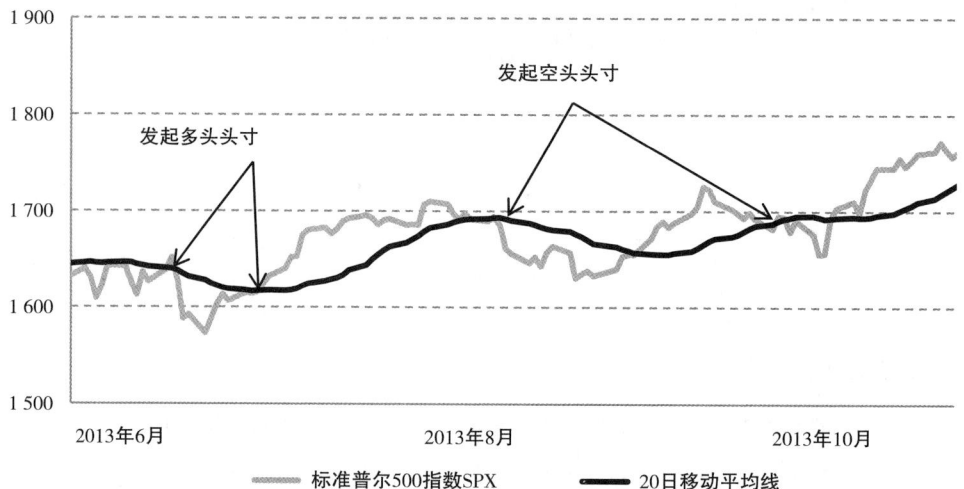

图 3.3 标准普尔 500 指数的 20 日移动平均信号示例（2013 年 6 月至 2013 年 12 月）。当价格向上穿过 20 日移动平均线时，趋势信号为多头信号，当价格向下穿过 20 日移动平均线时，趋势信号为空头信号。

当价格突破一定范围的值时，通道突破策略会产生多头或空头趋势信号。这些范围的值通常称为**阻力位**和**支撑位**。可以使用许多不同的技术指标来定义阻力位和支撑位，包括过去的价格、波动幅度和其他指标。然而，这些水平通常只是在给定的历史回测窗口内的高价和低价。当价格高于阻力位时，通道突破策略产生一个多头趋势信

---

① 这是因为慢速移动平均线和快速移动平均线可能会纠缠在一起，出现来回多次的假突破。——译者注

第 3 章 系统化趋势跟踪策略的基本知识
Chapter 3　Systematic Trend Following Basics

号；反之，当价格低于支撑位时，产生一个空头趋势信号。基于通道突破策略趋势信号的交易信号根据以下规则设置：当通道突破策略产生方向相反的趋势信号或者触发了追踪止损条件时，退出头寸。**追踪止损**（trailing stop）是一种取决于最近的价格走势的止损规则，这样就能确保止损"追踪"价格。重要的是，要记住这一点：交易信号是对相应的潜在趋势信号进行聚合和过滤后的版本。与移动平均线策略产生的趋势信号相比，由于不同的参数设置，通道突破策略的趋势信号可能会随着时间的推移而发生更剧烈的变化。尽管如此，移动平均线趋势信号和通道突破趋势信号仍会产生总体上高度相关的系统。

移动平均线策略和通道突破策略都定义了一组规则来创建趋势信号。这些趋势信号可以经过滤和聚合产生交易信号，而后者是定义特定市场中多头或空头头寸的信号。① 在实践中，交易信号通常是具有各种历史回测窗口的通道突破趋势信号或移动平均线趋势信号的组合。例如，可以聚合简单的移动平均线策略的趋势信号以确定头寸规模。这个问题将在下一节中讨论。

信号聚合和头寸调整的关系

构建完整的交易系统要解决的一个重要问题是**趋势强度**的作用。趋势强度用于衡量当前趋势的强弱程度。鉴于此，趋势强度通常被用来确定市场是否处于区间波动，或正开始一轮新趋势。通常情况下，趋势强度用不同历史回测窗口下产生的交易信号聚合起来的整体信号水平来度量。有许多方法可以将趋势强度与头寸调整联系起来。例如，使用移动平均策略的趋势信号池，趋势强度可以简单地定义为预先指定的一组历史回测窗口中的正交叉数量和负交叉数量的差值。同样，对于通道突破策略的趋势信号，趋势强度可以定义为在当前时间段之前的一组历史回测窗口期间发生的正突破数量和负突破数量的差值。头寸规模通常是趋势强度的显函数。为了直观地演示，图

---

① 为了能够清晰地阐释，交易信号可以是简单的原始趋势信号，也可以是趋势信号的过滤版本和聚合版本。趋势强度是由趋势信号的聚集程度决定的。如果趋势信号都是原始趋势信号的话，"趋势信号"这一术语就是多余的。

3.4 展示了一组趋势强度如何与头寸调整相关联的示例。

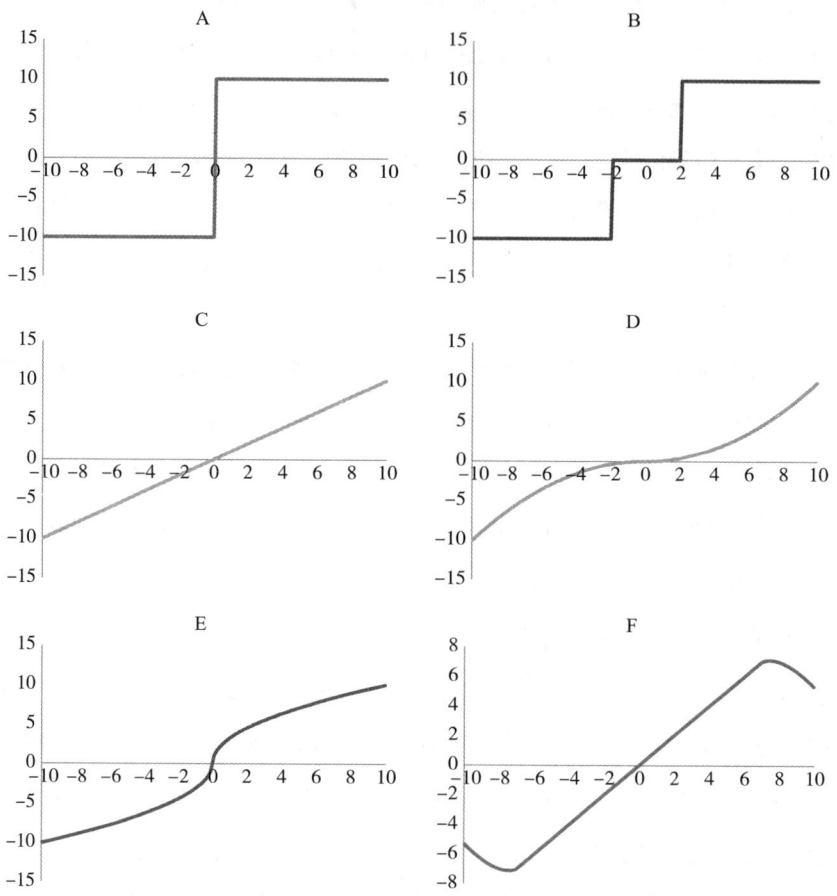

图 3.4 头寸调整和趋势强度关系的示例。其中 x 轴是趋势强度，y 轴是头寸调整函数。在此例中，趋势强度在 $-10\sim10$ 之间，头寸调整函数也在 $-10\sim10$ 之间。为了将头寸缩放至 $-1\sim1$，必须用标准头寸除以 10，进行归一化：$s=TS/10$。

示例（A）是一个简单的二元方法，在阈值 0 处从多头头寸切换到空头头寸。示例（B）在 0 附近设置缓冲区。在这种情况下，只有趋势强度的绝对值足够大，弱信号才会切换。示例（C）中的趋势强度为线性配置。示例（D）和示例（E）采用非线性方法。示例（F）采用带有获利回吐策略的线性头寸调整函数。图 3.4 清楚地表明，有许

第 3 章 系统化趋势跟踪策略的基本知识
Chapter 3 Systematic Trend Following Basics

多不同的方法可以将趋势强度与头寸调整相关联。对于图 3.4 中的每个示例，趋势强度（TS）的范围均为 $-10\sim 10$。回到名义头寸的方程，每种情况下都可以将头寸调整函数写为趋势强度的归一化函数。对于图 3.4 中的示例，简单地用趋势强度除以 10，即得头寸调整函数（即 $s = TS / 10$）。

市场配置

市场配置是指在不同的期货市场上配置资金和风险的过程。配置过程既包括资金配置方案，也包括风险调整和风险载荷。从名义头寸的公式来看，根据风险调整市场配置的途径有两种：通过风险载荷或每份合约风险的波动率变化来调整风险。回到公式，每个特定市场的名义头寸（v）等于头寸调整函数乘以调整后总金额风险，再乘以合约的名义价值：

$$v = s \times \frac{\theta \times c}{\sigma_K(\Delta p) \times PV} \times (PV \times P)$$

仔细研究这个公式，可以对其做几个简化。首先，简单情况下，可以设定为所有市场的风险载荷（θ）都相等。风险载荷通常以基点（bps）为单位，例如，每个市场的风险载荷为 0.02 bps。以这种方式设定风险载荷，可以考虑到趋势跟踪策略系统的基本杠杆比率。在该结构中也可以考虑相关性。更具体地说，假设每个市场的风险载荷为 2 bps，并且交易系统交易 50 个市场。总的来说，可以使用标量 K 来考虑相关性。例如，有 50 个市场，总风险为 $100K$。根据标的市场的相关结构，K 是 $0\sim 1$ 之间的标量。类似于一个没有相关性的系统，该系统结构也可以通过调整每个市场的风险载荷来调整总风险的基本杠杆比率。在风险载荷相同的简单情形中，总风险可以轻松地从 $100K$ bps 倍增到 $400K$ bps（假设相关风险和监管限制仍然在适当的范围内）。以类似的方式，也可以很容易地设计趋势跟踪策略系统，将其用于调整不同的个别市场或市场制度的风险载荷。对于以波动率定义风险的情况，重要的是要记住，头寸调整已经通过调整金额风险考虑了过去的波动率。

资金配置也可能因市场而异。在名义头寸（v）的公式中，资金配置用 c 表示。在最简单的情况下，资金配置可以采取等金额风险配置的方法。这意味着单个市场的资金等于总资金（c_T）除以交易市场的数量（N）：

$$c^{EDR} = \frac{c_T}{N}$$

资金配置的方法有很多种，其中一些方法很适合本节提出的简单结构。其他的方法可能需要更复杂或新的结构才能实施。配置风险的主要方式包括等金额风险配置（EDR）、等风险贡献配置（ERC）和市值加权配置（MCW）。①

- **等金额风险配置**是一种为每个市场配置相同数量的金额风险的策略。这种方法与 $1/N$ 方法类似，不考虑市场之间的相关性。
- **等风险贡献配置**是在考虑相关性的基础上，根据每个市场的风险贡献来配置风险的策略。这种方法类似于风险平价。
- **市值加权配置**是将资金作为单个市场的市值的函数进行配置的方法。在期货市场，市值的权重取决于市场规模，以成交量和日度价格波动率来衡量。

这里将更详细地讨论等金额风险配置和市值加权配置。② 这两种方法反映了股票市场中典型的资金配置方法：等权重配置与价值加权配置。对股票等权重指数的研究往往表明，它们在历史上的表现优于价值加权指数。1989—2013 年，标准普尔 500 等权重指数和价值加权指数的表现如图 3.5 所示。尽管等权重配置在股票市场中的历史表现优异，但仍有怀疑论者认为幸存者偏差和不同风险也可以解释其中一些原因。趋势跟踪策略的配置方法也可以分为等金额风险配置和市值加权配置。这里，市值定义为日交易量的均值乘以每个市场的波动率。该指标是基于风险的市值流动性度量指标。在趋势跟踪策略系统中，市值（或价值）加权方法将更多的资金配置给更大、流动性更高的市场，这和价值加权股票指数类似。和等权重股票指数类似，等金额风险配置方

---

① 关于这些方法及一些其他方法的更多细节性描述，请参考"Quantcraft"（2013）。
② 在名义仓位（v）的公式中，对等金额风险配置（EDR）的每个市场来说，资金配置（c）是相等的，且根据市值权重进行缩放。

第 3 章 系统化趋势跟踪策略的基本知识
Chapter 3 Systematic Trend Following Basics

法将为较小且流动性较差的市场配置更多风险。

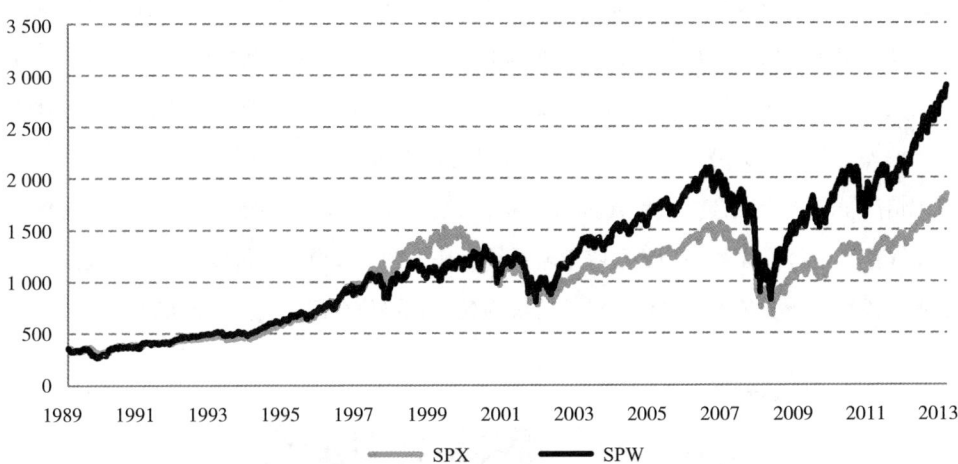

图 3.5　1989—2013 年，标准普尔 500 价值加权指数（SPX）和标准普尔 500 等权重指数（SPW）。

和股票指数的等权重及价值加权方法类似，从长期来看，等风险贡献配置的趋势跟踪策略的表现优于市值加权配置的。① 资产管理规模较大的基金无法将资金配置给持仓量和成交量较低的市场，更有可能遵循较接近市值加权的配置方法。例如，在简单的实验中，基于市值加权的配置方法在股指期货和固定收益债券期货中配置了超过 60% 的资金，而农产品期货市场只获得了 5% 的配置资金。这种高度不平衡的配置使得投资组合主要集中于金融期货，降低了其他市场可以提供的分散化收益率。第 15 章将进一步讨论该主题。

行业配置和配置条件约束

大多数趋势跟踪策略系统都有相应的行业偏好或投资目标。特别是，趋势跟踪策略系统要么有行业偏差，要么有行业方向性偏差。当特定行业的风险权重高于其他行业时，就会出现**行业偏差**。最简单的例子就是具有金融期货行业偏差的大型基金。较

---

① 市场规模因子将在第 12 章中讨论。

小的期货市场（如商品期货）由于其规模和成交量而具有相当大的流动性限制。考虑到这一点，对于较大型的基金而言，金融期货行业偏差是不可避免的。通常可以通过调整特定市场的风险载荷或资金配置来获得行业偏差。**行业方向性偏差**是指交易系统专门设计成在特定市场行业偏向多头或空头头寸。最常见的是股指多头偏差。行业方向性偏差通常用于交易信号水平。头寸被过滤，以偏向多头头寸而不是空头头寸。在极端情况下，投资组合中只包含多头头寸。在这种情况下，系统仅包含多头交易信号并滤除空头信号。完整的趋势跟踪策略系统示例如图 3.6 所示。可以在风险载荷或资金配置阶段添加行业偏差，在信号过滤阶段为各个趋势信号添加行业方向偏差。

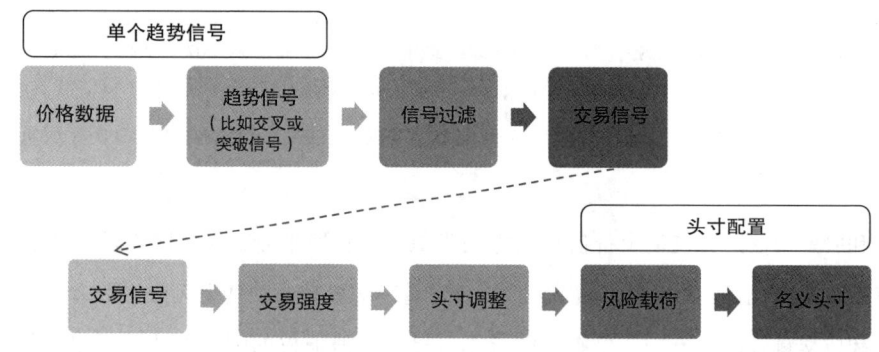

图 3.6　完整的趋势跟踪策略系统示意。

交易执行

趋势跟踪策略系统的最后一个构成部分是交易执行。将交易信号转换为实际头寸的实施方法因系统而异。但是，需要注意的是，对于大多数中长期趋势而言，交易执行并不紧迫。更具体地说，阿尔法衰减水平不显著。**阿尔法衰减**（alpha decay）是延迟执行时收益表现降低的速度。从长期角度来看，阿尔法衰减对趋势跟踪策略的重要性远低于其对许多其他对冲基金策略的重要性。① 因此，对于趋势跟踪策略系统而言，执行交易时，更重要的是考虑交易成本而不是执行速度。趋势跟踪策略的交易订单可以

---

① 有关趋势泄漏和入市开仓决策的重要性将在第 5 章进行讨论。

以相当被动的方式执行。例如，订单可以在下一个交易日的流动期间使用时间加权平均价格（TWAP）策略执行。① 某些系统也可能在当天的流动期间对价格进行抽样，以生成信号并将每日订单分成几个日内订单。

趋势跟踪策略通常通过简单的市价单执行，不经常使用止损单和更复杂的限价单。趋势跟踪策略系统会使用止损规则，但它们通常处于交易信号级别而不是执行级别。例如，交易系统可以使用追踪止损来调整突破趋势信号，但是在日内使用简单的市价单来实现持仓。

■ 策略分类与核心差异

趋势跟踪策略系统类似于精细化的交易机器。从"黑匣子外部"，投资者往往无法获得有关策略是如何执行的所有细节。因此，他们必须依赖几个指标，帮助理解趋势跟踪策略系统是如何构建并进行分类的。这些指标可以帮助投资者设定对特定趋势跟踪策略的合理预期，监控可能的风格漂移，并在评价基金经理收益表现时提出理智和有用的问题。本节简要回顾趋势跟踪策略程序化系统中的常见差异和衡量这些差异因素的常用指标。

回到本章第一部分所述的基础知识，趋势跟踪策略系统由四个关键环节组成：信号生成和过滤、头寸调整、风险配置和交易执行。每一个环节中，存在许多可以应用的参数、技术和方法的排列组合。自由度很大，从投资者的角度来看，可能难以处理。因此，本部分重点介绍可以区分这些系统的核心特征。这些核心特征包括风险目标、资金配置、持仓周期和方向性偏差。表 3.1 列出了这些核心因素和用于衡量这些因素的常用指标。本节将介绍这些特征并进一步讨论如何量度它们的更多细节。这些核心特征的不同，将导致不同类别的趋势跟踪策略系统的划分。将趋势跟踪策略划分为不同类别有助于创建更广泛的风格因子，从而促进收益表现评估、业绩基准测试和风格分析。本书的第五部分会详细介绍这些主题。

---

① TWAP 策略，为了获得时间加权平均价格而执行订单的方式。

表 3.1　区分趋势跟踪策略系统的核心因素和用于比较的通用指标。

区分趋势跟踪策略系统的核心因素	度量指标
风险目标（杠杆）	收益流的归一化风险
资金配置	等金额风险配置 vs 市值加权配置
持仓周期（系统速度）	历史回测窗口大小：中期或者长期
方向性偏差	股票多头偏差 vs 无股票偏差

风险目标和杠杆

风险目标是配置给趋势跟踪策略的风险总量。从一种趋势跟踪策略到另一种趋势跟踪策略，风险目标会随着基金经理偏好的不同而不同。在期货交易中，风险目标大致是线性的。这意味着，可以通过将所有收益率归一化到一个共同的风险水平来考虑具有不同风险目标的趋势跟踪策略程序化系统。在对不同的趋势跟踪策略进行任何比较之前，必须先执行归一化。

风险目标通常由趋势跟踪策略程序化系统中的投资指令规定。但是，事后，它们通常通过已实现的波动率来衡量。在实践中可能需要考虑的一个问题是，如何针对随时间改变其风险目标的程序化系统进行调整。例如，许多大型趋势跟踪策略投资者倾向于在管理资产增加时提出波动率目标。这导致简单的风险归一化变得更加复杂。在这种情况下，将收益率时间序列划分为不同的子时段可能更合适。

资金配置

资金配置是投资组合业绩的第二个核心差异化因素。正如前一节所讨论的，有许多方法可以跨市场配置资金。为简单起见，本节重点介绍上一节中提到的两种广为接受的方法：等金额风险配置和市值加权配置。这些分类反映了股票市场中经典的配置方法，尤其是价值加权与等权重配置。在此，市值定义为日交易量的均值乘以每个市场的波动率。该指标是基于风险的市场流动性度量指标。在趋势跟踪策略系统中，市值（或价值）加权方法将更多的资金配置给更大、流动性更高的市场，这和价值加权股票指数类似。和等权重股票指数类似，等金额风险配置方法将为较小且流动性较差的市场配置更多风险。等风险贡献配置方法和市值加权配置方法的主要差异在于，市值加权配置可能会将超过 60% 的资金配置给金融期货，而大宗商品农产品期货只能获得约 5% 的配置资金。这种高度不平衡的配置使得投资组合主要集中于金融期货。第 15 章将进一步详细讨论流动性较低的市场的影响，以及市场规模对趋势跟踪策略程序化系统的作用。

持仓周期

平均持仓周期是交易持有的平均时间。持仓周期主要取决于信号生成和交易执行，但也可能取决于头寸配置和风险配置。交易信号决定何时入市开仓和平仓退市。信号生成可以包括许多不同的参数选择，增加了复杂度。要考虑的一个简单指标是样本期的历史回测窗口，它可以用于标识入市和退市的参数。**历史回测窗口**是用于计算信号生成所需的时间长度。例如，100 日移动平均线信号使用 100 日历史回测窗口来计算移动平均线。

风险控制机制也会对持仓周期产生影响，特别是在追踪止损用于控制风险的情况下。例如，趋势信号中具有较宽松的止损规则或没有止损的趋势跟踪策略系统，与具有更严格的止损规则的系统相比，持仓周期更长。头寸调整和风险配置也可能对持仓周期产生影响。各种用于执行市场配置和头寸调整的方法中，有许多不同的参数可以影响持仓周期。例如，在头寸调整公式中，如何根据真实波动幅度代表的近期交易波动率来调整头寸，会受到真实波动幅度均值的历史回测窗口的影响。如果这个历史回测窗口较短，则头寸调整更侧重于短期波动率，这意味着在等金额风险配置的情况下，交易活动较大的市场将会减少，从长远来看可能缩短持仓周期。如果历史回测窗口较长，则周期较短的较大交易活动将放缓速度，从而导致较长的持仓周期。鉴于此，有几个参数会影响平均持仓周期的大小，特别是用于信号生成的历史回测窗口的大小、在交易信号中使用的止损规则，以及用于风险配置的历史回测窗口的大小。利用这些参数可以更好地了解平均持仓周期。

方向性偏差

理论上，趋势跟踪策略程序的默认值可能与多头和空头偏差无关。正如在讨论

"趋势跟踪策略系统的基本构建模块"时所解释的那样，一些基金经理故意施加了行业偏差或行业方向性偏差。最常见的行业偏差类型是股票行业偏差或金融期货行业偏差。选择股票行业偏差，可能是为了更明确地跟踪股票市场的上升趋势，或出于其他原因。而金融期货行业偏差可能是人为的选择，也可能仅仅是由于受到流动性限制而造成的。在头寸配置的水平上最容易产生行业偏差。行业方向性偏差则有点复杂。许多基金经理会明确说明其**平均行业配置**，或配置给特定行业的资金数量。如果没有明确说明，也可以从披露的行业表现或风险中大致推断出来。

可以使用趋势过滤器在交易信号水平上施加行业方向性偏差，或者根据如何确定市场配置，在风险水平上施加行业方向性偏差。从"黑匣子外部"，确定行业方向性偏差也比行业配置更复杂。基金经理可能不会指明方向性偏差，但可能会因为用于生成仓位的信号而导致方向性偏差。例如，如果趋势跟踪策略系统应用了偏向多头而不是空头的过滤器，或者如果一个市场本身倾向于多头而非空头，就会产生方向性偏差。原则上，方向性偏差并不是一件坏事。许多市场都会以某种方式存在固有的偏差。例如，许多趋势跟踪策略系统似乎有净多头偏差，因为他们通常选择固定收益债券期货的多头头寸而不是空头头寸。退一步说，这是意料之中的，因为利率已经接近零，所以长期以来固定收益债券的长期趋势一直是多头的。行业方向性偏差会导致系统间的收益率分散，并改变策略的某些统计特征。例如，具有较大股票多头偏差的趋势跟踪策略程序化系统可能表现出类似于股票市场收益率的负偏度。收益率的**偏度**（skewness）是衡量趋势跟踪策略系统的股票偏差水平的一种方法。①

■ 趋势跟踪策略系统的分类

区分趋势跟踪策略系统的三个核心特征包括资金配置、方向性偏差和持仓周期。结合这三个特征，可以创建八个独特的交易系统。资金配置分为等金额风险加权配置和市值加权配置。交易速度分为中期和长期，通过为信号选择不同长度的历史回测窗

---

① 本书后文中会讨论其他统计指标，包括趋势跟踪策略系统的收益率分散度和业绩基准。

第 3 章　系统化趋势跟踪策略的基本知识
Chapter 3　Systematic Trend Following Basics

口来实现中期和长期持仓周期。① 股票市场偏差分为股票多头偏差或没有明显的股票多头偏差。股票多头偏差是通过增持多头头寸和减持空头头寸来实现的。每个趋势跟踪策略系统的特点都以系统设计的三个核心因素为特征。根据资金配置、持仓周期和交易速度的不同选择，趋势跟踪策略可以划分为八个交易系统，详见表 3.2。

表 3.2　根据股票多头偏差、资金配置和持仓周期三个维度划分的八个趋势跟踪策略系统。其中，"非长期持仓"意味着中期持仓。

	股票多头偏差	市值加权配置	长期持仓
1	无	否	非
2	有	否	非
3	无	是	非
4	无	否	是
5	有	是	非
6	无	是	是
7	有	否	是
8	有	是	是

系统 1 定义为纯粹趋势跟踪策略系统。系统 1 是中期的，就像大多数 CTA 一样，随着时间的推移，系统对所有市场都具有相同的金额风险权重，并且系统没有股票多头偏差。本书在后文中都将此类系统表示为**纯粹趋势跟踪策略系统**。根据定义，纯粹趋势跟踪策略系统是可以构建的最**不可知**（agnostic）的系统。纯粹趋势跟踪策略系统是在流动性、风险配置或行业配置中没有特别偏差的系统。趋势跟踪策略的划分有助于讨论趋势跟踪策略的收益表现，并推动了本书后文中业绩基准和风格因子的构建。

■ 本章总结

趋势跟踪策略系统是精细化、自动化交易的系统。这些系统在一定程度上可能看

---

① 对中期和长期的划分是相对主观的。在本书中，中期表示少于 100 日的持仓周期，长期则表示多于 100 日的持仓周期。

起来像"黑匣子",但仔细研究其构建模块,可以为理解这些策略是如何构建的提供一种基准。趋势跟踪策略系统由几个部分组成:数据处理、信号生成、头寸调整、市场配置和交易执行。这些构成部分耦合在一起,以系统地确定趋势并在市场中配置资金。通过回顾趋势跟踪策略系统的基本构建模块,并仔细研究趋势跟踪策略系统中的几个核心差异特征,可以了解趋势跟踪策略系统运行的机制。利用这些核心差异特征,可以将趋势跟踪策略系统划分为八个不同的系统。了解趋势跟踪策略系统的基础知识和区分系统的核心指标是理解它们的基础。

■ 延伸阅读与参考文献

Alverez, M., M. Beceren, C. Davies, S. Mesomeris, and C. Natividade. "Quantcraft: Colours of the Trend." Deutsche Bank Markets Research, September 2013.

Clenow, A. *Following the Trend.* Hoboken, NJ: John Wiley & Sons, 2013.

Greyserman, A., K. Kaminski, A. Lo, and L. Yan. "Style Analysis in Systematic Trend Following." Working paper, 2014.

Kissko, L., and T. Sanzin. "Shedding Light on the Black Box." Strategy Insight white paper, Hermes BPK Parters, 2012.

第三部分

理论基础

THEORETICAL FOUNDATIONS

第 4 章

适应性市场和趋势跟踪策略

金融理论家和业界从业者都认为,经典的有效市场假说往往无法解释动态交易策略的某些现象。有效市场假说的核心问题在于它对市场行为提出了一种静态的看法。另一方面,行为金融学表明,市场参与者系统地偏离大多数经济学家称为理性预期的行为。实际上,市场是适应性的,市场条件会随着市场环境以及金融市场中竞争的构成和水平而不断变化。**适应性市场假说**是用进化生物学原理解释市场行为的理论体系。在适应性市场体系中,正是那些深谙"物竞天择,适者生存"之道的市场参与者,通过自然选择的力量,得以在竞争激烈且充满活力的金融市场中竞争并存活下来继续参与竞争。

本章介绍了 Andrew Lo(2004,2005,2006,2012)所提出的适应性市场假说,以提供更多有关如何理解动态交易策略的细节。使用适应性市场假说,可以更容易地理解动态策略(例如趋势跟踪策略)以及适应性对市场中的长期存活和成功所起到的作用。适应性市场假说致力于从人类行为进化起源的角度解释人类面对时间顺序选择时的行为,从而诠释了金融市场中的**投机风险溢价**和投机性机会。不同于传统的有效市场假说的观点,在适应性市场假说的理论体系下,趋势跟踪策略的竞争优势和适应性特征解释了为什么该策略在市场分歧期间,特别是在金融危机期间收益表现突出。金融危机代表着市场分歧、供给和需求之间潜在的不平衡以及总体价格错位往往最严重的时期。以经典的有效市场术语来说,这些往往是市场有效性可能受到考验的短暂时刻。

为了从实证角度审视危机阿尔法和投机风险溢价，可将趋势跟踪策略的收益表现分解为三个部分：无风险利率、投机风险溢价和危机阿尔法。无风险利率是保证金的正收益率。投机风险溢价是由在危机之外获取溢价（如套期保值溢价）的能力所驱动的。危机阿尔法是由趋势跟踪策略在市场压力期间的适应能力和保持竞争的能力所驱动的。使用共同的行业业绩基准，危机阿尔法在2000—2013年为CTA提供了相当可观的收益率。在此期间，危机之外的指数级投机风险溢价相对较低。为了进一步了解趋势跟踪策略近期的收益表现，我们还用相同的分解方法对第1章中的数个世纪分析所用到的200多年的历史数据进行了分析。对长期历史数据的研究表明，危机阿尔法一直是驱动一些（但并不总是大部分）趋势跟踪策略收益的重要来源，特别是在2000—2013年这一时期。

■ 适应性市场假说

经典的有效市场假说是理解市场价格如何表现的理论框架。强式有效市场假说认为价格能反映所有相关的信息。即使是弱式有效市场假说，也暗示着所有历史价格信息都不能用来进行有利可图的投资。鉴于趋势跟踪策略是一种根据历史价格的趋势跨资产类别进行系统化投资的方法，这和即使是最弱式的有效市场假说也直接冲突。因此，趋势跟踪策略经常被学者忽视，并被大多数受过学术训练的从业者质疑，也就不足为奇了。事实上，直到最近，趋势跟踪策略还经常被归入所谓"巫毒"金融策略的行列，比如技术分析。不过随着越来越多的学者和从业者开始讨论有效市场假说中关于市场观点的局限性，人们开始以更加积极的目光讨论趋势跟踪策略。

有效市场假说的主要问题在于它不是动态的，并且在这种理论体系下，诸如趋势跟踪策略之类的策略可能看起来是反直觉的。2004年，麻省理工学院的罗闻全提出了一种替代有效市场假说的理论，这种理论对市场行为持有更加动态的和适应性的观点。适应性市场假说是一套了解市场如何发展，机会如何产生，以及市场参与者如何基于

第 4 章 适应性市场和趋势跟踪策略
Chapter 4 Adaptive Markets and Trend Following

生物进化学原理盈利或亏损的理论体系。① 该理论试图调和与传统的有效市场假说有关的关键问题。② 根据适应性市场假说，生物进化学的核心概念通过竞争、变异、繁殖和自然选择的力量来管理市场动态。

价格是参与其中的个人和机构投资者努力适应不断变化的宏观经济环境的结果，如果把市场看作一个生态系统，那么里面就存在各种不同类型的物种，即不同的市场参与者群体：例如养老基金、散户投资者、对冲基金。（Lo，2004）

根据有效市场假说的理论，当资源充足且竞争程度较低时，市场中存在着获利机会。随着竞争的加剧，通过自然选择，只有具有竞争优势的市场参与者能够生存和适应。那些无法适应的市场参与者会消失，从而竞争减少，重新开始新一轮的进化循环。对冲基金的此消彼长是反映这种现象的一个很好的例子。图 4.1 展示了自然选择的循环过程，其中竞争和适应能力的不同决定了参与者的成败与否。

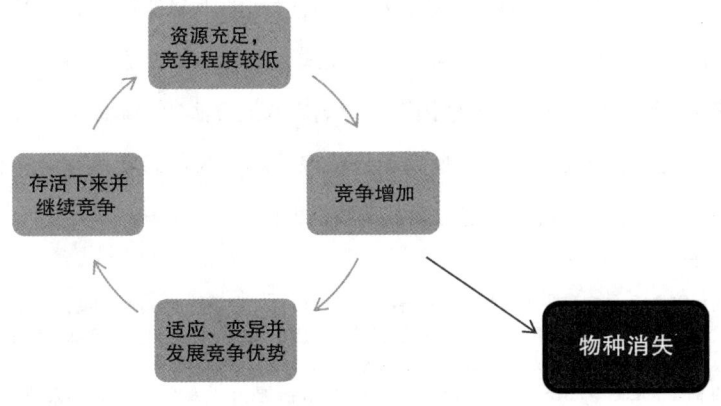

图 4.1 机会和竞争并存的自然选择示意。

---

① 在其他学术论文中，Lo 和 Mueller（2010）讨论了经济学家如何承受"对物理学的嫉妒和对数学精确度的错觉"。他们讨论了金融是如何被部分不可避免的不确定性所管理的。更简单地说，金融不像物理那样是可以量化的。著名的物理学家理查德·费曼（Richard Feynman）经常被引用的一句名言就是："想想看，要是电子有感觉，研究物理学会有多么困难。"
② 适应性市场假说理论的优势在于它不仅包含了有效市场假说，也包含了行为金融学理论。

管理期货的趋势跟踪策略：寻找危机阿尔法
Trend Following with Managed Futures: The Search for Crisis Alpha

如果我们把市场看作一个生态系统，则很容易看出有效市场假说和行为金融学都是合理的理论。首先，当市场中竞争激烈时，价格非常有效；当竞争较为缓和时，价格可能并不那么有效，这也与有效市场假说的观点一致。其次，根据适应性市场假说，市场被看作由各类物种组成的生态系统。正如在进化生物学中那样，金融物种基于自然选择的原则而存活。神经科学家、心理学家和行为金融学专家都认为，人类是用启发式方法或简单的规则来做决策的。如果人类使用启发式方法来做决策并能够适应而生存下来，那么行为偏差只是人类运用启发式方法进行决策的自然结果。例如，如果一个人变得恐惧和贪婪，众所周知，恐惧和贪婪是引起行为偏差的两种原始的人类情感。① 尽管我们基于启发式方法的行为会出现一些失误，但正是启发式方法帮助人类历经数个世纪得以生存下来。② 在神经科学、神经经济学（乃至神经金融学）和心理学领域，越来越多的学术研究支持这一观点：启发式方法（而非效用最优）是人类进行决策的核心。简言之，人类使用启发式方法，随着时间的推移他们会利用经验来适应环境。毫无疑问，有时我们依据这些简单的启发式方法做出的金融决策，可能会与公认的理性决策不一致。③ 仔细研究哪些因素会影响启发式方法适应不断变化的金融环境的能力，会为我们了解启发式方法（比如趋势跟踪策略）为何以及何时可能有效提供进一步的视角。下一节我们将深入探讨影响适应性的因素。

---

① 从进化论的角度来说，"恐惧是大脑的重型火警"（Lo, 2011）。恐惧发生亏损或者后悔可能导致投资者表现出处置效应。对亏损的恐惧或纯粹的贪婪可能引导投资者跟风，从而走向金融泡沫。更多有关情绪如何影响金融投资决策的信息，可以参考 Shull、Celiano 和 Menaker（2014）。

② 举个有趣的例子，Lee 和 Schwarz（2012）写了一篇副标题为"社会怀疑的体现和鱼腥味"（*The Embodiment of Social Suspicion and Fishy Smells*）的论文。他们在研究中指出，当投资者闻到鱼腥味时，他们承担的风险会降低25%。这份研究表明了人们内心的感觉是如何影响金融决策的。当我们闻到奇怪的味道，比如腐烂的鱼散发的气味时，一种简单的行为启发式方法告诉我们要降低风险。另外一个例子，是 Dijksterhuis 和 Nordgren（2006）提出了一个框架，表明在复杂的情形中，无意识思维比我们预期的表现得更好。再举一个例子，Bossaerts、Bruguier 和 Quartz（2010）展示了使用心智理论（TOM）的人的表现是如何胜过运用概率推理策略的人的相应表现的。其中，TOM 是一种理解他人是如何思考的理论，或者用他们的话说，TOM 是"人类辨别善意和恶意的能力"。有关这一领域的最新文献综述，参见 Shull、Celiano 和 Menaker（2014）。

③ Brennan 和 Lo（2011, 2012）讨论了行为的起源。他们运用二元选择模型，解释了已经被广泛讨论的启发式方法，包括概率匹配、风险寻求和风险厌恶等。

第 4 章　适应性市场和趋势跟踪策略
Chapter 4　Adaptive Markets and Trend Following

影响市场适应性的因素

对于交易策略，特别是动态交易策略来说，在竞争激烈的金融市场中生存下来的关键是能够适应市场。**适应**是一个进化过程，是指一个物种或一批市场参与者能够适应市场环境的变化。市场环境急剧变化的最极端的例子发生在金融危机期间。由于整个行业对股票市场的多头偏差，在股市危机的情形下，大多数市场参与者受到影响，市场有效性经常遭到考验。

在现代金融环境中，在由市场和市场参与者构成的复杂网络中，有许多因素会影响市场参与者适应市场环境变化的能力。这些因素可分为三类：制度限制、市场功能和行为偏差。这三类因素也可以细分为几个直接影响适应性能力的特定因素。这些特定的影响因素及其实例如表 4.1 所示，下面会介绍每个影响因素如何影响适应性能力。

表 4.1　影响适应性能力的特定因素和实例。

影响适应性能力的特定因素	实例
制度限制	系统化回撤约束
	系统化风险约束（如巴塞尔协议Ⅲ）
	资产配置约束
	资产类别和市场限制
	保证金和抵押品限制
市场功能	流动性
	交易对手风险
	多头和空头之间的不对称性
行为偏差	多头偏差
	风险厌恶（Loss aversion）
	锚定效应（Anchoring）
	羊群效应（Herding）

制度限制　由于金融行业的特点和构造，所有市场参与者都要受到不同程度的制

度监管和约束。这些约束包括系统化回撤约束或政策、系统化风险约束（比如，在巴塞尔协议 II、随后发布的巴塞尔协议 III 以及欧洲偿付能力监管标准 II 中的 VaR 政策）、资金配置约束（比如，共同基金只能做多的政策）、资产类别和市场约束（比如，对商品期货或衍生品合约的限制），以及保证金和抵押品约束。回撤约束是指基于截断亏损的约束政策，以便于在达到预设回撤之后通过止损指令进行清仓。系统化风险约束是指在达到风险限额时减少头寸的政策。这些风险限额是由 VaR 和其他基于波动率的指标定义的。资产配置约束是特定的强制约束，会严格限制资金配置。不允许卖空是这种约束最典型的例子，对大多数共同基金都是有效的。特定的资产类别和市场约束是指限制某些类型合约交易（例如，养老基金或某些共同基金的衍生品市场）的指令。保证金和抵押品约束则因参与者类型、市场类型和合约类型而异。

这些约束的严格程度在不同的市场参与者之间存在着显著差异，对养老基金和散户投资者的监管最严格，对对冲基金的监管最松散。对于对冲基金来说，回撤约束、风险约束和保证金约束也仍然适用，尽管这些约束不如对其他散户和机构投资者那么严格。

市场功能 所有市场都不是相同的。在大多数情况下，不同金融市场中的市场功能都存在很大差异，这些差异是由市场的设计、市场的构建、交易的参与者以及在市场中交易的具体合约造成的。影响市场参与者适应能力的市场功能的关键因素是流动性、交易对手风险，以及多头和空头头寸之间的不对称性。流动性受到合约的标准化水平、合约的透明度、该市场中的交易对手风险、市场参与者在该市场中交易的多样性，以及市场深度的影响。虽然交易对手风险也会影响流动性，但它的重要性足以将它视为一个单独的因素。不同市场的交易对手风险水平差别很大。例如，OTC 合约对交易对手风险的依赖程度较高。第 2 章讨论过远期和期货合约，与双边远期合约相比，由于期货标准化合约的结构和集中清算的特点，期货合约中交易对手风险较低。总的来说，基于集中清算的规则，在交易所买卖合约具有较小的交易对手风险。多头和空头头寸之间的不对称性也因市场而异，并且由于监管政策，多头和空头头寸之间的不对称性在不同的市场参与者之间差别也很大。以卖空为例，股票市场卖空需要 50% 的保证金，而且仅限于某些类别的投资者；私募股权投资不允许卖空，但在期货市场，

第 4 章　适应性市场和趋势跟踪策略
Chapter 4　Adaptive Markets and Trend Following

对于卖空与多头头寸的限制规则是一样的。

行为偏差：金融达尔文主义？　行为金融学专家已经证明了市场中存在着过多的行为偏差，导致投资者做出的反应可能与理性经济决策背道而驰。有证据表明，在不同时期，投资者甚至投资者类别都可以表现出与人类行为和情感相关的行为方式。[1]　正是由于这个原因，行为偏差也可能成为阻碍金融市场参与者适应市场发展的因素。关键的行为偏差主要有对特定金融市场（通常是股票市场）的本土偏差、损失厌恶偏差、过度反应偏差和羊群效应。除此之外，还有许多其他行为偏差，但以上行为偏差和在市场危机中的适应能力最为相关。正如投资者对最近和最熟悉的市场中的股票存在"本土"偏差一样，市场参与者对他们交易的市场类型也存在本土偏差。在大多数情况下，这种偏差是针对股票和固定收益市场（养老基金）、固定收益市场（固定收益套利对冲基金）或期货市场（CTA）的。本土偏差很重要，因为当人们熟悉或习惯的市场中的机会枯竭时，大多数参与者都难以将其配置改为其他市场。损失厌恶和前景理论认为，投资者面对同样数额的收益和亏损时，认为亏损更加令他们失望。损失厌恶也意味着，投资者在重大亏损的情况下更有可能产生更强烈的反应。[2]　当个人在集体非理性的裹挟下共同行动时，就会出现羊群效应。羊群效应往往是人们公认导致市场泡沫和市场崩盘的原因。在某些情况下，羊群效应可能是合理的；但在某些情况下，羊群效应会产生毁灭性的后果。

本小节总结了影响所有市场参与者的适应能力的因素。很明显，每个市场参与者都会或多或少受到这些因素的影响。这些因素是否重要取决于市场环境中发生了什么。在股市危机事件中，其中一些因素可能对解释特定市场参与者为何能够在危机中存活、适应市场，并超越其他市场参与者具有重要意义。接下来我们将运用适应性概念和适应性市场假说进一步研究，为什么诸如趋势跟踪策略之类的策略能够在市场危机时期找到投资机会。

---

[1] 参考 Shull、Celiano 和 Menaker（2014）。
[2] Knutson 和 Kuhnen（2005）论述了盈利和亏损是由大脑中的不同部分处理的，个人的大脑处理模式可能与他们实际的投资组合决策相关。

危机阿尔法机会

在股票市场发生危机期间，大多数投资策略都很容易遭受毁灭性的亏损。鉴于此，对于几乎所有投资者而言，找到真正的分散化的关键在于寻找在这些市场动荡期间依然能够获得正收益的投资策略。次贷危机的惨痛亏损让投资者更深刻地认识到理解特定的投资策略为何如此有效的重要性。对于所有刚刚开始采用或已经采用趋势跟踪策略的投资者而言，众所周知，当股票市场遭受亏损时，趋势跟踪策略往往表现良好，使其成为投资组合分散化的有益补充。通过仔细研究股票市场危机事件（通常称为尾部风险事件）中发生了什么，本小节可以帮助解释为什么趋势跟踪策略能够为投资者提供危机阿尔法的投资机会。**危机阿尔法机会**是指利用市场危机期间发生在整个市场上的持续性趋势而获得的盈利。

一项投资策略之所以有利可图，必然有其潜在的根本原因，即存在该策略可利用的获利机会。考虑到采取趋势跟踪策略的投资者仅在最具流动性、最有效和信用保护的市场中交易，其盈利能力必然依赖这些特征才能获得竞争优势。[①] 趋势跟踪策略不会从信用风险敞口或市场的非流动性中获利，尽管这是大多数对冲基金策略经常用到的风险和投资机会。[②] 实际上，由于趋势跟踪策略依赖那些最有效的交易工具，它们必须从市场的持续趋势中获利，但是考虑到市场是有效的，在一般情况下不应该存在趋势。从逻辑上来讲，下一步应该考察非常规情景：即使在最有效的市场中，也有可能出现市场无效和持续性趋势。考虑到绝大多数投资者对于股票市场存在系统性的多头偏差，并且可能特别容易受到行为偏差的影响，尤其是（或者可能仅当）面临亏损时，很明显，股市危机是最有可能出现可预测行为的市场情景，因此也最有可能出现持续性趋势。本书在后面的第5章中将更详细地讨论市场分歧。股市危机时期恰恰是市场分歧处于极端水平的时期。

[①] 参见第2章中关于期货合约的关键特征的讨论。期货合约是透明的、高流动性的，且由于采取了集中清算机制而降低了交易对手风险。期货市场允许趋势跟踪策略在广泛的资产类别中持有多头和空头头寸。
[②] 关于潜在风险的更多细节将在第9章中进行讨论。

通过研究股市危机期间发生了什么，趋势跟踪策略纯粹基于策略的设计和构建，就能够实现**危机阿尔法**。

股票市场危机与危机阿尔法

出于市场参与者的行为和市场监管制度的原因，市场危机代表了市场参与者在市场行为中表现同步，从而创造市场趋势的时期。经过市场的筛选，只有极少数最具适应性能力的市场参与者能够借助这些危机阿尔法机会而获利。

当股票市场下跌时，包括对冲基金在内的绝大多数投资者由于对股票存在着多头偏差，在交易中会遭受亏损。考虑到损失厌恶的行为偏差，在亏损时期，投资者更有可能受到行为偏差和情绪化的影响而做出投资决策。再加上亏损触发了广泛存在的回撤、杠杆和风险约束，此时波动率增加，相关性增加，考虑到投资者基本上对股票市场存在多头偏差，股票市场下跌导致的亏损将迫使或推动大量投资者采取相应的止损行为。当大量投资者被迫采取止损时，市场中的流动性消失，信用问题首当其冲，基本面估值变得不那么重要，在投资者为了寻求流动性而热切地试图改变他们的头寸时，所有市场中都出现了持续性的趋势。图4.2展示了股市危机期间发生的情况。

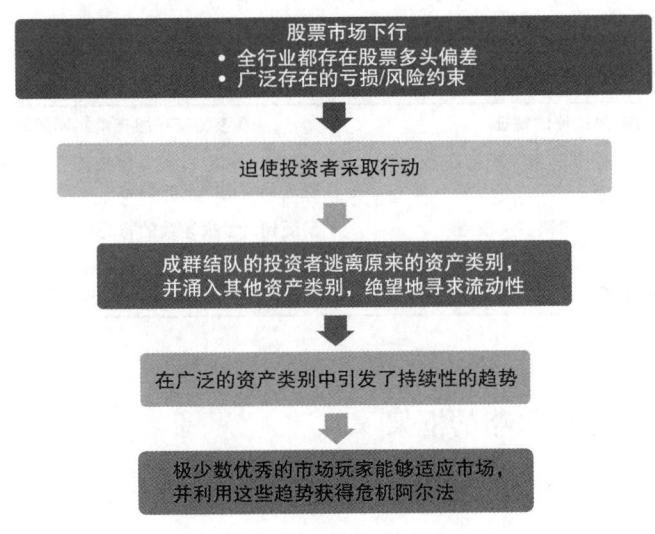

图4.2 股票市场危机。

系统化趋势跟踪策略交易各种各样的资产类别，其中首要的资产类别是期货，因而他们没有表现出股票多头偏差。期货市场具有极高的流动性，同时由于集中清算制度，不存在信用风险，在危机期间，期货市场仍然比其他市场更具流动性。虽然趋势跟踪策略也受到回撤、风险和亏损约束的广泛影响，但是由于主要从事期货交易，趋势跟踪策略投资者受伴随市场危机事件的流动性和信用偿付能力降低等问题的影响较小。由于不存股票多头偏差且采用系统化的交易风格，他们也不太容易受到伴随市场危机的行为偏差的影响。综上所述，趋势跟踪策略是适应市场的、有流动性的、系统化的，且不存在股票多头偏差，这些特点使趋势跟踪策略投资者不会像几乎所有其他投资者那样在股市危机中陷入困境。在市场危机爆发之后，趋势跟踪策略将成为可选择的少数几种策略之一，它能够适应市场，并利用所交易的市场中出现的多种资产类别的持续性趋势。趋势跟踪策略的这一特点，使其成为少数几个能够提供危机阿尔法的策略之一。值得注意的是，采取趋势跟踪策略的投资者并不确定股市危机爆发的时间。他们在市场危机爆发后从各种资产类别的机会中获利，包括外汇期货、固定收益债券期货、短期利率期货、软商品期货、能源期货、金属期货和股指期货。趋势跟踪策略的特征及其在股市危机期间的影响总结如表4.2所示。

表4.2 趋势跟踪策略的特征及其在股市危机期间的影响。

趋势跟踪策略的特征	该特征在股市危机期间的影响
基于期货市场特有的最小信用风险的高流动性、适应性策略	不易受到大多数投资者在股票市场危机中经历的流动性匮乏和信用困境的影响
系统化的交易策略，没有股票多头偏差	不易受到由亏损导致的行为偏差和情绪化投资决策的影响
在期货市场上的多个资产类别之间主动交易	有望从广泛的资产类别的趋势中获得收益

■ 投机性风险承担策略的框架

本节回归适应性市场假说，并讨论了理解一般类型的投机性风险承担策略的框架。解释了这个框架之后，就可以用它来研究特定的趋势跟踪策略及其标志性的危机阿尔法的具体情况。适应性市场假说为理解趋势机会如何发生以及市场如何演化提供了一个总体理论框架。根据 Lo（2012），适应性市场假说的一些重要的实际观点包括：

1. **时变风险溢价**：风险与收益之间的平衡随着时间的推移并不稳定（风险溢价随时间变化）。
2. **市场有效性是一个相对的概念**：市场有效性应该用相对的术语来衡量和讨论，而不是用绝对的术语来描述。因为市场有效性是动态变化的，有效和非有效交替地出现，不能被简单地描述为有效或无效。
3. **适者生存**：有必要使用适应性强的投资方法来应对市场环境的变化。
4. **阿尔法会不可避免地衰减**：随着时间的推移，曾经的阿尔法最终会由于市场中的创新和竞争而成为贝塔。持久的阿尔法机会是不可能的，但是可能会有短暂的阿尔法机会。有关此效应的示意，参见图 4.3。

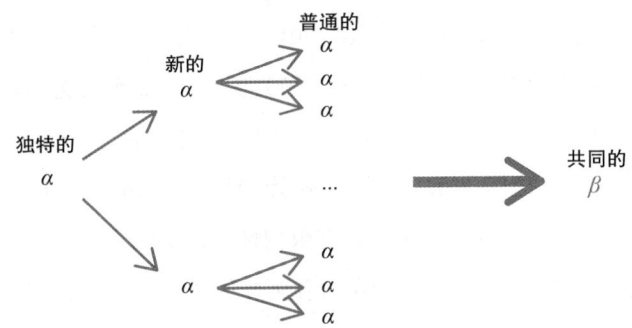

图 4.3 最终的阿尔法衰减示意。
来源：Lo（2012）。

行为方式的起源

在继续讨论之前，先偏离正题，了解一下演化金融学、行为决策理论和神经金融学似乎是很有必要的。与经典的有效市场假说不同，适应性市场假说为人为的因素提供了空间。长期以来，新古典经济学家一直蔑视行为金融学界。在 Brennan 和 Lo（2011，2012）的研究中，他们从一个新的角度来看待金融领域。他们没有询问投资者应该如何决策并优化其决策,而是从金融市场上"适者生存"和"优胜劣汰"的角度研究哪些行为是最优的。他们研究行为起源的主要不同之处在于,他们将生活视为一系列决策。人们每一天都面临新的风险情况,需要做出新的决策。在现实生活中,人们不需要做出离散的静态决策,而是带着一种频率做出选择。举个简单的例子,考虑早上购买咖啡的情景。虽然有些人每天都在同一个地方买咖啡,但很多时候我们对咖啡的选择很像具有特定频率的随机过程。例如,一个人可能会有60%的时间选择去邓肯甜甜圈,而40%的时间选择去星巴克。实际上,人类天生喜欢变化,我们在风险面前会做出随机决策。在二元决策的情况下,人们经常进行被称为概率匹配的过程(第12章中将进一步讨论这个概念)。这意味着人们倾向于按照他们预期的事件发生频率进行选择。Brennan和Lo(2011)使用简单的顺序二元选择模型,证明了概率匹配(以及随时间变化的动态决策)是种群最优的。这意味着像概率匹配这样的行为是启发式的。这些启发式方法使我们能够随着时间的推移而适应环境,并作为一个物种(不一定总是作为个体)而生存。Brennan和Lo(2011)研究了广泛存在的"行为偏差和启发式方法",并推导出它们如何与生存和决策相关联。他们的研究为理解我们的行为和动机——为什么人们的行为方式是这样的——提供了一个进化论的视角。

为了进一步推动对有限理性和人类智能概念的理解,Brennan和Lo(2012)将他们的研究体系提升到了一个新的水平来解释有限理性,以及随着时间的推移,某些"智能"的市场参与者如何采取比其他市场参与者更好的"行为"。虽然在数学上很复杂,但这一结果与适应性市场假说相结合,证实了随着时间的推移,可能会出现"聪明的投资者"更有效地适应市场环境变化的现象。这些投资者可能在某些特定的时期和情况下获得超越他人的收益表现。

投机性风险承担

在讨论了演化金融学之后,本节将回归到投机行为以及所谓的智能交易策略的使用。首先,基于适应性市场假说做两个简化的假设(A1和A2)。

第 4 章　适应性市场和趋势跟踪策略
Chapter 4　Adaptive Markets and Trend Following

投机性风险承担策略的假设

A1：（适应性市场假说成立。）在特定的市场生态系统中，市场价格是市场环境、竞争水平和市场参与者构成的函数。供给、需求、风险偏好和竞争推动着市场价格。

A2：（无风险利率贷款，无交易成本。）市场是无摩擦的，没有交易成本，所有抵押物都以无风险利率获得了全部的抵押收益。

考虑到这两个假设，价格可能偶尔需要一定的时间来适应市场环境的变化。随着市场参与者适应新的情景和环境，风险偏好和参数设置也会随时间而变化。[①] 在这种情况下，供需价格差异为**投机机会**创造了可能性。在供给和需求之间需要时间来纠正价格的情况下，就会带来投机风险溢价。举一个实例，动量策略从这种投机风险溢价中获得正收益。这个理念由 Moskowitz、Ooi 和 Pedersen（2012）在最新的研究中提出，证明了期货市场中时间序列动量效应的存在。他们的研究使用一种动量特征和一组特定参数，证明了时间序列动量策略可以随着时间的推移提供正的风险溢价。值得注意的是，这些投机风险溢价并非来自一个资产类别，而是来自动量策略对所有资产类别的投机机会的把握。

期货市场中投机策略的收益（r_t）可以表示为：

$$r_t = \pi_{sp} + r_f$$

其中，$E[r_t] = E[\pi_{sp}] + r_f$；$\pi_{sp}$ 为投机风险溢价（可能为正，也可能为负）。波动率（σ）代表特定的投机交易策略的波动率。无风险利率（r_f）贡献来自期货头寸的保证金的抵押收益率。[②] 投机交易策略的夏普比率可以表示为：

[①] 例如，Hasanhodzic 和 Lo（2012）论述了杠杆并没有引起股票市场和波动率之间的关系。他们认为风险和过去的经验有关。随着经验的积累和市场环境的变化，我们对风险的偏好也会发生变化。
[②] 在没有抵押收益的策略中，无风险利率的应用也许无关紧要。

$$Shp(r_t) = \frac{E[\pi_{sp}]}{\sigma}$$

以趋势跟踪策略为例，一些趋势跟踪策略在长期范围内的平均夏普比率为 0.5~0.7。使用简单的计算，如果趋势跟踪策略的平均波动率为 10%，则投机风险溢价大约为 5%~7%，具体取决于时间范围。如果假设 A2 放宽，增加市场摩擦和交易成本，抵押收益率可能会低于无风险利率，而交易行为本身将降低趋势跟踪策略的预期收益。

需要重申的是，要使投资策略有利可图，必须有潜在的根本原因，即存在该策略可利用的获利机会。当市场变化时，那些足够智能的或适应市场的投机策略能够持续抓住机会，从而获得投机风险溢价。最典型的例子是套期保值。在商品期货市场中，无论空头或多头，当投机交易者的套期保值需求超过供应时，就会获得套期保值溢价。另一方面，阿尔法是一种短暂而罕见的现象。阿尔法机会是转瞬即逝的机会，它超出了简单的投机风险溢价。为了清楚地说明，可以看两个简单的例子。首先，空头偏差基金会随着时间的推移带来负的投机风险溢价，但在某些情况下，如市场危机时期，他们能获得大量的投机风险溢价。其次，在大多数正常的市场情景中，趋势跟踪策略在供需关系或风险偏好平衡时获得投机风险溢价。在极端情况下，它们会适应市场，以捕获危机阿尔法。下一节将进一步详细解释这一点。

■ 细看危机阿尔法

考虑到趋势跟踪策略仅在最具流动性、最有效和信用保护的市场中交易，其盈利能力必须依赖这些特征才能获得竞争优势。

将投机性风险承担框架再推进一步，基于动态资金配置，在不同资产类别中进行投机性押注来获得投机风险溢价。在正常情况下，供需平衡可能会减少盈利的机会。然而，仔细研究金融危机的极端情境会发现金融市场中存在独特的情况。在这种情况

第 4 章 适应性市场和趋势跟踪策略
Chapter 4 Adaptive Markets and Trend Following

下,由于自然选择,市场供需通常是高度不对称的,竞争程度可能非常低,市场有效性可能会受到考验。借用适应性市场假说的术语,此时的市场生态将处于进化生物学家所说的**间断平衡**(punctured equilibrium)。① 在这些时刻,某些物种将蓬勃发展并具有足够的适应能力来利用危机阿尔法机会。图 4.4 展示了自 1980 年以来,趋势跟踪策略在标准普尔 500 指数大幅下跌期间的表现。显然,在大多数情况下,趋势跟踪策略似乎在股市危机期间创造了可观的收益率。

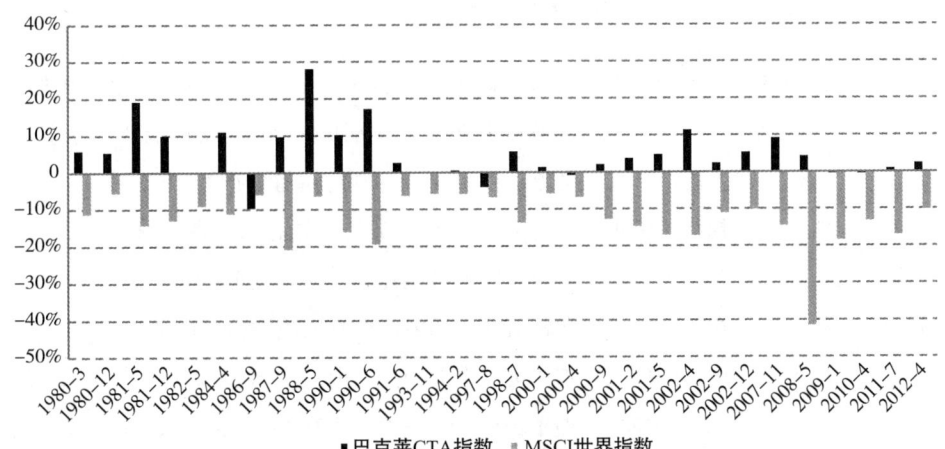

图 4.4 巴克莱 CTA 指数在 MSCI 世界总收益指数最大回撤期间的表现。该图中的数据反映了超过 5% 的最大回撤的起始点。
来源:彭博。

鉴于此,作为一种投机性风险承担策略,趋势跟踪策略系统的收益率可以划分为危机阿尔法、投机风险溢价(非危机时期)和无风险利率(期货保证金的正利差)。危机阿尔法是在极端金融市场事件中获得的盈利。投机风险溢价代表危机之外各种期货市场的投机头寸所获得的风险溢价。在这种情况下,趋势跟踪策略的收益率可以分解为:

---

① 间断平衡论认为进化是突变与渐变的结合,即物种的演化在较长的时期内相对稳定,而在短时间内存在快速变化和突变。

$$r_t = \alpha_c + \pi_{sp} + r_f$$

式中，α_c 为危机阿尔法贡献；π_{sp} 为危机之外的投机风险溢价；r_f 为无风险利率，代表期货交易的程序化系统的抵押收益率贡献。因此，趋势跟踪策略的预期收益率定义为：

$$E[r_t] = E[\alpha_c] + E[\pi_{sp}] + r_f$$

并且趋势跟踪策略的夏普比率为：

$$Shp(r_t) = \frac{E[\alpha_c] + E[\pi_{sp}]}{\sigma}$$

在适应性市场的世界中，采取趋势跟踪策略的投资者成为能够适应金融危机的为数不多的投资者之一，而获得了危机阿尔法机会。趋势跟踪策略之所以能够适应市场，是由于其没有信用风险敞口，具有高流动性，并且持有跨所有资产类别的头寸。此外，在非市场危机时期，趋势跟踪策略可以从市场价格的暂时错位或市场分歧中获利，其中投机压力有助于重新调整价格差异，而后者可能是由于供需之间的适度分歧造成的。在非市场危机时期，在流动性较低和较新的市场中，投机风险溢价可能更有价值。① 如果随着时间的推移，预期的危机阿尔法贡献率为 3%，假设一个趋势跟踪策略的波动率为 10%，夏普比率为 0.5，则投机风险溢价将小得多，仅为 2%（这个数字由夏普比率推导得出）。将趋势跟踪策略的收益表现分为这三个部分的主要好处在于投机风险溢价应该会适中，这是由于在危机时期之外，投机交易在期货市场上具有很强的竞争力。另一个需要强调的重点是，每个交易系统都会提供不同的危机阿尔法和投机风险溢价。趋势跟踪策略收益表现的这两个驱动因素的特征在很大程度上取决于策略的结构和风格。这个主题将贯穿本书的研究和探讨。

基于有效市场假说和无摩擦市场，采取趋势跟踪策略的投资者只能实现具有相当大噪声的无风险利率。加上交易成本，其收益率将低于无风险利率。而基于适应性市场和无摩擦市场，趋势跟踪策略可提供无风险利率和投机风险溢价。更进一步，趋势跟踪策略系统可提供危机阿尔法、投机风险溢价和无风险利率。趋势跟踪策略收益的

---

① 这个概念会在第 12 章关于风格分析和风格因子的讨论中展开。

分解如图 4.5 所示。

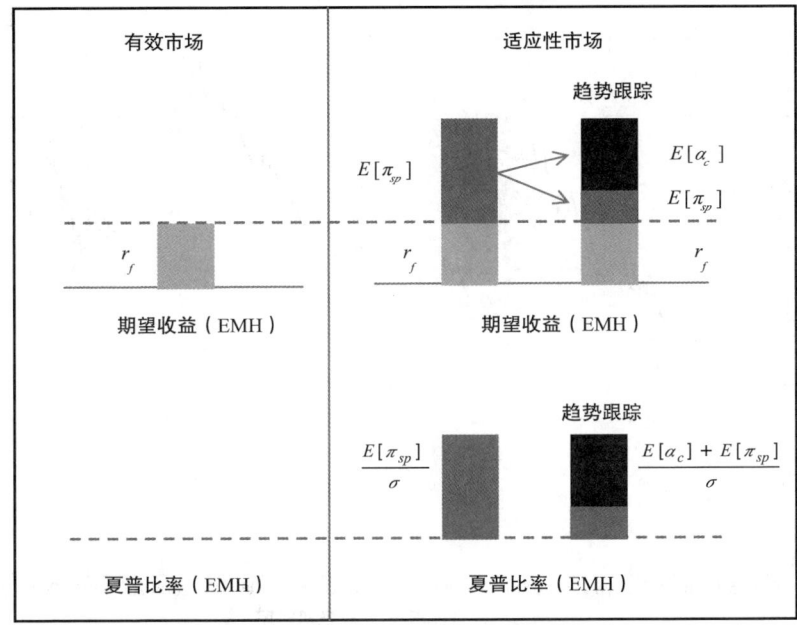

图 4.5 以投机性风险承担策略和趋势跟踪策略的收益和夏普比率示意图为例。假设有效市场假说和适应性市场假说均无市场摩擦和交易成本。

趋势跟踪策略的收益来源分析

在适应性市场假说下,趋势跟踪策略会带来危机阿尔法、投机风险溢价和抵押收益率。因此,趋势跟踪策略的收益可以分解为这三个组成部分。要实现这一目标,必须以简单的方式确定**危机时期**。危机时期可以定义为一系列资产获得负收益率的时期,其中负收益率代表低于某个阈值的回撤。在以下示例中,使用-5%作为阈值。基于上述危机时期的定义,本节中的结果不受修正的影响。图 4.6 突出展示了 1993—2013 年股票市场中最大的危机时期,其中 MSCI 世界总收益指数用作股票市场的代表。

将趋势跟踪策略的表现与用国库券投资代替危机期间的表现后的相同策略对比,可把收益来源分解为三个部分。

图 4.6 MSCI 世界指数和危机时期（1993 年 1 月—2013 年 12 月）。
来源：彭博。

使用 1993—2013 年的道琼斯瑞士信贷管理期货指数、2000—2013 年的 Newedge CTA 指数，以及 2000—2013 年的 Newedge 次级趋势指数，这些共同行业指数的表现可以分解为危机阿尔法、投机风险溢价和无风险利率。此例中，无风险利率用 30 天的国库券作为代表。① 移除了危机时期并由国库券代替的策略代表了没有危机的策略表现。图 4.7、图 4.8 和图 4.9 分别展示了道琼斯瑞士信贷管理期货指数、Newedge CTA 指数和 Newedge 次级趋势指数在有、无危机时的变化。然后，图 4.10 展示了每个指数的趋势跟踪策略收益率的分解。在 1993—2013 年的整个样本期间，股票危机时期占投资期

---

① 粗略估计，作为正利差代表的抵押收益率通常是美国国库券利率的 50%。

限的 20%～25%，但它们往往是一半以上的趋势跟踪策略总收益的来源。由于危机在过去 20 年的历史中出现得非常频繁，这一点也就不足为奇了。尽管如此，越是长期研究，往往得出类似的结果，且风险溢价越大，但危机阿尔法总是正的。①

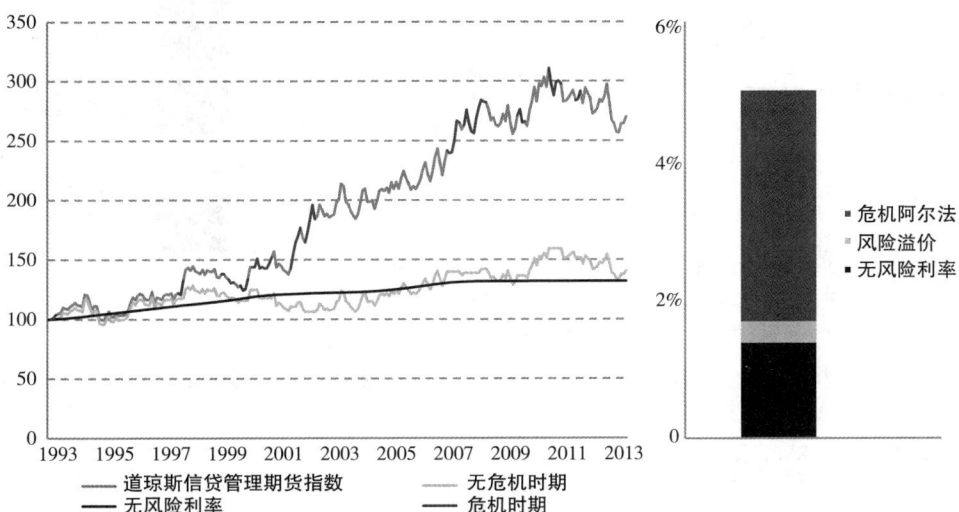

图 4.7　1993—2013 年期间，道琼斯瑞士信贷管理期货指数的危机阿尔法分解。其中，无风险利率为 30 天美国国库券的总收益率。

来源：彭博、CRSP。

近年来，仔细观察常用的趋势跟踪策略和管理期货指数的表现，可以看出，危机时期是过去 20 年来影响收益表现的主要驱动因素。投机风险溢价相对较低且业绩净值表现较差，趋势跟踪策略与短期债券的收益率大致相同。② 例如，图 4.11 对比了每个 CTA 指数在危机时期和非危机时期的年化平均收益率。这个巧妙的分析表明，危机阿尔法是投资组合的趋势跟踪策略之所以占据优势的核心因素。在图 4.10 中，Newedge CTA

---

① 另外一个例子，参见 Kaminski（2011）以及来自 AQR 资本的 Hurst、Ooi 和 Pedersen（2012）撰写的《一个世纪以来关于趋势跟踪策略的证据》(*A Century of Evidence on Trend-Following*)。
② 在本节的危机阿尔法分解中，趋势跟踪策略资金的抵押收益率或者利率设置为 30 天美国国库券收益率的一半。之所以用这个利率作为替代，是因为在现实中通常不可能获得全部的抵押收益。

图 4.8 2000—2013 年期间，Newedge CTA 指数的危机阿尔法分解。其中，无风险利率为 30 天美国国库券的总收益率。

来源：彭博、CRSP。

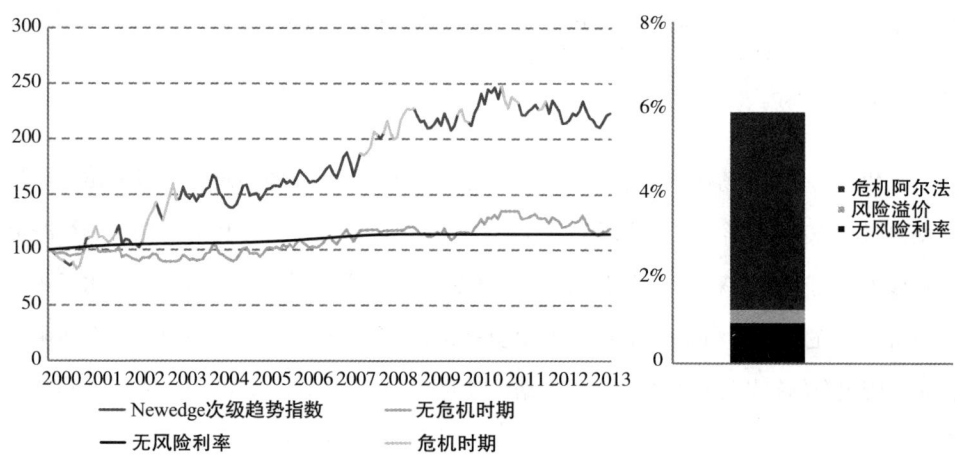

图 4.9 2000—2013 年期间，Newedge 次级趋势指数的危机阿尔法分解。其中，无风险利率为 30 天美国国库券的总收益率。

来源：彭博、CRSP。

第 4 章 适应性市场和趋势跟踪策略
Chapter 4　Adaptive Markets and Trend Following

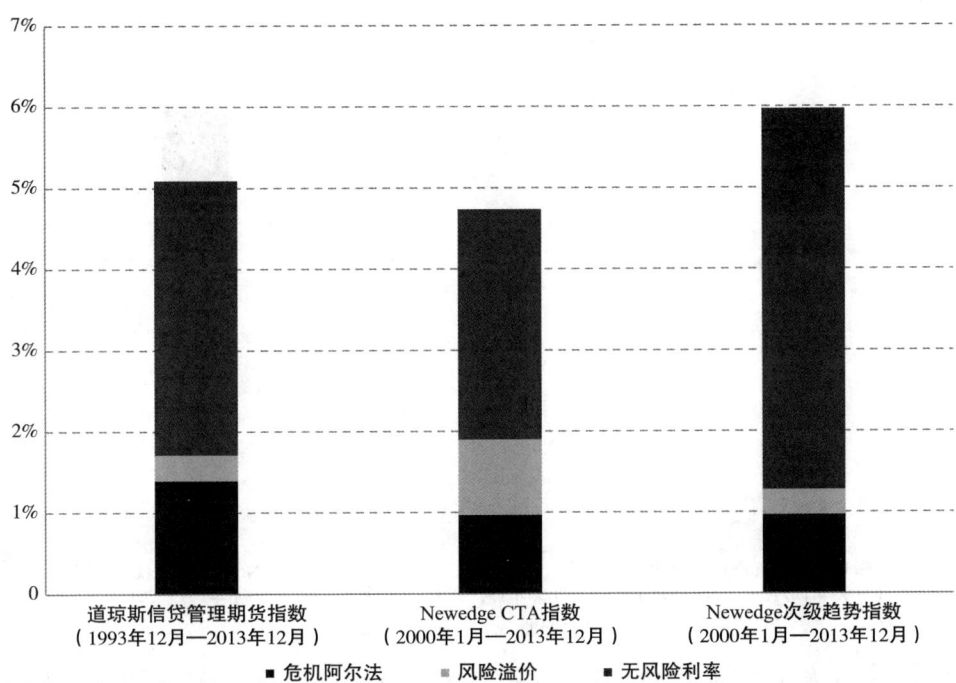

图 4.10　道琼斯信贷管理期货指数（1993—2013 年）、Newedge CTA 指数（2000—2013 年）以及 Newedge 次级趋势指数（2000—2013 年）的危机阿尔法分解。其中，无风险利率为 30 天美国国库券的总收益率。

来源：彭博、CRSP。

指数中的危机阿尔法贡献小于 Newedge 次级趋势指数，因为趋势跟踪策略而非更分散化的策略在危机时期表现最佳。Newedge CTA 指数在危机时期以外也具有更高的投机风险溢价。在下一章中，这一观察可以与风险承担方法联系起来。本节的分析进一步说明了趋势跟踪策略如何与金融市场的错位时期（或市场分歧）相关联。最近，大多数市场分歧发生在金融危机和股市泡沫时期。

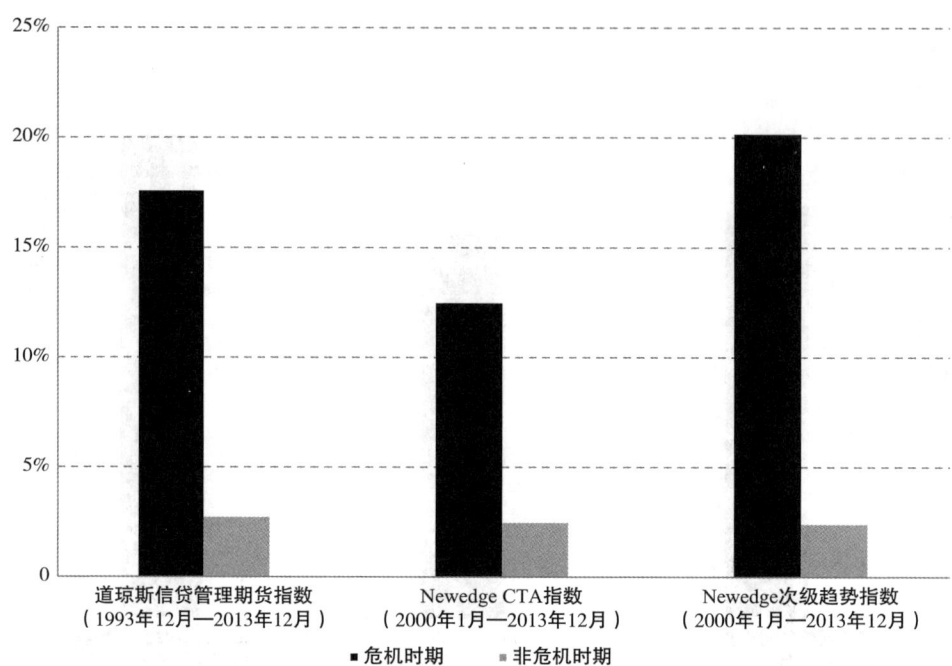

图 4.11 在危机时期和非危机时期,道琼斯信贷管理期货指数、Newedge CTA 指数以及 Newedge 次级趋势指数的年化收益率。

来源:彭博。

几个世纪以来关于危机阿尔法的观点

尽管在大多数现有的研究中,危机阿尔法占据引人注目的重要地位,但也有许多研究着眼于趋势跟踪策略的长期表现。Hurst、Ooi 和 Pedersen (2012) 研究了趋势跟踪策略 100 年来的表现。为了重新与第 1 章中的分析联系起来,仔细研究过去两个世纪的危机阿尔法,可能有助于审视趋势跟踪策略近期的表现,并为第 5 章中对市场分歧的深入讨论奠定基础。从第 1 章中的简单趋势跟踪策略系统和相应的股票指数出发,可以在 200 年期间、各个子时期和最近的时间段(与上一小节使用的行业指数进行比较),对这种简单方法的危机阿尔法分解进行检验。图 4.12 给出了三个时期内的危机阿尔法分解,分别是 1813—2013 年、四个 50 年的子时期以及与 Newedge CTA 指数大致相同的

第 4 章 适应性市场和趋势跟踪策略
Chapter 4 Adaptive Markets and Trend Following

时期（2000—2013 年）。此处的分解是根据相对于危机时期的百分比绘制的，以从时期的视角展开研究。图 4.13 展示了危机阿尔法与危机时期的百分比。从图中不难发现，危机阿尔法的贡献是正的，并且与某一时期的危机量有一定的线性关系。通常，如果存在危机，趋势跟踪策略似乎会利用危机。值得注意的是，在 2000—2013 年这一时期，危机时期的百分比和危机阿尔法的贡献都达到了最大值。同样，投机风险溢价在不同时期之间存在很大差异。这表明，在某些时期，危机以外的趋势多于其他时期。也许应该注意，在这种情况下，危机阿尔法仅由股票市场定义。如果存在与股票市场无关的投机性风险机会，这将在投机风险溢价中显现。例如，在第三个子时期 1913—1962 年，趋势跟踪策略在大萧条之后的漫长恢复期中似乎表现得非常好。这种分析绝不能代替更深入的定量研究，但它为危机阿尔法热提供了历史视角，在过去的 15 年中，这种危机阿尔法热对投资者提出了许多问题。

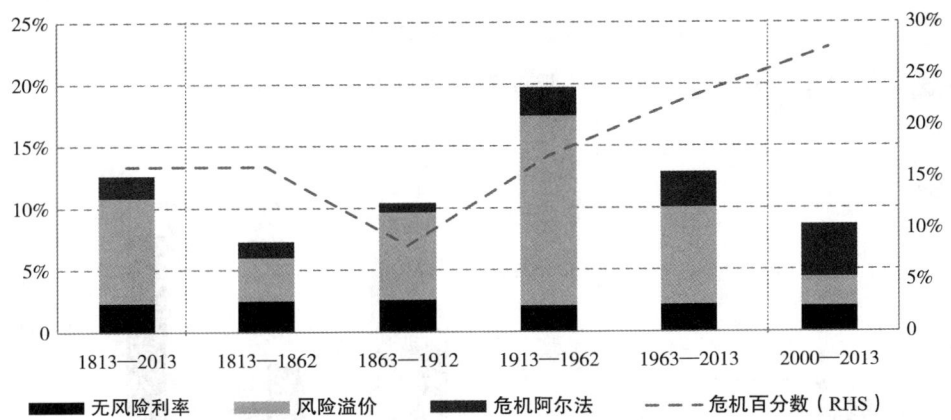

图 4.12 三个时期内的危机阿尔法分解：1813—2013 年、相应的 50 年的子时期和 2000—2013 年。危机时期被定义为第 1 章中股票指数收益率低于 −5% 的时期。无风险利率假定为第 1 章中固定收益债券指数收益率的 50%。危机百分数定义为在一段时期内危机月数占总月数的百分比。

仔细研究危机时期和非危机时期，危机时期和非危机时期的条件收益率表现如图 4.14 所示。该图表明，危机期间的条件收益率表现也跟随危机百分数。更有意思的是，除了最近的 50 年以外，在所有的非危机时期，危机之外的趋势跟踪策略的条件收益率都高于危机时期。这似乎主要是由 2000—2013 年危机时期和非危机时期的条件收益率的巨大差异所致。由于这项研究是偏定性和描述性的,因此无法就其原因进行任何预测,但长期分析可以避免将近期表现作为统计指标,来狭义地解释趋势跟踪策略。第 5 章

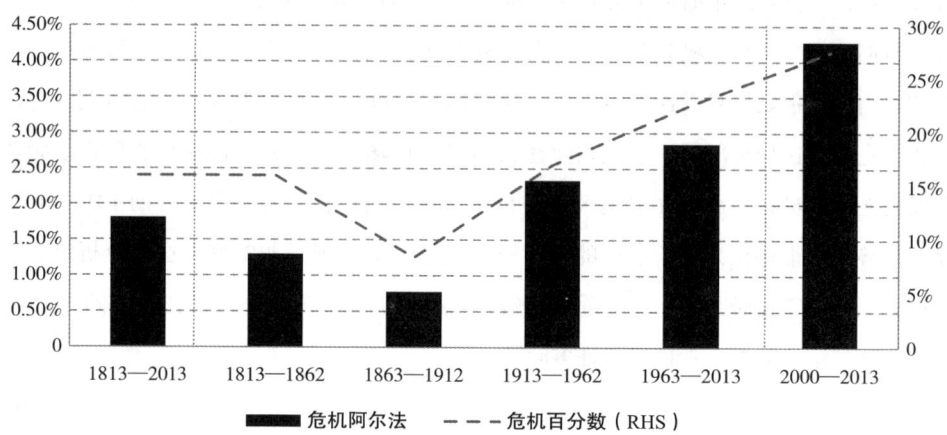

图 4.13　1813—2013 年、50 年的子时期和 2000—2013 年的危机阿尔法和危机百分数。

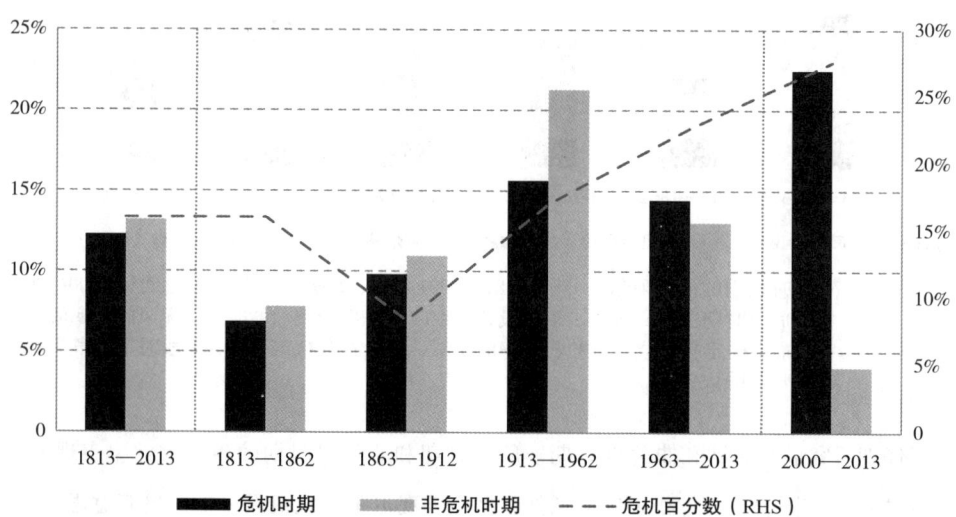

图 4.14　危机时期和非危机时期的条件收益率(1813—2013 年)。

第 4 章 适应性市场和趋势跟踪策略
Chapter 4　Adaptive Markets and Trend Following

将基于风险理解趋势跟踪，以补充这一观点。

趋势跟踪策略似乎在市场分歧期间表现良好。本章重点关注了一个特殊的极端事件：股票市场的金融危机。危机阿尔法是趋势跟踪策略收益表现的核心驱动因素。但是，如图 4.12 和图 4.14 所示，显然投机风险溢价和其他力量也可能起作用。为了分析这一点，并为讨论市场分歧奠定基础，我们将股票市场大幅变动（大于 3%）和小幅变动（小于 3%）期间趋势跟踪策略的条件收益率表现展示在图 4.15 中。与本节的讨论一致，图 4.15 展示了在股票市场大幅变动（正的或负的）期间趋势跟踪策略的投机性本质。2000—2013 年，相比股票市场大幅上涨的时期，趋势跟踪策略在股票市场大幅下跌的时期获利更多；1863—1912 年，情况则正好相反：对于趋势跟踪策略而言，股票市场的大幅上涨会带来积极的影响，而股票市场的大幅下跌带来的影响却没那么积极

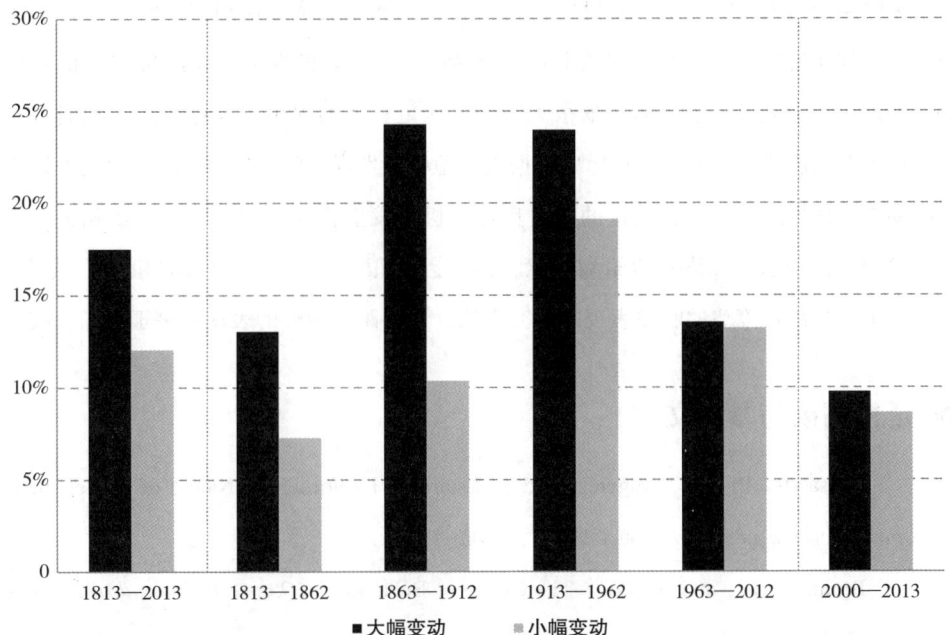

图 4.15　在股票市场大幅变动和小幅变动期间趋势跟踪策略的收益率对比。大（小）幅变动定义为第 1 章中的股票指数变动大于（小于）3% 时。整个时间周期为 1813—2013 年、50 年的子时期和 2000—2013 年。

（风险溢价远大于危机阿尔法）。图4.15表明，收益表现确实可能来自市场变动（或市场分歧）。这就直接引出了本书第5章的内容。

■ 本章总结

根据适应性市场假说，自然选择的力量、不同物种的组合和市场中竞争的激烈程度，以及变异、适应与竞争的能力，这些因素共同决定了在金融市场中谁会成功、谁会失败。基于这种观点，趋势跟踪策略看起来是少数能够在一段时间内持续地找到危机阿尔法机会的策略之一。趋势跟踪策略通过高流动性、低信用风险和相对无行为偏差来实现这一点。在危机时期，趋势跟踪策略的投资者会适应并抓住市场中可能出现的机会。回到适应性市场假说，我们讨论了投机风险溢价。对于趋势跟踪策略而言，投机风险溢价由无风险利率、危机之外的风险溢价和危机阿尔法组成。常见的行业指数可以根据实证研究分解为无风险利率（正利差）、非危机投机风险溢价和危机阿尔法。近期市场中危机阿尔法的贡献很大。为了从更长期的视角研究这一点，我们对趋势跟踪策略和股票市场的200年历史数据进行检验后发现，危机阿尔法的分解高度依赖时间周期。危机阿尔法一直是正的，并且与危机的发生程度或危机百分数正相关。投机风险溢价也是总体收益率的驱动因素，但其差异很大。最后，对股票市场大（小）幅变动下趋势跟踪策略的收益表现的研究表明，趋势跟踪策略的表现取决于市场分歧。

■ 延伸阅读与参考文献

Bossaerts, P., A. Bruguier, and S. Quartz. "Exploring the Nature of Trader Intuition." *Journal of Finance* 65 (2010): 1703-1723.

Brennan, T., and A. Lo. "The Origin of Behavior." *Quarterly Journal of Finance* 1 (2011): 55-108.

Brennan, T., and A. Lo. "An Evolutionary Model of Bounded Rationality and Intelligence." *PLOS One*, 7 (2012).

第 4 章 适应性市场和趋势跟踪策略
Chapter 4 Adaptive Markets and Trend Following

Dijksterhuis, B., and L. Nordgren. "A Theory of Unconscious Thought." *Perspectives on Psychological Science* 1, no. 2 (June 2006): 95-109.

Hasanhodzic, J., and A. Lo. "Black's Leverage Effect Is Not Due to Leverage." Working paper, 2012.

Hurst, B., Y. Ooi, and L. Pedersen. "A Century of Evidence on Trend-Following." AQR Capital white paper, 2012.

Kaminski, K. "Diversify Risk with Crisis Alpha." *Futures Magazine*, February 1, 2011.

Kaminski, K. "In Search of Crisis Alpha: A Short Guide to Investing in Managed Futures." CME Market Education Group, 2011.

Kaminski, K. "Regulators' Unintentional Effect on Markets." *SFO*, July 2011.

Kaminski, K. "Understanding the Performance of CTAs during Market Crisis in the Context of the Adaptive Markets Hypothesis." RPM working paper, November 2010.

Kaminski, K., and A. Lo. "Managed Futures and Adaptive Markets." Working paper, 2011.

Kaminski, K., and A. Mende. "Crisis Alpha and Risks in Alternative Investment Strategies." CME Market Education Group, 2011.

Knutson, B., and C. M. Kuhnen. "The Neural Basis of Financial Risk Taking." *Neuron* 47, no. 5 (2005): 763-770.

Lee, S., and N. Schwarz. "Bidirectionality, Mediation, and Moderation of Metaphorical Effects: The Embodiment of Social Suspicion and Fishy Smells." *Journal of Personality and Social Psychology* 103, no. 5 (2012): 737-749.

Lo, A. "The Adaptive Markets Hypothesis: Market Efficiency from an Evolutionary Perspective." *Journal of Portfolio Management* 30 (2004): 15-29.

Lo, A. "Adaptive Markets and the New World Order," *Financial Analysts Journal* 68 (2012): 18-29.

Lo, A. "Fear, Greed, and Financial Crises: A Cognitive Neurosciences Perspective." In *Handbook of Systemic Risk*, edited by J. -P. Fouque and J. A. Langsam, 622-662. New York: Cambridge University Press, 2011.

Lo, A. "Reconciling Efficient Markets with Behavioral Finance: The Adaptive Markets Hypothesis." *Journal of Investment Consulting* 7 (2005): 21-44.

Lo, A. "Survival of the Richest." *Harvard Business Review*, March 2006.

Lo, A., and M. Mueller. "WARNING!: Physics Envy May Be Hazardous to Your Wealth." *Journal of Investment Management* 8 (2010): 13-63.

Moskowitz, T., Y. Ooi, and L. Pedersen. "Time Series Momentum." *Journal of Financial Economics* 104 (2012): 228-250.

Shull, D. K., K. Celiano, and A. Menaker. "The Surprising World of Trader's Psychology." In *Investor Behavior: The Psychology of Financial Planning and Investing*, edited by B. Baker and V. Ricciardi (pp. 477-493). Hoboken, NJ: John Wiley & Sons, 2014.

第 5 章

市场分歧和趋势的可交易性

承担风险是人类经验的核心所在。我们使用各种各样的策略和技术来应对所面临的风险。核心在于，我们的风险承担策略依赖于我们对金融市场结构所持有的信念（又称金融世界观）。根据金融世界观的不同，风险承担策略可以分为**市场趋同**和**市场分歧**。这两种策略涵盖了两种基本的风险承担类型。在本章，我们会回顾基本风险原则和不确定性，解释特定的金融世界观如何以及何时引导我们使用市场趋同和市场分歧策略。市场趋同和市场分歧风险承担策略能够简单地和适应性市场假说联系起来。随着时间的变迁，我们会越来越清晰地理解它们。趋势跟踪策略是一种市场分歧的风险承担策略，从市场分歧中获得收益。本章讨论市场分歧，定义了一种简单的投资组合水平量度指标——市场分歧指数（market divergence index，MDI）。实际上，随着时间的变化，市场分歧和市场分歧的速度都是稳定的。这些实证结果表明，在金融市场中，市场分歧是一种很正常的现象。最后，我们检验了趋势跟踪策略的预测性和可交易性，看它们如何随着时间而变化。

■ 风险 vs 不确定性

作为个人，无论在金融市场还是个人生活中，我们总是要承担某种形式的风险。风险承担就是决策规则、风险容忍度及其相应行动的综合。从午饭吃什么到股票市场何时看空，风险承担的类型多种多样。在金融领域中，即将发生的和已经发生的风险都用术语波动率来描述。展望未来时，波动率代表预期可能的风险范围；回顾过去时，波动率代表已经历的风险范围（即将发生的未来波动率 vs 已实现的波动率）。过去和未来的差别非常重要，因为这两种类型的波动率截然不同。

波动率通常定义为标的证券或资产头寸的风险或不确定性。波动率越高，标的资产价值的波动范围越大。**风险**定义为事物不按照期望发展的可能性。**不确定性**或许更令人不安，是指环境、条件或事件的后果、程度或范围未知的情况。如图 5.1 所示，为了解释这个概念，想象一个装有 100 个球的罐子，其中有 50 个红球和 50 个黑球。如果你从罐子中拿出了正确颜色的球，就可以赢得 10 000 美元，而游戏不可重复。想想看，你会花多少钱来玩这个游戏？一般来说，大多数风险中性的人会像玩轮盘赌一样支付 5 000 美元，但那些不喜欢亏损 5 000 美元的人则更加厌恶风险，只愿意支付 5 000 美元以下的金额。具有讽刺意味的是，在赌场中，大多数人愿意为这样的游戏支付超过 5 000 美元的金额。

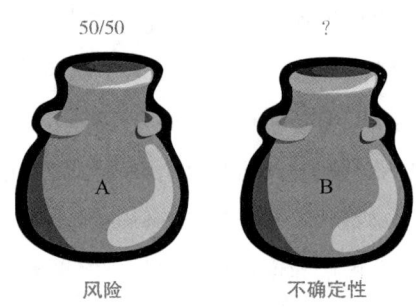

图 5.1 风险 vs 不确定性的示意图。

现在再想象另外一个罐子 B，里面也有红色和黑色的球，但这些球的分布是未知的。你愿意花多少钱用罐子 B 玩上述游戏？比罐子 A 花的钱多还是少？在实践中，我们都更加厌恶罐子 B。因此，我们愿意花费在罐子 B 上的钱要少于罐子 A。行为金融学专家称这种现象为不确定性厌恶。① 罐子 A 是风险的例子，而罐子 B 是不确定性的例

---

① 不确定性又称"奈特氏不确定性"，是由奈特（Knight）于 1921 年提出的。这一概念最终引发了行为金融学术语"不确定性厌恶"和"模糊厌恶"的出现。

子。和这个例子类似,在金融市场上,我们对波动率的认知往往是与不确定性相关的,坦率地说,不确定性使我们感到不安。① 金融市场是关于风险还是不确定性的,本质上取决于可知的内容和未知的内容。我们依赖对金融资产结构认知的内在信念,来区分我们面对的是风险还是不确定性(可知的和未知的)。

■ 市场趋同 vs 市场分歧

作为个体,当我们承担风险时,我们的行为(或选择的风险承担方法)本能地依赖于我们对即将发生的风险的结构性认知的信念程度。我们认为自己面临不确定性或风险的程度,决定了我们的行为和选择。更简单地说,这取决于我们是否表达了强烈的基本信念,或者我们是否承认自己对即将发生的风险的结构一无所知。我们的观点决定了我们会采用哪种类型的风险承担策略。考虑到风险承担是人类经验的核心,有必要仔细研究风险承担方法以及它们如何影响我们的投资收益率和预期。

关于这一主题的一篇开创性文章中,Rzepczynski(1999)概述了两种截然不同的世界观是如何影响风险承担的风格的。② 根据我们的基本参考框架,可将风险承担划分为两种类型:市场趋同和市场分歧。市场趋同的风险承担者认为,世界是结构良好的、稳定的、某种程度上可信的。市场分歧的风险承担者宣称自己对潜在风险/利益的真实结构一无所知,对于什么是可靠的或不可靠的持有一定的怀疑态度。先用一个示例解释这一点,会更加容易理解。

市场趋同和市场分歧风险承担的示例

想象两个简单的策略:市场趋同的策略 C 和市场分歧的策略 D。将每个策略都应用于一个简单的概率游戏,该游戏连续进行。③ 从策略 C 开始,每次你赢了就拿走你的

---

① 正如在第 4 章中简单讨论的那样,Lo 和 Mueller(2010)解释了金融是一个可以部分简化不确定性的领域,这意味着总是存在不能够被量化的成分,因此数学模型总是不时地系统性失效。他们解释道,在从风险到不确定性的光谱上,金融学、心理学和经济学介于物理学和数学之间,位于可简化的不确定性或风险一边,而宗教位于纯粹不可量化、不可简化的不确定性一边。他们的研究的主要贡献是为金融风险和不确定性提供了一种分类法,并深度研究了两者之间的细微差别。
② 从交易的视角来看风险承担:Rzepczynski(1999)。
③ 考虑到一般性,此处没有对游戏的分布做任何假设。

钱，并开始新的后续游戏。当你输了就继续玩同样的游戏，直到赢为止，然后开始新游戏。在这个游戏中，输家赌注加倍，赢家获得盈利。策略 C 相信盈利并接受盈利，但亏损时通过加倍下注来巩固自己的信念。这样的策略会有很多小的盈利，偶尔会有灾难性的亏损。使用策略 C 的人相信系统，相信从长远来看他们会赢。当他们被证明是错误的时候，他们只会等到情况再次好转，以重新巩固自己的信念。

接下来看看策略 D 的情况。每当你输了的时候，就截断你的亏损并开始新游戏。当你开始赢时并不会退出游戏，而是加倍下注。这种策略对亏损的头寸缺乏信心，并且当其似乎迎来了一连串的好运气时，就会努力跟随行情的走势。在每个特定的游戏中，策略 D 都对亏损的头寸缺乏信心。策略 D 会面临许多小的亏损，偶尔会有巨大的盈利。

比较市场趋同策略 C 和市场分歧策略 D 的收益分布，策略 C 对于能够在市场中获利总是自信满满，总是期望着事情会按预期发展。策略 D 则对市场抱持着怀疑的态度，承担了很多风险，但从未在任何特定游戏中投入过多。这两种方法的收益表现互为镜像。市场趋同策略有许多小的盈利和灾难性的亏损，而市场分歧策略有许多小的亏损和巨大的盈利。以这个游戏为基础做出一些简单的假设时，则这两种策略示例的收益率分布如图 5.2 所示。这两个极端但简单的例子表明，市场趋同策略的收益率分布具有负偏度，而市场分歧策略的收益率分布具有正偏度。

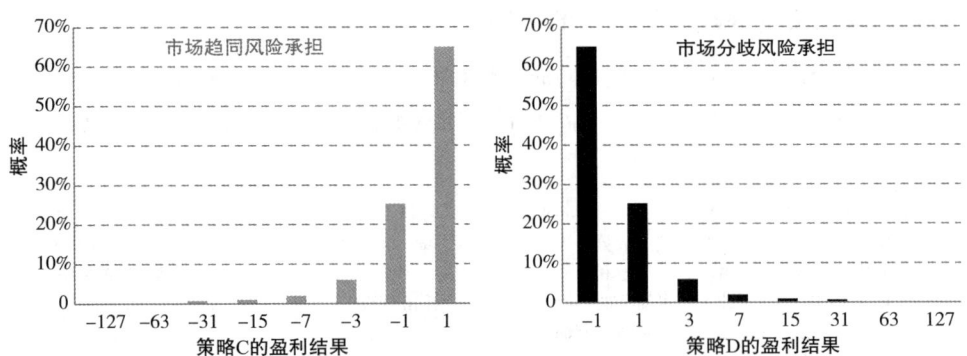

图 5.2　在简单情形下的策略 C 和策略 D 的示例。

第 5 章　市场分歧和趋势的可交易性
Chapter 5　Divergence and the Tradability of Trend

关于市场趋同和市场分歧的思考

对于生活中的许多活动，一般而言，我们的行为和决策是基于市场趋同和市场分歧风险承担方法（以及两者的组合）的应用。例如，当你过马路时，你承担了趋同风险。在大多数情况下，你顺利到达了马路的另一边，获得了小小的益处。在极少数情况下，你恰好被一辆经过的车辆撞到，这种事故发生的可能性很小，而一旦发生，后果会是灾难性的。在这个例子中，我们倾向于认为过马路通常是安全的。[①] 再以社交网络为例，成功的社交网络工作者经常使用市场分歧的风险承担策略。他们快速地和尽可能多的人交流，暗地里则减少和不太感兴趣的人交流和来往，以减少损失。具有影响力的社交网络工作者明白，他们永远不知道需要多少人才能恰好触及关键的商务人员，从而缔结新的商业交易。反观使用市场趋同风险承担策略的社交网络工作者，他们只会与自己认识并且有兴趣的人交谈，发展与这些人的关系，却很少开拓新的关系。在许多领域，市场分歧风险承担策略都是唱主角的。企业家、风险投资家和研究人员会尝试许多不同的思想和方法，直到他们找到一种能够带来巨大效益的最佳方法。[②]

回到一个简单的金融实例，股票投资是大多数投资者的信仰。他们相信在基本面价值和金融市场效率的推动下，市场从长期来看存在着股票风险溢价。在市场趋同/市场分歧框架中，"投资"股票市场是一种市场趋同风险承担活动。从股票投资的收益率分布来看，的确如此。股票收益率的期望值为正，但收益率分布却呈现负偏态，左尾肥大。对于市场分歧风险承担而言，一个典型的金融实例就是趋势跟踪策略。采取趋势跟踪策略的投资者不相信除了市场机会以外的其他任何东西。他们坦承自己对市场价格的基本面结构一无所知，并推测市场有时会受到所谓凯恩斯主义的"动物精神"[③]推动，从而产生投资的机会。当发现市场中产生了趋势时，他们就会跟随趋势，而不考

[①] 当游客在英国过马路时，往往需要向右看而不是向左看，他们甚至没有想过自己过马路时承担着巨大的风险。

[②] 纳西姆·塔勒布（Nassim Taleb）称这一过程为"自由探索"（tinkering）。在他的《反脆弱》（*Antifragile*）（2012）一书中，他讨论了自由探索是如何引导了大多数重大发现的。

[③] 凯恩斯认为，人们的大多数经济行为受理性的经济动机的指导，但也有一些行为受"动物精神"的支配。人们在追求经济利益时并不总是理性的。——译者注

虑基本面。① 事实上，趋势跟踪策略的收益率分布具有正的期望值和正偏度的特点。表5.1展示了 Rzepczynski（1999）对市场趋同和市场分歧风险承担的金融世界观的划分。

表5.1 市场趋同和市场分歧风险承担的金融世界观（Rzepczynski，1999）。

市场趋同	市场分歧
静止的、稳定的世界	非静止的世界
世界是可知的和静止的；市场参与者掌握结构化的知识	世界是不确定性的和动态的；市场参与者对结构是无知的
市场参与者通常形成理性的期望；错误是随机的	市场参与者形成理性的信念，但是可能犯错误且存在偏差
市场在相当程度上适应新信息	学习需要时间；对信息的适应具有滞后性
市场平衡，偶尔市场分歧且持续时间很短	市场分歧总是存在，并且有时市场分歧巨大
基本面在短期内不会发生大的变化	基本面的变化往往是无法预料的

市场趋同交易系统通常关注许多较小的盈利，偶尔会出现极端的亏损。市场分歧的交易方法侧重于较小的亏损，偶尔会有极大的盈利。市场趋同策略具有凹形的收益函数和负偏度。市场分歧策略具有凸形的收益函数和正偏度。市场趋同策略表现出负凸性，偶尔会出现负面的"黑天鹅"。市场分歧策略表现出正凸性和偶尔正面的"黑天鹅"。凸性意味着某个因素可以极大地将输入或初始风险放大。**正凸性**是指承担少量风险（乃至沉没成本），输出可能远远大于输入的情况。彩票是具有正凸性的最简单的例子。彩票中奖者收到的奖金比彩票价格高出很多倍。这个属性使得彩票对那些采用市场分歧风险承担策略的人来说非常具有吸引力（也令人兴奋）。彩票的问题是，它的预期收益率也是负的。偶现"黑天鹅"的**负凸性**投资，是指大部分时间都获得小幅收益，但在极少数情况下最终导致巨大亏损的投资。对于投资股票并经历雷曼危机的投资者来说，股票市场危机是一个负凸性事件。Rzepczynski（1999）对市场趋同和市场分歧风险承担策略的交易行为和收益表现进行了分类，如表5.2所示。

---

① 在实践中，大多数趋势跟踪策略的头寸常常有着超过50%的亏损率。这意味着大多数交易可能亏损资金，但是随着时间的推移，那些盈利的交易带来的盈利似乎远远大于微小的亏损。

第5章 市场分歧和趋势的可交易性
Chapter 5　Divergence and the Tradability of Trend

表 5.2　市场趋同和市场分歧风险承担策略的交易行为和收益表现的分类（Rzepczynski，1999）。

市场趋同	市场分歧
对公允价值有强烈的意识	不预测公允价值
套利交易、价值交易、逆向投资	趋势跟踪策略、动量
负凸性	正凸性
收益来自均值回归和长期的风险溢价	收益来自极端、短暂事件
凹性的收益率	凸性的收益率
负偏度	正偏度

大多数投资策略也可以根据市场趋同和市场分歧风险承担方法进行分类。例如，对于股票市场而言，持有股票多头头寸可以被视为一种对股票风险溢价的结构性信念或对均值回归的信念。在不同的股票策略中，和价值型投资相比，成长型投资可以更多地归类为市场分歧投资策略。特别是从长远来看，很难使用基本面模型对成长型公司建模或预测。[①] 相对而言，价值型投资策略是市场趋同的，因为有可能计算出价值公司的内在价值（考虑到特定观点和对价值的信念）。在私募股权投资领域，较大的杠杆收购（LBO）重组项目更接近市场趋同风险，因为成熟公司更容易估值。另一方面，风险投资家更多地承担市场分歧风险。他们通常在大量公司中投入少量资金（相比他们成熟的 LBO 对手而言，并非进行几次谨慎的投资），希望找到下一个超级巨星。另一个直观的例子是做空波动率和做多波动率策略。做多波动率策略通常在稳定时期内受到负利差的困扰，在不稳定时期内则可能获得无限的收益率。做空波动率策略会随着时间的推移获得微小的正溢价，但偶尔会爆仓。做多（做空）波动率策略是对未来波动率的投资（负债）。未来的波动率取决于风险（市场趋同部分）和不确定性（市场分歧部分）。回到第 4 章，波动率溢价是投机风险溢价的另一个例子。[②] Rzepczynski（1999）提出了几种常见的交易风格的区别，如表 5.3 所示。

[①] 对于成长型公司而言，未来的现金流常常是不确定的。这就使得折现现金流模型或者其他的资产定价的基本面模型更加复杂。

[②] 例如，尽管在短期内它们展现出负利差，但从长期来看，做多波动率策略似乎在某些时期表现出正偏度和正溢价。做多波动率策略和保险有些类似。同样的，当波动率多头敞口的"保险"价格太高时，做空波动率策略也可能会提供投机风险溢价。

表 5.3 市场趋同交易和市场分歧交易的策略类型（Rzepczynski，1999）。

资产类别	市场趋同	市场分歧
股票	价值、逆向投资、套利（成对交易）	动量、成长
固定收益	套利、信用定价	利率方向
对冲基金	套利（固定收益、可转换）、股票多空、行业基金、外汇期货套利	管理期货、趋势跟踪策略、技术分析

与适应性市场假说的联系

风险承担和针对风险采取的行动与我们的信念结构和金融世界观直接相关。最终，这可能会导致我们改变投资方式，随着时间的推移尤甚。这就引出了一个问题：投资意味着什么？什么是投机，什么是投资，或者这重要吗？根据定义，投资是购买的资产或项目，投资者希望其将来能够升值。如果我们的观点是两极分化的，例如，如果我们认为市场要么是有效的，要么会被非理性繁荣所影响，那么这会相应地导致市场趋同或市场分歧（但不会导致两者同时存在）。2013 年，持有两种截然不同世界观的资产定价的实证研究人员，均被授予了诺贝尔奖：一种观点是有效市场假说，另一种观点是行为金融学。① 如果这两种观点都重要，那么两种风险承担风格对于能否在市场中成功和金融市场的收益表现而言都至关重要。

如果市场是有效的，那么采取市场趋同策略对保持了核心基本面结构的资产可能是明智的。例如，在这种情况下，对股票投资采取长期买入并持有而不设置止损，在某些时期是合理的。另一方面，我们也必须承认，我们对屈服于"动物精神"的金融市场的真正结构一无所知。在这种情况下，市场分歧风险承担策略能够很好地应对未知和不确定性。当然，最佳组合取决于金融市场的状态和市场参与者。最好的整体策略是将两种风险承担方法结合起来。② 总而言之，市场趋同风险承担使我们在面临隐藏

---

① 2013 年诺贝尔经济学奖颁给了尤金·法玛（Eugene Fama）、拉尔斯·彼得·汉森（Lars Peter Hansen）和罗伯特·席勒（Robert Shiller），以表彰其在资产定价领域的杰出贡献。法玛因有效市场假说而著名，而罗伯特·席勒是行为金融学领域的一位大师。
② 举例来说，Chung、Resenber 和 Tomeo（2004）提出了如何运用市场趋同和市场分歧的方法在对冲基金投资组合中配置资产。该文章从概念和实证角度讲述了实际中如何操作。

的风险（所谓的"黑天鹅"）时能够竞争并维持价值，而市场分歧风险承担使我们能够在市场困难期间适应、创新并有望生存下来。

适应性市场假说指出，价格是由市场参与者在市场生态中的组合、可用资源的水平以及参与者适应和竞争的能力决定的。随着环境的变化，资源和竞争会随着时间而变化。回到金融市场风险承担的概念，某些时期适合采取市场趋同风险承担方法，而其他时期则适合采取市场分歧风险承担方法；还有某些时期，两者的结合可能更有意义。当市场相对稳定且可知时，市场趋同风险承担方法便于保持竞争力。另一方面，市场分歧风险承担方法可以带来罕见的巨大成功，有时甚至会超过它们产生的亏损。市场趋同风险承担方法使我们能够保持竞争力并获得成功，也可能使我们遭受灾难性的亏损，遇到困扰金融系统和投资者的"黑天鹅"。市场分歧策略使我们能够在混乱和无序中创新、适应并创造价值。[1]

■ 市场趋同和市场分歧的量度

正如我们个人生活中的风险一样，在金融市场中，有时市场趋同风险承担方法是合理的，有时市场分歧风险承担方法是合理的。两种方法需要的成本截然不同，为个人带来的效用也截然不同。何时这种方法或另一种方法能够取得成功，直接取决于资产类别的风险结构可知或不可知的程度，这也是自然而然的。例如，回到风险和不确定性，控制资产行为的风险或不确定性水平可能表征了市场趋同或市场分歧风险承担策略成功的可能性。更具体地说，市场分歧策略往往得益于不确定性。与适应性市场一样，这种关系也是随时间变化的。随着时间的推移，这两种风险承担方法的表现在不同时期都有所不同。以股票投资为例，价值型策略的收益表现有时优于成长型策略，有时却逊于成长型策略。价值型策略是市场趋同的，成长型策略则是市场分歧的。为

---

[1] 这个概念和纳西姆·塔勒布在《反脆弱》（Antifragile）（2012）中讲述的类似。塔勒布在书中讨论了波动率和压力如何使系统更加强大。在这种背景下，市场趋同风险承担策略相比混合了市场趋同策略的市场分歧策略，从长期来看更加稳固。纯粹市场分歧策略产生的收益在市场稳定时期往往低于平均收益，但在市场压力时期则表现良好。市场趋同策略在市场稳定时期表现很好，但本质上是脆弱的。

了衡量特定市场的市场分歧程度，可以通过**风险与不确定性比率**（RUR）分解市场。简单来说，这个比率可以用波动率来衡量，即可解释的波动率除以不可解释的波动率的比值：

$$RUR = \frac{可解释的波动率}{不可解释的波动率} = \frac{可解释的波动率}{总的波动率-可解释的波动率}$$

可解释的波动率是指可归因于公允价值和基本面模型的波动率。可解释的波动率代表"可知"的风险水平。**不可解释的波动率**是指归因于无法解释的因素的波动率。

给定 RUR 后，可以考察单个资产类别，以确定有多少波动率是可解释的或不可解释的。当 RUR 较高时，市场趋同风险承担策略通常更合适；反之，则市场分歧风险承担策略更合适。例如，货币的基本面模型只能解释很少的总价格波动率。事实上，技术分析是货币交易的常用工具。即使在股票市场，也存在一种所谓的"过度波动"现象，这是行为金融学常常提到的一种市场异象。这种现象表明，股票价格的波动率远大于基本面模型所预测的程度。从市场趋同或市场分歧的角度来看，这意味着股票波动率中包含了不确定性。商品期货市场的 RUR 较低，这意味着由于基本面模型的可靠性较低，采取市场趋同风险承担方法在商品期货市场上获得盈利更加困难。

将不确定性与流动性和信用风险联系起来

信用风险是由于交易对手方无法偿还债务或履行合约或头寸而引发的相关风险。信用风险依赖于个人的行为。各种关系网错综复杂。总的来说，了解人们在压力情况下的反应有点复杂。流动性风险是由于缺乏市场需求或无法足够快地买入和卖出投资以避免或最小化亏损而导致的。流动性的量度通常很复杂，而且一般情况下似乎是不可预测的。流动性可能仅存在一分钟，当供给平衡消失时，流动性可能也会随之完全消失。对于需要流动性的一方而言，流动性风险足以引起重视（存在很大的不确定性）。

尽管在学术研究中已有许多尝试来表征信用行为和流动性风险，但这些风险仍然难以预测且相对未知。它们通常以冲击的形式出现，可以通过难以建模或控制的方式传播。研究可能会让我们对这些风险有一定的了解，但相对来说，这些风险仍然是难

第 5 章 市场分歧和趋势的可交易性
Chapter 5 Divergence and the Tradability of Trend

以捉摸和不可知的。市场趋同风险承担者可能认为这些风险是可知的，随着时间的推移，他们会认为自己已经适应了承担这些风险。当这些风险比以前假设的更严重时，市场趋同风险承担者可能会遭受毁灭性的亏损。

趋势跟踪策略是如何适应市场的？

趋势跟踪策略是市场分歧风险承担者。与策略 D 类似，趋势跟踪策略投资者在许多市场中持有许多较小的头寸。他们在遭受亏损的市场中迅速止损，而在那些未止损的市场中建立头寸。随着时间的推移，趋势跟踪策略的收益率分布呈现出正偏度和**正凸性**，并且在其头寸中的胜率通常不到 50%。趋势跟踪策略投资者在市场分歧期间获利，并在市场出现极端行情时产生危机阿尔法。① 从风险角度来看，这些策略对不同资产市场价格的看法存在分歧。公平地说，尽管就价格而言，趋势跟踪策略投资者是市场分歧风险承担者，但在流动性和信用方面，趋势跟踪策略投资者却是市场趋同风险承担者。他们避免交易对手风险和流动性风险，并且不会持有可能从交易对手方的信用质量或流动性市场分歧中直接获利的头寸。他们可能从这些风险对价格的影响中获利，但并不承担这些风险，因为他们的结构性观点认为这些风险太难预测。这些问题也限制了他们截断亏损和适应价格趋势的能力。为了进一步解释这一点，我们来看另一种市场分歧风险承担方法——风险投资（与私募股权投资中的 LBO 相反）。这种市场分歧风险承担策略对许多不同的企业家进行小额投资（限制亏损），希望有人能成为下一个超级巨星。这种策略取决于投资对象（交易对手风险）以及出售和捕捉新想法价值的能力（流动性风险）。例如，图 5.3 展示了趋势跟踪策略和其他另类投资策略的收益率时间序列的偏度。其中，趋势跟踪策略具有最大的正偏度，表明它比其他策略的市场分歧大。

这种解释加强了风险承担方法取决于风险承担者的金融世界观这一事实。市场在可知和不可知之间振荡，因而不同的金融世界观有可能混杂在一起。这取决于人们正在考虑的风险类型。正如生活中的大多数事情一样，风险承担方法的选择是根据情境来

---

① 间断平衡的时刻在第 4 章进行了讨论。

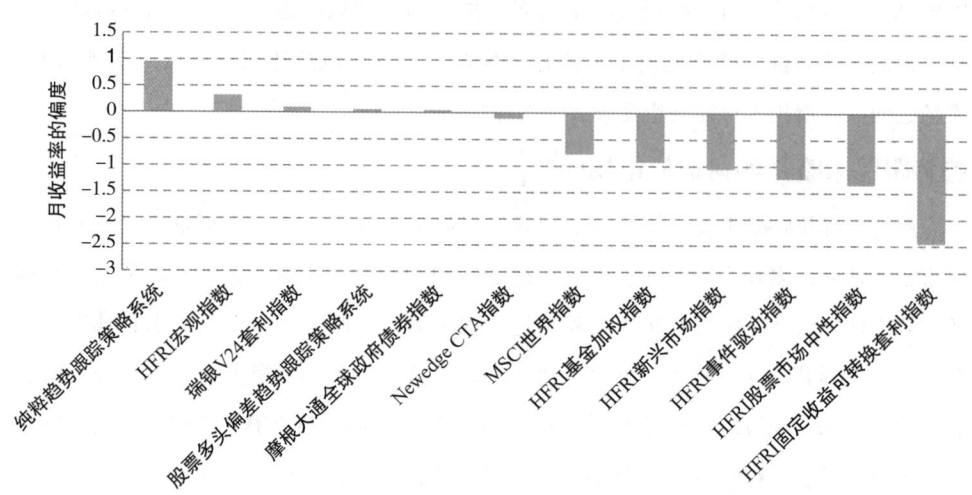

图 5.3　纯粹趋势跟踪策略（纯粹趋势跟踪策略系统）和其他策略的月收益率的偏度。

判断的。趋势跟踪策略投资者声称不了解市场价格的结构，[①] 但他们仍然持有结构性观点——信用风险和流动性风险不值得承担。

动量与市场分歧

许多投资者将趋势跟踪策略和动量策略混为一谈。事实上，Moskowitz、Ooi 和 Pedersen（2012）阐明了他们称为"时间序列动量效应"的现象。时间序列动量和横截面动量有所不同。对于某种特定的资产类别来说，横截面动量是由横截面上不同资产之间的价格变动所驱动的。时间序列动量是跨时间、跨资产类别的动量，也是趋势跟踪策略的一个简单特征。关于动量的概念，这里有一个关键问题——动量是结果而不是原因。和 Moskowitz、Ooi 和 Pedersen（2012）的研究类似，大多数关于动量的实证研究都提出了市场中产生动量的很多原因。从行为偏差到市场摩擦，这些解释十分广泛。从适应性市场的角度来看，动量只是简单地由缓慢或长时间的市场分歧引起的。

[①] 2013 年末，《经济学人》(*The Economist*) 刊登了一篇文章，讨论了趋势跟踪策略在 2008 年之后的糟糕表现。这篇文章把量化基金经理定义为相对"乐观者"。趋势跟踪策略投资者并不相信他们能够预测市场，只相信他们能够设计系统性地配置风险的系统。

正如在进化生物学中一样，金融系统由人和由人操作的计算机组成。Pasquariello（2014）提出了**市场错位**存在的实证证据，这在某种程度上和动量类似。市场错位时期定义为价格偏离简单无套利空间的时期。市场错位和动量都是长时间市场分歧的结果。① 分歧、错位和动量的总结和定义如表 5.4 所示，表中既包括相应的生物学定义，又包括金融学解释，以呈现两者的并列关系。

表 5.4 分歧、错位和动量的定义。

术语	生物学定义	金融学解释	原因
分歧	有着共同祖先的动物或者植物，因处于不同的条件而进化成不同形式的进化趋势或者过程	市场参与者和市场物种群进化并适应新的市场条件的过程	风险偏好的变化、供需平衡、行为偏差、情绪、危机和市场摩擦、系统风险
错位	移位的动作或者移位后的状态；打破常态或者稳态	价格偏离无套利空间	缓慢的或者长时间的市场分歧
动量	物理对象或者事件过程的发展运动的力或者速度	在某段时期，价格持续向某一个方向移动	缓慢的或者长时间的市场分歧

趋势跟踪策略的市场分歧风险承担的实证研究证据

前几节定性地讨论了趋势跟踪策略是如何成为一种市场分歧风险承担策略的。由于这个概念贯穿本书的其余部分，并且第 12 章中要展开风格分析，因此表 5.5 列出了纯粹趋势跟踪策略的原则和方法及其相应的实证研究。

首先，趋势跟踪策略投资者不会基于宏观效应产生基本面观点。在最纯粹的趋势跟踪策略系统中，趋势跟踪策略投资者对资产类别没有偏好，对多头或空头也没有偏好。投资决策完全由价格数据所产生的趋势信号和趋势强度决定。趋势跟踪策略系统运用系统性的方法，将风险分散到许多资产类别上，并在价格走势与信号相反时系统性地截断亏损。当我们讨论趋势跟踪策略的收益表现时，最差的收益表现来自许多小亏损的累加。根据实证研究，趋势跟踪策略的胜率小于 50%，并且与回撤幅度具有很高的相关性。与此相反，最好的收益表现来自许多巨大的盈利。在实际中，盈利交易的

---

① 和生态系统一样，市场中的大多数变化不足以破坏系统稳定性。

表 5.5　趋势跟踪策略——市场分歧风险承担策略的原则和特征小结。

纯粹趋势跟踪策略的原则和方法	实施和实证研究
对宏观没有基本面观点①	头寸只取决于价格的历史信息
没有资产类别偏差	在广泛的资产类别中配置风险
承担系统性的亏损	在头寸持有上没有自主决定权,当趋势和信号方向相反时,会发生亏损
最差的收益表现下,有许多小的亏损	交易的胜率通常情况下小于 50%,回撤幅度和胜率高度负相关②
最好的收益表现下,有少量大的盈利(正凸性)	用盈亏(PnL)衡量的盈利大小和最好的收益表现直接相关
正偏度,正凸性	从统计上来说呈现正偏度,收益率分布曲线具有正凸性(右尾肥而不是左尾肥)
从市场分歧中获利	收益表现和市场分歧高度相关③

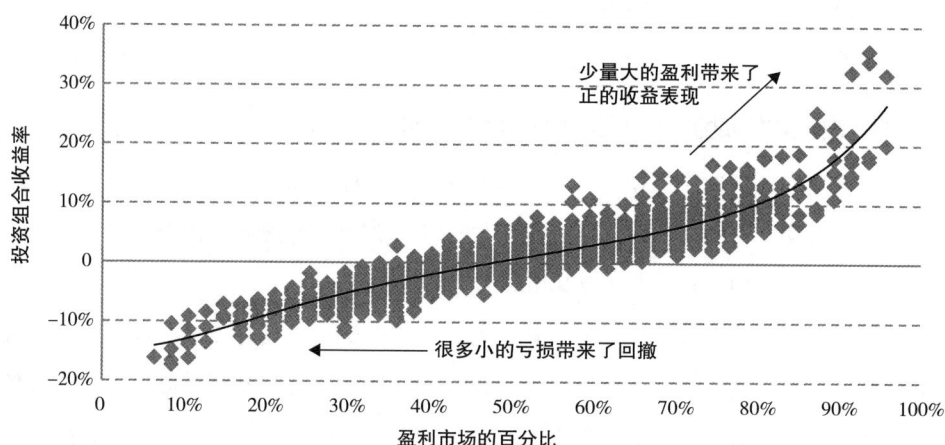

图 5.4　投资组合收益率和盈利市场的百分比的散点图（图中用的是代表性纯粹趋势跟踪策略系统的 22 天滚动窗口）。

---

① 从经济学家的视角来看,只要价格是由不可简化的不确定性主导的,趋势跟踪策略的方法就可能是合理的(Lo and Mueller, 2012)。
② 这一点将在第 9 章中讨论。
③ 在接下来的小节中,我们会讨论市场分歧的量度。在这种量度方法下,趋势跟踪策略的收益表现和简单的市场分歧量度指标有着 0.75 左右的相关性。

第 5 章 市场分歧和趋势的可交易性
Chapter 5　Divergence and the Tradability of Trend

数量和盈利交易相对于亏损交易的获利大小，都和最好的收益表现息息相关。盈利交易的百分比与趋势跟踪策略收益表现之间的关系如图 5.4 所示。该图展示了趋势跟踪策略的凸性收益的特征。最后也是最重要的一点：趋势跟踪策略是市场分歧多头。本章的后续部分将进一步详细研究市场分歧的概念。

■ 衡量投资组合层面的市场分歧

市场分歧风险承担策略得益于极端的**市场分歧**驱动的环境。[①] 随着趋势跟踪策略投资者跟踪趋势，市场分歧（不仅仅是波动率）会推动收益率。由于市场分歧对某些人来说可能是一个新概念，因此有必要给出简单的定义和一些例子。与通过标准差衡量波动率类似，市场分歧也可以用实证研究来衡量。[②] 图 5.5 中绘制了几个价格趋势：先是无噪声的价格趋势，接着是价格时间序列中噪声较小和噪声较大的价格趋势。左侧呈现的是较长期的 100 天趋势，为便于比较，右侧呈现了同期但更短且更陡的 20 天趋势。两种趋势的水平相同，价格均上涨了 10 美元。

为了量度特定价格时间序列的市场分歧水平，有必要研究信噪比。**信噪比**（signal to noise ratio，SNR）是特定时期内趋势与个别价格变化的比率。对于任何特定日期，在时间 t，具有回测窗口 n 的特定价格时间序列的信噪比 SNR_t 可以使用以下公式计算：

$$SNR_t(n) = \frac{|P_t - P_{t-n}|}{\sum_{k=0}^{n-1}|P_{t-k} - P_{t-k-1}|}$$

其中，P_t 为时间 t 的价格；n 为信号的回测窗口或信号观察期。对于中长期趋势跟踪策略投资者，通常选择 100 天左右的回测窗口。

[①] 市场分歧的定义和"反脆弱"的概念有关，"反脆弱"是由纳西姆·塔勒布在《反脆弱》（2012）一书中提出的。引用书中的术语，市场分歧风险承担策略是反脆弱的，而市场趋同风险承担策略则是脆弱的。
[②] 在此提醒读者，波动率的概念代表了风险和不确定性。标准差仅仅是公认的"代表"风险的简单度量指标。现实中的风险比标准差复杂多了，市场分歧也同样比简单的 MDI 指标复杂得多。

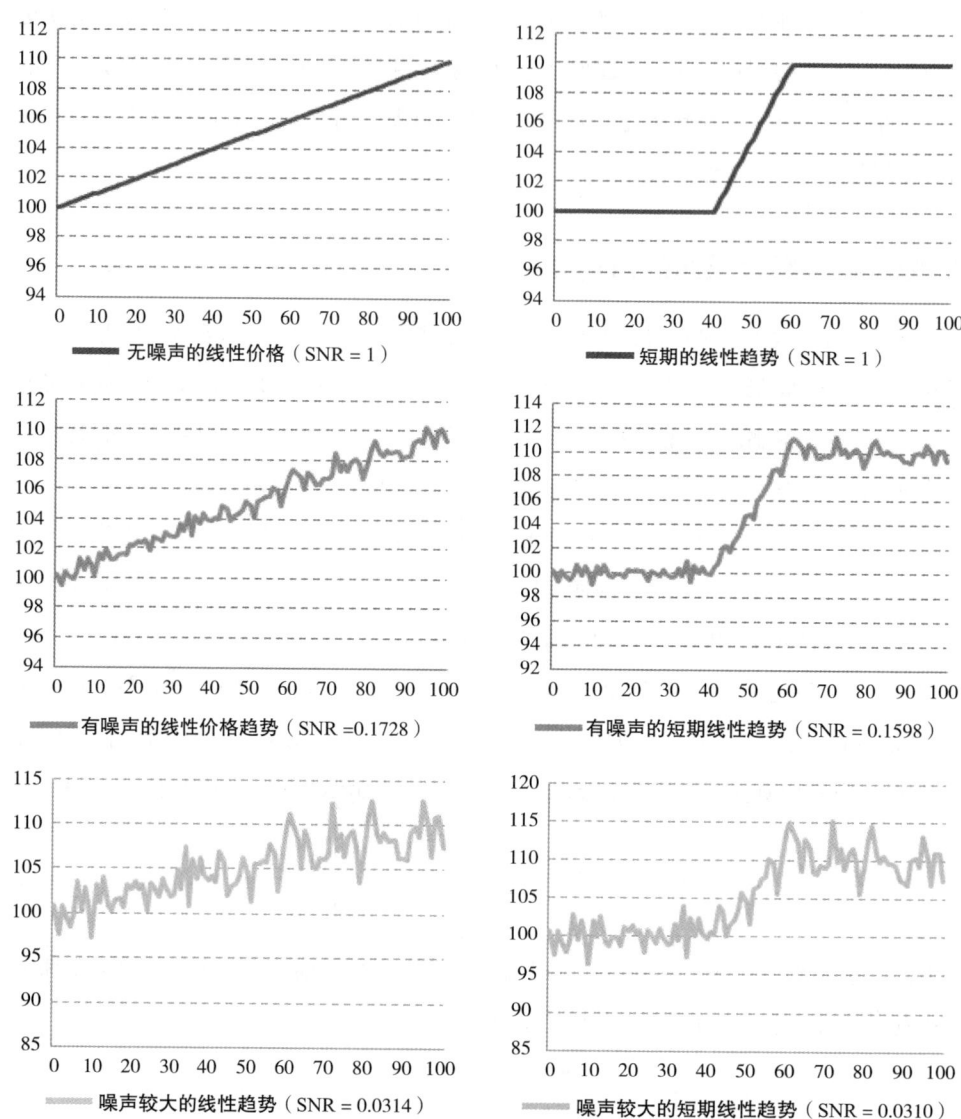

图 5.5 有、无噪声的价格趋势示例。对于每个 100 天的示例,计算 100 天的信噪比。有噪声的时间序列的收益波动率为 10%,噪声较大的时间序列的波动率为 40%。

第 5 章 市场分歧和趋势的可交易性
Chapter 5 Divergence and the Tradability of Trend

回到图 5.5，该图展示了每个单独的价格时间序列 100 天的信噪比。理想的价格趋势信噪比为 1。信噪比越高，表明趋势的质量越高，或者在单个市场上价格的市场分歧越大。请注意，随着噪声（或波动率）进入价格趋势，信噪比会降低，因为趋势变得更加难以识别。例如，有噪声和噪声较大的线性价格趋势的信噪比分别为 0.1728 和 0.0314。第一个有噪声的价格趋势对于趋势跟踪策略投资者来说会很有趣，但第二个噪声较大的价格趋势则会被认为波动过大。这个简单的例子解释了趋势跟踪策略投资者和波动率有着复杂的关系。增加价格时间序列的波动率会降低价格趋势的吸引力。另一方面，当价格趋势出现时，价格时间序列表现出较高的波动率，有时称为方向性波动率。① 图 5.5 的右侧显示了和 100 天趋势的价格上涨程度相同的较短趋势。就趋势水平而言，这两个价格的变动量相同，但从 100 天的角度看，右侧的短期价格趋势不太可取。请注意，有噪声的线性价格趋势的信噪比为 0.1728，而相同情况下短期价格趋势的信噪比为 0.1598。本例中使用了相同的噪声序列，信噪比具有可比性。当年化波动率为 40%时，噪声较大的线性价格趋势和短期价格趋势都比较无效。

我们可以针对单个市场计算信噪比。下一步是从投资组合的层面来看市场中"趋势"的总体水平。对于每个单独的市场（i），为简单起见，市场分歧的总水平（或"趋势"）可以计算为平均信噪比。该量可以定义为给定信号观察期（n）的**市场分歧指数**（MDI）。②

$$MDI_t(n) = \frac{1}{M} \sum_{i=1}^{M} SNR_t^i(n)$$

式中，SNR_t^i 为单个市场 i 的信噪比；n 为信号观察期；M 为所包含市场的数量。MDI 是

---

① 第 8 章中将会更加清晰地阐述波动率变化对于趋势跟踪策略的重要性。
② MDI 指标有很多不同的变体。例如，本书中用到的是绝对值。也可能用平方或者平方根来量度信噪比。对于特定的投资组合，可能用市场加权（而不是简单的算术平均）。比如，使用平方会增加总指数发生极端移动时的影响。MDI 指标的设计和使用与应用的环境息息相关。

考虑价格时间序列中的波动率（或噪声）水平后，对价格"趋势"的简单总量度指标。① 当 MDI 较高时，对应投资组合中各个市场具有较高趋势性的市场环境。

市场分歧和趋势跟踪策略的收益表现

考虑到趋势跟踪策略跟随趋势，则 MDI 的值越高，趋势跟踪策略程序化系统的收益率也越高。图 5.6 展示了 2001—2013 年，代表性纯粹趋势跟踪策略系统的 100 天 MDI 和 100 天滚动收益率。这里的趋势跟踪策略系统包括所有资产类别：商品期货、股指期货、固定收益债券期货、外汇期货。趋势跟踪策略程序化系统的 100 天 MDI 和 100 天滚动收益率的相关系数为 0.74。这种高度相关性证明了市场分歧与趋势跟踪策略收益表现之间的直接联系。

MDI 值的分布往往呈正偏态，右尾较肥。这些极端事件代表了市场分歧显著增大的时期。例如，在图 5.6 中，雷曼危机（市场闪电崩盘）和其他关键事件的发生时间与 MDI 的峰值出现时间具有一致性。图 5.7 展示了与图 5.6 同期的 100 天 MDI 直方图。在此期间，此特定投资组合中，MDI 的平均值为 0.11，标准差为 0.03。收益分布呈正偏态，和趋势跟踪策略系统的收益率分布一致。了解趋势跟踪策略系统的收益表现如何取决于市场分歧也很有趣。图 5.7 绘制了趋势跟踪策略系统的 100 天滚动收益率的条件收益率与 MDI 的函数关系。此例中，当 MDI 高于 0.10 时，过去 100 天的趋势跟踪策略的收益表现预计为正。② 市场分歧与趋势跟踪策略大致呈线性关系。

重新联系危机阿尔法和市场分歧风险承担

在图 5.8 中，重要的是要注意，只要市场分歧不是特别大，趋势跟踪策略的收益表现就是线性的。在市场危机期间出现了极端程度的市场分歧，在此期间，趋势跟踪策略的条件收益表现最优。在图 5.8 中，当 MDI 从 0.10 增加到 0.18 时，趋势跟踪策略的

---

① MDI 指标和随机漫步指标（RWI）相关。参见 http：//tradingsim.com/blog/random-walk-index/。RWI 指标的计算细节与 MDI 不同。这里仅仅在投资组合的层面计算 MDI。
② 对于这个特定的投资组合而言，0.10 是合适的阈值。阈值由特定投资组合的特征决定。

第 5 章 市场分歧和趋势的可交易性
Chapter 5　Divergence and the Tradability of Trend

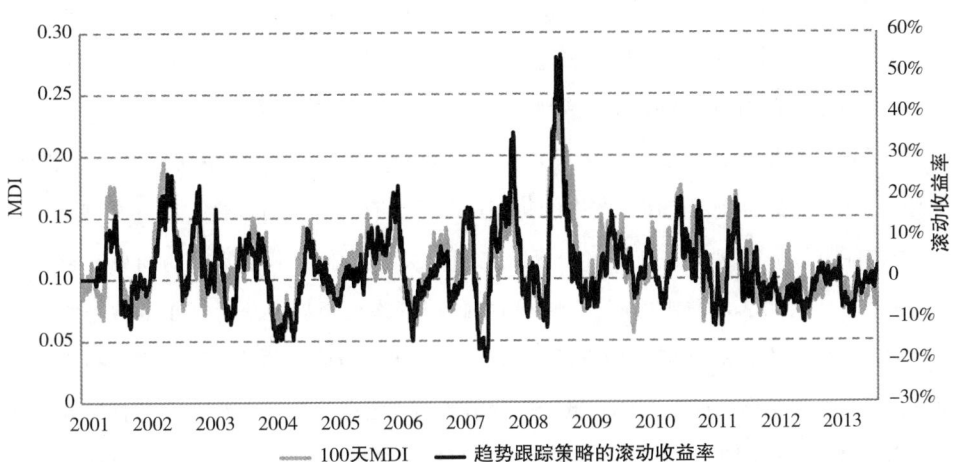

图 5.6　代表性纯粹趋势跟踪策略系统在 10 年间（2001—2013 年）的 100 天滚动收益率和 MDI 指标。

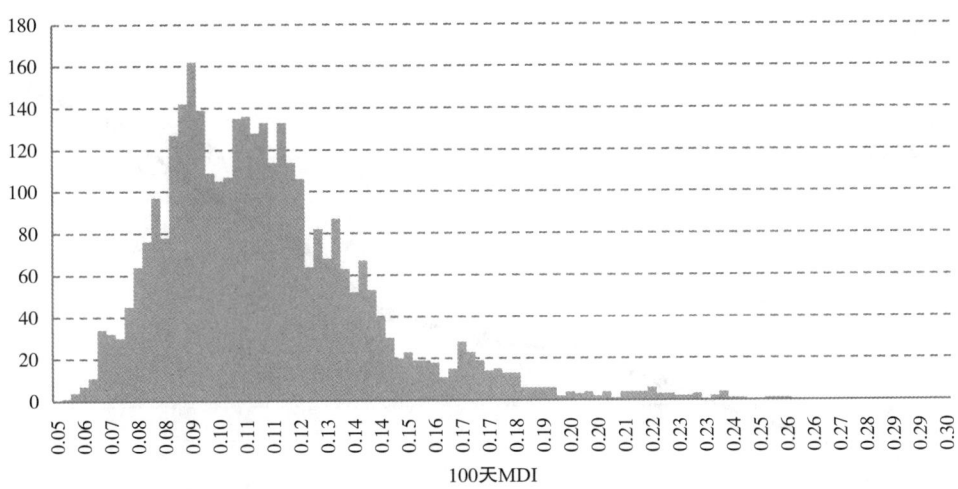

图 5.7　由商品期货、股指期货、固定收益债券期货和外汇期货构成的投资组合的 MDI 直方图（2001—2013 年）。横轴是 MDI 的值，纵轴是每个 MDI 值区间内的样本数。

收益表现在极端市场分歧期间翻倍。收益表现大致按 10 倍放大。在此示例中，MDI 移动 0.03，对应于预期收益率增加 30%。适度的 MDI 代表趋势跟踪策略在非危机时期获得投机风险溢价的时期。MDI 的极端水平与危机阿尔法直接相关。

随着时间的推移，市场分歧风险承担者会承担很多小的风险并且获得大的盈利。回到图 5.8，重要的是要记住，图中的每一点并不具有相同的可能性。图 5.9 展示了第 4 章中条件收益、频率和危机阿尔法分解之间的关系。收益率较低的期间更有可能出现。事实上，有 1/3 左右或更高比例的趋势跟踪策略在交易中获得了正的收益率。记住，在这个例子中，MDI 的平均值是 0.11，对于 MDI 为均值的趋势跟踪策略投资组合而言，其条件收益率接近零，MDI 低于平均值的趋势跟踪策略投资组合的条件收益率为负。当市场分歧程度很高时，许多趋势跟踪策略投资者的头寸会获得丰厚的收益。分析市场分歧及其与趋势跟踪策略收益表现的关系，进一步表明了趋势跟踪策略是市场分歧风险承担策略。

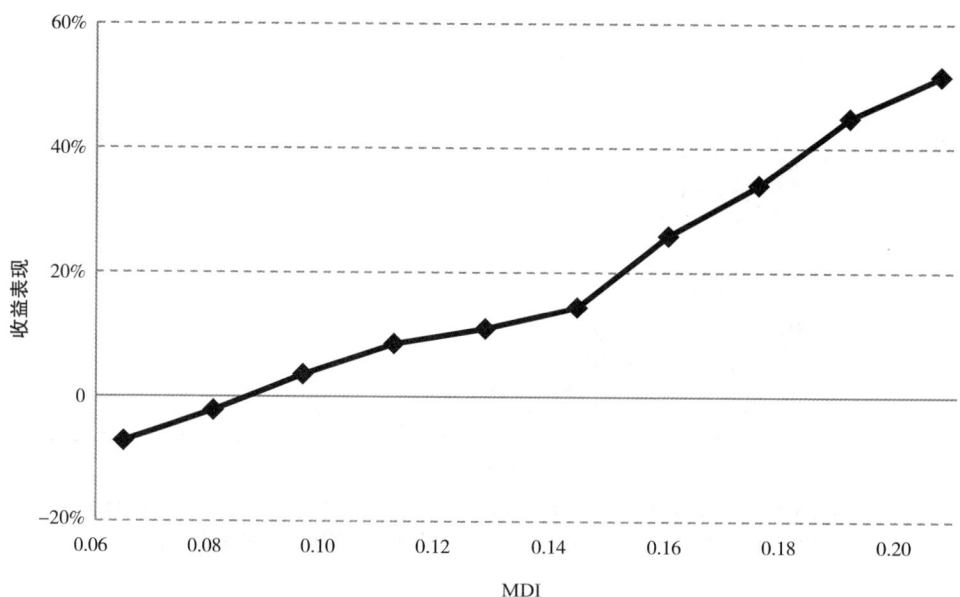

图 5.8　代表性纯粹趋势跟踪策略程序化系统的 100 天滚动收益率的条件收益率与 MDI 的函数关系。横轴是 MDI 值，纵轴是每个 MDI 值对应的 100 天条件收益率的平均值。

第 5 章 市场分歧和趋势的可交易性
Chapter 5 Divergence and the Tradability of Trend

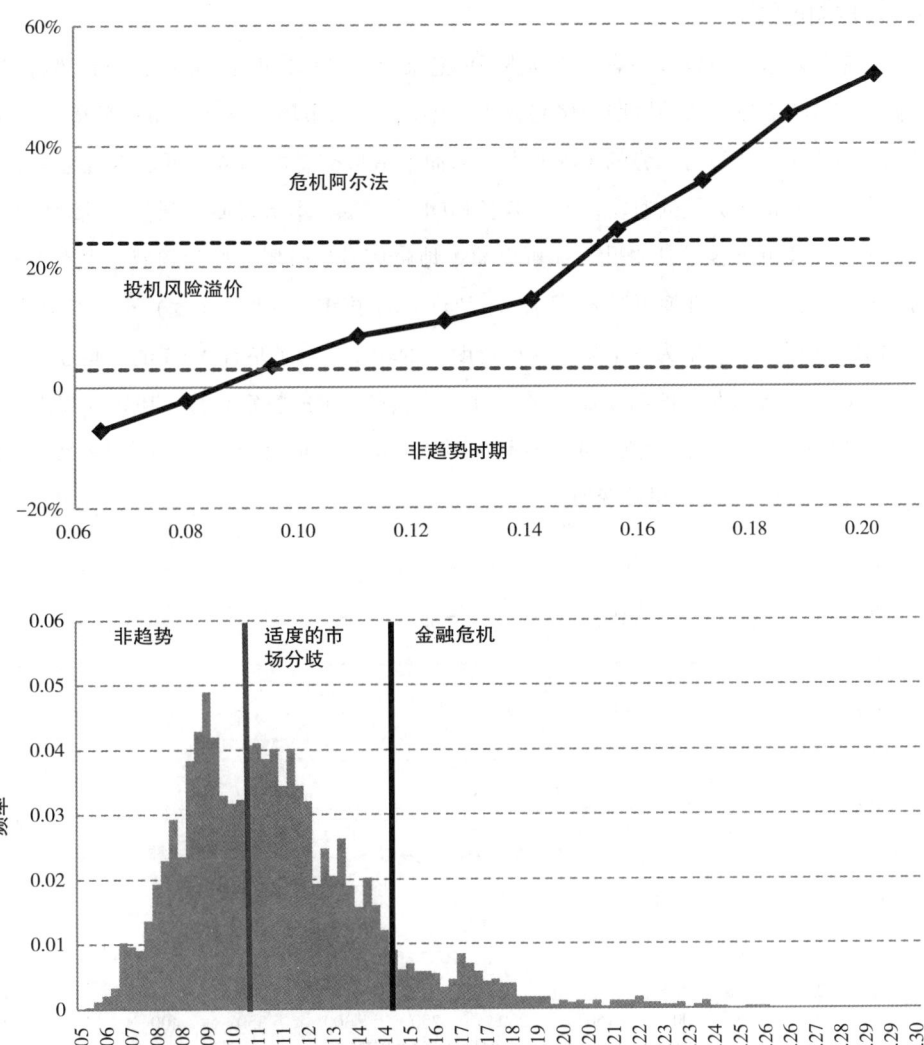

图 5.9 市场分歧和危机阿尔法的联系。

市场分歧的速度

如果市场真正有效（在有效市场假说的意义上），MDI 仍然是正的，但趋势看起来更像是图 5.5 右侧更快的短期价格趋势。① 相反，如果市场价格适应市场环境的变化，可能会出现带有非瞬时趋势的调整时期，从而创造可交易的趋势。可以通过考察 MDI 的速度来考察市场分歧的速度。为了考察 MDI 的速度，本节将回归到信号处理的经典工具——傅里叶变换。傅里叶变换可以简单地将信号从时域变换到频域。用不太复杂的术语来说，傅里叶变换可以表示时间序列行进的频率（类似于速度）。② 图 5.10 展示了 MDI 的周期图。y 轴为每个频率（或速度）的功率。为了估计 MDI 的平均速度，可以计算频率（或周期）的功率加权平均值。对于本节中的特定趋势，功率加权平均周期约为 14 个月。这一估计值表明，有利和不利的市场环境每半年左右交替一次。我们将在第 14 章再次讨论傅里叶变换。

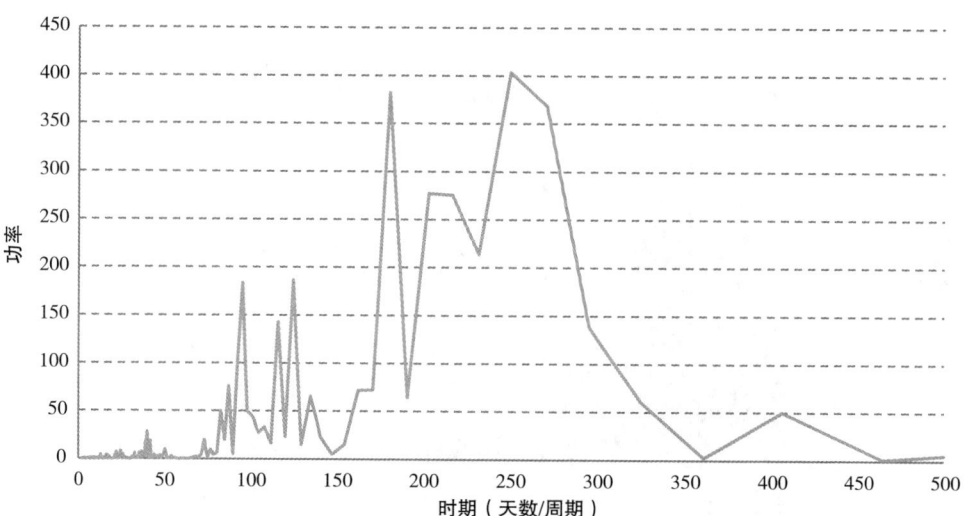

图 5.10 100 天 MDI（图 5.6）的周期图。周期图展示了 MDI 每个频率对应的功率。图中移除了非常低的频率部分。

---

① 例如，在有效市场假说下，所有的信息都立即反映在价格中。这会在信息可得的瞬间带来价格跳空。

② 在 MDI 的例子中，从数学上来说，对任意函数 $f(x)$，傅里叶变换可以用下式来表示：$F(k) = \int_{-\infty}^{\infty} f(x) e^{-2\pi i k x} dx$。

第 5 章 市场分歧和趋势的可交易性
Chapter 5　Divergence and the Tradability of Trend

■ 检验市场分歧的平稳性

适应性市场假说指出，市场会不断调整并适应金融环境的变化。随着环境的变化，市场参与者之间的竞争更加激烈，冲击会扰乱市场环境，其他因素也会动态地改变市场。价格将反映当前环境以及市场参与者之间竞争的分布和水平。与生物系统类似，冲击会使系统进入新的平衡状态。适应过程偶尔会产生价格分歧。简言之，不断变化的环境条件和市场参与者分布的不平衡会导致市场分歧，因为价格会随之调整。如果市场有适应能力，并且这个过程不是瞬时的（正如生物系统中的过程也不是瞬时的），那么短期的适应将导致市场分歧。同样类似于生物系统，调整期将取决于冲击的严重程度以及冲击影响系统稳定性的程度。[1] 如果市场的确是适应性的，那么市场趋同和市场分歧都是金融市场的核心部分。由于有效市场假说和经济学中的传统理论，人们已广泛接受市场趋同在市场中所起到的作用，而市场分歧在市场中所起到的作用则经常受到质疑。因此，我们可以测试市场分歧的行为，看看随着时间的变化，它是否是价格的一个暂时性特征。对 MDI 进行实证检验以测试其平稳性，结果显示，尽管 CTA 行业发生了重大变化，期货市场和各种经济环境都出现了巨大增长，但市场分歧仍是市场的永久性特征。[2]

市场分歧是金融市场运作的永久性特征。

市场分歧的平稳性测试

MDI 是衡量市场分歧的指标。根据实证研究，对平稳性的统计检验可以确定市

---

[1] 举一个有关心率的简单例子，当你追赶公共汽车时，心率会加快。上车以后，心率会随着心情平复而慢下来。再举个例子，在一辆行驶的公共汽车前，你跑去救自己的孩子：你会心率加快，肾上腺素飙升，事后还会紧张十几分钟。两者都包含了环境的冲击，但后者更严重地破坏了循环系统的稳定性。
[2] 严格来说，在历史实证研究中，截至目前并没有发现市场分歧拒绝了市场非稳定性的假设。

分歧随着时间的变化有多么稳定。考虑到农产品期货合约历史悠久，本节的分析基于具有大量历史价格数据的六个农产品期货市场。① 从 1949 年 6 月开始，应用于农产品期货市场的趋势跟踪策略投资组合的 100 天 MDI 如图 5.11 所示。为了检验 MDI 时间序列平稳的原假设，可以应用 Kwiatkowski 等（1992）提出的检验方法（可进一步表示为 KPSS 检验）。KPSS 检验需要一个重要的输入参数：长期方差的 Newey-West（1987）估计值中包含的自协方差滞后阶数。在过去 30 年里，CTA 行业已发展为成熟的行业，期货市场数目呈指数级增长，联邦基金利率②也在过去 30 年间经历了大幅变化。在一系列经济环境中，即使只有少量滞后，KPSS 检验也不能在 5% 的显著性水平上拒绝 MDI 非平稳的原假设。在 1949—2011 年整个期间，由于滞后较大，KPSS 检验仍未能在 0.05 的显著性水平上拒绝原假设。③ 考虑到这些结果，可以说市场分歧是平稳的。这意味着，从长期来看，市场偶尔出现"趋势"是市场平稳的特征。

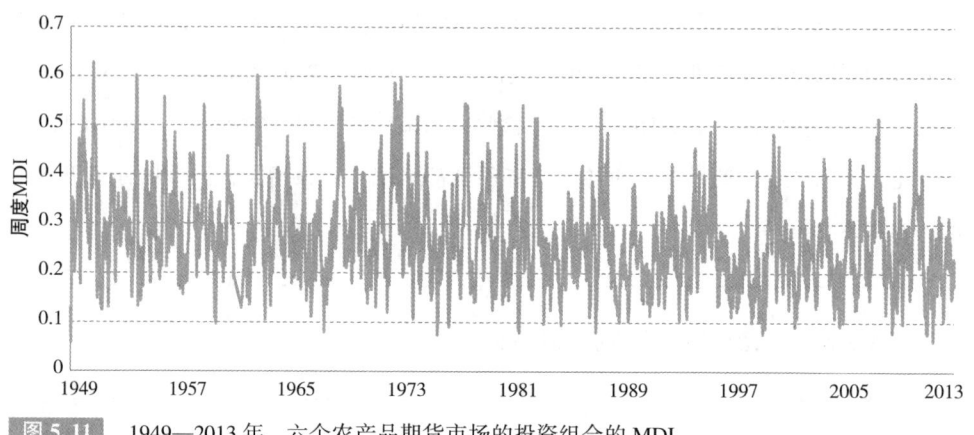

图 5.11 1949—2013 年，六个农产品期货市场的投资组合的 MDI。

---

① 农产品市场的现货价格用来计算最早回溯至 1949 年的时间周期内的 MDI 值。实际上，基于 MDI 的现货价格和基于 MDI 的期货价格高度相关。在这个例子中，两者的相关系数高达 0.85。如果假设日度价格变化遵循随机游走，那么基于周度价格变化的 MDI 大约是基于日度价格变化的 MDI 的 2.2 倍。在此需要指出重要的一点，价格变化是计算信噪比时的分母。

② 联邦基金利率，美国商业银行之间的拆借利率，是商业银行将超额准备金借给其他银行的计息标准。——译者注

③ 为了和 Newey-West（1987）估计量保持一致，滞后阶数必须随着样本数的增大而增大。

市场分歧速度的平稳性

趋势的存在很重要，趋势的速度也很重要。仔细研究趋势的速度可以进一步了解这些趋势产生得有多快。KPSS 检验也可以应用于 MDI 的速度（由傅里叶变换定义）。将傅里叶变换应用于 20 年的滚动窗口，并计算 MDI 的功率加权平均周期。[①] 农产品期货投资组合的功率加权平均周期如图 5.12 所示。自 1970 年代以来，MDI 的平均周期为 19 个月。尽管 CTA 行业发生了巨大的变化，期货市场爆炸性增长，但趋势的速度（或 MDI 的速度，在此以功率加权平均周期表示）并未受到显著影响。当 KPSS 检验应用于速度时间序列时，不能在 0.05 的显著性水平上拒绝原假设。这意味着，自 1970 年代以来 MDI 的速度是平稳的。作为进一步的稳健性检验，市场分歧（趋势）也可以与代表整体经济环境的联邦基金利率比较。该样本中，MDI 与联邦基金利率的 100 天滚动平均值之间的相关系数为 0.03。[②]

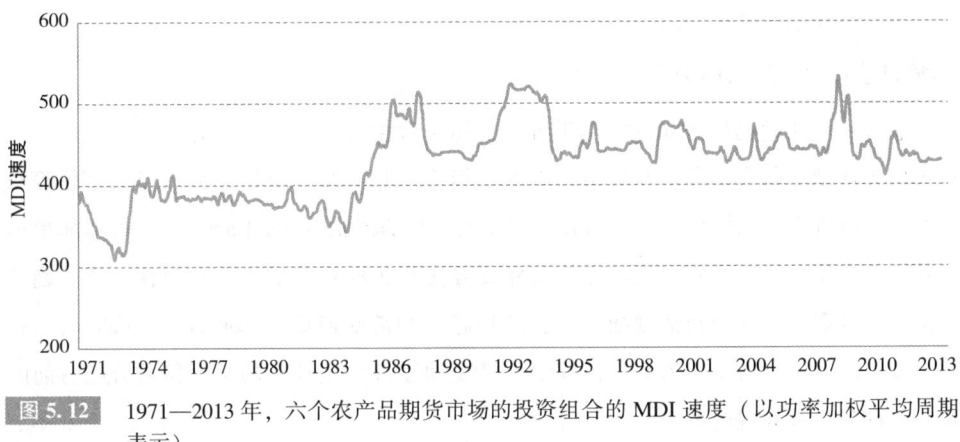

图 5.12 1971—2013 年，六个农产品期货市场的投资组合的 MDI 速度（以功率加权平均周期表示）。

在本节中，对几十年的数据进行实证研究表明，市场分歧（用 MDI 表示）一直是市场的稳定特征。通过对广泛的市场环境和市场参与者分布的研究，我们发现有利于

---

① 特此指出，这里用的是周度 MDI。例如，20 年的数据中包含 1 040 个样本。
② 自从 1960 年代起，相关性的 p 值是 0.09。

趋势跟踪策略（MDI 较高）和不利于趋势跟踪策略（MDI 较低）的市场环境在统计上具有相似性。对市场分歧速度（对 MDI 的傅里叶变换）的进一步研究表明，自 1970 年代以来，即便是有利市场环境和不利市场环境之间的适应速度也相当稳定。

■ 趋势的可交易性

趋势跟踪策略引起了很多质疑。在各种不同的关注中，一部分与这样一个争论有关：历史数据中可能存在趋势，但并不一定意味着这些趋势可以用于实际的交易。其他问题与数据探测和收益率的可预测性有关。以下是四个重要的问题：

1. 入市开仓和平仓退市的参数有多重要？
2. 头寸管理有多重要？
3. 历史结果在多大程度上取决于参数选择和参数标准？
4. 趋势是一个自我实现的过程吗？

本节将详细研究这些问题。

趋势泄漏：聚焦入市开仓

想象一个期货趋势已知的完美世界。在历史数据序列中，期货趋势是已知的。我们可以更仔细地研究入市开仓决策，以确定趋势何时泄漏。当趋势符号与期货趋势相同时，可以说交易系统检测出了趋势。实际上，**趋势泄漏**（trend leakage）可以简单地计算为，与期货趋势具有相同符号的头寸百分比和相反符号的头寸百分比之差。趋势泄漏的量度取决于期货**趋势规模**和寻找期货趋势的**前瞻窗口**（lookahead window）。趋势规模可以通过价格变动来衡量，其中价格变动按价格波动率的标量倍数分组。前瞻窗口是期货趋势的观察窗口。

当趋势泄漏很高时，趋势跟踪策略信号似乎正在获取有关其入市开仓决策趋势的一些信息。如果趋势泄漏是负的，则入市交易信号通常指示错误的头寸。对于一系列期货趋势规模（价格变动用波动率的标量倍数表示）和前瞻窗口，图 5.13 展示了趋势

第 5 章　市场分歧和趋势的可交易性
Chapter 5　Divergence and the Tradability of Trend

头寸和期货趋势符号相同与相反的天数比率。① 图中，前瞻窗口的范围为 20~180 天，价格变动范围为 10~18 倍波动率。这两个比率之差定义为总趋势泄漏。图 5.13 表明，即便用简单的突破趋势跟踪策略系统，当大范围前瞻窗口内的价格变动很大时，也会出现趋势泄漏。实际上，这表明在极端情况下，趋势会泄漏到价格中。如果存在趋势泄漏，意味着偶尔会有信息传播得很慢，足以反映在历史价格中。如果有效市场假说成立，趋势泄漏应该为零。如果市场具有适应性，那么随着市场的适应，会出现趋势泄漏的临时期。极端冲击和大幅波动对市场稳定性的破坏远远超过普通事件。图 5.14 展示了平均趋势泄漏（价格变动用波动率的标量倍数表示）与价格趋势之间的函数关系。趋势泄漏与期货趋势规模大致呈线性关系。这表明，期货趋势规模越大，趋势跟踪策略系统就越有可能通过入市交易信号来抓住趋势的交易机会。

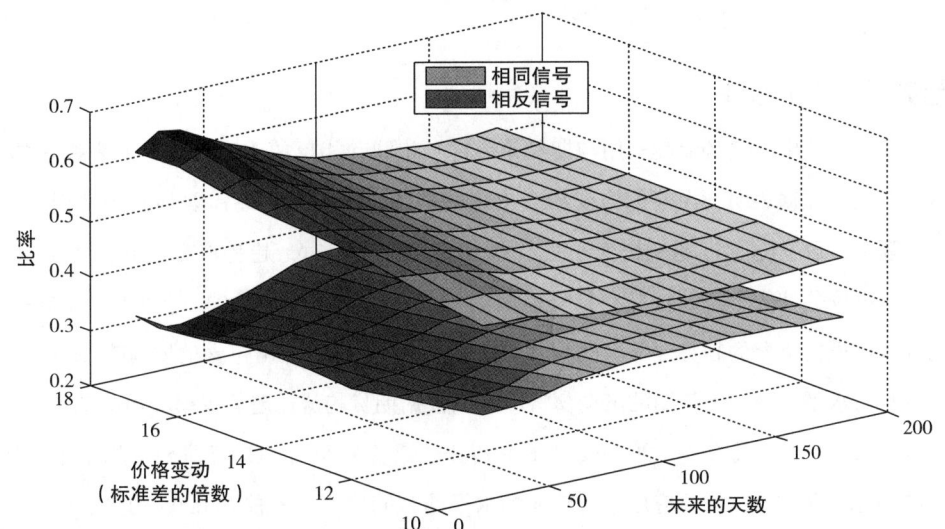

图 5.13　趋势泄漏：纵轴表示在未来的某个时期（未来的 n 天后），趋势跟踪策略系统头寸与大的价格变动方向（x 个标准差）相同与相反的天数比率。

---

① 图 5.13 基于一个投资组合的突破系统，该投资组合包含了 2003—2013 年的股指期货、商品期货、固定收益债券期货和外汇期货。

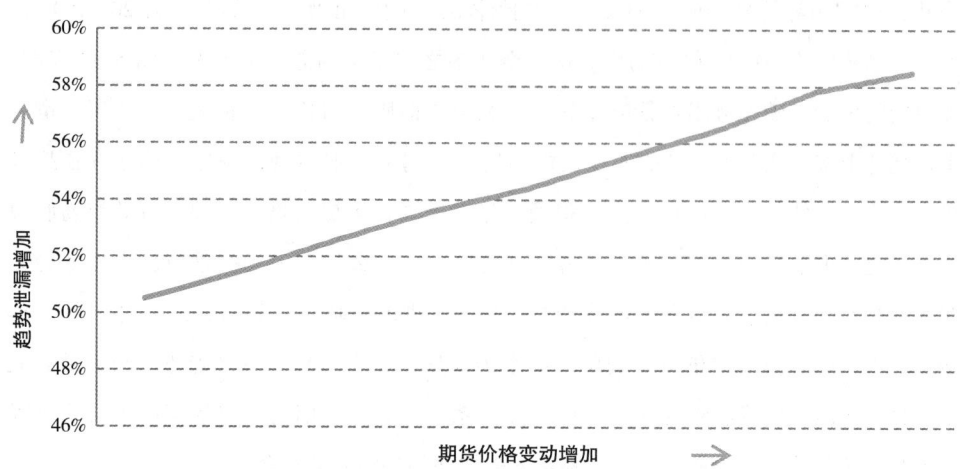

图 5.14 趋势泄漏与期货趋势规模的函数关系。趋势规模是通过价格变动来衡量的,其中价格变动是波动率的标量倍数。

趋势泄漏的平稳性

在上一节中,趋势泄漏是用与期货趋势符号相同和相反的头寸比率之差来衡量的。尽管有统计证据表明,大幅价格变动会出现趋势泄漏,但我们还需要检查趋势泄漏发生的频率,以及随着市场变得似乎更有效或更具竞争力时,趋势泄漏是否已经减少。类似于市场分歧的平稳性检验,趋势泄漏的平稳性也是可以检验的。我们计算农产品期货市场投资组合的趋势泄漏,因为其价格序列更长。① 计算出包含的所有市场的趋势泄漏平均水平。使用 1 年期的滚动窗口,可以根据期货趋势的趋势规模和前瞻期长度对趋势泄漏水平进行排序。② 自 1982 年 6 月以来,该投资组合的趋势泄漏平均水平如图 5.15 所示。将 KPSS 检验应用于趋势泄漏水平的时间序列,不能在 0.05 的显著性水平上拒绝原假设。这意味着,不能把过去 30 年的趋势泄漏水平看成非平稳的。这一实证研究证明了趋势跟踪策略系统入市交易信号的**可交易性**。趋势跟踪策略系统能够尽早

---

① 与前一节的 MDI 分析相比,这里的投资组合包含了更多的市场。所有的市场都有 1970 年代末以来的期货价格数据。

② 趋势规模定义为日度价格变化的 10~18 个标准差,前瞻窗口或者期货的趋势周期的天数为 20~180 天不等。

进入一个头寸，捕获大的价格变动，这种可能性在统计上是类似的。值得注意的是，尽管 CTA 行业和广泛的经济环境发生了巨大的变化，市场基础设施和交易技术进步影响深远，但是似乎偶尔仍有趋势泄漏出来。

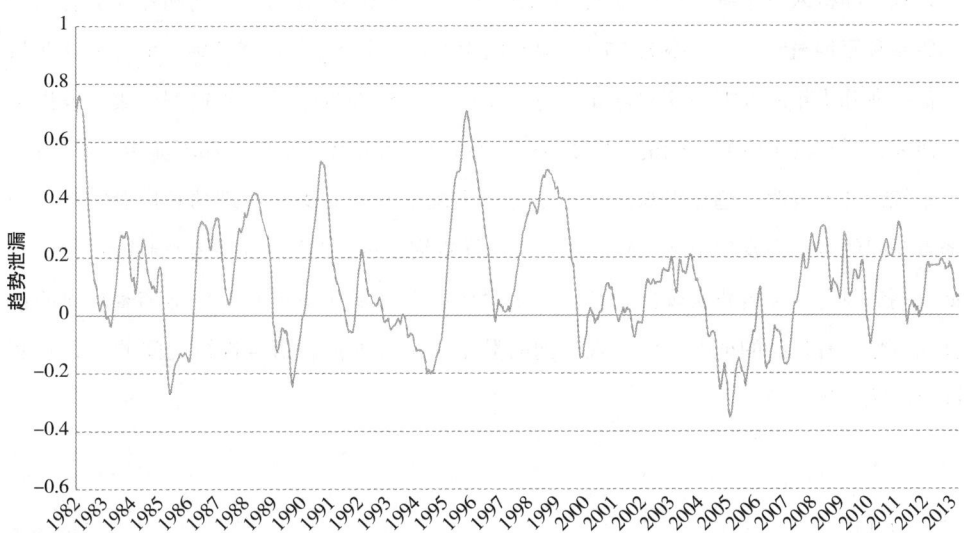

图 5.15　自 1982 年以来，六个农产品期货市场投资组合的平均 1 年期滚动趋势泄漏。

聚焦平仓退市：随机入市交易系统

趋势跟踪策略的核心原则是"截断亏损，让利润奔跑"。不可知的市场分歧风险承担系统是一个**随机入市交易系统**，具有相当朴素的入市开仓方式。随机入市交易系统会以相同的概率入市开多头或空头头寸，并且只有在触发追踪止损条件时才从现有头寸退出。追踪止损是随着时间推移遵循历史价格变化的规则。① 这种系统对所有入市交易信号的依赖程度最小。虽然相当简单，但相对而言，随机入市交易系统提供了独一无二的方法来评估平仓退市决策的作用。② 追踪止损的松紧度或亏损容忍度是此类系统

---

① 我们将在第 12 章讨论跟踪止损点的设置。
② 例如，当比较随机入市交易系统和 12 个月动量策略时，我们并不清楚 12 个月动量策略为何重要，收益是否由退出交易或者入场交易的信号所驱动。

的主要参数。亏损容忍度可以用历史价格波动率的标量倍数来衡量。对于给定的亏损容忍度（用历史收益波动率的标量倍数表示）和估计历史收益波动率的回顾窗口大小，我们在一定的参数设置下模拟了一众随机交易者（或随机入市交易系统）。对每一组参数设置，随机入市系统都产生了大量的随机结果。图 5.16 展示了赢利和亏损交易的**平均胜率和平均盈亏比**。胜率为 36%，盈亏比为 1.6。尽管入市开仓是独立的，但这些估计似乎在几十年的数据中相对稳定。它们也是趋势跟踪策略系统的典型代表。根据实证研究，对于两个时间序列的 KPSS 检验，在 0.05 的显著性水平上都不能拒绝原假设。这一统计证据表明，趋势跟踪策略的平仓退市决策及其对头寸管理的相应影响，并未随着时间的推移而发生根本变化。在较长的样本周期内，截断亏损的影响并不会减弱。如果趋势只是一个自我实现的预言，那么预计退出机制（截断亏损）会随着时间的推移而退化。有相反的证据表明，观察到的滑点（执行价格和信号价格之间的差异）实际上在减少。①

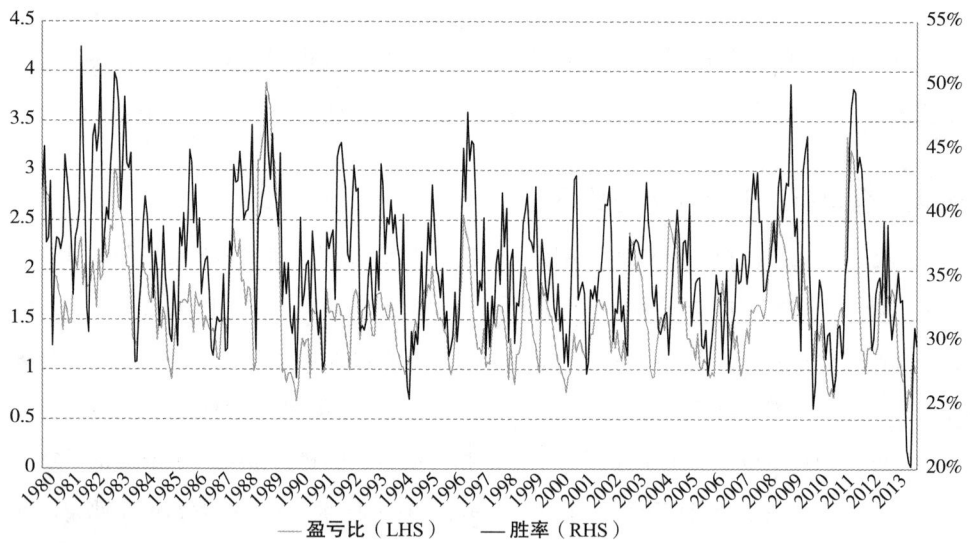

图 5.16 1980—2013 年，随机入市交易系统盈利和亏损交易的平均胜率和平均盈亏比。

---

① 独立分析证实了滑点的减少，使用公共滑点数据的例子可见 Man Investments（2010）发表的报告。

第 5 章　市场分歧和趋势的可交易性
Chapter 5　Divergence and the Tradability of Trend

■ 入市开仓与平仓退市的重要性

第 3 章讨论了趋势跟踪策略系统的构建。经典的趋势跟踪策略系统包括以下四个核心决策：

1. 何时进入头寸（入市开仓）。
2. 何时退出头寸（平仓退市）。
3. 持多大的头寸。
4. 配置给不同行业和市场的风险和资金是多少。

最后两点与头寸规模和资金配置有关。本书后面的章节将讨论这些要点。本节提出一个简单而重要的问题：入市开仓和平仓退市，哪个更加重要？① 不同情况下，可能入市开仓更重要，也可能平仓退市更重要。对于流动性较低的证券，例如房地产，入场交易时点可能更为重要。再如，对于某些类型的困境证券策略甚至是激进主义策略，入场交易时点可能也比退出时点更重要。但是对于高流动性的期货市场的情况，可能很难搞清楚入市开仓或平仓退市哪个更重要。可以通过简单的实验来讨论这一问题。考虑两种交易系统：（1）随机入市交易系统；（2）"水晶球"系统。

随机入市交易系统在前一节中讨论过。"水晶球"系统似乎有千里眼，能够预知市场的未来。在入市开仓点，系统提前看到未来一年的情况，如果价格升高（降低），则开多头（空头）头寸。随着时间的推移，"水晶球"方法可以在所有交易中获得 100% 的胜率。尽管交易的胜率很高，但系统在一年的持仓周期内可能会有大幅度的回撤。例如，如果有可能知道石油将在一年后以高于现价 20 美元的价格收盘，此后一年的时间里，石油价格仍然可能沿着不同的方向上下波动。由于未对头寸进行管理，因此"水晶球"系统每日结算的资产净值（NAV）仍然存在大幅波动。当"水晶球"系统预知未来的能力降低时，波动率将进一步增大回撤，并且使收益表现更加恶化。即使"水晶球"系统预知未来的概率相对较高，从风险调整后收益的角度来看，该系统基本

---

① 这一分析最早是由拉里·海特在 Mint 的早期提出的。

上也是无用的。虽然"水晶球"系统在概念上百分之百正确，但它可能没有足够的资金来满足这一过程中因头寸损失而导致的追加保证金要求。

实际上，趋势跟踪策略系统使用一系列平仓退市的规则来确定如何退出市场和调整头寸规模。诸如追踪止损之类的平仓退市规则，本质上是趋势跟踪策略系统的隐性风险管理工具。一个简单的实验可以证明这种风险管理（通过平仓退市规则而实现）的重要性。考虑预测准确度为 $x\%$ 的"水晶球"系统。预测准确度 $x\%$ 表示系统在一年内能够准确预测价格的时间占比为 $x\%$。

最初的"水晶球"系统没有全面的风险管理，因为未调整头寸并且不应用追踪止损规则。随着"水晶球"系统的预测精度降低，系统的收益表现也会降低。有趣的是，添加平仓退市规则，或者说风险管理，可能会影响基于预测的系统的收益表现。图 5.16 展示了有/无风险管理（通过添加平仓退市规则而实现）的"水晶球"系统中，夏普比率和最大回撤与预测准确度（$x\%$）的函数关系。图中，把风险管理方法（通过平仓退市规则而实现）应用于"水晶球"系统后，即使系统的预测准确度降低，也可以提高收益表现。当预测准确度很高（并且忽略保证金约束）时，可以降低通过平仓退市规则进行风险管理的要求。

例如，预测准确度为 50% 的"水晶球"系统应该具有接近零的夏普比率[1]，因为预测正确与错误的概率为 50/50。这在图 5.17 中标记为 A 点。有趣的是，当增加风险管理（通过平仓退市规则而实现）时，预测准确度为 50% 的"水晶球"系统的夏普比率会超过 0.5。同样，通过增加风险管理（通过平仓退市规则而实现），最大回撤也可以从 50% 降低到 30% 以下。在这个例子中，当预测准确度低于 70%（B 点）时，风险管理（通过平仓退市规则而实现）都可以提高"水晶球"系统的收益表现。

上一节的随机入市交易系统是与"水晶球"系统相对的镜像。该系统在某种程度上是在趋势追求（trend seeking），而不是趋势跟踪。随机入市交易系统中没有预测。追

---

[1] 理论上，在这个例子中夏普比率应该确切为零，但实际上通常不为零，这是由于在数据和估计值中存在噪声。

第 5 章　市场分歧和趋势的可交易性
Chapter 5　Divergence and the Tradability of Trend

踪止损（平仓退市规则）操作驱动着随机入市交易系统的收益表现。在上一节中，随机入市交易系统随着时间的推移表现出稳健的正收益。比较"水晶球"系统和随机入市交易系统，可以证明趋势跟踪策略系统中平仓退市的重要性。退出头寸和头寸规模比入场时机重要得多。在一定程度上，相对而言，入场时机根本无关紧要。

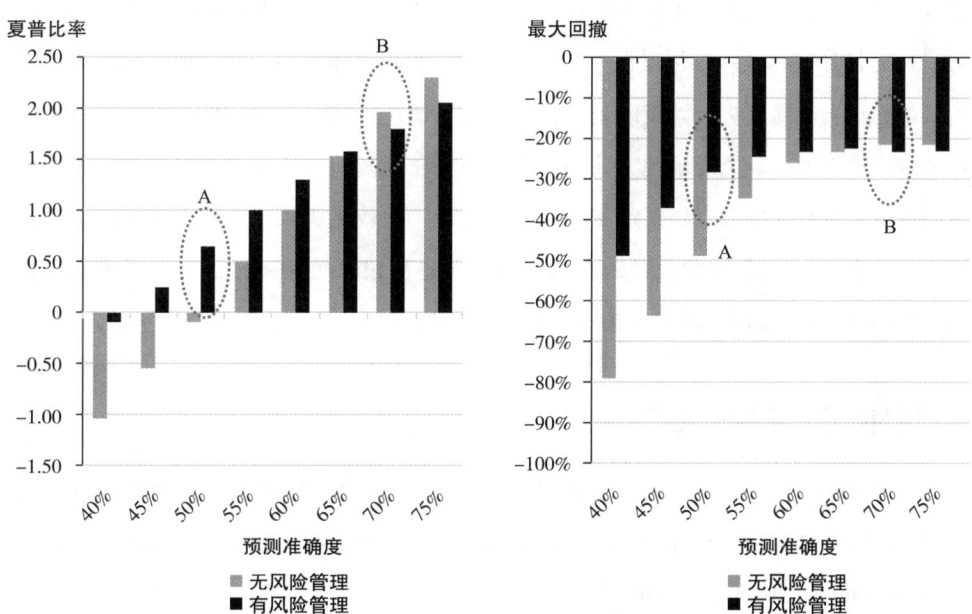

图 5.17　预测准确度为 $x\%$ 的"水晶球"系统在有/无风险管理（通过追踪止损）时的夏普比率（左）和最大回撤（右）。这些值是在月度风险为 5% 的情况下，用蒙特卡洛模拟来估计的。

■ 本章总结

风险承担是一个连续决策的动态过程。当承担风险时，我们的参照系和金融世界观决定了我们的基本行为。从概念上讲，核心的动态风险承担方法可以分为两种：市场趋同和市场分歧。当我们对即将发生的风险的基础结构有一定了解时，会采用市场趋同策略。当我们对即将发生的风险的基础结构一无所知时，就应用市场分歧策略。

如果市场是适应性的,那么市场趋同和市场分歧方法将分别在截然不同的市场环境中获得成功。趋势跟踪策略是一种市场分歧风险承担策略,市场分歧推动了趋势跟踪策略的收益表现。本章引入了 MDI——一种衡量投资组合层面的市场分歧的简单指标。尽管市场分歧随着时间的推移发生了巨大变化,但它仍是运行中的金融市场稳定的一部分。最后,本章从入市开仓和平仓退市的角度讨论了趋势跟踪策略的可交易性。趋势泄漏随着时间的推移变化很大,但总体稳定。对趋势泄漏的研究表明,短期内市场的极端变动会泄漏趋势,并反映到价格上,这和适应性市场假说一致。作为本章第一部分讨论的市场分歧风险承担方法的一个简单例子,随机入市交易系统表明,平仓退市决策可以解释大部分趋势跟踪策略的收益表现。比较随机入市交易系统与能够预知未来的"水晶球"系统的收益表现后发现,在趋势跟踪策略中,如何进行风险管理(通过平仓退市决策而实现)比预知未来更加重要。

■ 延伸阅读与参考文献

Casa, T., A. Lehmann, and M. Rechsteiner. "De-Mystifying Managed Futures: Why First Class Research and Innovation Are Key to Stay Ahead of the Game." Man Investments white paper, 2010.

Chung, S., M. Rosenberg, and J. Tomeo. "Hedge Fund of Fund Allocations Using a Convergent and Divergent Approach." *The Journal of Alternative Investments* (Summer 2004).

"Computer Says No," *The Economist*, November 30, 2013.

Greyserman, A. "Trend Following: Empirical Evidence of the Stationarity of Trendiness," ISAM white paper, February 2012.

Hite, L. and S. Feldman. "Game Theory Applications." *The Commodity Journal* (May-June 1972).

Knight, F. H. *Risk, Uncertainty, and Profit*. Library of Economics and Liberty. Originally published 1921. Retrieved May 21, 2014 from www.econlib.org/library/Knight/knRUP.html.

Kwiatkowski, D., P. C. B. Phillips, P. Schmidt, and Y. Shin. "Testing the Null Hypothesis of Stationarity against the Alternative of a Unit Root." *Journal of Econometrics* 54 (1992): 159–178.

Lo, A. "The Adaptive Markets Hypothesis: Market Efficiency from an Evolutionary Perspective," *Journal of Portfolio Management* 30 (2004), 15–29.

Lo, A. "Reconciling Efficient Markets with Behavioral Finance: The Adaptive Markets Hypothesis." *Journal of Investment Consulting* 7 (2005): 21–44.

Lo, A. "Survival of the Richest." *Harvard Business Review*, March 2006.

Lo, A., and M. Mueller. "WARNING!: Physics Envy May Be Hazardous to Your Wealth." *Journal of Investment Management* 8 (2010): 13–63.

Moskowitz, T., Y. Ooi, and L. Pedersen. "Time Series Momentum." *Journal of Financial Economics* 104 (2012): 228–250.

Newey, W., and K. West. "A Simple Positive Semidefinite, Heteroskedasticity and Autocorrelation Consistent Covariance Matrix." *Econometrica* 55 (1987): 703–708.

Pasquariello, P. "Financial Market Dislocations." *Review of Financial Studies*. Published electronically February 12, 2014.

Rzepczynski, M., "Market Vision and Investment Styles: Convergent versus Divergent Trading," *Journal of Alternative Investments* (Winter 1999).

Taleb, N. *Antifragile: Things That Gain from Disorder*. New York: Random House, 2012.

第 6 章

利率的作用和迁仓收益

第 2 章介绍了期货市场、期货交易和管理期货行业。从第 2 章的介绍可以看出，与保证金交易、抵押品影响以及跨市场借贷的相关成本有关的问题，可以明显影响趋势跟踪策略的收益表现。此外，随着时间的推移，利率趋势也会推动趋势跟踪策略的表现。正如股票市场的危机可能导致市场分歧一样，利率的变动也会导致市场分歧。近年来，市场一直受到历史低利率环境的困扰。考虑到自 1970 年代以来，在长期利率下行的环境下，趋势跟踪策略获得了有目共睹的可观收益，一些投资者自然会关注趋势跟踪策略如何应对利率上行的问题。

利率的潜在影响有两个主要来源：（1）**抵押收益率**；（2）期货价格趋势（尤其是固定收益债券期货）。（见图 6.1）抵押收益率是通过保证金账户为保证金头寸赚取的收益率。期货策略通过保证金交易；一些甚至大部分投资现金通常投资于短期固定收益政府债券，如美国国库券。如果**投资资金**包括非保证金投资，则也称为现金管理赚取的利息或现金收益率。在高利率时期，例如 1980 年代，这种现金投资产生的利息可能会非常可观。在这种情况下，期货的抵押收益率（和赚取的利息）为管理期货策略提供了正收益来源，类似于第 4 章中的危机阿尔法分解。

利率对趋势跟踪策略影响的第二个来源更为明显，固定收益债券期货趋势的存在，可能会创造盈利机会。尽管固定收益债券期货的价格趋势明显影响趋势跟踪策略，但分析起来，这种关系却不那么明显，因为评估和分析过程太复杂了。利率可以通过两种主要机制影响期货价格，或者更确切地说，影响期货的价格变化。第一种是利率的明

第 6 章 利率的作用和迁仓收益
Chapter 6 The Role of Interest Rates and the Roll Yield

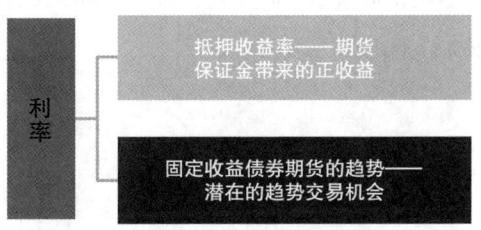

图 6.1 利率对趋势跟踪策略的潜在影响的两个主要来源。

确变化。利率的变化直接导致代表期货合约标的的固定收益债券价格变化。例如，如果利率上行，相应的固定收益债券价格下降，期货价格同步下跌。第二种机制是通过跨时期的利率水平起作用。这是期货**迁仓收益**的重要因素，使其成为期货价格变化的重要推动因素。因为所有期货都依赖于对未来价值的贴现，所以货币的时间价值和相关的市场借贷成本会影响所有辅助期货市场价格（固定收益债券期货除外）。例如，外汇期货、短期利率期货和股指期货的价格变化也会随着利率的变化而变化。为简单起见，本章主要关注固定收益债券期货和商品期货。

■ 抵押收益率

在当前的利率环境下，由于历史性的低利率，期货现金收益率和抵押收益率相对较低。然而，当利率很高时，例如，在 1980 年代，现金投资产生的利息收入相当可观。图 6.2 展示了自 1980 年以来 3 个月期美国国库券的收益率。自 1980 年代以来，利率一直呈持续下降趋势。

期货抵押收益率（和/或现金收益率）通过现金管理，为管理期货策略带来了正利差。因此，计入期货抵押收益率后，总收益率和夏普比率均有所提高，同时回撤也有所降低。从数学上讲，对夏普比率的影响，可以通过简单地将固定利息收入加到具有给定夏普比率的收益率时间序列来计算。① 在表 6.1 中，对于夏普比率分别为 0.75 和

---

① 为了简单起见，在所有夏普比率的计算中，基准无风险利率取值为 0。

1.0 且年波动率为 10%~20% 的收益率时间序列，即使是利率仅为 2% 的美国短期国库券也能将夏普比率提高 20% 以上。①

图 6.2　自 1980 年以来 3 个月期美国国库券的收益率。
数据来源：全球金融数据。

表 6.1　通过现金管理增加利息收入对夏普比率的影响。利率的范围为 2%~8%，波动率值的范围为 10%~20%。

	夏普比率=0.75				夏普比率=1.0		
	2%	5%	8%		2%	5%	8%
10%	0.93	1.20	1.47	10%	1.18	1.45	1.72
15%	0.87	1.05	1.23	15%	1.12	1.30	1.48
20%	0.84	0.98	1.11	20%	1.09	1.23	1.36

由于期货抵押收益率和现金管理增加的利息提供了正利差，因此它们还有助于减小回撤幅度和回撤持续期。为了评估现金收益率对回撤的影响，可以在过去 20 年中没有期货抵押收益率（而非净收益率）的代表性纯粹趋势跟踪策略系统的收益率时间序

---

① 利息收入设定为 3 个月期美国国库券收益的 90%。为了简化计算，在夏普比率的计算中，我们假设利息收入与趋势跟踪策略的收益率序列相关性为 0，并且波动率为 0。

列中添加期货抵押收益率。① 对于持续期至少 3 个月的回撤，将利息收入添加到原始收益率时间序列中，并在同一时期重新计算最大回撤幅度和回撤时长。② 如图 6.3 所示，如果美国短期国库券收益率达到 8%，最大回撤可减少 350 bps。图 6.4 展示了利息收入对回撤时长的影响。即使美国短期国库券收益率仅上升到 2%，回撤时长的减少也是相当明显的。以具体数字举例来说，回撤期中，一个 5 个月左右的回撤时长会缩短至 3 个月以下。

■ 分解成迁仓收益和现货

趋势跟踪策略的信号取决于期货价格随时间的变化。对于到期日为 T、0 时刻价格为 $F_{0,T}$ 的期货合约，其理论价格可表示为：

$$F_{0,T} = S_0(1+r_{f,T}+\hat{y})^T$$

式中，S_0 为标的资产的现货价格；$r_{f,T}$ 为到期日 T 的相应利率（通常用无风险利率表示）；$\hat{y}$ 为**净便利收益**（net convenience yield），考虑了不同期限的期货存储成本和收益。对于固定收益债券期货而言，便利收益来自息票的影响。对于商品期货而言，这个概念有点复杂。通常认为，商品期货的便利收益取决于供应和需求之间的潜在平衡。由于期货合约不能获得息票支付，固定收益债券期货将扣除利息收入。扣除的利息收入是固定收益债券期货净收益率的一部分。对于商品期货而言，除了利率之外，便利收益还会在整个时间范围和期货曲线上造成期货价格的差异。便利收益和利率构成了所谓的**迁仓收益**的一部分。迁仓收益是近期和远期期货价格之差的平均值。如果迁仓收益为正，这意味着根据合约之间的天数进行调整后，近月合约的价格高于远月合约。如果是这种情况，迁仓策略可以简单地推动近月合约向远月迁移仓位，并在现货价格上

---

① 代表性纯粹趋势跟踪策略系统分散化地在一系列股指期货、大宗商品期货、固定收益债券期货和外汇期货市场上交易。
② 对于每个回撤期，都将添加了利息收入的收益率时间序列与初始的收益率时间序列进行比较，以计算每个回撤期相应的最大回撤。最大回撤时长是指在回撤期间，账户净值至少和初始水平相同的连续两天之间的最大天数。

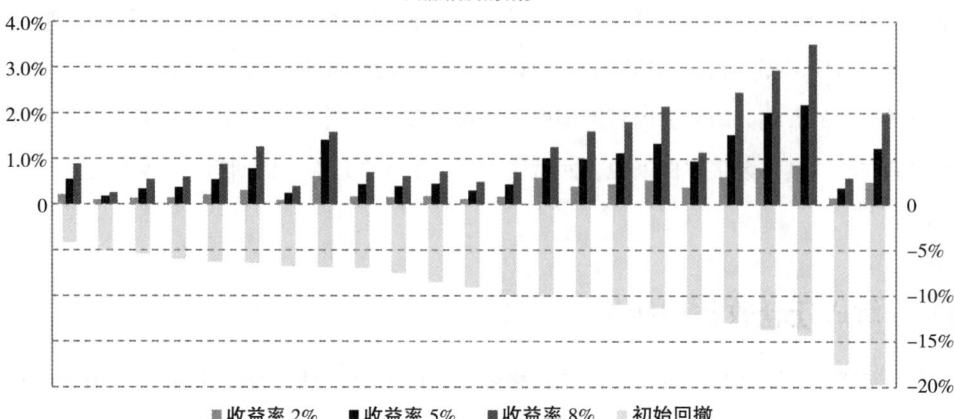

图 6.3　通过现金管理增加利息收入对回撤幅度的影响。其中利率从 2%～8% 不等。初始回撤幅度的坐标轴位于右侧。

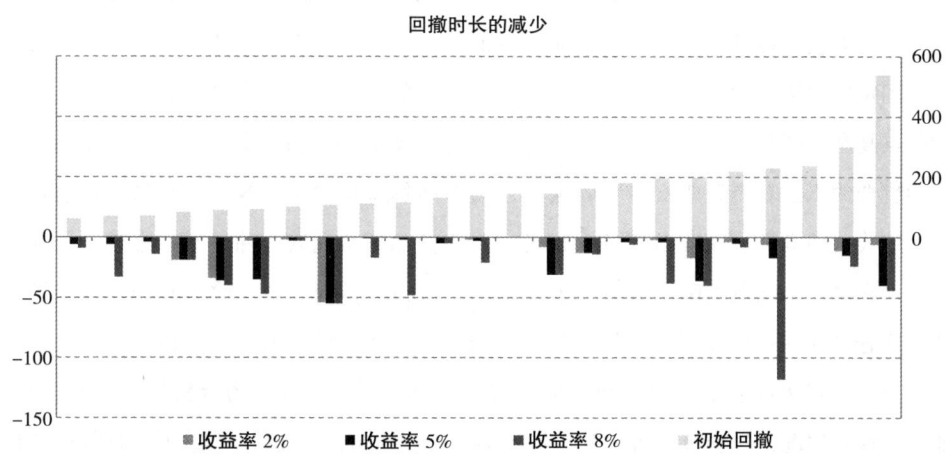

图 6.4　通过现金管理增加利息收入对回撤时长（天数）的影响。其中利率从 2%～8% 不等。初始回撤时长的坐标轴位于右侧。

涨到更高价格时获得迁仓收益。当市场处于贴水时，该策略有效；而当市场处于升水时，该策略遭受亏损。①

基于这种解释，很明显，期货合约价格的变化可以分解为现货价格变化和迁仓收益。现货价格和迁仓收益的变化都会影响期货价格。现货价格变化与迁仓收益变化之间的相互作用决定了总价格趋势。如第5章所述，市场的趋势与趋势跟踪策略的盈利性直接相关。期货价格变化、现货价格变化和迁仓收益之间的关系如图6.5所示。

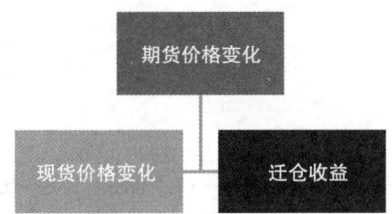

图 6.5 期货价格、现货价格和迁仓收益之间的关系示意。

为了能够清楚地阐释，可将迁仓收益粗略地定义为：

$$Roll(t) = \frac{(F_{t,T_n} - F_{t,T_f})}{T_f - T_n}$$

式中，F_{t,T_n} 和 F_{t,T_f} 为 t 时刻近月和远月期货合约的价格；T_n 和 T_f 分别是近月和远月合约相应的到期日。在这种情况下，迁仓收益是近月和远月合约之间的价格差，通过两个合约到期日之间的天数进行标准化处理。由于远月合约的价格通常不太可靠，因此使用5日移动平均线来平滑时间序列。一旦知道了迁仓收益，现货价格变化就等于总价格变化减去迁仓收益。基于总期货价格变化、迁仓收益和现货价格对玉米期货合约的累计收益率进行分解，如图6.6所示。

---

① 在期货升水（期货贴水）的情形下，期货曲线向下（向上）倾斜。

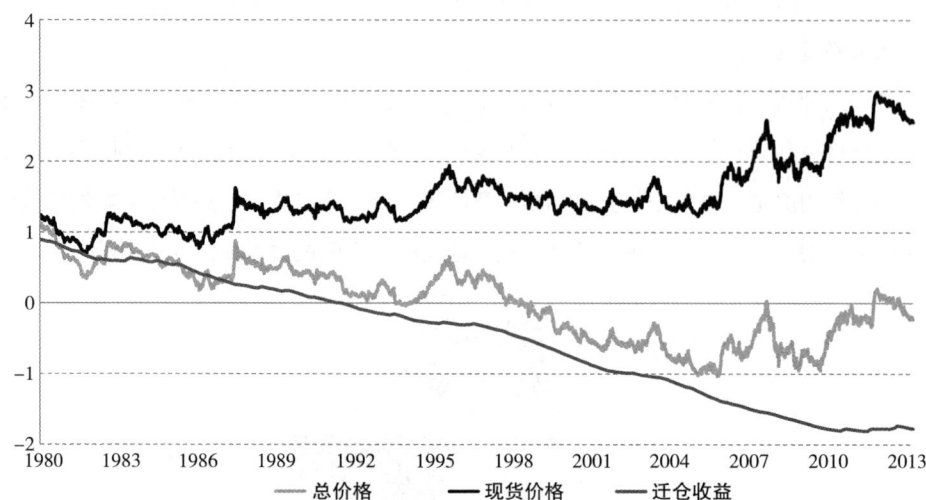

图 6.6 基于总价格、迁仓收益和现货价格对玉米期货合约累计收益的分解。

数据来源：彭博。

基于这种分解方式，趋势跟踪策略的总收益可以分解为两个部分：现货价格变化和迁仓收益。表 6.2 使用代表性趋势跟踪策略系统展示了这种收益来源的分解。总期货价格和现货价格收益表现之差就是迁仓收益的贡献。在表 6.2 中，很明显，迁仓收益是固定收益债券期货和商品期货的大部分收益来源；现货价格变动是股指期货、外汇期货和短期利率（STIR）期货收益表现的主要来源。总的来说，大约超过 1/3 的趋势跟踪策略的收益来自迁仓收益。

表 6.2 代表性趋势跟踪策略系统的总期货价格和现货价格的收益表现。

		夏普比率	月度收益率（%）	月度风险（%）
所有期货	期货	0.74	1.01	4.65
	现货	0.46	0.63	4.64
固定收益债券期货	期货	0.51	1.45	9.64
	现货	0.21	0.60	9.63

续表

		夏普比率	月度收益率（%）	月度风险（%）
短期利率期货	期货	1.12	2.95	8.90
	现货	0.98	2.57	8.88
股指期货	期货	0.08	0.20	8.08
	现货	0.09	0.21	8.08
商品期货	期货	0.73	1.00	4.60
	现货	0.35	0.47	4.59
外汇期货	期货	0.39	0.93	8.10
	现货	0.28	0.66	8.10

固定收益债券期货的利率和迁仓收益

许多因素都会影响价格变化。对于固定收益债券期货，现货价格变化会受利率水平变化的影响。迁仓收益主要受收益率曲线变化的影响。当利率上行时，现货价格可能会下跌。另外，当收益率曲线的斜率增加时，迁仓收益也会增加。图6.7展示了利率变化和收益率曲线斜率的几种情况。

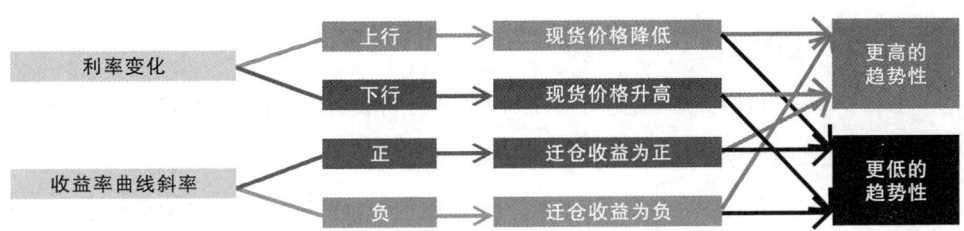

图 6.7　利率变化和收益率曲线斜率的不同情况与相关的总期货价格趋势的不同结果。

对于固定收益债券期货，总价格变化是现货价格变化加上迁仓收益变化的组合。当现货价格变化和迁仓收益的方向相同时，期货价格环境更理想，可以形成趋势。当现货价格变化和迁仓收益的方向不同时，它们可以相互抵消，在这种情况下，不太可能产生趋势。根据图6.5，当利率上行时，斜率为正的收益率曲线对总价格趋势最不利。在这种情况下，负的现货价格变化抵消了正迁仓收益，净效应最有可能是期货价格出现下降趋势。

考虑到当前的低利率环境，趋势跟踪策略应对利率上行的情景会让投资者特别感兴趣。使用利率的历史数据，可以根据实证评估利率变化与迁仓收益之间的关系。自1959 年以来，3 个月期美国国库券的收益率和 1 年期美国国库券的收益率的数据均可获得（资料来源：彭博）。可以使用 1 年期美国国库券的收益率与 3 个月期美国国库券的收益率之间的差值（前者减去后者）代替迁仓收益。至于利率变化的大小，可以使用联邦基金利率的月度或年度变化来衡量。

图 6.8 所示为每月和每年的同期迁仓收益（1 年期和 3 个月期美国国库券的收益率差值的平均值）和利率变化（联邦基金利率变化）的散点图。在跨度超过 50 年的数据集中，收益率差值（代表迁仓收益）和利率变化之间没有表现出明确的关系。事实上，不管是对于月度平均值还是年度平均值，迁仓收益和利率变化之间的相关性都接近零。这一实证研究表明，与利率下行环境相比，利率上行环境更不可能与抵消现货价格变化的收益率曲线相关。换句话说，似乎没有明显的统计证据支持这样的假设——在利率上行环境下，迁仓收益更有可能降低现货价格变化引起的趋势。

市场分歧和迁仓收益

上一节对现货价格变化与迁仓收益之间关系的分析表明，利率上行环境不会对斜率为正的收益率曲线的趋势产生负面影响。接下来，通过市场分歧指数（MDI）讨论有市场分歧的利率变化与迁仓收益的关系。第 5 章介绍了 MDI，它可以作为价格趋势的简单量度标准，使用实际期货价格数据计算得出。30 年期美国国债是首批开始交易的固定收益债券期货合约之一。因此，它可用于在相对较长的时间序列从（1980 年开始）中分析 MDI。

为了评估迁仓收益对 MDI 的影响，可以计算基于总期货价格变化和现货价格的 MDI 之差。现货价格变化是从总价格变化中扣除迁仓收益得出的。在同一时间段内，迁仓收益对 MDI 的影响与利率变化（平均联邦基金利率变化）之间的散点图，如图 6.9 所示。平均而言，迁仓收益对 MDI 的影响是积极的。更重要的是，迁仓收益对

MDI 的影响与利率变化没有明显的关系。更具体地说，在利率上行的环境中，迁仓收益不会降低整体趋势。迁仓收益对 MDI 的影响与利率变化之间的相关性并不显著。

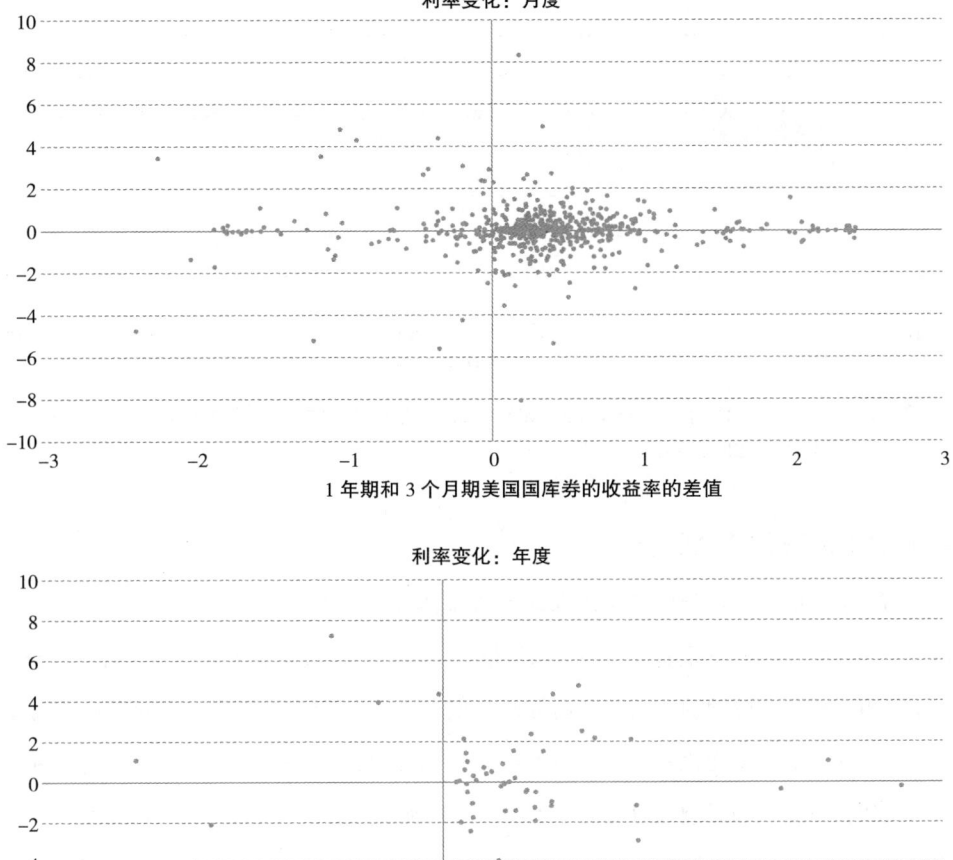

图 6.8　迁仓收益（1 年期和 3 个月期美国国库券的收益率差值的平均值）和利率变化（联邦基金利率变化）的散点图。上图是月度收益率的平均值，下图是年度收益率的平均值。

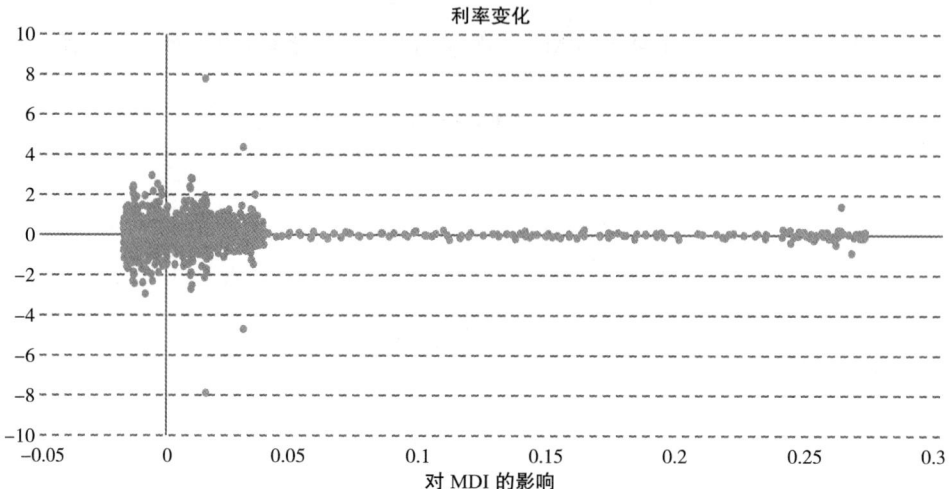

图 6.9 在同一时间段内,迁仓收益对 MDI(30 年期美国国债)的影响和利率变化(联邦基金利率变化的平均值)的散点图。

商品期货市场和迁仓收益

前几节中的大多数分析都聚焦在固定收益债券期货上,本小节来研究商品期货的情况。表 6.2 表明,商品期货趋势跟踪策略一半左右的收益表现来自迁仓收益。由于收益率是由市场分歧驱动的,因此,研究商品期货行业的利率如何影响市场分歧也很有意义。考察现货价格变化和迁仓收益的 MDI,同样可以解决这个问题。利率上行和下行对现货价格变化的影响是对称的,也就是说,利率上行,现货价格下降;利率下行,现货价格上涨。利率对迁仓收益的影响不太明显。因此,实证分析可能有助于我们进一步理解该问题。从理论上讲,迁仓收益越高,应该越会加强趋势,因为近月和远月期货合约之间的差异会越大。根据实证研究,较高的迁仓收益与商品期货行业更大的市场分歧(更高的 MDI)有关。图 6.10 展示了使用期货价格与现货价格计算得出的 MDI 差值的直方图,其平均值和中位数都是正数。这表明,商品期货价格应该会对现货价格的变化产生积极影响。

第 6 章 利率的作用和迁仓收益
Chapter 6 The Role of Interest Rates and the Roll Yield

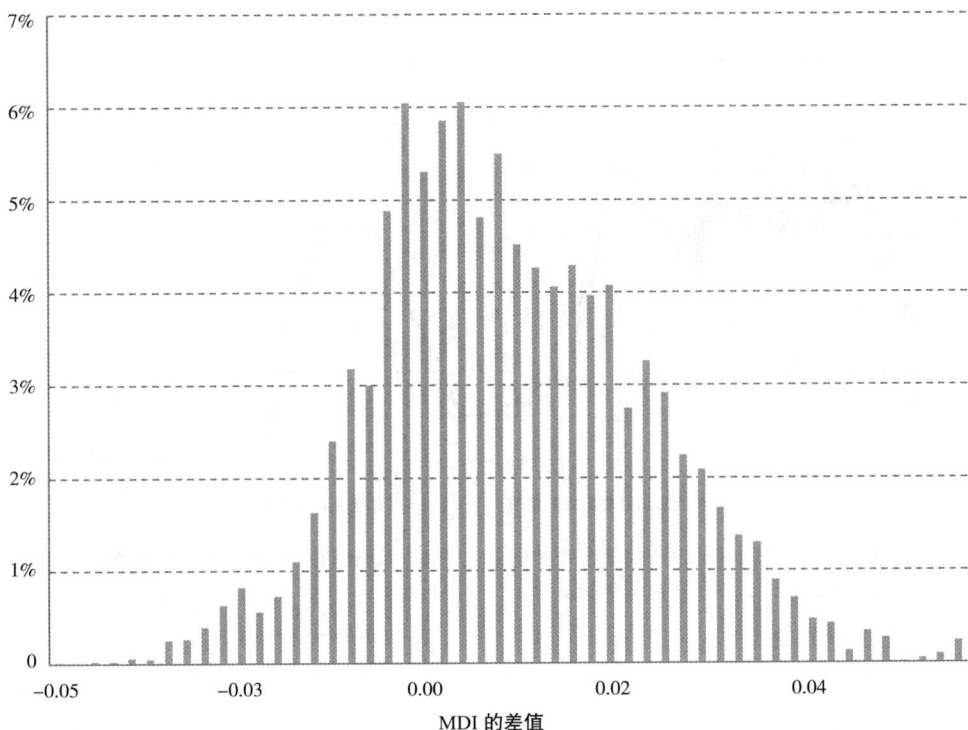

图 6.10 对于商品期货行业，用期货价格与现货价格计算得出的 MDI 差值的直方图。

迁仓收益的贡献与利率变化的贡献之间的关系，是值得讨论的重要问题。图 6.11 展示了商品期货行业总收益率与基于现货价格的收益率的 2 年期滚动夏普比率的差值，即迁仓收益贡献。图 6.12 展示了 2 年期滚动收益率的差值。联邦基金利率在图 6.11 和图 6.12 中也都有所体现。一般而言，无论是否调整风险，当利率较高时，迁仓收益似乎都更有利于总体收益表现。在同一滚动窗口上，滚动夏普比率的差值与联邦基金利率的移动平均值之间的相关性为 0.66。这表明，较高的利率水平往往会改善商品期货行业的趋势表现。这种改善体现在迁仓收益上。

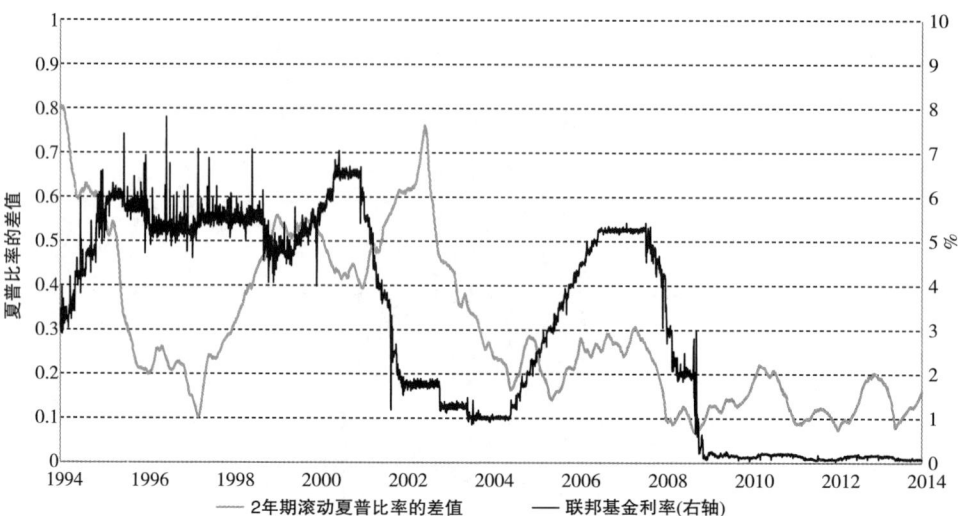

图 6.11 商品期货行业的总收益率与现货价格收益率（迁仓收益贡献）的 2 年期滚动夏普比率的差值，以及联邦基金利率。

数据来源：全球金融数据。

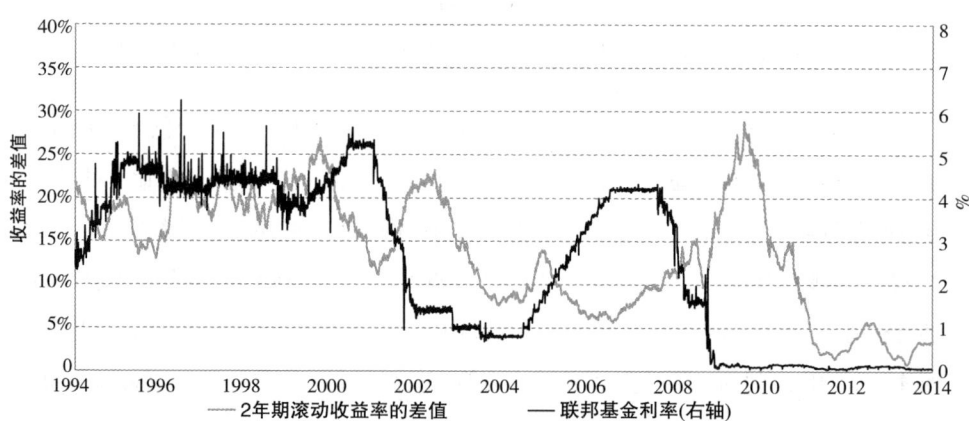

图 6.12 商品期货行业的总收益率与现货价格收益率的 2 年期滚动总收益率的差值，以及联邦基金利率。

数据源：全球金融数据。

第 6 章　利率的作用和迁仓收益
Chapter 6　The Role of Interest Rates and the Roll Yield

■ 本章总结

期货交易与利率之间有着复杂且重要的关系。对于趋势跟踪策略，这种影响有两种形式：期货抵押收益率（和/或现金收益率）和期货价格趋势。本章首先讨论了期货抵押收益率和利息收入的影响。利息收入为趋势跟踪策略带来了正利差。正利差提高了趋势跟踪策略的总收益率和夏普比率，同时减小了回撤幅度和回撤时长。这些影响与利率水平直接相关。利率影响趋势跟踪策略的第二种方式是在期货价格上创造趋势。虽然直觉上，这种影响会更为明显，但分析结果表明这种影响并不太明显。利率水平会影响现货价格，收益率曲线的斜率会影响迁仓收益。在所有期货的类别中，固定收益债券期货和商品期货受迁仓收益和利率变化的影响最大。特别是对于商品期货而言，总期货价格变化可归因于现货价格的变化和迁仓收益的变化。对于商品期货行业而言，当利率较高或利率上升时，迁仓收益会在趋势跟踪策略的收益表现中发挥更大的作用。

■ 延伸阅读与参考文献

Greyserman, A. "Rising Interest Rates and Roll Yield." ISAM White paper, 2013.

第四部分

作为另类资产类别的趋势跟踪策略

TREND FOLLOWING AS AN
ALTERNATIVE ASSET CLASS

第 7 章

趋势跟踪策略的收益特征

趋势跟踪策略是一种动态的风险承担策略,可通过在广泛的资产类别中系统地配置资金,从市场分歧中获得收益。鉴于风险承担方法的互补性,趋势跟踪策略自然可以作为许多传统投资策略的补充。为了更好地了解趋势跟踪策略的收益表现随着时间变化的情况,本章讨论了趋势跟踪策略收益的几个关键统计特征。首先,本章解释了两种聚焦于市场分歧的收益表现指标——危机阿尔法和危机贝塔,它们可用于衡量趋势跟踪策略对传统投资策略的互补性。其次,我们回顾了趋势跟踪策略收益表现的几个关键统计指标,包括总收益率、危机收益表现和股票市场的相关性以及偏度。这些统计指标代表了理解趋势跟踪策略的收益表现随着时间变化的不同方法。通过回顾纯粹趋势跟踪策略以及其他趋势跟踪策略的统计指标,可以看到不同的趋势跟踪策略系统设计方法是如何影响趋势跟踪策略系统收益的统计特征的。

■ 作为另类资产类别的趋势跟踪策略

传统的资产是一种经济资源,是可以被占有或者价值保值的资源。资产类别定义为一组拥有类似特征的证券或者资产。另类资产类别定义为不同于传统的资产类别——股票和固定收益债券——的资产。趋势跟踪策略也通常被贴上跟随动量策略的标签。这虽不假,但问题是,"动量"这一术语是描述性的,而非因果性的。更具体地说,市场分歧是原因,动量是结果。动量是市场价格长时间的持续性。从适应性市场的视角来看,市场分歧(作为一个概念,而不是一个数学表达式)是一种引起价格动量的市场情形。在这种视角下,趋势跟踪策略通常是一种长期的市场分歧策略,而许多市场趋同的投资策略是短时期的市场分歧策略，比如股票市场风险溢价的多头投资。

市场分歧可以和另一个另类资产类别——市场波动率相比较。作为一个概念而不是数学表达式，波动率是市场参与者如何处理和评价不确定性的一种量度指标或者表现形式。市场参与者通过买卖资产和买卖合约进行交易行为，这些行为取决于期货的波动率，他们把对期货市场不确定性的认知融入他们的市场观点中。回到股票市场，过去的价格告诉我们对股票的估值是多少，而未来的价格与我们认为股票未来的价值走向如何有关。同样，历史波动率或者已实现的波动率告诉我们曾经面临的风险，而未来的波动率则反映了我们如何认知前方未知的未来。至于市场分歧，在组成金融市场的复杂生态中，市场上过去的趋势告诉我们已实现的动量，而未来的市场分歧则与市场结构性的变化和市场冲击有关。两种传统资产类别——股票和固定收益债券，以及两种另类资产类别——波动率和市场分歧的总结如表7.1所示。

表7.1 两种传统的资产类别——股票和固定收益债券，以及两种另类资产类别——波动率和市场分歧：Kaminski（2012b）着重论述了部分内容。①

传统资产类别和另类资产类别	历史	未来
股票	历史价格代表公司已实现的价值	未来对价值的期望值
固定收益债券	历史价值代表不同时期已实现的货币收益率	未来对不同期限的货币收益率的期望值
波动率	已实现的波动率代表市场面临的已实现的风险	未来对风险和不确定性水平的期望值
市场分歧	历史趋势代表市场已实现的动量	未来对市场分歧程度的期望值
量度方法	历史的量度	预测未来
股票	历史价格	价值模型
固定收益债券	历史收益率	利率模型
波动率	标准差	隐含波动率、波动率模型
市场分歧	信噪比、市场分歧指数（MDI）、市场错位	系统性风险模型、脆弱性的量度②

---

① Kaminski（2012b）解释了如何从概念上将波动率视为一种另类资产类别。
② 许多研究人员研究了确定金融系统何时脆弱的前瞻性指标，本书中没有详细讨论这个概念。例如，Lo和Zhou（2012）讨论了广泛的系统性风险量度，他们发现，几种基于对冲基金的指标在确定系统性风险水平方面具有预测作用。

第 7 章 趋势跟踪策略的收益特征
Chapter 7　Properties of Trend Following Returns

从这个角度来看，波动率和市场分歧代表不同但是相关的两个概念。不确定性指的是我们对结果、环境的范围或程度未知的情形。过去是确定的，而未来既包含风险，又包含不确定性。至于市场分歧，就像智人的进化史一样，过去的趋势是已知的。在市场生态中，市场结构性的变化和市场环境受到的冲击强度和频率，决定了未来市场分歧的水平。因此，市场分歧的水平和波动率的变化（或者不确定性和风险水平的变化）存在相关性也就不足为奇了。

本书的第 4 章和第 5 章介绍了适应性市场和市场分歧的概念。本章重点讲述趋势跟踪策略作为另类资产的一面。在这种市场分歧风险承担方法的基础上，趋势跟踪策略是长期的市场分歧策略。考虑到这一点，本章将讨论两种特定的量度指标——危机阿尔法和危机贝塔，来帮助把握另类资产这种独有的特征。

■ 危机阿尔法

第 4 章以适应性市场假说为框架，解释了为什么趋势跟踪策略能够产生危机阿尔法。危机阿尔法机会是借助市场在危机时期产生的持续趋势而获得的盈利。危机阿尔法是衡量机构投资者业绩的重要指标。这是因为，危机阿尔法能够衡量策略在市场压力或者市场分歧时期的收益表现，而此时大多数策略都面临困难。在适应性市场假说的框架下，趋势跟踪策略的收益来源可以分解为三个核心部分：危机阿尔法、投机风险溢价和无风险利率。和股票风险溢价的量度一样，这三个部分可以事后估计。简单的月度收益率的分解可以应用于几个常见的行业指数。在这一分析中，很明显，在趋势跟踪策略的总体收益表现中，危机时期的收益表现具有重要地位。我们定义危机时期为市场分歧最大的时期，其中市场分歧的程度用 MDI 来衡量。

量度危机阿尔法大小的关键在于定义危机时期。在第 4 章中，危机阿尔法定义为一系列低于某些阈值的负收益率。这种方法适用于长期历史研究和计算长期风险溢价。阈值的选择仍然有些主观。由于波动率的变化和市场分歧相关，也可以使用波动率的极端变化来表示危机时期。① 例如，VIX 可以用于系统地定义危机时期。VIX 的值相比上个月末变化幅度超过 20%的任意月份，定义为危机月。用 VIX 指数的市场波动率来定义市场危机事件，是一种常用的手段。一些学术论文就使用了基于波动率的危机时期定义。② 图 7.1 展示了 1999—2013 年的标准普尔 500 指数，其中 VIX 定义的危机时期用阴影突出显示。

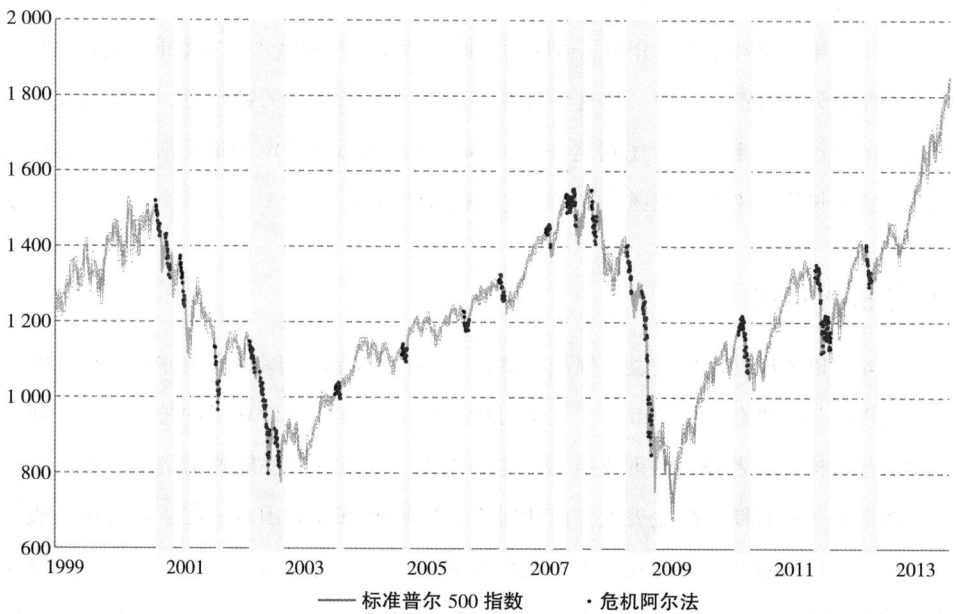

图 7.1　1999—2013 年的标准普尔 500 指数，其中危机时期以 VIX 的增长而定义，用阴影突出显示。

从图 7.1 中可以清楚地看出，基于 VIX 定义的危机时期，与标准普尔 500 指数具有较大负收益率的时期相对应。基于 VIX 的方法存在三个主要问题。第一，因为 VIX 基

---

① 本书将在第 8 章中更详细地讨论趋势跟踪和市场波动率之间的关系。波动率的变化可能会影响趋势跟踪策略的收益表现。头寸规模是对波动率加权的，但是此加权是对波动率的滞后估计。波动率的变化会影响趋势跟踪策略头寸的 Vega 中性。
② 例如 Vayanos（2004）、Brunnermeier 和 Pedersen（2009）。Kaminski（2012a）在白皮书中描述了当波动率处于负波动率周期时，趋势跟踪策略是如何成为波动率变化多头的。

第 7 章 趋势跟踪策略的收益特征
Chapter 7 Properties of Trend Following Returns

于股票波动率，所以它不太适用于其他资产类别，如商品期货或固定收益债券期货。为了衡量其他资产类别的波动率，需要从期权价格中倒推出隐含波动率，这个计算过程相当麻烦。第二，与基于收益率的危机阿尔法定义类似，如果在特定的较短的样本期间没有危机，就会造成问题。由此突出了这样一个事实，即危机阿尔法作为一般量度指标，应该用作较长历史时期的压力测试。危机阿尔法并不适用于短期战术资产配置（tactical asset allocation）决策。第三，基于 VIX 的危机阿尔法对于投资者而言不那么直观。这个定义可能错误地暗示趋势跟踪策略是长期波动率策略，但这并不完全正确。趋势跟踪策略与波动率的相关性通常为 10%~20%，具体取决于样本周期。

跨资产类别的危机阿尔法

趋势跟踪策略是适应性的、投机性的投资策略，受益于市场分歧和相应的价格动量。总的来说，价格动量并不局限于股票市场。关键在于，历史上，由于所有行业对股票市场的偏好，加之资金约束公司的影响，所有资产类别的市场分歧往往都在股市危机时期最为明显。[①] 例如，在过去几次市场危机中，所有资产类别都出现了市场分歧：固定收益、商品、房地产和能源市场。简言之，当股市下跌时，所有市场通常都会以某种方式大幅波动。

在由非股市危机的冲击引发的市场分歧期间，情况大致相同。核心差异在于，在金融危机之外的时期，并不是所有市场都普遍存在动量。回到适应性市场假说，基于一个存在任意类型的市场分歧的环境中，仍然是最具适应性并且能够抓住机会的市场参与者表现最为突出。因此，可以将危机阿尔法的概念直截了当地扩展到固定收益债券和商品危机时期。除全球股票指数外，两种常用的全球固定收益债券指数和多种商品指数也可用于界定危机时期。对每个指数，都可以计算出相应资产类别的特定危机阿尔法。一个策略的**行业特定危机阿尔法**定义为，初始的收益率时间序列和在危机时期用 3 个月期美国短期国库券利率代替月度收益率的收益率时间序列的收益率之差。这种方法类似于在第 4 章中用于全球股票市场的方法。危机时期定义为那些指数收益率低

---

① 整个管理期货行业对股票市场都存在多头偏差。市场参与者倾向于根据股票市场来确定自己的预期。

于特定阈值的月份。其中，阈值是基于过去的滚动平均收益率和标准差的函数，这样可以确保不同资产类别的一致性。在本次讨论中，我们选用了三个长期以来广泛使用的指数作为股票、固定收益债券和商品板块的业绩基准：MSCI世界指数、摩根大通（JPM）全球固定收益债券指数和CRB商品指数。[1]

商品期货危机阿尔法、固定收益债券期货危机阿尔法、股指期货危机阿尔法和三者平均值（全部危机）的滚动水平，如图7.2和图7.3所示。两图使用不同的规则来定义危机时期。危机阿尔法的值是在滚动窗口中绘制的，这意味着危机阿尔法是在5年的历史回测窗口上量度的，图中绘制出了危机阿尔法的值随时间的变化。图7.2和图7.3有一个共性：它们都捕捉到了次贷危机。图中的滚动窗口显示了危机阿尔法随时间的累积情况。图7.2使用5年滚动平均值减去5年滚动窗口标准差的两倍作为危机时期的阈值。请注意，在图7.2中，危机阿尔法的定义相当严格。有几个月可以作为危机月。在这种情况下，危机阿尔法的滚动值不经常变化，主要集中于分布的左尾。在这种严格的危机时期定义下，固定收益债券在样本期间似乎几乎没有危机阿尔法。在图7.3中，危机月份的定义相当宽松，即所有收益率为负的月份。在这种情况下，样本时期所包含的月份中有很大一部分会影响危机阿尔法的值。这两个数字表明了危机阿尔法对危机时期定义的敏感性。

■ 危机贝塔

无论是商品期货、股指期货还是固定收益债券期货，危机阿尔法都对危机时期的定义方法很敏感。基于波动率和基于收益率的方法都是回望型（backward-looking）的。它们的表现基于一些特定的历史危机事件。因此，危机阿尔法更适合在较长的历史时期内对策略进行压力测试。[2] 战略资产配置（strategic asset allocation）决策最好采用前

---

[1] CRB指数是指汤森路透杰富瑞/商品研究局指数（Thomson Reuters/Jefferies CRB Index）。CRB代表商品研究局。该指数代表商品市场上的动态趋势。
[2] 对于较短的滚动窗口（比如两年），历史回测窗口中通常不包含危机时期。

第 7 章 趋势跟踪策略的收益特征
Chapter 7 Properties of Trend Following Returns

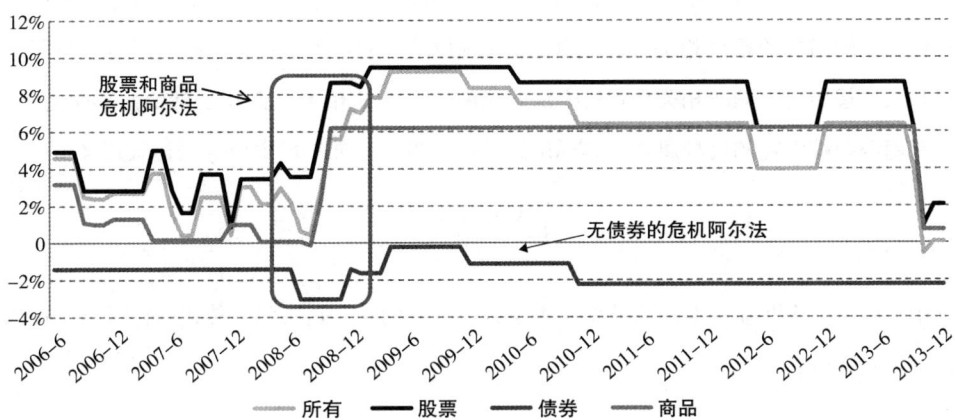

图 7.2 危机阿尔法的滚动窗口。危机时期定义为每个相应的指数低于其 5 年滚动平均值和两倍标准差之差的时期。

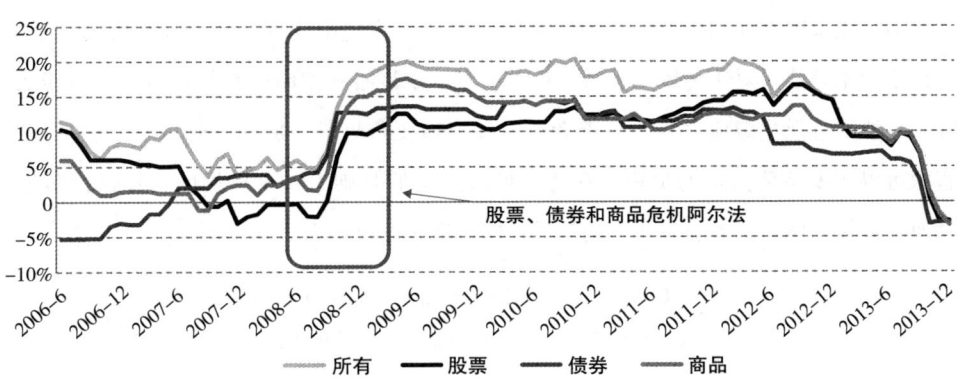

图 7.3 危机阿尔法的滚动窗口。危机时期定义为每个相应的指数收益率为负的时期。

瞻型收益指标。前瞻型收益指标侧重于可能持续下去的结构关系,而不是适应过去的事件。① 该指标应证明近期趋势跟踪策略与传统资产类别业绩基准指数之间的结构关系。大多数资产类别可以使用它们对传统贝塔的相应测试来考察。在这种情况下,传

---

① 尾部对冲就深受这一特殊问题困扰。如果一项策略可以对冲雷曼兄弟未来的破产风险,那么下一次金融危机就完全不可能表现得像过去那样。

统贝塔大致为零。可以定义**危机贝塔**作为这种方法的替代方案，以此来估计趋势跟踪策略与标的指数的条件相关性。例如，趋势跟踪策略与股票牛市正相关，与股票熊市负相关。按照传统的净相关性量度方法，这两个良好的相关性会相互抵消而不是叠加。鉴于趋势跟踪策略的这种属性，其标准贝塔接近零。标准贝塔由以下表达式定义：

$$\beta = \frac{\text{Cov}(r, r_M)}{\text{Var}(r_M)}$$

其中，r_M 是相应业绩基准的收益率。考虑到协方差的正、负贡献，传统的标准贝塔可以分解为两部分：

$$\beta = \frac{\text{Cov}(r, r_M)}{\text{Var}(r_M)} = \frac{\text{Cov}(r, r_M^-)}{\text{Var}(r_M)} + \frac{\text{Cov}(r, r_M^+)}{\text{Var}(r_M)}$$

这里，r_M^+ 是一个只包含正的指数收益率的收益率时间序列，r_M^- 是一个只包含负的指数收益率的收益率时间序列。对于正的和负的业绩基准收益率序列，非正或非负的收益率都用零值来替换。对于传统的贝塔，负贝塔表示该策略的方向通常与指数的方向相反；除了可能的分散化效应之外，投资者通常并不需要负贝塔。例如，通过做空业绩基准指数可以实现显著为负的贝塔。在传统贝塔定义的基础上，令负贝塔仍然保持负值，并改变该策略所有正收益率贡献的符号，即可定义危机贝塔：

$$\beta_c = \frac{\text{Cov}(r, r_M)}{\text{Var}(r_M)} = \frac{\text{Cov}(r, r_M^-)}{\text{Var}(r_M)} - \frac{\text{Cov}(r, r_M^+)}{\text{Var}(r_M)}$$

通过对传统贝塔的简单处理定义新的危机贝塔，后者可以用来量度趋势跟踪策略的条件相关性水平。危机贝塔的值越低，对于标的指数的纯多头投资者而言，趋势跟踪策略就越有利。与危机阿尔法相比，危机贝塔更加关注近期趋势跟踪策略与特定资产类别之间的关系。这在一定程度上克服了危机阿尔法对危机时期的定义标准的问题，危机时期的标准化定义就不再必要了。

使用 2002—2013 年的代表性纯粹趋势跟踪策略，股票、固定收益债券和商品指数的 2 年期滚动危机贝塔，如图 7.4~图 7.6 所示。图 7.7 展示了整体平均危机贝塔，即

第 7 章 趋势跟踪策略的收益特征
Chapter 7　Properties of Trend Following Returns

三个行业特定危机贝塔的简单平均值。为了便于比较，这些图中还展示了每个相应指数的传统贝塔。可以清楚地看出，传统贝塔的变化更大，危机贝塔常常是显著为负的。

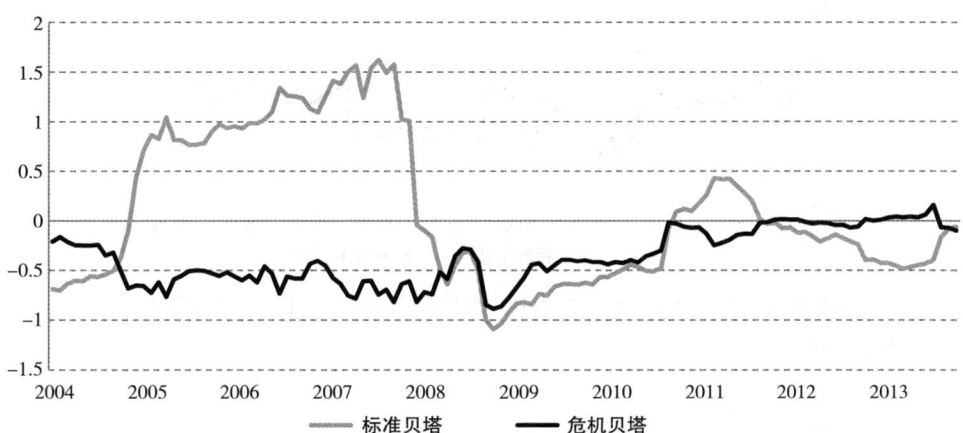

图 7.4　股票基准指数（MSCI 世界指数）趋势跟踪策略的 2 年期滚动危机贝塔。
数据来源：彭博。

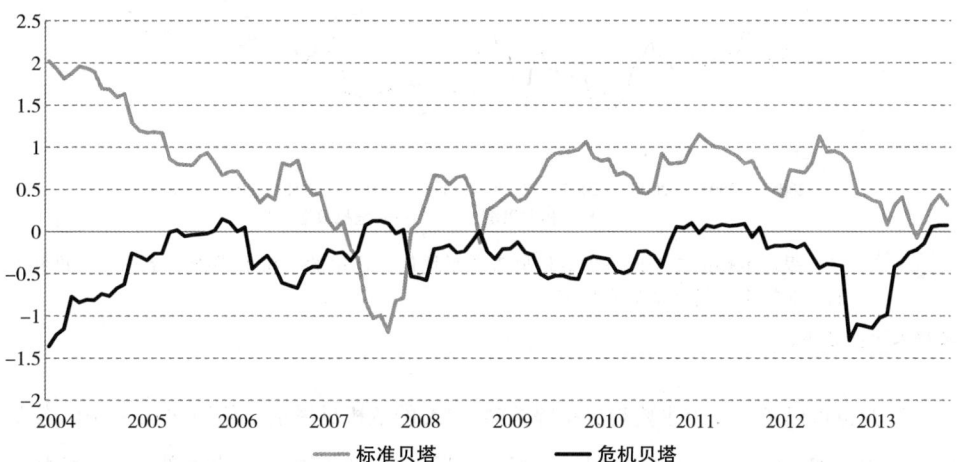

图 7.5　债券基准指数（摩根大通全球债券指数）趋势跟踪策略的 2 年期滚动危机贝塔。
数据来源：彭博。

图 7.6 商品基准指数（CRB 全球商品指数）趋势跟踪策略的 2 年期滚动危机贝塔。

数据来源：彭博。

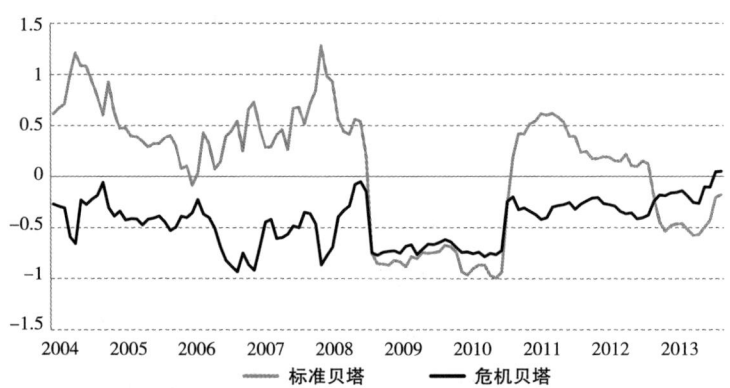

图 7.7 趋势跟踪策略的 2 年期滚动危机贝塔的平均值。这里的危机贝塔指的是三个基准指数的行业特定危机贝塔的平均值。

数据来源：彭博。

我们也可以考察几个主要趋势跟踪策略 CTA 的危机贝塔值。使用 2002—2013 年的收益表现数据，图 7.8~图 7.11 展示了同一时期八个 CTA 基金的传统资产类别的特定贝塔和 2 年期滚动危机贝塔的平均值。① 一些 CTA 对所有业绩基准的危机贝塔都是负

---

① 除了 CTA5（于 2004 年 4 月开始）之外，所有基金的收益率数据采样期均为 2001 年 6 月至 2013 年 12 月。

第 7 章　趋势跟踪策略的收益特征

的。图 7.12 展示了所有八个 CTA 基金相对于三个业绩基准的 2 年期滚动危机贝塔的时间序列。该图说明，危机贝塔是趋势跟踪策略收益率时间序列的稳定特征。

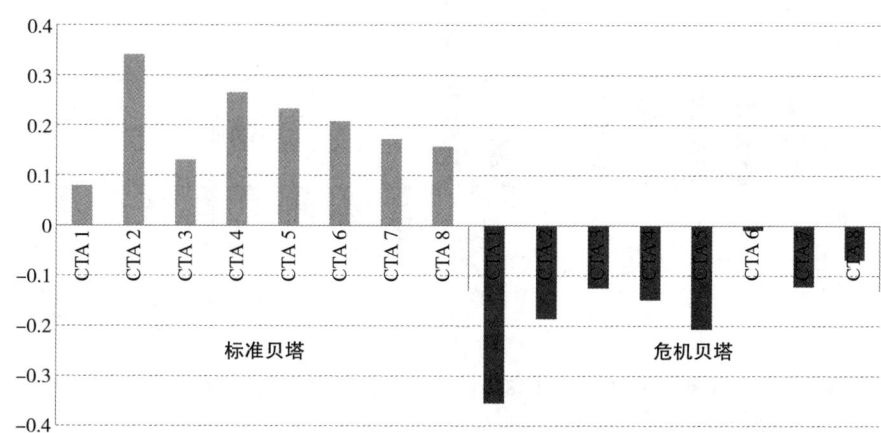

图 7.8　多个 CTA 基金（CTA1~CTA8）相对于商品基准指数（CRB 全球商品指数）的 2 年期滚动危机贝塔平均值。

数据来源：彭博。

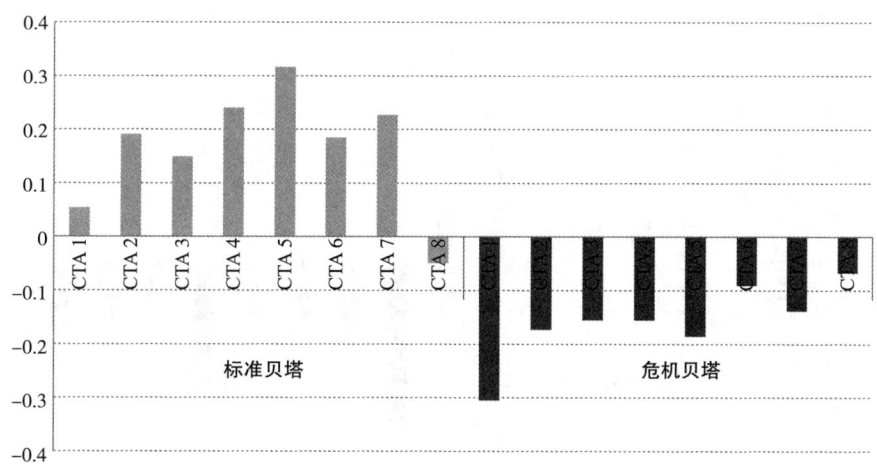

图 7.9　多个 CTA 基金（CTA1~CTA8）相对于股票基准指数（MSCI 世界指数）的 2 年期滚动危机贝塔平均值。

数据来源：彭博。

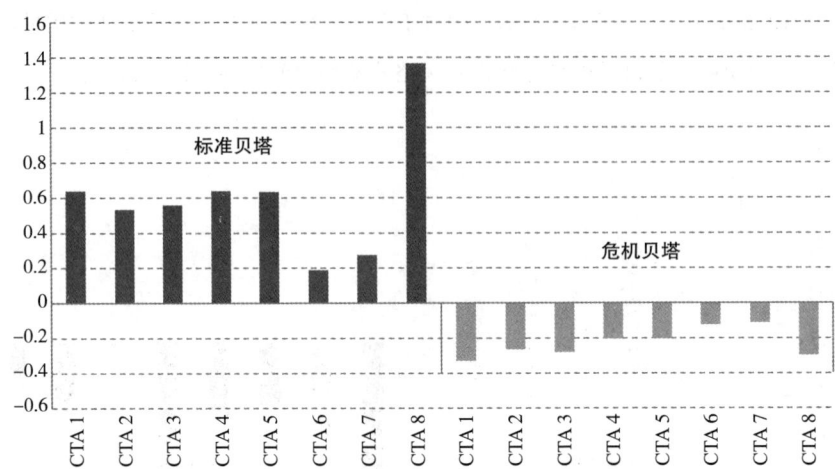

图 7.10 多个 CTA 基金（CTA1~CTA8）相对于债券基准指数（摩根大通全球债券指数）的 2 年期滚动危机贝塔平均值。

数据来源：彭博。

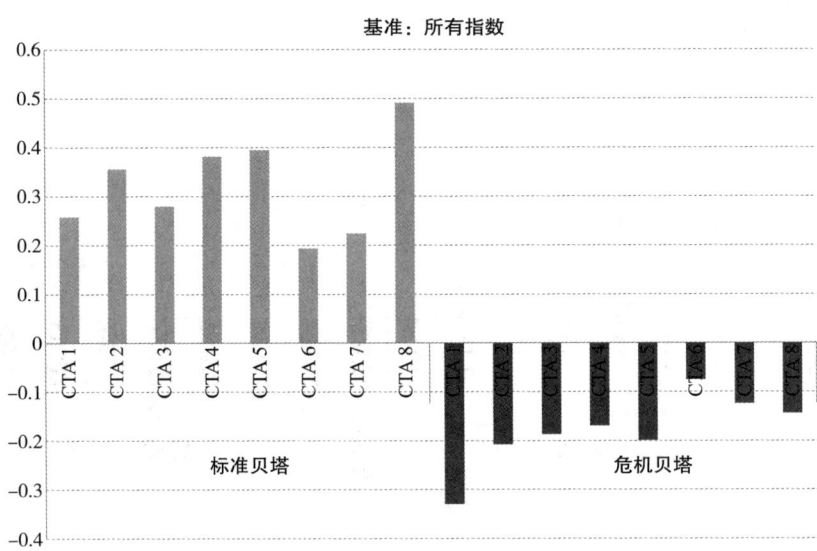

图 7.11 多个 CTA 基金（CTA1~CTA8）相对于三个基准指数的 2 年期滚动危机贝塔平均值，这三个基准指数分别是 MSCI 世界指数、摩根大通全球债券指数、CRB 全球商品指数。

数据来源：彭博。

第 7 章 趋势跟踪策略的收益特征
Chapter 7 Properties of Trend Following Returns

图 7.12 多个 CTA 基金（CTA1~CTA8）相对于三个基准指数的 2 年期滚动危机贝塔的时间序列，这三个基准指数分别是 MSCI 世界指数、摩根大通全球债券指数、CRB 全球商品指数。

数据来源：彭博。

■ 关键的统计特征

前几节概述了趋势跟踪策略的两个独特指标。在这一节中，我们将研究趋势跟踪策略系统更一般的关键统计特征。为了便于讨论，我们使用八个趋势跟踪策略系统来演示这些统计指标如何在用不同方法构建的趋势跟踪策略系统中进行比较。表 7.2 列出了这些趋势跟踪策略系统的划分结果。这些系统的划分方法已在第 3 章中介绍过。

我们用箱线图来直观地表示八个趋势跟踪策略系统的关键统计特征。在每个箱体内，中心标记（箱体中的线）代表中位数，箱体的上下边缘分别代表第 75 百分位数和第 25 百分位数，两者之差即**四分位距**（interquartile range，IQR）。① 须②代表样本中的最值而不是异常值。③ 须以外的加号才代表异常值。采用来自股指期货、商品期货、固

---
① 第 25 百分位数又称"下四分位数"，第 75 百分位数又称"上四分位数"。——译者注
② 即从箱体的上下边缘延伸到最大值和最小值的垂直线。——译者注
③ 这些图中的异常值边界与箱体上下边缘的距离均为箱体高度的 1.5 倍。

定收益债券期货和外汇期货的 50 个市场的最大分散度组合，可以将这些关键特征的分析应用于八个趋势跟踪策略系统。① 检验长期收益、夏普比率、投资组合的偏度、危机阿尔法、危机贝塔和条件相关性等统计指标，可以说明不同方法的趋势跟踪策略收益表现如何，以及彼此的差异。

表 7.2　依据三个维度构建的八个趋势跟踪策略系统，这三个维度分别为股票多头偏差、资金配置和持仓周期。这里，"非长期"表示中期的持仓周期。

	股票多头偏差	市值加权配置	长期
1	无	否	非
2	有	否	非
3	无	是	非
4	无	否	是
5	有	是	非
6	无	是	是
7	有	否	是
8	有	是	是

长期收益

过去 20 年中，每个独特构造的趋势跟踪策略系统的收益率离散度如图 7.13 所示。系统 1、2、4、7 在过去 20 年间收益表现最佳。这四个趋势跟踪策略系统都是基于等金额风险配置方法构建的。这表明，类似于等权重配置方法，将风险配置在更多的市场，从长期来看收益表现可能更好。② 这也表明，类似于市值加权配置方法，市场规模受到限制的更大型的趋势跟踪策略系统（主要关注市场规模更大的金融股），从长期来看可能会产生较低的收益率。在 20 年间，股票多头偏差的增加并没有给总收益表现带来显著的改善。这表明，在牛市期间，股票多头偏差的积极影响可能会被熊市的后果所

---

① 该数据集涵盖了 1993—2013 年超过 20 年的日度数据。
② 这种观察为本书第 12 章中介绍风格分析奠定了基础。第 12 章中，我们会进一步详细研究市场规模因子（SMB）。第 15 章中，我们还将讨论规模、容量和缺乏流动性的市场所起的作用。

第 7 章 趋势跟踪策略的收益特征
Chapter 7 Properties of Trend Following Returns

抵消。①

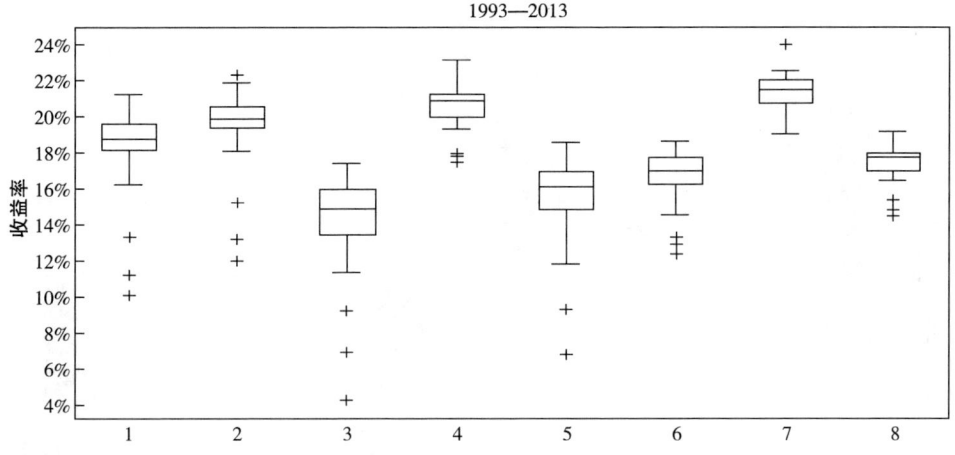

图 7.13 1993—2013 年，表 7.2 中定义的八个趋势跟踪策略系统年化收益率的离散分布图。

偏度

众所周知，趋势跟踪策略的收益分布通常体现出一定的正偏度性质。由于采用市场分歧风险承担方法，趋势跟踪策略承担了很多小的亏损和少量大的盈利。这种方法应该使趋势跟踪策略的收益分布体现出一定的正偏度特征。在统计学上，这种类型的分布是非常理想的，因为它表现出较小的最大回撤并具有良好的分散化特性。图 7.14 展示了每个独特的趋势跟踪策略系统的偏度。系统 5 和系统 8 的收益分布体现出一定的负偏度特征（而不是正偏度）。系统 5 和系统 8 是具有股票多头偏差、采用市值加权配置方法的趋势跟踪策略系统。这表明股票多头偏差和对金融股的集中投资，可以使趋势跟踪策略和市场趋同策略更加类似。正偏度最大的两个系统是等金额风险配置的无偏系统（系统 1 和系统 4）。这个简单的例子说明，不考虑股票市场方向和风险配置，从正偏度来看就得到了市场分歧最大的风险承担方法。从概念上讲，增加投资组合的股票多头偏差和市值加权配置，会使策略更加市场趋同。这种特性可以体现在收益率

---

① 我们将在本书第 12 章中将股票多头偏差作为风格因子，研究其作用。

时间序列的偏度中。

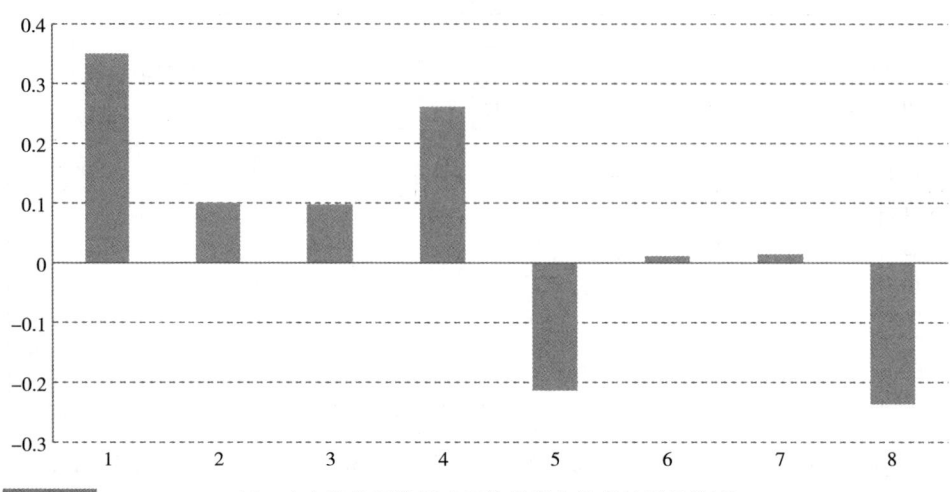

图 7.14 1993—2013 年，八个趋势跟踪策略系统月度收益率的平均偏度。

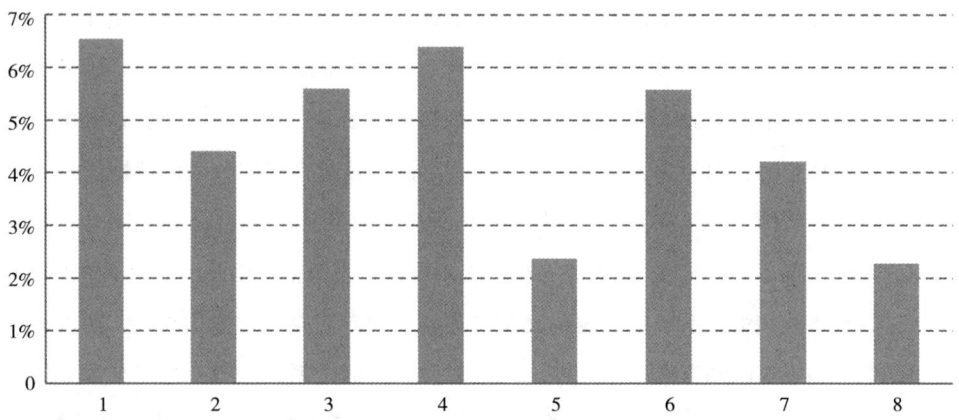

图 7.15 1993—2013 年，八个趋势跟踪策略系统在危机时期的平均收益率。其中，危机时期定义为 MSCI 世界指数的收益率低于其平均值至少一个标准差的时期。

危机表现

使用基于收益率的方法，我们可以把危机时期定义为股票收益率低于其长期均值

第 7 章 趋势跟踪策略的收益特征
Chapter 7　Properties of Trend Following Returns

至少一个标准差的月份。用 MSCI 世界指数代表股票市场，图 7.15 展示了危机时期每个趋势跟踪策略系统的平均月度收益率。系统 1 和系统 4（没有股票多头偏差，等风险配置）再次产生了最大的危机阿尔法，而系统 5 和系统 8（具有股票多头偏差，市值加权配置）产生了最小的危机阿尔法。第 14 章和第 15 章会详细研究这个主题。

与股票市场的相关性

投资于具有负相关性的资产类别可以带来大量的分散化收益。负相关性表明，当基准指数下跌时，资产却可能产生正收益。这种关系是分散化收益的理想来源。

可以检验每个趋势跟踪策略系统和 MSCI 世界指数的相关性。1993—2013 年，每个趋势跟踪策略系统与 MSCI 世界指数月度收益率之间的相关系数的平均值，如图 7.16 所示。系统 1 和系统 4（没有股票多头偏差，等风险配置）与基准指数最为负相关，而系统 5 和系统 8（具有股票多头偏差，市值加权配置）与 MSCI 世界指数略微正相关。由于这种相关性量度指标是一种净指标，因此评估相关性可能不如用危机贝塔有效。

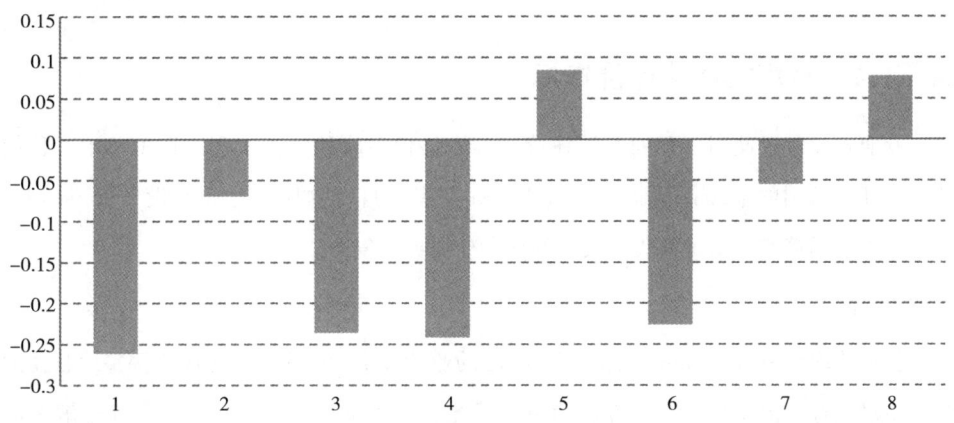

图 7.16　1993—2013 年，八个趋势跟踪策略系统的月度收益率与 MSCI 世界指数之间的相关系数的平均值。

本节讨论了八个独特的趋势跟踪策略系统的关键统计特征。在不同的趋势跟踪策略系统中，存在收益率离散度以及统计特征的差异。市场分歧最大的趋势跟踪策略系统,尤其是没有股票多头偏差、等金额风险配置的趋势跟踪策略系统,其收益率表现与市场分歧风险承担方法表现出最大的一致性——最高的危机收益表现、正偏度,以及与股票市场的最低整体相关性。从长期来看,与风险平价投资组合类似,趋势跟踪策略中基于等风险的投资方法最有可能获得高收益率。

■ 本章总结

趋势跟踪策略是一种可以将风险动态、系统地配置在各种资产类别上的投资策略。考虑到这种投机性策略特有的情况,我们讨论了两种独特的量度指标,即危机阿尔法和危机贝塔。在此分析之后,我们针对多个独特的趋势跟踪策略系统,检查了一系列统计特征,包括总收益率、偏度、危机时期的收益表现和条件相关性。与基本的市场观点一致,等金额风险配置且没有股票多头偏差的趋势跟踪策略系统在危机时期能够获得更高的收益表现,与股票市场的整体相关性更低,其收益分布体现出一定的正偏度特征。

■ 附录:常用的业绩评价指标

专业的投资者使用一系列业绩评价指标来评价策略的收益表现。在本节中,我们总结了几个常用的业绩评价指标。这些指标都有其自身的局限性和假设条件。因此,对于动态交易策略,衡量其收益表现的任务变得更加复杂。

夏普比率

夏普比率(Sharpe ratio)是应用最广泛的业绩评价指标之一,是风险调整后收益的简单衡量指标。由于夏普比率方法简单,因此它非常直观,但可能无法准确地解释动态交易策略中的复杂性。特别需要指出的是,由于夏普比率仅关注基于标准差定义的风险,可能会忽略另类投资策略的风险。实际上,夏普比率对收益率的分布做了一定的假设。更明确地说,夏普比率要求收益率呈正态分布,并且标准差是衡量风险的综合指标。通常,标准差确实包含了价格风险,却可能隐藏了其他风险。由于趋势跟踪

第 7 章 趋势跟踪策略的收益特征
Chapter 7　Properties of Trend Following Returns

策略主要承担价格风险,因而相比其他包含了隐藏风险的另类投资策略,趋势跟踪策略的夏普比率更低。这一细节将在第 9 章中讨论。① 典型的股票多头策略的夏普比率通常在 0.25~0.50 之间。长期来说,趋势跟踪策略的夏普比率通常在 0.50~0.70 之间,而许多对冲基金策略的夏普比率在 0.50~1.50 之间。

欧米茄比率

欧米茄比率(Omega ratio)是加权收益量和加权亏损量之间的比值,可以代替夏普比率。欧米茄比率没有对收益率的分布做任何假设,所以大多数情况下都能用作业绩评价指标。在实际应用中,需要指定一个阈值来界定相对于该阈值的盈利和亏损。

当这个阈值为收益率时间序列的均值时,欧米茄比率的值为 1。实践中,当时间周期相同时,欧米茄比率可以用来对投资的收益率进行排序。当收益率时间序列是正态分布或者没有隐藏风险时,欧米茄比率的值和夏普比率的值几乎相等。

信息比率

在业绩基准可得的情况下,许多投资者用信息比率来计算相对收益。**信息比率**(information ratio)是相对于基准标的的年化超额收益率与相应的年化跟踪误差的比值。跟踪误差定义为超额收益率相对于基准的标准差。使用信息比率的一个难点就是需要有合适的基准。在趋势跟踪策略中,投资者通常用共同行业指数作为衡量趋势跟踪策略程序化系统的基准。这个基准包含了一篮子投资管理人,某些是不可投资的。

下行风险

为了衡量最大回撤期间收益的波动程度,许多投资者都会计算下行风险这个指标。**下行风险**(downside risk)衡量了低于某个阈值的收益率的波动程度。该阈值可以是零、无风险利率或者其他固定值。在计算下行风险时,所有高于阈值的收益率都用零替代。

---

① 对冲基金经理也有可能操作夏普比率的值,这通过卖出期权、动态杠杆、平滑收益和其他技术就可以实现,参见 Ferson 和 Siegel(2001)、Goeztmann 等(2002)和 Lo(2002)。

小结

附录列举了一些常用的业绩评价指标。夏普比率和欧米茄比率等业绩指标可以帮助投资者对不同的趋势跟踪策略投资者进行排名和区分。这些业绩指标非常重要,基金经理和投资人都应理解它们的内涵和局限性。

■ 延伸阅读与参考文献

Brunnermeier, M., and L. Pedersen. "Market Liquidity and Funding Liquidity." *Review of Financial Studies* 22, no. 6 (2009): 2201-2238.

Chan, N., M. Getmansky, and S. M. Haas. "Systemic Risk and Hedge Funds." In *The Risks of Financial Institutions and the Financial Sector*, edited by M. Carey and R. Stulz. Chicago: University of Chicago Press, 2006, 235-338.

Ferson, W., and A. Siegel. "The Efficient Use of Conditioning Information in Portfolios." *Journal of Finance* 3 (June 2001): 967-982.

Goetzmann, W., J. Ingersoll, M. Spiegel, and I. Welch. "Sharpening Sharpe Ratios." National Bureau of Economic Research Working Paper No. W9116, 2002.

Greyserman, A. "Crisis Alpha: ISAM Systematic." ISAM White paper, 2013.

Kaminski, K. "Managed Futures and Volatility: Decoupling a Convex Relationship with Volatility Cycles." CME Market Education Group, May 2012a.

Kaminski, K. "Unveiling the World of Uncertainty Specialists: A Short Guide to Investing in Volatility." Unpublished white paper, Stockholm School of Economics, 2012b.

Keating, C., and W. Shadwick. "An Introduction to Omega." London: The Finance Development Centre, 2002.

Khandani, A., A. Lo, and R. Merton. "Systemic Risk and the Refinancing Ratchet Effect." *Journal of Financial Economics* 108, no. 1 (2013): 29-45.

第 7 章　趋势跟踪策略的收益特征
Chapter 7　Properties of Trend Following Returns

Lo, A. W. "The Statistics of Sharpe Ratios." *Financial Analysts Journal* 58 (2002): 36–52.

Lo, A., and A. Zhou. "A Comparison of Systemic Risk Indicators." Unpublished working paper, MIT Laboratory for Financial Engineering, 2012.

Pasquariello, P. "Financial Market Dislocations." *Review of Financial Studies*. Published electronically February 12, 2014.

Vayanos, D. "Flight to Quality, Flight to Liquidity, and the Pricing of Risk." NBER Working Paper, 2004.

第 8 章

回撤、波动率和相关性特征

第 7 章讨论了趋势跟踪策略的几个关键统计特征。这些统计特征使我们初步了解了趋势跟踪策略随着时间的收益表现。本章将深入研究量度趋势跟踪策略的风险和分散度的三个核心指标：回撤、波动率和相关性。我们会在投资组合层面来研究这些特征。通过本章的讨论，可以更深入地了解趋势跟踪策略是如何经历回撤的，市场波动率、策略波动率和投资组合波动率的差异，以及市场分散度和相关性是如何影响趋势跟踪策略投资组合的。

■ 理解回撤的特征

回撤衡量的是投资者在过去的资产净值（NAV）峰值处遭受的亏损。考虑到收益率时间序列的随机性，在任何收益率时间序列中出现亏损都是很正常的。特别是，给定时期内的最大回撤通常用作风险的量度指标。**最大回撤**是投资者在最高点买入并在最低点卖出的最大亏损，通常可以描绘投资策略可能出现的最坏情况。其他指标是用于表征最大回撤本身的。例如，许多投资者对**最大回撤恢复时长**感兴趣。还有一些收益指标可以根据最大回撤调整收益。例如，**卡玛比率**（Calmar ratio）和**斯特林比率**（Sterling ratio）是常见的风险调整后收益指标，类似于夏普比率，取决于最大回撤的

第8章 回撤、波动率和相关性特征
Chapter 8 Characteristics of Drawdowns, Volatility, and Correlation

值。[1] 由于最大回撤是针对特定时间段的,所以这些指标不易扩展。更具体地说,在不同的采样频率下,这些比率很难比较,例如,日度收益率和年化收益率不能直接比较。

确切地讲,最大回撤是收益率时间序列极值的极值(从 NAV 峰值到 NAV 谷值的亏损的最大值)。根据这个定义,最大回撤具有高度的路径依赖性。最大回撤取决于跟踪记录的几个因素:数据采样频率、时长、波动率、平均收益率和收益率时间序列的相关性。在讨论趋势跟踪策略的最大回撤的统计指标和属性之前,图 8.1 展示了 1965—2013 年应用于八个农产品市场的趋势跟踪策略的最大回撤概况。为了考察更长的历史时期,图 8.1 中的趋势跟踪策略系统仅包含农产品市场。[2] 或许令人惊讶的是,系统大部分时间都处于回撤状态。事实上,在这个示例中,只有不到 6% 的时间,系统没有发生回撤,实现了 NAV 的新高。在大约 50 年期间,该系统的最大回撤发生在 1969 年,最长的回撤持续期从 1996 年持续到了 2001 年。

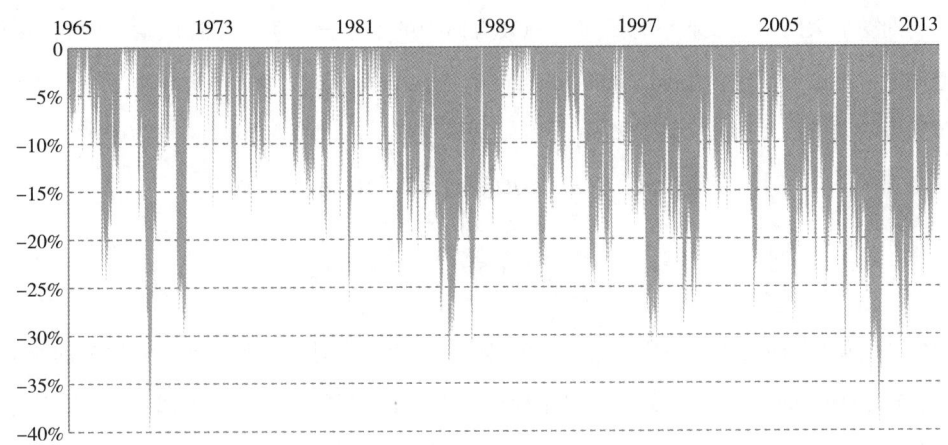

图 8.1　应用于八个农产品期货市场的简单趋势跟踪策略系统的日度收益率回撤曲线。

---

[1] 卡玛比率和斯特林比率是对给定时期内的收益,通过同一时期的最大回撤进行归一化而得出的。通常,这两个比率都是基于 3 年的时期计算的。斯特林比率的分子是将最大回撤减少一定固定值(比如 10%)后的数值。
[2] 该系统基于通道突破系统的信号构建而成。对于此特定系统,夏普比率为 0.9,月度风险为 6%。

一些研究人员已经研究了回撤量度指标的理论性质，特别是期望最大回撤。① 该领域的大部分工作都是基于蒙特卡罗模拟布朗运动产生的收益率而展开的。Grossman 和 Zhou（1993）以及 Strub（2012）讨论了投资组合优化和交易规模优化，以期实现控制回撤的目标。此外，Cukurova 和 Marin（2011）提出了采用回撤和幸存者情形作为衡量基金未来收益表现的积极指标的有趣论点。接下来的内容回顾了期望最大回撤、期望回撤时长和期望回撤恢复时长的理论。**期望最大回撤**为投资者提供了衡量观察到的回撤幅度的基准。**期望回撤时长**为投资者提供了衡量回撤严重程度的方法。**期望回撤恢复时长**表示等待从回撤中恢复所需的时间长度。在讨论完这两个统计指标之后，本章紧接着会讨论最大回撤期间的交易统计指标和收益率特征。最后会讨论分散度和回撤之间的关系，并引出与第 14 章中的投资者组合的关联。

期望最大回撤

期望最大回撤是收益率时间序列的最大回撤的期望值。基于累计收益率时间序列遵循随机游走的假设，Atiya、Abu-Mostafa 和 Magdo-Ismail（2004）推导出了一段长期范围内的期望最大回撤，该期望最大回撤是平均值、波动率和跟踪时长的函数。当漂移为正（$\mu>0$）时，期望最大回撤 $E[MDD]$ 的公式有效，表达式如下：

$$E[MDD] = \frac{\sigma^2}{\mu}\left(0.63519 + 0.5\log T + \log\frac{\mu}{\sigma}\right)$$

式中，μ 为单位时间内收益率时间序列的漂移；σ 为单位时间内收益率时间序列的波动率；T 为总时间范围。对该函数的简单操作表明，单位风险的期望最大回撤是夏普比率和跟踪记录时长的函数。对于一系列夏普比率和跟踪记录时长，基于蒙特卡罗模拟方法，平均期望最大回撤除以波动率的标量倍数（0~2）如图 8.2 所示。较大的跟踪记录时长对应较大的期望最大回撤时长和较高的夏普比率，会得到较低的期望最大回撤。当夏普比率介于 0.75~1 时，1 年期间的期望最大回撤约为 1 倍年化波动率。使用趋势

---

① 参见 Atiya、Abu-Mostafa 和 Magdon-Ismail（2004），Casati（2010）以及 Belentepe（2003）。

第 8 章 回撤、波动率和相关性特征
Chapter 8 Characteristics of Drawdowns, Volatility, and Correlation

跟踪策略系统的总收益率对此进行检验,表 8.1 列出了 2001—2013 年的年内最大回撤值,为了对照,也列出了标准普尔 500 指数。与图 8.2 中的模拟结果一致,在表 8.1 中,年内平均最大回撤为 17.35%,大约是趋势跟踪策略系统波动率的 1 倍。标准普尔 500 指数的年内平均最大回撤为 18.26%,大约也是 2001—2013 年期间波动率的 1 倍。

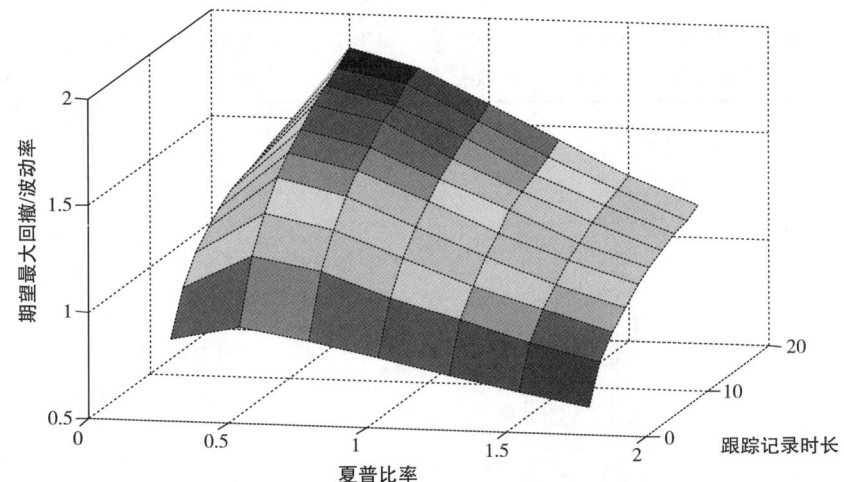

图 8.2 单位风险的期望最大回撤 $E[MDD]$ 与夏普比率和跟踪记录时长的函数关系。

表 8.1 2001—2013 年,代表性纯粹趋势跟踪策略系统和标准普尔 500 指数的总收益率的年内最大回撤。趋势跟踪策略系统在此期间的波动率大约为 18%。

年份	2001	2002	2003	2004	2005	2006	2007
代表性纯粹趋势跟踪策略系统	14.1%	14.5%	18.1%	24.5%	11.5%	25.0%	20.2%
标准普尔 500 指数	29.7%	33.8%	14.1%	8.2%	7.2%	7.7%	10.1%
年份	2008	2009	2010	2011	2012	2013	平均
代表性纯粹趋势跟踪策略系统	19.7%	15.2%	10.2%	17.3%	17.2%	18.1%	17.35%
标准普尔 500 指数	48.0%	27.6%	16.0%	19.4%	9.9%	5.80%	18.26%

对于给定的夏普比率 0.75 和 1.0,表 8.2 展示了对应于 10~30 年的跟踪记录时长、10%~20% 的年化波动率的期望最大回撤。图 8.3 展示了年度收益率和年化波动率均为 15% 的 10 年期间最大回撤的直方图。

表8.2 在10~30年的跟踪记录时长和10%~20%年化波动率下，基于月度收益率的期望最大回撤。

	夏普比率=0.75				夏普比率=1.0		
	10	20	30		10	20	30
10%	16.40%	19.80%	21.60%	10%	14.10%	16.80%	18.20%
15%	23.50%	28.00%	30.60%	15%	20.20%	23.90%	26.10%
20%	29.60%	35.30%	38.50%	20%	25.90%	30.40%	33.10%

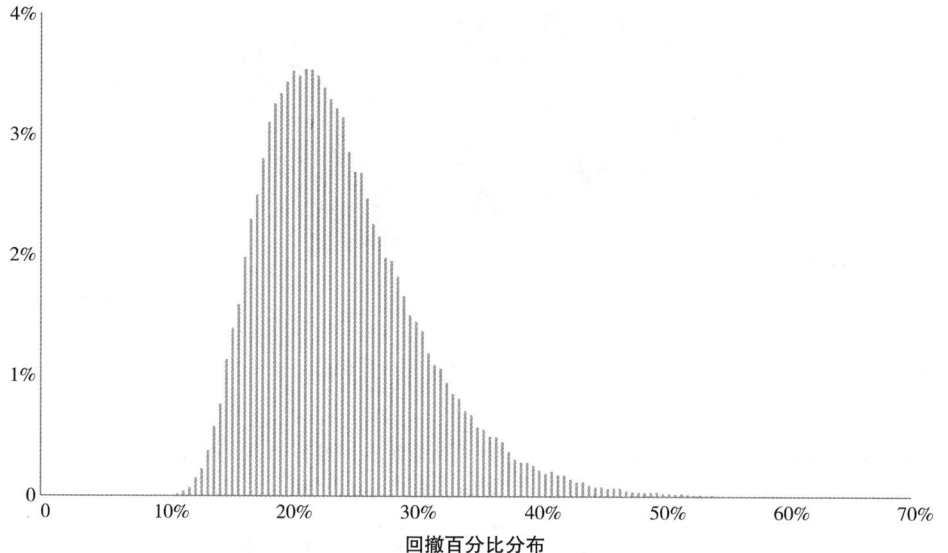

图8.3 10年期间最大回撤的直方图，年度收益率和年化波动率均为15%。

Atiya、Abu-Mostafa 和 Magdon-Ismail（2004）提出的理论公式没有考虑收益率时间序列的相关性。在实践中，许多收益率时间序列都表现出某种类型的序列相关性。简单的蒙特卡罗模拟也可以证明，正（负）序列相关性导致更高（低）的最大回撤。根据实证研究，趋势跟踪策略日度收益率的序列相关性可能高达-10%。在长期，趋势跟踪策略的收益率往往表现出负的序列自相关性。第17章"对趋势跟踪策略的动态配置"会重新讨论这一点。

第 8 章　回撤、波动率和相关性特征
Chapter 8　Characteristics of Drawdowns, Volatility, and Correlation

讨论最大回撤的路径依赖性也很重要。路径依赖性使得最大回撤量度值随不同的数据采样频率而变化。较低（高）的采样频率导致较低（高）的期望最大回撤。图 8.4 展示了与图 8.1 相同系统的最大回撤曲线，只不过图 8.4 中使用的是月度收益率而不是日度收益率。与图 8.1 相比，最大回撤和最长的回撤持续期都减少了。

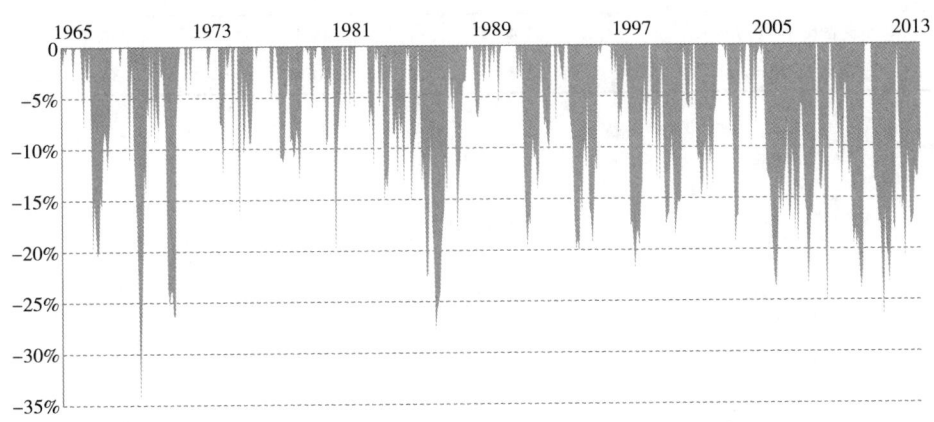

图 8.4　简单的纯粹趋势跟踪策略系统在八个农产品期货市场上基于月度收益率的回撤曲线。

期望回撤时长和回撤恢复时长

投资者不仅对回撤幅度感兴趣，也对**回撤时长**和**回撤恢复时长**感兴趣。与期望最大回撤类似，期望最大回撤时长在很大程度上也取决于跟踪记录时长和夏普比率。回撤时长定义为回撤持续的时间长度，**期望最大回撤时长**是回撤持续的最大时间长度的期望值。根据这个定义，最大回撤可能不是具有最大回撤时长的回撤。例如，考虑一个代表性趋势跟踪策略系统，① 在幅度大于 10% 的回撤中，回撤时长和回撤幅度之间的相关性通常低于 70%。表 8.3 总结了简单蒙特卡罗模拟的结果，用作说明。在此模拟

---

① 代表性趋势跟踪策略系统是基于通道突破信号，一组历史回测窗口在 90~120 天之间，应用在全球范围内的股指期货、商品期货、固定收益债券期货和外汇期货市场上的趋势跟踪策略系统。在 30 年的时期内，其夏普比率是 1.07，年化波动率是 14%。

中，时间范围为 10~30 年，给定夏普比率分别为 0.75 和 1.0，最大回撤时长以月为单位。图 8.5 展示了 10 年期间最大回撤时长的直方图，夏普比率为 1.0。

表 8.3 在 10~30 年的时间内，给定夏普比率分别为 0.75 和 1.0 时的最大回撤时长（以月为单位）。

	10	20	30
夏普比率=0.75	30.4	43.1	52.2
夏普比率=1.0	22.8	30.8	36.2

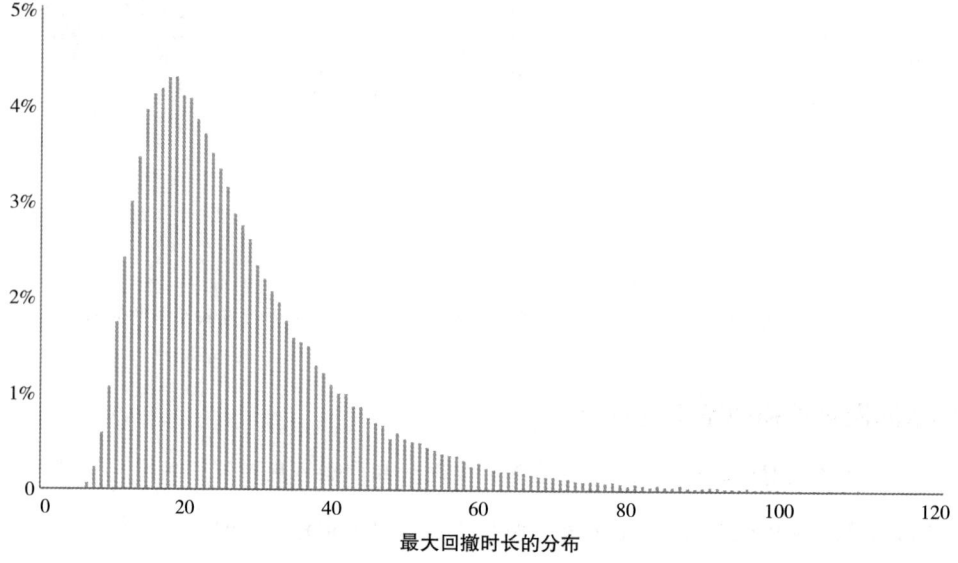

图 8.5 10 年期间最大回撤时长的直方图，年化收益率和年化波动率均为 15%。

总回撤时长也可以分为两个子时期：从峰值到谷值的回撤期和恢复期。从峰值到谷值的回撤期量度的是回撤亏损的总时长，**恢复期**是从特定回撤中恢复所需的时间。图 8.6 展示了代表性趋势跟踪策略系统从峰值到谷值的时间（回撤期）和恢复期的散点图。在真实的市场中，恢复期与整个回撤期的比值的中位数大约为 0.5。[①] 这意味着

---

① 这个估计值虽然仅仅是粗略的近似值，但在许多单独的计算中很有代表性。

第 8 章 回撤、波动率和相关性特征
Chapter 8 Characteristics of Drawdowns, Volatility, and Correlation

时间占比为 2/3 的回撤会在 1/3 的时间内恢复。恢复期的速度大约是回撤期的两倍。这展示了趋势跟踪策略系统中回撤的恢复能力（或可恢复性）。这与第 5 章中概述的市场分歧风险承担策略的概况一致。市场分歧策略会承担很多小的亏损，偶尔获得大的收益。更明确地说，收益发生的频率较低，且幅度大于亏损。

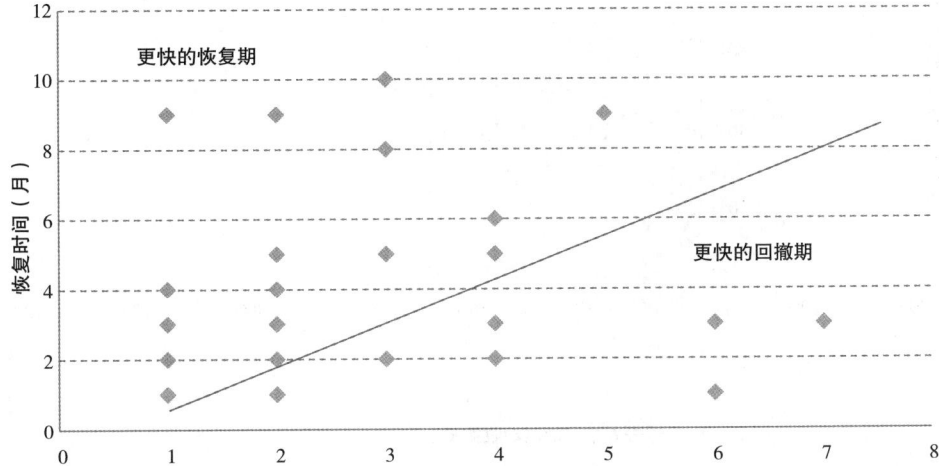

图 8.6 代表性趋势跟踪策略系统从峰值到谷值经历的时长（回撤期）与恢复期的散点图。

在回撤之后的时期（或恢复期）内，平均收益率往往条件性地高于长期平均值。这也表明了该策略发生回撤时的可恢复性。在第 5 章中，市场分歧指数（MDI）也随着时间的推移而呈周期性。将这种特性与市场风险联系起来，机会可能与风险承担的周期有关。2001—2013 年，代表性纯粹趋势跟踪策略系统过去的收益（滚动 6 个月）和未来的收益（滚动 18 个月）之间的关系如图 8.7 所示。① 当过去 6 个月的收益率为负时，在此期间，18 个月的平均收益率为 51.6%。长期来看，18 个月的平均收益率为 41.5%，低于 51.6%。给定一个负的 6 个月的收益率，18 个月的收益率高于平均水平的条件概率为 56%。

---

① 该分析是基于总的日度收益率计算的。

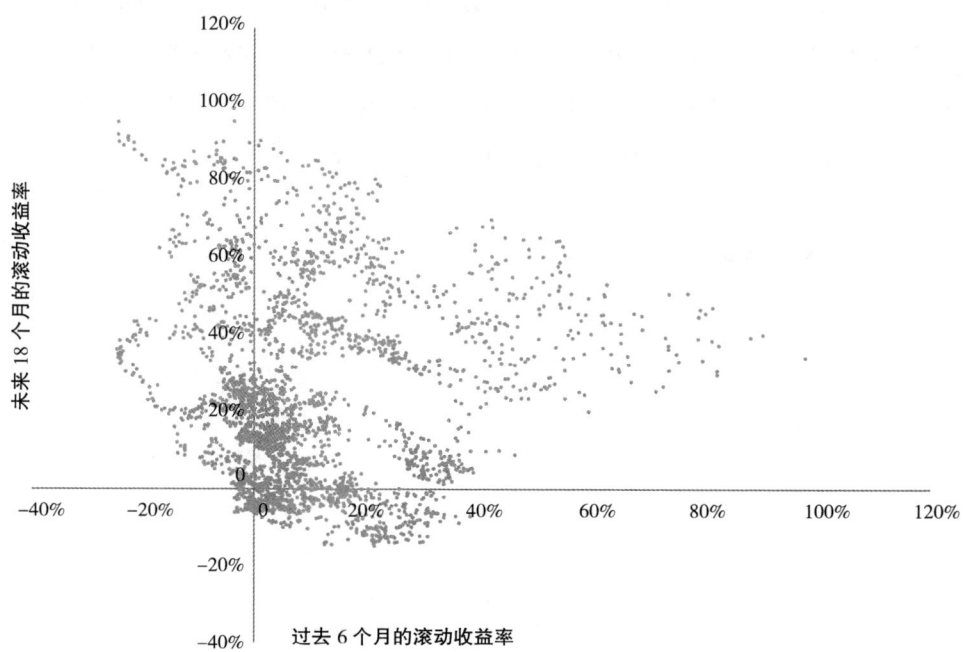

图 8.7 代表性纯粹趋势跟踪策略系统过去的收益率（滚动 6 个月）与未来的收益率（滚动 18 个月）的关系。

交易的盈亏比和回撤

使用代表性纯粹趋势跟踪策略系统的盈利和亏损信息，在回撤期间的交易和信号统计有助于我们进一步了解风险配置和驱动回撤的因素。大多数趋势跟踪策略投资者倾向于中期或者长期投资，比较典型的趋势跟踪策略持仓周期一般为几个月。在较短的时间范围内，对于短至 22 天（约一个月）的较短窗口而言，统计往返交易（从入市开仓到平仓退市）的意义较小。尽管如此，我们还是可以仔细研究滚动窗口中平仓退市的所有交易。例如，使用 2001—2013 年期间的代表性纯粹趋势跟踪策略程序化系统，可以计算出交易的胜率和（交易 PnL 的）盈亏比。交易的**胜率**就是目标周期内盈利的交易次数占总交易次数的比例。这个比例的大小可以让我们了解盈利次数多还是亏损次数多。它没有考虑盈利或亏损的金额大小。**交易 PnL 的盈亏比**是平均盈利金额与平均亏损金额

第 8 章 回撤、波动率和相关性特征
Chapter 8　Characteristics of Drawdowns, Volatility, and Correlation

的比值。在这个例子中，回撤与交易胜率的相关系数为-46%，但与交易 PnL 的盈亏比的相关系数只有-14%。这可能表明，胜率较低而不是盈亏比较低，是产生回撤的主要原因。简言之，似乎是亏损次数导致回撤产生的，而不是平均亏损金额。回到市场分歧风险承担方法，这种方法承担了许多小的亏损，大的亏损出现较少。

当使用短期滚动窗口而不是交易统计时，考察信号统计指标可能更合适。在信号层面上，可以计算在给定滚动窗口中 PnL 为正的**盈利市场的百分比**，以及盈利市场和亏损市场 PnL 的盈亏比。通过 PnL 为正的盈利市场的百分比，可以了解交易中的盈利和亏损次数。通过 PnL 的盈亏比可以了解盈利和亏损金额。使用 22 天的滚动窗口，趋势跟踪策略程序化系统的盈利市场的百分比和回撤如图 8.8 所示。盈利市场的百分比与回撤幅度的相关系数为-64%。回撤与 PnL 的盈亏比的相关系数较低，为-36%。根据这些简单的相关性数据判断，较高的亏损市场的百分比导致了趋势跟踪策略投资组合的回撤，而非每个市场较大的亏损金额导致的。换句话说，是大量市场的亏损导致了回撤，而不是个别市场的巨大亏损导致的。滚动窗口中 PnL 的每日信号统计表现出类似的特征。占比较高的较小亏损与回撤幅度的相关性更高，而不是较大的每日亏损。这是显而易见的，因为它也和第 5 章讨论的市场分歧风险承担方法一致。趋势跟踪策略投资者将风险分散到许多市场，避免头寸在一个市场过于集中，并系统地削减亏损的头寸。交易和信号统计都与该描述一致。

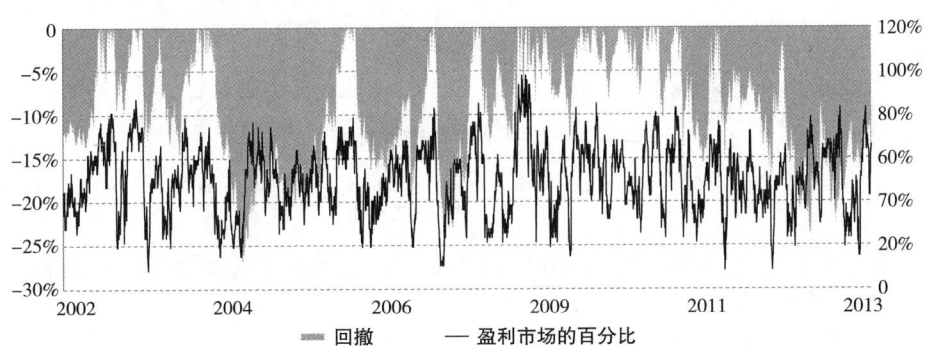

图 8.8　在 22 天的滚动窗口中，代表性纯粹趋势跟踪策略系统盈利市场的百分比和回撤。

回撤期代表许多较小的亏损一起发生的时期，而不是少量大的集中亏损发生的时期。

根据交易和信号统计数据，趋势跟踪策略的表现显然取决于盈利市场的数量。为了证明这种关系，图 8.9 展示了在 22 天的滚动窗口中，投资组合收益率和盈利百分比的散点图。收益率和盈利百分比的相关系数接近 90%。使用简单的回归，当盈利市场的百分比在 1 个月内超过 48% 时，期望月度收益率是正的，否则是负的。在 30 年样本期内，回撤与盈利市场的百分比之间的关系是稳健的。此外，在同期的 30 年内，衡量市场分歧和趋势跟踪策略的潜在盈利能力的指标——市场分歧指数（MDI）① 与回撤高度负相关。

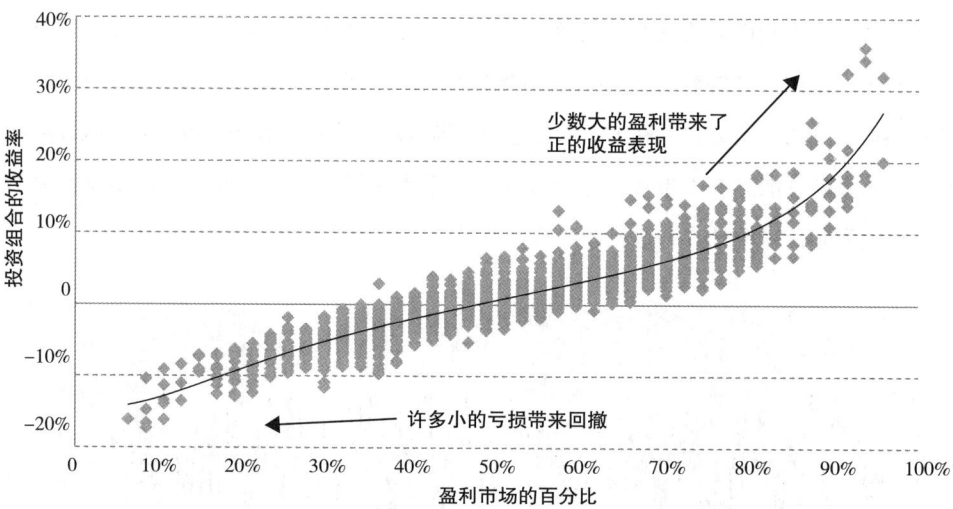

图 8.9　在 22 天的滚动窗口中，代表性纯粹趋势跟踪策略系统投资组合的收益率和盈利市场的百分比的散点图。

① 第 5 章中，使用了更长的回测窗口——250 天，来计算 MDI 的值。

第 8 章 回撤、波动率和相关性特征
Chapter 8 Characteristics of Drawdowns, Volatility, and Correlation

■ 趋势跟踪策略投资组合的波动率

关于市场波动率与趋势跟踪策略投资组合波动率之间的关系，人们可能存在很多错误的观念。从外部来看，许多投资者凭直觉认为投资组合波动率与市场波动率正相关，也有一些投资者可能认为，市场波动率与投资组合波动率应该不存在显著的相关关系。后者知道标准的趋势跟踪策略系统会根据预先指定的风险预算，通过每个市场的滚动波动率，每天对头寸进行调整。这个概念在第 3 章关于系统化趋势跟踪策略的讨论中已经解释过了。当基于收益率滚动窗口的市场波动率（σ_n）上涨时，名义头寸相应减少。

$$v = s \times \left(\frac{\theta \times c}{\sigma_K(\Delta p) \times PV} \right) \times (PV \times P)$$

尽管有这种调整，但对波动率的滚动窗口估计并不一定能完美地调节市场波动率。这意味着，市场波动率的一些起伏仍然会进入趋势跟踪策略的投资组合。为了阐明波动率和相关性如何在总体和个别市场层面上发挥作用，表 8.4 列出了关键术语、表示符号、描述和代表性量度指标，供以下各节讨论时参考。

表 8.4 波动率的关键定义，以及在投资组合、策略和市场层面的相关性。

总术语	单个术语	描述	代表性量度指标
投资组合波动率（σ_P）		总投资组合的波动率	投资组合收益率的标准差（平均策略波动率，$\overline{\sigma}_s$）
投资组合相关性（ρ_p）		投资组合间的相关性	策略加权相关系数（平均成对的策略相关系数，$\overline{\rho}_{s,i,j}$）
	策略波动率（$\sigma_{s,i}$）	单个市场（i）中策略的波动率	策略收益率的标准差
	策略相关性（$\rho_{s,i,j}$）	策略（i）和策略（j）之间的相关性	策略（i）和（j）收益率的相关系数
市场波动率（σ_m）		总市场波动率	所有期货市场的加权波动率（$\overline{\sigma}_{m,i}$）
市场相关性（ρ_m）		所有市场之间的相关性	价格收益率的加权相关系数（$\overline{\rho}_{m,i,j}$）

续表

总术语	单个术语	描述	代表性量度指标
	单个市场波动率（$\sigma_{m,i}$）	单个市场（i）的价格波动率	价格收益率的标准差
	单个市场相关性（$\rho_{m,i,j}$）	市场（i）和市场（j）之间的相关性	价格收益率（i）和（j）的相关系数

标准投资组合理论指出，总投资组合波动率由每个市场的**策略收益率**与**策略波动率**（$\sigma_{s,i}$）之间的相关性结构决定。这里，需要明确区分策略波动率和市场波动率（总体或个别市场）。对于每个市场（i），策略波动率（$\sigma_{s,i}$）是该特定市场（i）中趋势跟踪策略收益率的波动率。单个市场波动率（$\sigma_{m,i}$）是单个市场（i）中买入并持有策略收益率的波动率。市场波动率（σ_m）是所有市场的总市场波动率，通常由单个市场波动率的加权平均值（$\overline{\sigma}_{m,i}$）衡量。策略波动率可能与单个或总体市场波动率完全不同。如第3章所述，这是因为趋势跟踪策略根据每个市场的波动率和趋势强度确定头寸规模。同样重要的是要解释，**策略相关性**（$\rho_{s,i,j}$）和标准的单个及总体**市场相关性**的关系也是如此。本章将在最后一节中更直接地讨论相关性效应。图8.10展示了单个市场层面和总投资组合层面，策略波动率及策略相关性的关系示意。

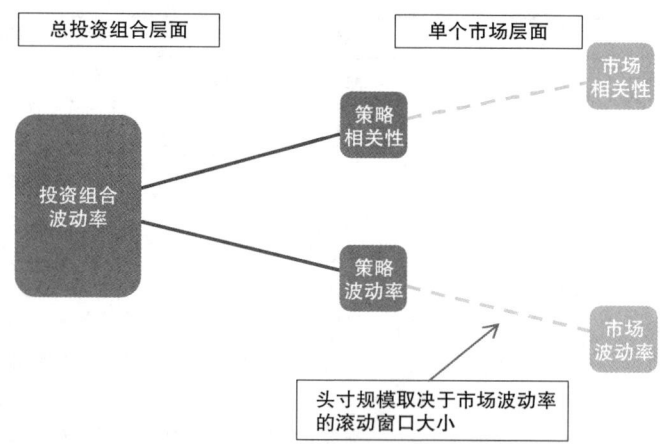

图 8.10 趋势跟踪策略的策略波动率及其与市场波动率和相关性的关系示意。

第8章 回撤、波动率和相关性特征
Chapter 8 Characteristics of Drawdowns, Volatility, and Correlation

趋势跟踪策略投资组合波动率（σ_p）由总策略波动率（$\sigma_{s,i}$）和相关系数（$\rho_{s,i,j}$）共同决定。对于单个市场，策略波动率（$\sigma_{s,i}$）通常取决于市场波动率（$\sigma_{m,i}$）。但是在根据市场波动率调整头寸规模的情况下，可能有所不同。本章后续几节的讨论表明，实证研究中，市场波动率（σ_p）水平与单个策略波动率之间没有实质的相关性。市场波动率的变化（$\Delta\sigma_{m,i}$或$\Delta\sigma_m$）反而可能会影响策略波动率。① 趋势强度对于投资组合的总体波动率水平而言也很重要。根据实证研究，投资组合波动率（σ_p）与趋势强度之间的相关系数具有统计显著性。

回到标准投资组合理论的基本原则，投资组合波动率由策略收益率与其相应波动率之间的相关性结构决定。除了如图8.10所示的关系示意外，还可以使用以下公式表达投资组合方差（σ_p^2）：

$$\sigma_p^2 = \sum_i w_{s,i}^2 \sigma_{s,i}^2 + \sum_i \sum_{j \neq i} w_{s,i} w_{s,j} \sigma_{s,i} \sigma_{s,j} \rho_{s,i,j}$$

式中，$\rho_{s,i,j}$为市场（i）和市场（j）中策略收益率之间的相关系数；$\sigma_{s,i}$为市场（i）的策略波动率；$w_{s,i}$为市场（i）的策略权重。为了讨论投资组合波动率的核心驱动因素和特征，我们使用了代表性纯粹趋势跟踪策略系统在20年间的数据。② 如本节前文所述，总投资组合波动率（σ_p）是策略波动率和相关性的函数。为简化分析，使用两个代表性指标来量度这些量。首先，用策略收益率之间的平均成对相关系数作为总**投资组合相关性**的量度指标（$\rho_p=\overline{\rho}_{s,i,j}$）。其次，用平均策略波动率作为总投资组合波动率的量度指标（$\sigma_p=\overline{\sigma}_s$）。以下各节依次讨论投资组合层面的波动率和相关性、市场波动率的作用、趋势强度的作用以及好波动率的概念。

投资组合层面的波动率和相关性

投资组合波动率（σ_p）衡量投资组合的变动幅度。我们可以通过投资组合相关性

---

① 这种现象类似于经典的Delta对冲。当价格发生微小变动时，一个Delta对冲的投资组合可能是Delta中性的，但不一定是Gamma中性的。趋势跟踪策略的头寸规模在一定程度上是Vega中性的，但是如果策略的波动率发生较大的变化，则策略的头寸不会保持Vega中性。这个观点和第5章中讨论的方向性波动率的重要性有关。
② 代表性纯粹趋势跟踪策略系统包含了股指期货、商品期货、固定收益债券期货和外汇期货等一系列市场，数据样本周期为1993—2013年。

深入了解策略之间的相互关联。相当直观的是，投资组合的变动和策略相关性如影随形。许多从业者认为相关性和波动率同步变化。实证检验发现，滚动投资组合波动率（σ_p）和滚动投资组合相关性（$\rho_p = \bar{\rho}_{s,i,j}$）之间的相关系数为 0.87。① 图 8.11 展示了滚动投资组合波动率和滚动投资组合相关性之间的关系。

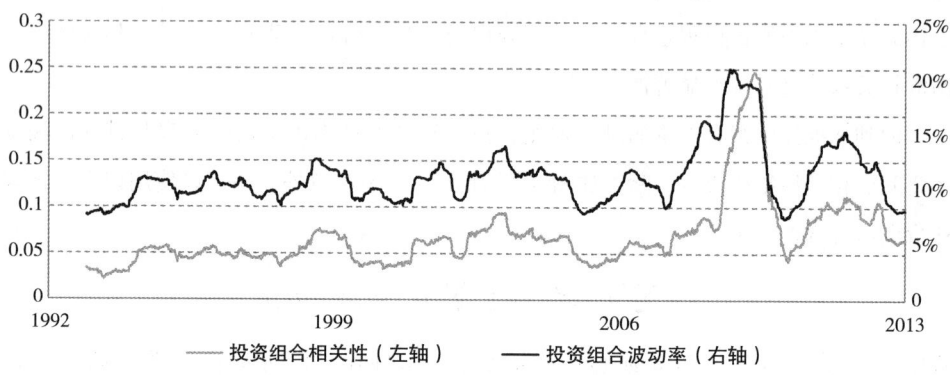

图 8.11 投资组合波动率（σ_p）和投资组合相关性（ρ_p）的关系。

较低的投资组合相关性一般伴随着较低的投资组合波动率。虽然投资组合相关性是众多外在因素的结果，但根据实证研究，投资组合相关性（ρ_p）与市场波动率（σ_m）之间也存在较强的相关关系。1993—2013 年，滚动投资组合相关性（ρ_p）与总市场波动率（σ_m）的滚动平均值之间的相关系数为 0.9。尽管总体上相关关系较强，但在单个市场层面，市场波动率（$\sigma_{m,i}$）与策略波动率（$\sigma_{s,i}$）并不高度相关。

市场波动率的变化

根据投资组合波动率的一般公式，每个市场的策略波动率（$\sigma_{s,i}$）是总投资组合波动率（σ_p）的重要组成部分。投资组合波动率（σ_p）和平均策略波动率（$\bar{\sigma}_s$）的关系如图 8.12 所示，两者之间存在较强的相关关系。根据实证研究，1993—2013 年，投资组合波动率与所有市场的平均策略波动率之间的相关系数为 0.7。

---

① 滚动投资组合波动率和滚动投资组合相关性都是基于 250 天的滚动回测窗口计算的。

第8章 回撤、波动率和相关性特征
Chapter 8　Characteristics of Drawdowns, Volatility, and Correlation

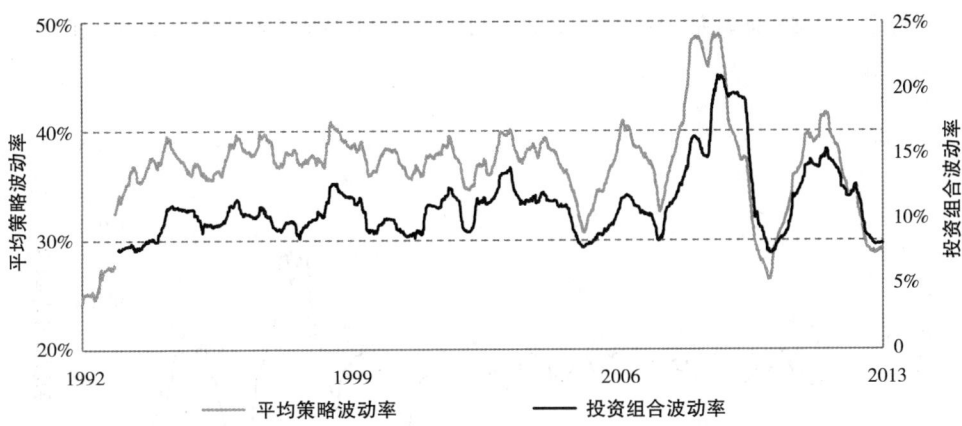

图 8.12　投资组合波动率（σ_p）和所有市场的平均策略波动率（$\overline{\sigma}_{s,i}$）的关系。

如前文所述，在单个市场层面，策略波动率（$\sigma_{s,i}$）不同于市场波动率（$\sigma_{m,i}$）。在单个市场层面，会根据过去的市场波动率对每个策略进行头寸调整，以适应单个市场水平。因此，在单个市场层面，平均策略波动率（$\overline{\sigma}_{s,i}$）与平均市场波动率（$\sigma_{m,i}$）之间的相关系数仅为 0.28，这个数字仍然不接近零。这表明，仍然存在个别市场波动率的剩余影响，这种影响可能很重要。

在单个市场层面，趋势跟踪策略系统根据过去的市场波动率来调整头寸规模。这是波动率的滞后量度指标。当市场波动率降低时，滞后波动率指标会低配该头寸，从而降低该特定市场的策略波动率。同样，当市场波动率增加时，滞后波动率指标会超配该头寸，从而推高该特定市场的策略波动率。根据实证研究，1993—2013 年，平均策略波动率（$\overline{\sigma}_{s,i}$）和平均市场波动率变化（$\overline{\Delta\sigma}_{m,i}$）之间的相关系数为 0.68。该时期平均策略波动率（$\overline{\sigma}_{s,i}$）和平均市场波动率变化（$\overline{\Delta\sigma}_{m,i}$）的关系如图 8.13 所示，该图形象地展示了市场波动率的变化如何与策略波动率相关。使用滞后波动率调整头寸，可以大致调节市场波动率，但并不完美。

如果只是为了示范而缩短用于计算头寸调整的回测窗口，则会更频繁地发生波动率更新。这可以减少使用滞后波动率指标来调整头寸规模所带来的不匹配问题。图 8.14 展示了回测窗口从 250 天缩短到 20 天时的影响。对于短期回测窗口，投资组合波动率似乎更稳定。根据实证研究，滚动投资组合波动率的变异系数在 250 天内为 0.24，在 20 天内为 0.18。①

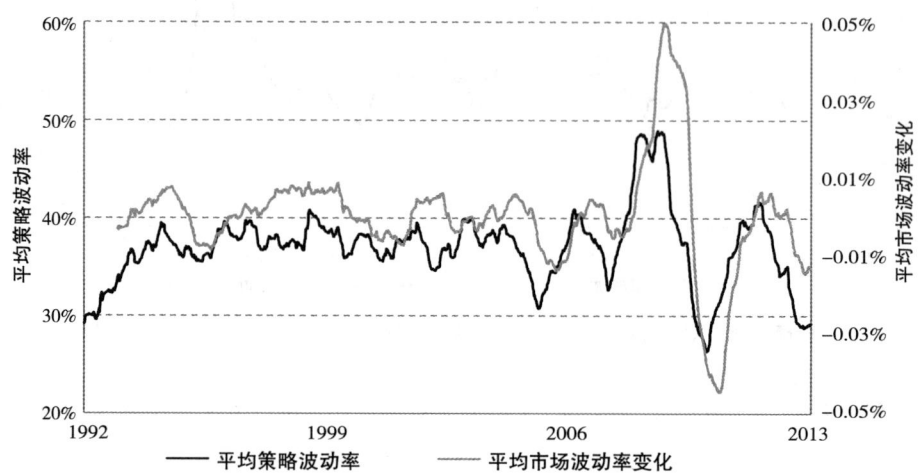

图 8.13 平均策略波动率（$\overline{\sigma}_{s,i}$）和平均市场波动率变化（$\overline{\Delta\sigma}_{m,i}$）的关系。

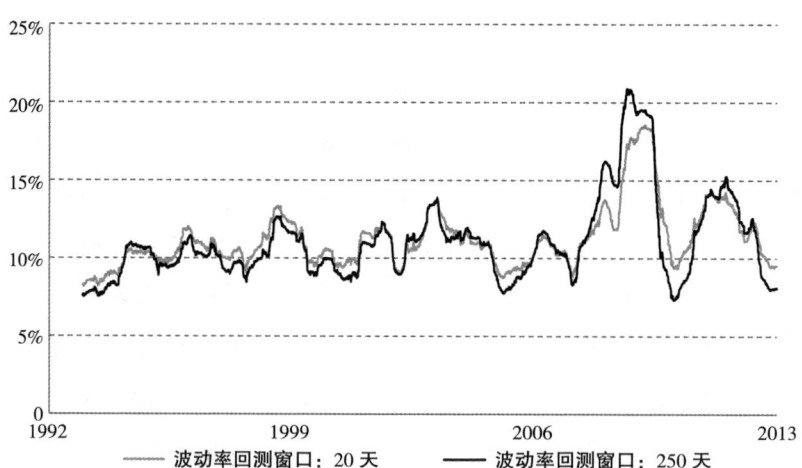

图 8.14 基于历史波动率调整头寸规模，回测窗口分别为 20 天和 250 天的投资组合波动率（σ_p）。

---

① 变异系数是波动率与均值之比，等于信噪比的倒数。变异系数的值越小，两个过程越相似。

第 8 章 回撤、波动率和相关性特征
Chapter 8 Characteristics of Drawdowns, Volatility, and Correlation

趋势强度

由于趋势跟踪策略系统的构建，趋势强度成为影响策略和投资组合波动率的重要因素。如第 3 章所述，有许多衡量趋势强度的方法，也有许多将趋势强度与头寸调整联系起来的方法。出于经验和简单起见，可以使用投资组合中所有市场的趋势信号的平均绝对值来衡量趋势强度。如图 8.15 所示，策略波动率（通过滚动平均策略波动率衡量）与趋势强度（通过所有市场趋势信号的滚动平均绝对值来衡量）的相关性相当高，为 0.72。这一结果证实了这样的启发式方法：当趋势跟踪策略对趋势强度的信念较高时，其风险更大。信号强度的大小也对应于更大的 PnL（无论正或负）。可能存在这样的预期：当趋势强度更高时，收益率的序列相关性可能导致更高的波动率。实证研究并未证实这一点，而且信号强度和收益率的序列相关性并没有显著相关。

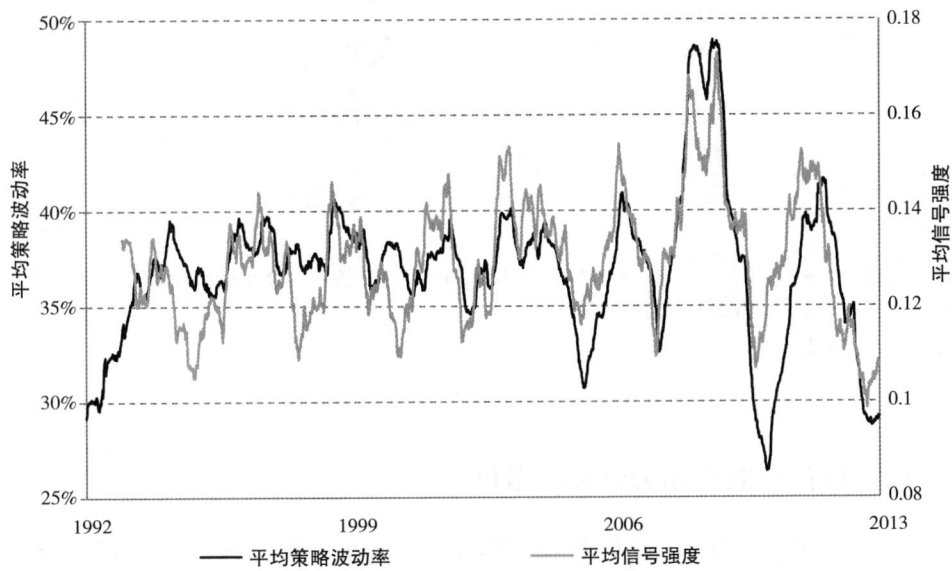

图 8.15 策略波动率（滚动平均策略波动率）和趋势强度（滚动平均信号强度）的关系。

好波动率

正偏度是趋势跟踪策略收益率分布最理想的特征之一。正偏的收益率分布具有较

大的盈利和相对较小的亏损,从而可以避免一些尾部风险。就波动率而言,**好波动率**(good volatility)是指较高的波动率与较高的正偏度相关的一类波动率。根据实证研究,滚动投资组合波动率(σ_p)与滚动偏度之间存在相当显著的正相关关系。从这个角度来看,股票指数收益率的滚动波动率与滚动偏度之间的相关性则是负的。考虑到大多数投资者都关注股票市场,股票波动率通常与负偏度相关。图 8.16 展示了 Newedge CTA 指数和 MSCI 世界指数的 2 年期滚动波动率和偏度之间不同的相关性。图中的相关性表明,CTA 收益率具有一定的好波动率。①

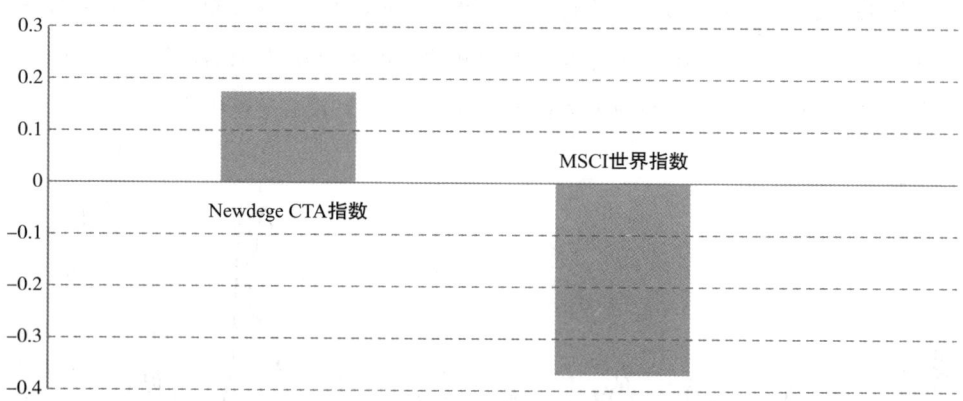

图 8.16　2000—2013 年,Newedge CTA 指数和 MSCI 世界指数的 2 年期滚动投资组合波动率(σ_p)和偏度之间的相关性。

数据来源:彭博。

■ 投资组合层面的相关性和分散度

通过相关性考虑市场与最大分散度的关系,不失为一种简单而有效的方法。正如这种关系随时间变化一样,相关性和分散度也是随时间变化的。在某些时间段内,市场内部相关性会大幅增加,从而降低跨市场分散化的可能性。研究新兴市场和较老的、

---

① 相反,股票的波动率属于坏波动率,因为它和负偏度相关。

第 8 章 回撤、波动率和相关性特征
Chapter 8　Characteristics of Drawdowns, Volatility, and Correlation

较成熟的市场在一段时间内彼此之间的相关性如何，同样耐人寻味。图 8.17 展示了 50 个成熟市场（自 1992 年以来存在的市场）和所有市场（包括随着时间的推移而新增的市场）的市场相关性。首先，新兴市场的相关性低于成熟市场的相关性。这种影响在图 8.17 中显而易见——所有市场的相关性低于成熟市场的相关性。其次，随着时间的推移，相关性差异很大。特别值得一提的是，金融危机时期是所有期货市场高度相关的时期。如果以相关性衡量不同资产类别之间的关系，那么金融危机时期加强了所有资产类别之间的关系。此时，通常相互独立的资产类别也变得高度相关。次贷危机发生仅几年后，通过相关性衡量，这些相关关系就已经减弱到了危机前的水平。一般而言，高相关性通常意味着低分散度。另一方面，高相关性也可能表明大的市场分歧或趋势。值得指出的是，高相关性时期是趋势跟踪策略最有利可图的时期之一。这一点很重要，因为相关性是一把双刃剑，它是双向的。一方面，如果相关性很高，跨资产类别的分散化程度可能比较低；另一方面，如果这种相关性来自资产类别的大趋势，虽然这可能不利于分散化，但有利于收益。

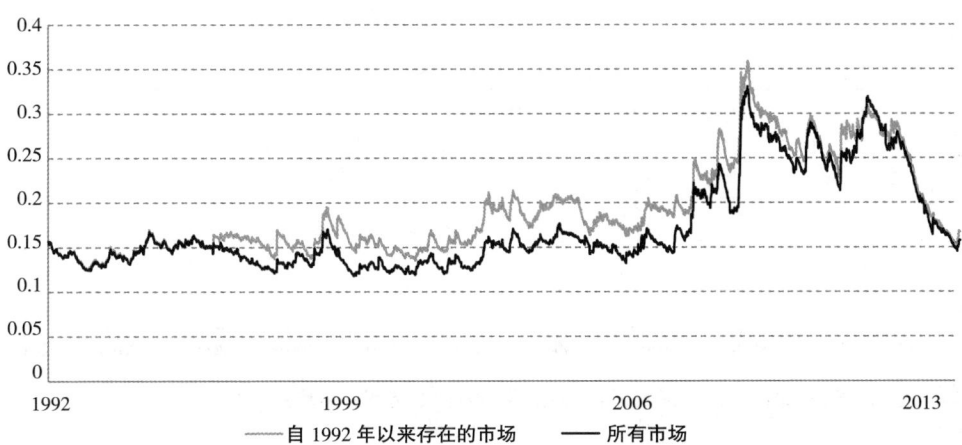

图 8.17　50 个成熟市场（自 1992 年以来存在的市场）的平均成对相关性和所有市场（包括自 1992 年以来不断新增的市场）的平均成对相关性进行比较。样本周期为 1992—2013 年。

考虑到趋势跟踪策略的动态性质及其与相关性的复杂关系，简单的市场相关性并不是衡量趋势跟踪策略系统中分散度的正确标准。① 更简单地说，与买入并持有策略相反，高相关性并不一定表明趋势跟踪策略投资组合的分散度低。为了衡量相关性和分散化对趋势跟踪策略投资组合的影响，可以定义一个指标，即**市场分散化益处**（market diversification benefit，MDB）。MDB 是每个市场的平均策略波动率除以总投资组合波动率（σ_p）的比值。当每个市场的策略收益率之间的相关性较高时，MDB 较低，并且趋势跟踪策略投资组合中分散度较低。MDB 可通过下式计算：

$$MDB = \frac{\overline{\sigma}_s}{\sigma_p}$$

图 8.18 展示了 1982—2013 年的 MDB。1982 年以来，MDB 稳步下降，直到 2013 年底。这表明，各市场的策略相关性正在增加。② 一个合理的推测是，政府的频繁干预和商品期货的金融化可能有助于这种相关性的增加。③

图 8.18 截至 2013 年底，涵盖了多元化市场的纯粹趋势跟踪策略系统的 MDB。

---

① 研究证实，趋势跟踪策略系统的收益率时间序列相关系数是买入并持有策略的收益率时间序列相关系数的平方。
② 使用自 1960 年代以来仅包含农产品期货的投资组合数据，可以在更长的历史中观察到类似的模式。
③ 商品期货的金融化有助于增加商品期货 ETF 活跃交易的商品期货之间的相关性。对此，一个推测是，大规模的资金流入提高了之前不那么相关的商品期货市场的相关性。至于政府监管，将在第 10 章详细介绍。

第 8 章 回撤、波动率和相关性特征
Chapter 8 Characteristics of Drawdowns, Volatility, and Correlation

这种相关性的增加或许可以解释许多 CTA 基金近期的表现——在所有 7 个行业中的收益都是负的。① 理论上，使用多维正态分布以及各行业之间的各种相关性，可以对 7 个行业的投资组合进行建模。图 8.19 展示了投资组合在 n 个行业的收益同时为负的理论概率（例如，当 n 的范围为 0~7 时）。当相关性较高时，所有行业的收益均为负的概率明显较高。另一方面，所有行业的收益同时为正的概率增加更明显。这种现象部分说明了一个事实，即相关性和趋势跟踪策略收益表现之间没有确定的实际关系。如图 8.20 所示，滚动夏普比率与各行业之间的滚动相关系数没有明显的关系。

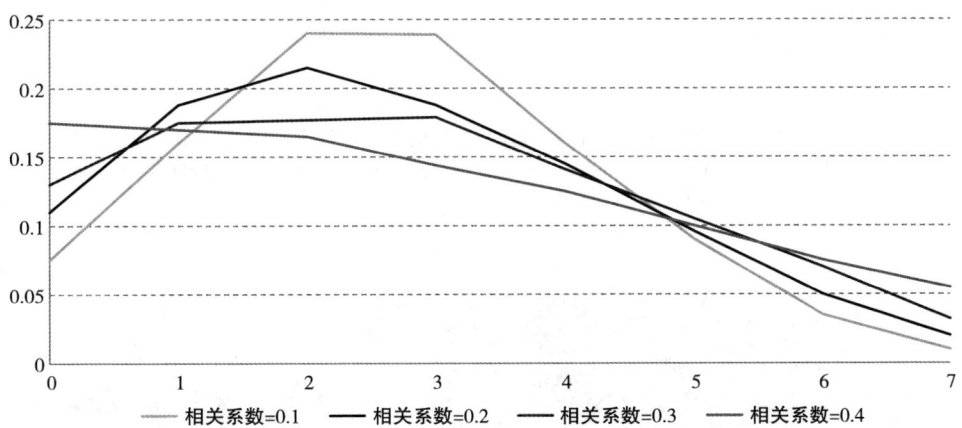

图 8.19　在不同的相关性水平下，n（0~7）个行业的收益表现同时为负的理论概率。

相关性和回撤

可能与回撤相关的另一个收益率特征是投资组合相关性。可以使用 MDB 衡量投资组合相关性。需要提醒的是，MDB 是投资组合中单个市场收益率的平均波动率与投资组合总收益率的波动率的比值。② MDB 越高，代表从投资组合的较低相关性中获得的投资组合的分散化益处越大。过去 10 年中，MDB 和回撤之间的相关性是正的。然而，在

---

① 这 7 个行业是股指期货、外汇期货、固定收益债券期货、利率期货、农产品期货、金属期货和能源期货。
② 运用主成分分析法也可以确定投资组合中有效市场的数量，分析分散化益处。得出的结果与 MDB 相似，也是不确定的。

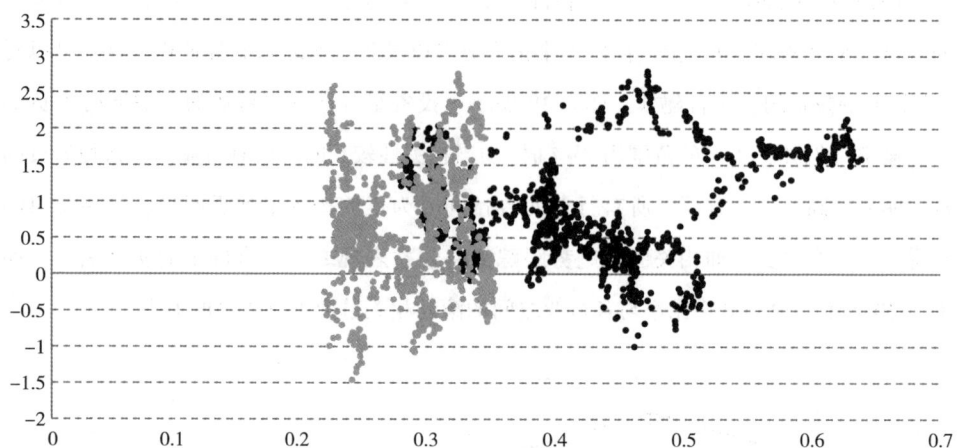

图 8.20　代表性纯粹趋势跟踪策略投资组合的 1 年期滚动夏普比率（x 轴）和各行业之间 1 年期平均滚动相关系数（y 轴）的散点图。浅色的点代表 2000—2007 年，深色的点代表 2008—2013 年。

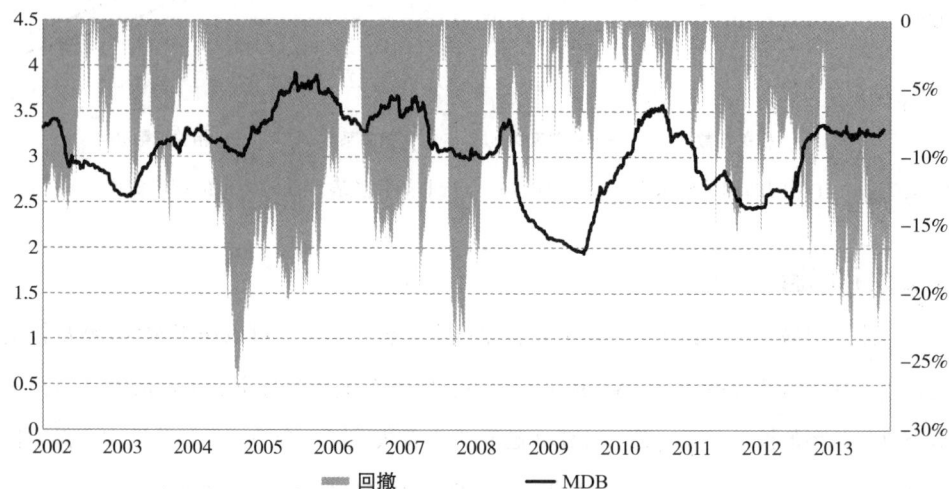

图 8.21　代表性纯粹趋势跟踪策略系统的回撤和 MDB。

第 8 章 回撤、波动率和相关性特征
Chapter 8 Characteristics of Drawdowns, Volatility, and Correlation

较长的历史时期内，两者的相关性却是显著为负的。图 8.21 展示了 2001—2013 年代表性纯粹趋势跟踪策略系统的回撤和 MDB。2008 年末和 2009 年初，MDB 处于历史低点 2.0，而 2008 年末通常是趋势跟踪策略收益表现最佳的时期。相反，2005 年是市场分散度相对较高的时期，但代表性趋势跟踪策略系统经历了大幅的回撤。根据实证研究，由 MDB 衡量的投资组合相关性与回撤的关系似乎是不确定的。

■ 本章总结

本章回顾了趋势跟踪策略投资组合中回撤、波动率和相关性的概念。有几种主要方法可用于衡量和理解趋势跟踪策略投资组合的回撤，包括期望最大回撤、回撤时长和回撤恢复时长。趋势跟踪策略是在多个市场中分散风险的市场分歧风险承担策略。与这种风险承担方法一致的是，许多市场都在亏损的情景代表了趋势跟踪策略经历回撤的时期。导致趋势跟踪策略出现回撤的是盈利市场的数目，而不是盈利的金额。除了回撤，本章还详细讨论了投资组合的波动率和相关性。投资组合波动率的重要关系如下：

- 投资组合波动率（σ_p）取决于每个市场的策略波动率（$\sigma_{s,i}$）和策略相关性（$\rho_{s,i}$）。
- 策略波动率（$\sigma_{s,i}$）与市场波动率（$\sigma_{m,i}$）弱相关（这是由于使用了滞后的波动率量度指标进行头寸调整）。
- 策略波动率（$\sigma_{s,i}$）与市场波动率变化（$\Delta\sigma_m$）相关。
- 投资组合波动率（σ_p）与投资组合相关性（ρ_p）高度相关。
- 投资组合波动率（σ_p）（以平均策略波动率 $\overline{\sigma}_s$ 衡量）和趋势强度（以平均信号强度衡量）高度相关。
- 投资组合波动率（σ_p）与偏度正相关，这表明趋势跟踪策略表现出好波动率。

本章最后讨论了相关性对趋势跟踪策略投资组合的影响。市场分散化益处（MDB）定义为投资组合分散化的衡量标准。近期，MDB 一直在下降，表明这段时期趋势跟踪

策略投资组合的分散度在降低。对夏普比率的进一步研究表明，相关性与收益表现不存在确定的关系。这一点可以通过以下事实来解释：相关性对趋势跟踪策略投资组合的影响好坏参半。仔细研究图象可以进一步证明上述观点。MDB 和回撤同样不直接相关。

■ 延伸阅读与参考文献

Atiya, A., Y. Abu-Mostafa, and M. Magdon-Ismail. "On the Maximum Drawdown of a Brownian Motion." *Journal of Applied Probability* 41（2004）.

Belentepe, C. "Expected Drawdowns." Working paper, 2003.

Casati, A. "The Statistics of the Maximum Drawdown in Financial Time Series," Working paper, 2010.

Cukurova, S., and J. Marin. "On the Economics of Hedge Fund Drawdown Status: Performance, Insurance Selling and Darwinian Selection." Working paper, 2011.

Greyserman, A. "The Characteristics of Drawdown." ISAM white paper, 2012.

Greyserman, A. "Trend Following: Empirical Evidence of the Stationarity of Trendiness." ISAM white paper, February 2012.

Grossman, S., and Z. Zhou. "Optimal Investment Strategies for Controlling Drawdowns." *Mathematical Finance* 3, no. 3（July 1993）: 241–276.

Kaminski, K., and A. Mende. "Crisis Alpha and Risk in Alternative Investment Strategies." CME Group working paper, 2011.

Strub, I. "Trading Sizing Techniques for Drawdown and Tail Risk Control." Working paper, 2012.

Tang, K., and W. Xiong. "Index Investment and Financialization of Commodities." *Financial Analysts Journal* 68, no. 6（2012）.

第 9 章

趋势跟踪策略的隐藏风险和未隐藏风险

趋势跟踪策略需要对许多不同的资产类别进行动态配置。这些策略的动态特征为传统的风险处理方法带来了新的挑战。谈及趋势跟踪策略的风险时，许多传统的风险量度工具可能会误导投资者，有时可能会产生一种错误的安全感，而有时则会高估趋势跟踪策略的整体风险。本章讨论了另类投资的四个主要风险来源，包括价格风险、信用风险、流动性风险和杠杆风险。通过比较趋势跟踪策略与其他动态另类投资策略，来说明为何价格风险和杠杆风险是评价趋势跟踪策略的两个最主要的风险。在讨论了主要的风险敞口后，本章接着讨论了夏普比率和夏普比率中的隐藏风险。最后，本章介绍了动态杠杆和权益保证金，说明了如何借助动态杠杆来提高夏普比率。

■ 方向性策略和非方向性策略：综述

另类投资策略代表了一系列动态投资方法，基于期货的趋势跟踪策略是其中一种特别的策略。另类投资策略不同于传统的投资策略，后者侧重于被动投资方法，而不是主动投资方法。这些策略的灵活性和动态性，使它们具有和传统投资策略迥然不同的收益和风险特点。另类投资的这一特点对投资者非常有吸引力。一般而言，我们将另类投资策略分为**方向性策略**和**非方向性策略**两类。方向性策略需要持有金融证券的多头或空头头寸，希望通过资产价格的方向性变动而获利。常见的方向性策略包括管理期货（CTA）、股票多头偏差、股票空头偏差和全球宏观策略。非方向性策略通常在同一资产类别中同时持有多头和空头的相对价值头寸。可转换套利、固定收益套利、并购套利、股票多空策略以及其他几种策略,通常被归为非方向性策略。由于投资限制,包括大多数共同基金在内的所有传统投资策略都是纯多头的方向性策略。

第 5 章介绍了市场趋同和市场分歧风险承担策略的概念。因为非方向性策略建立在价格一定会回归价值的基本假设的前提下,无论是统计数据还是基本面的原因都支持这一假设,所以非方向性策略通常都是市场趋同风险承担策略。而方向性策略既可以是市场分歧的,也可以是市场趋同的,这取决于市场的方向是如何确定的。如果是通过对基本面的研究和分析来预测价格走向的,例如许多股票多头策略,那么该策略是一种市场趋同风险承担策略。这些头寸并不趋同,但该策略的风险承担观点建立在一种信念的基础上——从长期来看,股票的价格最终一定会反映基本面的价值。平均而言,在正常的市场条件下,这种观点确实会奏效;而在市场危机期间,由于基本面暂时不再是股票价格的驱动因素,这种"趋同"[1] 的方法受到了考验。作为一种资产类别,市场趋同风险承担策略可能存在隐藏风险,这些风险会在市场压力期间暴露出来。

■ 定义隐藏风险和未隐藏风险

动态投资策略包含各种类型的风险:隐藏风险和未隐藏的风险,可度量的风险和难以度量的风险。另类投资策略的风险可分为四类:**价格风险**、信用风险、流动性风险和**杠杆风险**。和另类投资有所不同,共同基金等传统型投资方法主要包含价格风险。例如,共同基金的收益表现主要取决于其投资的资产类别,而另类投资策略的收益表现则取决于其动态风险承担情况。隐藏风险是指用传统的收益表现指标(如夏普比率)无法检测到的风险。难以量度的风险通常也是隐藏风险,因为我们可能很难对其运用合适的风险调整方法。

价格风险和杠杆风险是未隐藏的风险,因为它们应该可以量度。尽管如此,如果采用不合适的风险测量技术,杠杆风险也会变成隐藏风险。本章后文在讨论动态杠杆时会对此展开详细的研究。由于信用事件和流动性事件经常以市场冲击的形式意外发生,因

---

[1] 即价格一定会回归价值。

第9章 趋势跟踪策略的隐藏风险和未隐藏风险
Chapter 9 The Hidden and Unhidden Risks of Trend Following

此信用风险和流动性风险通常难以准确地进行量度和预测，因而有可能在衡量收益表现时嵌入隐藏风险。在实际投资中，基本面的定价模型可能基于合理的原则，但信用模型和流动性模型的预测和解释能力要弱得多。这突出了一点：信用和流动性依赖于其他市场参与者的行为，而人类行为是难以量度和预测的。图9.1展示了另类投资中的四种核心风险，从未隐藏风险（价格风险）到隐藏风险。趋势跟踪策略往往仅承担价格风险和杠杆风险。① 市场趋同风险承担策略（尤其是那些非方向性策略）往往存在隐藏风险。

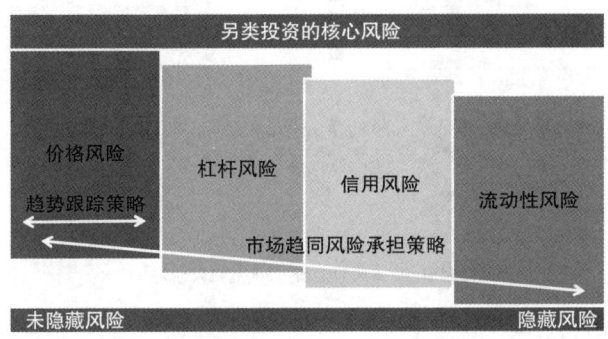

图9.1　另类投资中的四种核心风险。

期货市场自身的特点使它具有较低的交易对手风险和流动性风险，故而趋势跟踪策略的风险主要来自价格风险和杠杆风险。为了进一步解释这一点，接下来将逐一讨论这四种主要的投资风险。在和其他动态投资策略对比时，通过简单比较每种风险，可以在趋势跟踪策略中对这些类型的风险水平进行分类。为了便于比较，我们在图中绘制了其中三种风险（价格风险、信用风险和流动性风险）的危机阿尔法和代表性指标。在讨论另类投资策略的风险之前，可以将危机阿尔法的分解方法应用于一系列动态风险承担策略。和第4章类似，图9.2展示了一系列另类投资策略的危机阿尔法分

---

① 需要注意的是，动态投资策略往往采用市场趋同和市场分歧混合的风险承担方法。纯粹趋势跟踪策略系统既是方向性策略，也是市场分歧策略。它避免了市场趋同策略中常见的隐藏风险。作为反例，可以考虑波动率多头策略，该策略在买入OTC虚值（out-of-the-money）期权时，通过将损失限制在购买期权的期权费并在极端事件中获利，来采取市场分歧风险承担方法。尽管如此，这些波动率多头策略还要维持并必须管理好某些信用风险（通过交易对手风险和流动性风险）。

解。大多数策略都有隐藏风险，并且隐藏风险经常在市场危机期间暴露出来。因此，对于本节中的每种风险，都可以用危机阿尔法来界定投资策略中是否存在隐藏风险。①

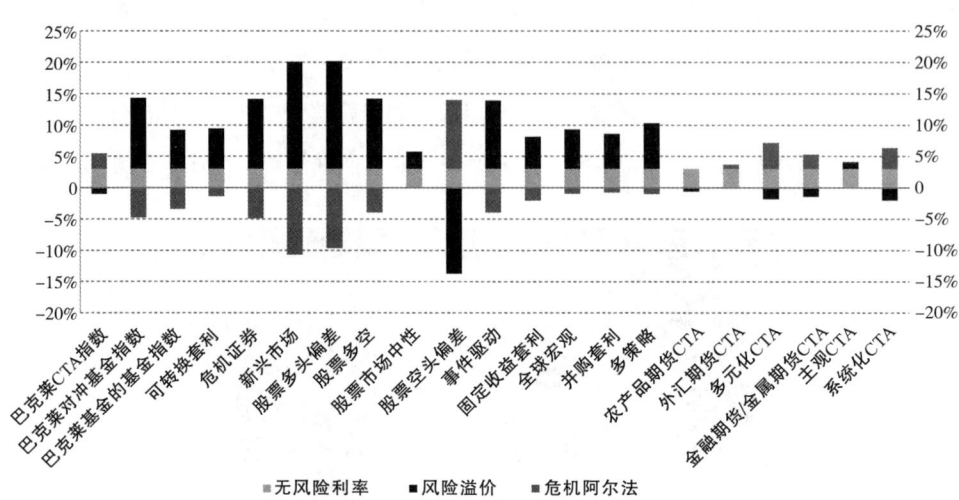

图 9.2　1996—2013 年，各种另类投资策略的危机阿尔法分解。
来源：巴克莱对冲，RPM。

价格风险

价格风险，通常又称为市场风险，是指证券或投资组合的价格在未来向不利方向变动的风险。在实践中，价格风险通常由波动率衡量，并且这种风险在传统投资中很好理解。价格风险与方向性策略最为相关，方向性策略主要在多头或空头上有风险敞口暴露。随着时间的推移，主要承担价格风险的策略的收益表现类似于证券市场，并且其收益率表现出均值回归的特点，和长时间内证券市场价格一定会回归到价值类似。价格风险是一个概念，虽然它可以随时间变化，但普遍存在于所有投资中，并且随着时间的推移，价格风险会体现在收益表现上，是可以观察到的（也就是说，价格风险不是隐藏风险）。在图 9.3 中，绘制了几个另类投资策略均值回归的水平（逆序）和危机阿尔法。

---

① 本节中的讨论与 Kaminski 和 Mende（2011）直接相关。负的危机阿尔法表示危机期间带来了亏损而不是收益。资料来源：RPM 和芝加哥商业交易所。

第 9 章 趋势跟踪策略的隐藏风险和未隐藏风险
Chapter 9 The Hidden and Unhidden Risks of Trend Following

注意，标准普尔 500 指数位于图 9.3 的左侧。该指数的均值回归水平代表了在股票市场中买入并持有策略的均值回归水平。有趣的是，从图 9.3 的横轴排序来看，股票多头偏差策略正好与买入并持有策略对称，位于图 9.3 的右侧。这是因为股票多头偏差策略不会买入并持有，而是会随着时间的推移动态配置风险。这个简单的图也可以说明，在股票市场中，股票多头偏差策略可能比传统的买入并持有策略更加市场趋同。许多 CTA 策略在横轴上靠左，表明这些 CTA 策略中存在价格风险，非方向性策略往往位于中间或者靠右。

纯方向性市场分歧风险承担策略，例如趋势跟踪策略，持有接近资产的基本面价格的头寸。如果随着时间的推移价格均值回归（如标准普尔 500 指数，见图 9.3），这种关系会导致其收益率在长时间内均值回归水平更高。方向性策略和市场分歧风险承担策略似乎更有可能获得危机阿尔法；而非方向性策略和市场趋同风险承担策略，总体上危机阿尔法为负值。

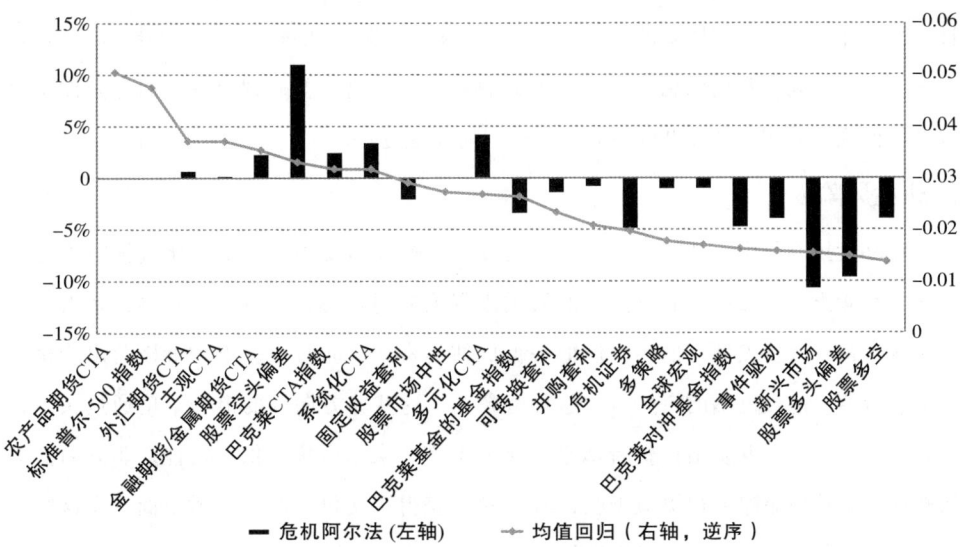

图 9.3　1996—2013 年，各种另类投资策略的危机阿尔法和价格风险（月度均值回归）。
资料来源：巴克莱对冲，RPM。

信用风险

信用风险是由于交易对手方无法偿还其债务或履行其合约或头寸而引发的相关风险。信用风险通常用低风险的投资者和与之相对的低信用价值的交易对手方之间的利差来衡量，比如 TED 利差，即伦敦同业拆借利率（LIBOR）和 3 个月期美国国库券之间的利差。非方向性策略根据市场价格买入那些价值被低估、价格便宜的资产，并卖出价值被高估、价格昂贵的资产。除了市场缺乏流动性以外，两种相关资产的信用风险和交易对手风险的差异也可能导致错误定价。也可以说，通过买入收益率较高的资产并卖出收益率较低的资产，非方向性策略向市场提供了信用并获得了信用风险溢价。信用提供者策略（credit provider strategy）的一个简单例子是做多公司债券的同时卖空低风险政府债券。在市场中提供信用的策略会随着时间的推移获得信用风险溢价，但在公司的信用出现问题时，这种策略将遭受亏损。信用问题通常会带来市场冲击，而且大部分市场冲击都发生在市场压力时期。我们将几种另类投资策略和 TED 利差的相关性水平，作为量度信用风险的指标（逆序），和危机阿尔法进行对比，如图 9.4 所示。在市场危机期间，和信用利差高度相关的非方向性策略收益表现更差，而方向性策略以及与信用利差相关性较低的策略在危机期间表现更好。

流动性风险

流动性风险是由于缺乏市场需求，或一种投资在需要预防或最小化亏损时无法快速买入和卖出而导致的。非方向性的另类投资策略通常称为相对价值策略，致力于根据市场价格买入价格便宜的、价值似乎被低估的资产，同时根据市场价格卖出价格昂贵的、价值可能被高估的资产。在这种解释中，这些非方向性的市场策略通过买入投资者冷落的资产，并卖出投资者似乎青睐的资产，来为市场提供流动性。非方向性的策略或相对价值策略变得类似于在证券交易中获得买卖价差的传统做市商。在这些另类投资策略的例子中，买入和卖出的相对价差就是其买卖差价。从这个意义上说，对

第 9 章 趋势跟踪策略的隐藏风险和未隐藏风险
Chapter 9 The Hidden and Unhidden Risks of Trend Following

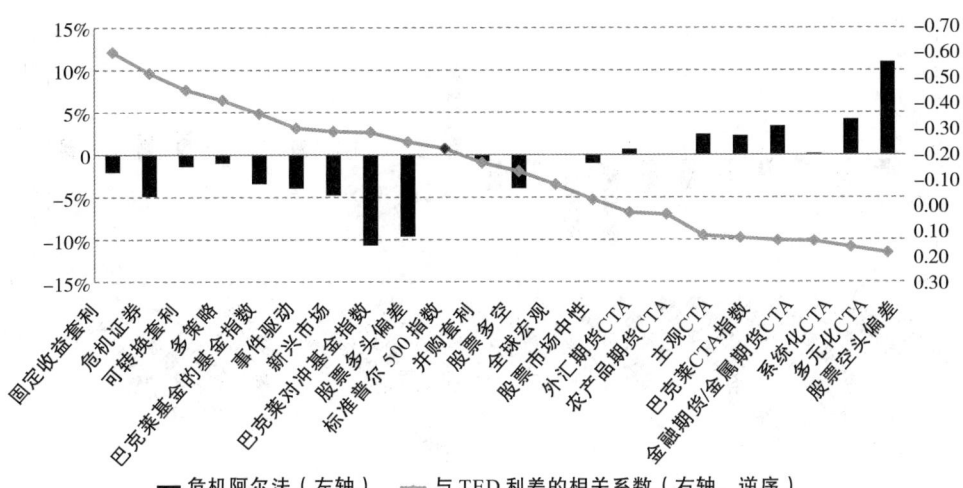

图 9.4 1996—2013 年,各种另类投资策略的危机阿尔法和信用风险(与 TED 利差的相关系数)。
资料来源:巴克莱对冲,RPM。

冲基金策略类似于流动性提供者(liquidity provider)。① 如果非方向性策略获得了类似于做市商的利差,这两者在收益表现上也会相似。随着时间的推移,市场做市商获得看似"套利式"的小机会,但随着价格在一个方向上大幅上涨,流动性消失时,风险则随之而来。股票市场危机是大多数投资者被迫采取行动的少数情况之一,流动性提供者或做市商可能在高度杠杆交易中持有错误的一方而导致巨大的潜在亏损。做市商策略的收益率时间序列具有高度的序列自相关性,因为流动性提供者获得了套利式的正利差。因此,收益率中的序列自相关性可以很好地代表投资中的流动性风险。如图 9.5 所示,我们对几种另类投资策略的收益率序列自相关水平与危机阿尔法进行了对比。市场危机期间,非方向性策略(或具有较高序列自相关性的策略)似乎带来了更多流动性风险,随之而来的是收益率表现不佳。那些序列自相关性较低的策略似乎带来了较少的流动性风险。因此,它们受流动性危机的影响较小。

---

① Khandani 和 Lo(2010)讨论了非流动性溢价的存在。Getmanksy、Lo 和 Makarov(2004)在研究对冲基金的系统风险时,还进行了使用自相关性代表流动性风险的相关讨论。

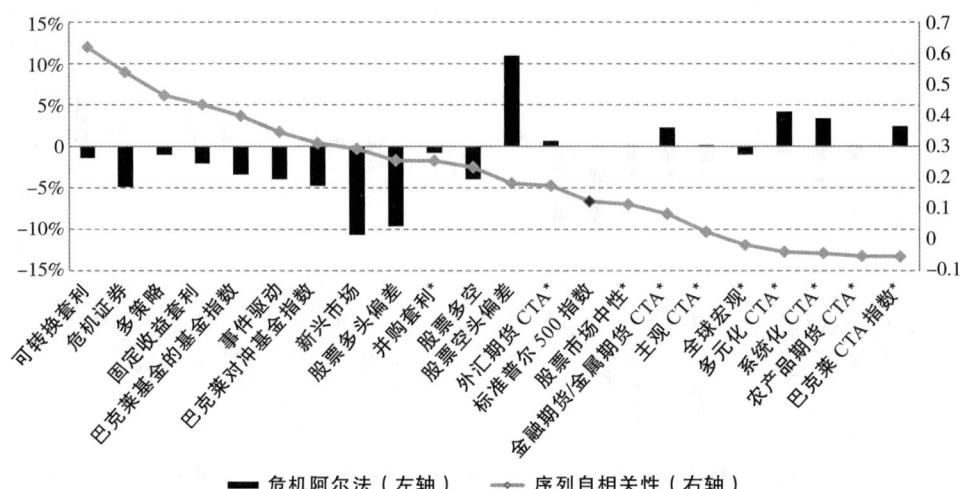

图 9.5 1996—2013 年，各种另类投资策略的危机阿尔法和流动性风险（序列自相关性）。其中，*表示估计值从零开始具有统计意义。

资料来源：巴克莱对冲，RPM。

杠杆风险

杠杆风险定义为基于借入资金所承担的风险敞口。关于杠杆复杂的一点是，它可以通过直接借入资金或使用具有隐含杠杆的衍生工具来实现。例如，在趋势跟踪策略的世界中，期货合约的杠杆是基于这样一个事实：投资金额（基于保证金净值比率）通常比合约未偿还的名义金额少得多。例如，如果保证金为 10 美元且合约的名义价值为 100 美元，那么合约的杠杆率为 10∶1，因为借入的资金比股票资金多 9 倍。杠杆使得投资者获得丰厚的回报成为可能。对于 100 美元的名义价值，实际只有 10 美元的股票头寸上涨了 10% 至 110 美元，其收益率为 100%，是实际收益率的 10 倍。杠杆是一把双刃剑，因为如果价格下跌了 10%，亏损也会同比例放大，导致 100% 的亏损。由于期权本质上是在标的证券上的动态杠杆头寸，期权卖出策略可以作为衍生品隐含杠杆的另一个简单例子。在实际投资中，保证金净值比率是用来衡量基金经理使用杠杆水平的合理指标。不幸的是，对于不太透明的策略，这个度量指标并不总是可得的，特别是对于流动性敞口较低的那些策略。当收益率非常可观时，杠杆的关键问题在于确定高收益率何时是由高杠杆带来的（可能是过度下注，导致保证金净值比率非常高），或者何时是由适度的风险控制交易随着市场朝预期的方向变动所带来的。

■ 夏普比率的神话与神秘感

在收益表现评价方面，没有比夏普比率（Sharpe，1994）更常用的量度指标了。夏普比率定义了超过无风险利率的风险调整后收益率。其核心假设是基于价格波动率（作为价格风险的量度指标）的风险调整。夏普比率的大小是以分母中的价格风险来量度的。对于同时包含信用风险、流动性风险和杠杆风险的动态策略，夏普比率可能会低估短期内由于高杠杆带来高收益率的隐藏风险。

由于价格风险从长期来看服从均值回归，如果价格风险能够充分解释策略的总风险，那么夏普比率的值从长期来看应该变小。这意味着，当价格风险就能解释风险时，与均值回归一致，短期夏普比率的值应小于长期夏普比率的值。具体来说，就是年度夏普比率的值应大于月度夏普比率的值。用道琼斯瑞士信贷管理期货指数来代表管理期货策略，用道琼斯瑞士信贷对冲基金指数来代表对冲基金策略，可以得出趋势跟踪策略（具有高水平价格风险的策略）的月度、季度和年度夏普比率值，如图9.6所示。从图中可以清楚地看出，对冲基金策略的夏普比率对价格风险之外的风险有着风险敞口暴露，特别是在短期内。由于隐藏风险，夏普比率的值在短时间内被抬高了。时间越长，趋势跟踪策略的夏普比率越高，这表明，在趋势跟踪策略中的隐藏风险大大减少了。

对于趋势跟踪策略而言，低夏普比率是稳妥的业绩衡量标准

根据另类投资中的四大核心风险，基于期货的趋势跟踪策略主要包含价格风险，甚至可能还有杠杆风险。这个结论与直觉一致。正如第2章所述，期货策略是高流动性的、有效的、低交易对手风险的投资，对交易对手风险和流动性风险的风险敞口暴露最小。因此，趋势跟踪策略的夏普比率审慎地解释了随着时间的推移可获得的风险调整

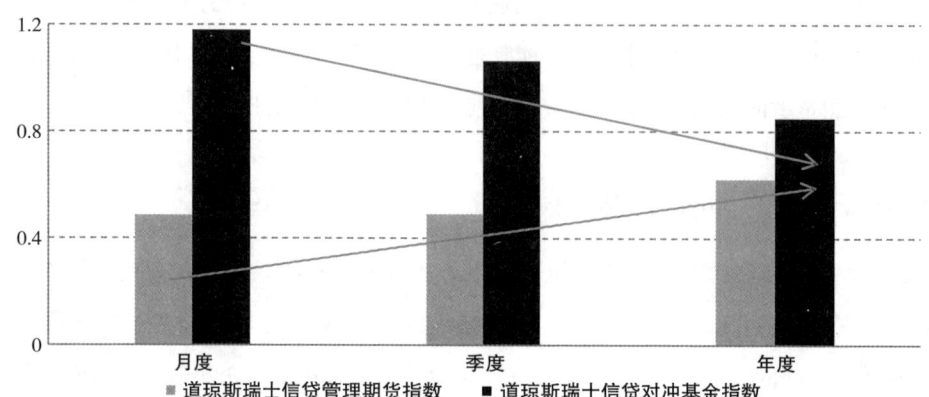

图 9.6 道琼斯瑞士信贷管理期货指数和道琼斯瑞士对冲基金指数在不同采样频率下的夏普比率。

数据来源：彭博。

后收益的大小。相比之下，除了价格风险之外还有其他风险的另类投资策略，夏普比率的值较高，从而在短期内高估了策略的收益表现。由于杠杆风险取决于趋势跟踪策略系统如何放大或缩小头寸，因此我们将在接下来几个关于动态杠杆的小节中更详细地讨论杠杆风险。

■ 揭开动态杠杆的隐藏风险

基于衍生品的主动交易策略会隐性地使用杠杆，并随着时间的推移动态地调整杠杆。这些策略对杠杆的使用经常被忽视，并且会误导投资者。因此，本节介绍了隐性杠杆。这有助于阐明，未能正确评估杠杆率可能会美化过度承担风险的行为。简单来说，我们可能很难将幸运的重仓赌注者与有计划的风险承担者区分开来。这个问题非常重要，不幸的是，投资者常常忽视这一点。对动态杠杆进行详细的研究，有助于把上述两种趋势跟踪策略系统区分开来。

对于管理期货策略的基金经理而言，最简单的杠杆使用量度指标就是保证金净值比率。例如，许多管理期货策略的基金经理在若干月里，比如 2008 年 10 月，都获得了

第9章 趋势跟踪策略的隐藏风险和未隐藏风险
Chapter 9 The Hidden and Unhidden Risks of Trend Following

堪称卓越的收益率。这就自然而然产生了第一个问题：这是由于运气还是能力？如果卓越的收益率是运气的原因，人们会预期保证金净值比率非常高。这意味着基金经理会下大笔赌注（大额名义头寸），而且碰巧获得了成功。而在2008年10月，实际情况恰恰相反。大多数趋势跟踪策略投资者的保证金净值比率远低于其历史平均水平。这意味着卓越的收益率是来自技术高明的风险承担。换句话说，如果他们在交易中承担更多的风险，收益率也会相应地高于现有的收益率。从这个角度来看，趋势跟踪策略系统在2008年10月的收益率是2003—2013年以来最高的，而保证金净值比率甚至没有接近历史上的最高值。在这个例子中，很明显，仔细研究动态杠杆是如何起作用的以及它是如何影响策略的收益率表现的，可能有助于解释如何量度动态杠杆，如何检查动态杠杆，以及如何评估基金经理何时使用了动态杠杆。

定义动态杠杆

动态杠杆是指杠杆大小由投资组合在过去一段时间内的PnL决定的情形。简单来说，动态杠杆投资组合采用动态杠杆策略，当过去一段时间产生了大量亏损（盈利）时，动态杠杆投资组合会相应增加（减少）其赌注。动态杠杆与扑克游戏中的"双倍下注"类似。它是一种市场趋同的方法。市场分歧策略会通过截断亏损来管理风险。当市场分歧风险承担者参与动态杠杆时，他们是在改变其风险承担方法，即采取了市场趋同的风险承担方法。市场趋同策略对风险结构有信心，当采取市场趋同策略的风险承担者面临亏损时，他们不会截断亏损。在极端情况下，如动态杠杆策略，会进一步加大亏损头寸的风险敞口（一种对当前的头寸大小加倍下注的方法）。

回到动态杠杆的定义，杠杆大小由投资组合在过去一段时间内的PnL决定。以期权为例，Delta的变化取决于期权的PnL。期权卖空是一种简单的动态杠杆策略。Delta（或使用借入资金买入的标的资产数量）取决于标的资产的价格变动曲线和期权的基础PnL。以投资者卖出看涨期权为例，如果标的股票价格上涨，则卖出看涨期权的投资者亏损（PnL为负），但看涨期权的Delta增加了。同时，卖出看涨期权的投资者的杠杆率也增加了。对于卖出看涨期权的投资者，亏损时杠杆率增加，盈利时（或当PnL为正时）杠杆率减少。①

卖出看涨期权策略的收益特征和动态杠杆的使用，可以让投资者在短期内"变得非常幸运"，但是长期内出现毁灭性错误的可能性是不容忽视的。简言之，动态杠杆策略（比如卖出看涨期权策略）可以在短期内放大收益率。动态杠杆策略直接与市场分歧风险承担方法相悖。

期权卖空策略和动态杠杆

为了比较动态杠杆的影响，可以在趋势跟踪策略中叠加期权卖空策略。在这种情况下，可以分别在长期和短期内，比较代表性纯粹趋势跟踪策略系统在叠加和未叠加期权卖空策略两种情形下的收益表现。② 头寸规模由第 3 章的标准等金额风险配置（EDR）方法来确定。此分析的样本期为 2001—2013 年。

我们可以将期权卖空策略叠加到趋势跟踪策略信号上。当趋势跟踪策略信号为正（负）时，趋势跟踪策略系统开看跌（看涨）期权的空头头寸。③ 这种叠加使得趋势跟踪策略系统不得不系统地卖出看涨期权和看跌期权，而不是持有线性的期货头寸。在卖出期权的例子中，头寸规模由期权的 λ 和每个标的市场的波动率决定。为简单起见，在这个例子中，我们使用布莱克-斯科尔斯（Black-Scholes）公式计算期权价格。图 9.7 展示了趋势跟踪策略交叉交易系统在叠加和未叠加期权卖空策略两种情形下的收益表现（两个收益率序列的风险都缩放到相同的水平）。在 12 年的样本期间，趋势跟踪策略系统的夏普比率为 0.92，而叠加了期权卖空策略的趋势跟踪策略系统，夏普比率为 0.82。

---

① 期权卖空是一种市场趋同的风险承担策略，该策略盈利微小，并且有无限的下行风险敞口，与双倍下注的方法类似。这种市场趋同的风险承担方法明显为夏普比率增加了隐藏风险。

② 用移动平均线交叉趋势跟踪策略系统进行分析。趋势跟踪策略系统跨全球多种市场进行交易：商品期货、固定收益债券期货、股指期货和外汇期货。在这些实证研究中，较短的历史回测窗口介于 10~30 天，而较长的历史回测窗口介于 60~250 天。

③ 为简单起见，我们在趋势跟踪策略系统中输入了平值期权参数。尽管有这样的假设，但此分析的结论是一般性的，并不受参数的特定选择的影响。

第 9 章 趋势跟踪策略的隐藏风险和未隐藏风险
Chapter 9　The Hidden and Unhidden Risks of Trend Following

图 9.7　在叠加和未叠加期权卖空策略两种情形下,代表性交叉趋势跟踪策略系统的累计收益表现。这两个收益率时间序列均缩放到 5% 的风险。样本期为 2001—2013 年。

由于期权卖空策略特有的收益特征及其对隐性动态杠杆的使用,期权卖空策略很有可能在短期内(比如少于 2 年)获得看起来极其卓越的收益率表现。图 9.8 展示了在叠加和未叠加期权卖空策略的两种情形下,趋势跟踪策略系统的 2 年期滚动夏普比率的直方图。如图 9.8 所示,在叠加期权卖空策略的情形下,趋势跟踪策略系统在 2 年内获得了超过 1.5 的夏普比率值。在较长时间内,在叠加期权卖空策略的情形下,趋势跟踪系统的夏普比率低于未叠加期权卖空策略的趋势跟踪策略系统的夏普比率。在图 9.9 中,展示了滚动夏普比率高于 1.5 的概率与之相对的用于计算夏普比率的滚动窗口的年数。对于 1 年期滚动夏普比率,在叠加期权卖空策略的情形下,趋势跟踪策略系统的夏普比率值高于 1.5 的概率为 38%,而未叠加期权卖空策略的情形下,趋势跟踪策略系统的夏普比率值高于 1.5 的概率只有 18%。当计算夏普比率的滚动窗口超过 4 年时,在叠加和未叠加期权卖空策略两种情形下,都不能获得大于 1.5 的夏普比率值。

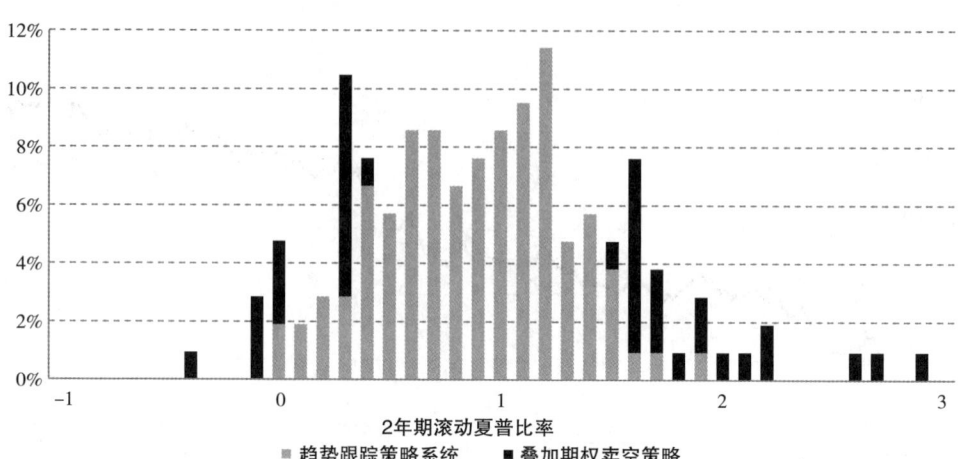

图 9.8 在叠加和未叠加期权卖空策略两种情形下,趋势跟踪策略系统的 2 年期滚动夏普比率直方图。样本期为 2001—2013 年。

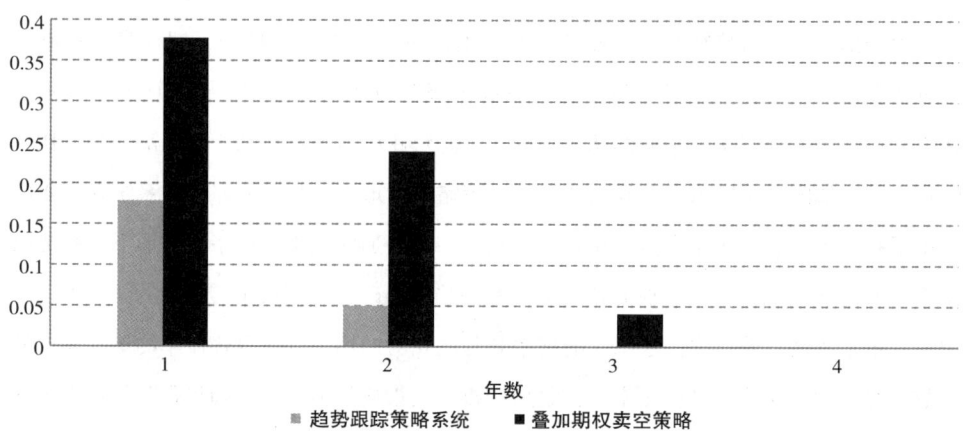

图 9.9 滚动夏普比率值高于 1.5 的概率 vs 计算夏普比率的年数。样本期为 2001—2013 年。

在收益率的更高阶特征中,较高的夏普比率值不容忽视。短期内较高的夏普比率值是以更大的回撤和负偏度为代价的。未叠加期权卖空策略,最大回撤为 26%;叠加

第9章 趋势跟踪策略的隐藏风险和未隐藏风险
Chapter 9 The Hidden and Unhidden Risks of Trend Following

期权卖空策略,最大回撤为45%。① 未叠加期权卖空策略,偏度为0.51;叠加期权卖空策略,偏度变为-0.34。凭直觉可以联系到第5章中关于市场趋同和市场分歧的讨论,期权卖空策略是一种市场趋同策略,将其叠加到趋势跟踪策略上会增加策略的隐藏风险。图9.10展示了在叠加和未叠加期权卖空策略两种情形下,另一个(类似于图9.8中的趋势跟踪策略系统)趋势跟踪策略系统的收益率表现直方图。

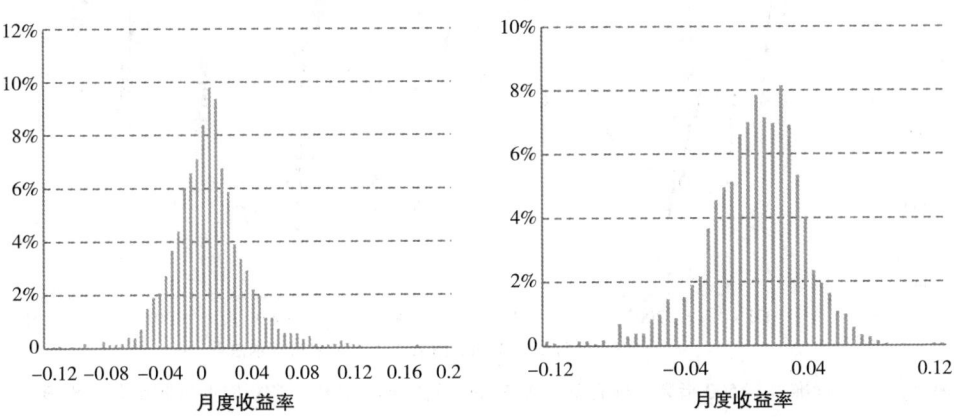

图9.10 2001—2013年,代表性趋势跟踪策略系统在叠加(右图)和未叠加(左图)期权卖空策略两种情形下的月度收益率直方图。

动态杠杆的另一个不那么明显的后果是减少了危机阿尔法。使用基于VIX的标准来定义危机时期,② 图9.11展示了标准普尔500指数,其中危机时期用阴影条突出显示,129个月中有21个月被定义为危机时期。图9.12展示了在叠加和未叠加期权卖空策略的两种情形下趋势跟踪策略系统的总收益率和危机阿尔法,样本期间为2001—2013年。在基于VIX定义的危机时期,趋势跟踪策略的收益率为13%,并获得了5%的危机阿尔法。另一方面,在叠加期权卖空策略的情形下,总收益率为11.5%,并获得了

---

① 两者的月度风险都变换为5%。
② 当某个月VIX的百分比变化超过20%时,就定义这个月为危机时期。这种方法与有关该主题的几篇学术论文中的方法一致:参见Vayanos(2004)以及Brunnermeier和Pedersen(2009)。

管理期货的趋势跟踪策略：寻找危机阿尔法
Trend Following with Managed Futures: The Search for Crisis Alpha

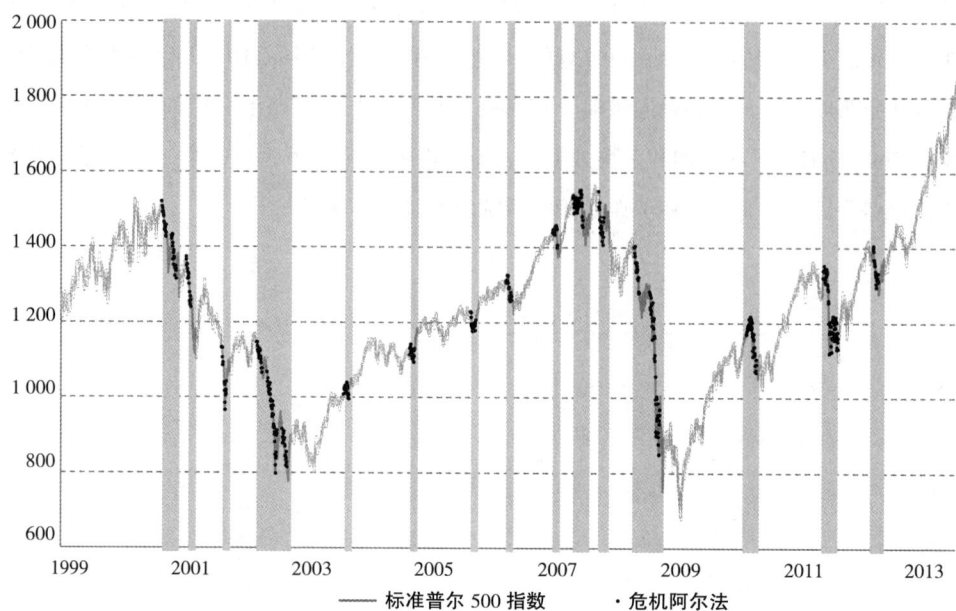

图 9.11　标准普尔 500 指数，标有基于 VIX 的危机时期。其中，危机时期以阴影条突出显示。

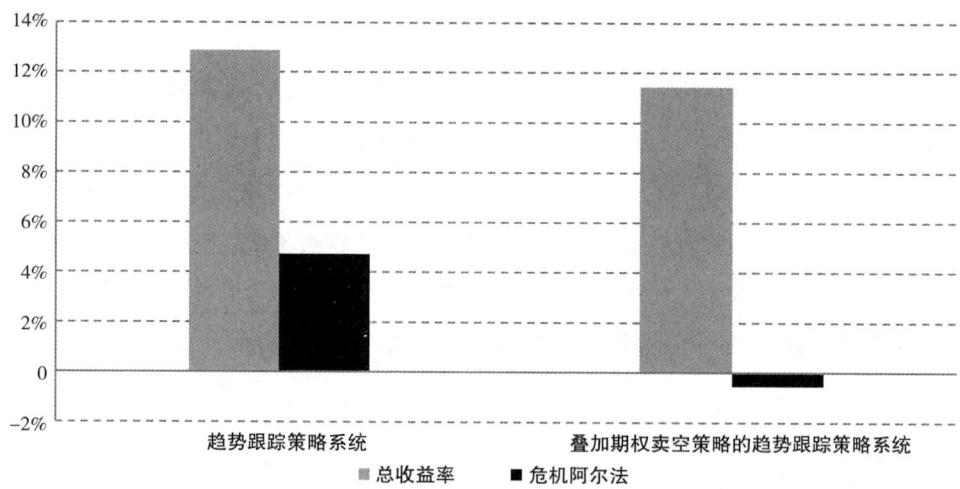

图 9.12　2001—2013 年，在叠加和未叠加期权卖空策略两种情形下，趋势跟踪策略系统的总收益率和危机阿尔法。

一个略微为负的危机阿尔法，值为-0.5%。这个简单的对比表明，叠加市场趋同的期权卖空策略可以减少趋势跟踪策略的危机阿尔法。总之，动态杠杆策略，比如期权卖空策略，短期内可以获得更高的夏普比率值，但同时也付出了代价：更大的回撤、负偏度和危机阿尔法损失。

鞅投注与动态杠杆

鞅投注（martingale betting）是另一种明确的动态杠杆。鞅投注的运行方式如下：当面临亏损时，增大多头头寸，直到 PnL 为正值。即在亏损时增加投注（双倍下注的另一种形式）。如果将鞅投注应用于趋势跟踪策略系统，则必须限制双倍下注的天数，才能确保系统易于处理。在这种情况下，当连续亏损的天数达到了预设的数值 N，或直到 PnL 为正的那一天，重新开始下注。数值 N 用于限制可能发生的双倍下注的数量。举一个简单的例子，N 设置为 5，即管理期货策略的基金经理最多可以在 5 天内双倍下注（增大亏损头寸的风险敞口）。图 9.13 展示了在应用和未应用鞅投注的两种情形下，代表性趋势跟踪策略系统的累计收益率表现。两个收益率时间序列都归一化到相同的风险水平。乍一看，鞅投注方法似乎可以提高样本期间趋势跟踪策略的收益率表现。在过去 10 年的样本期内，趋势跟踪策略系统的夏普比率为 0.92，欧米茄比率为 0.65。[①]在应用鞅投注方法的情形下，趋势跟踪策略系统的夏普比率为 1.09，欧米茄比率为 1.20。这个例子制造了一个简单的难题：用夏普比率和欧米茄比率这两个指标衡量，应用鞅投注方法的趋势跟踪策略系统的收益表现怎么会超越简单的趋势跟踪策略系统？答案在于，夏普比率和欧米茄比率这种传统的量度指标忽略了除价格风险以外的风险，没有适当地考虑使用动态杠杆的风险。

本节通过两种简单的方法介绍了动态杠杆。首先，叠加期权卖空策略是一种可以在趋势跟踪策略中增加动态杠杆的简单方法。通过这种方法，在短期内可以获得更高的夏普比率值，但同时也付出了代价：更大的回撤、负偏度和危机阿尔法损失。

---

① 我们将欧米茄比率的阈值设为 2%。在第 7 章的附录中介绍了欧米茄比率。

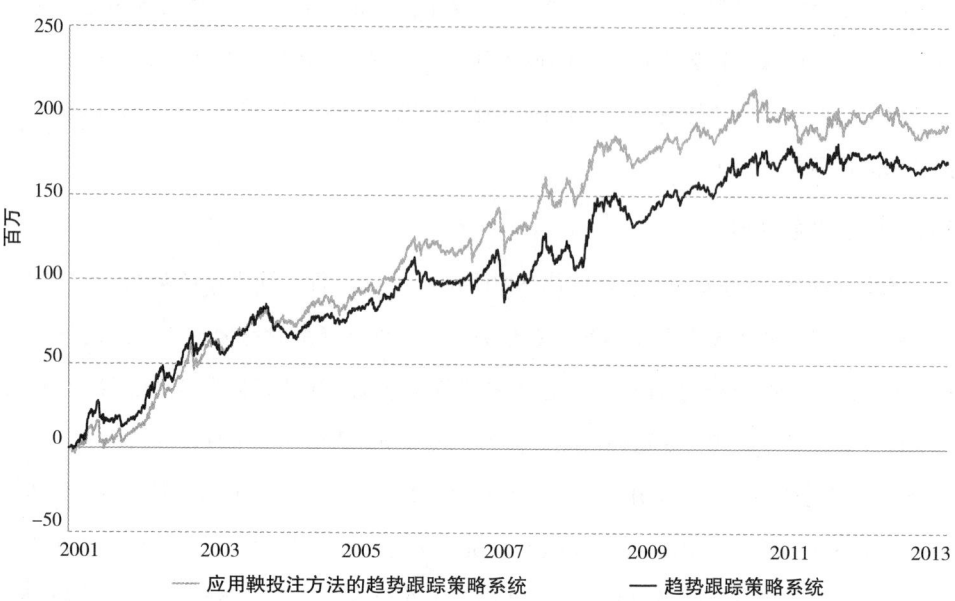

图 9.13 2001—2013 年，代表性趋势跟踪策略系统和具有动态杠杆的趋势跟踪策略系统（通过有限的鞅投注）的历史收益表现。

其次，限制双倍下注天数的鞅投注策略也可以应用于趋势跟踪策略系统。在这种情况下，双倍下注使得长期内夏普比率值增大，这表明，在较高的夏普比率中，可能难以量度激进的动态杠杆。考虑到传统的风险量度指标可能隐藏杠杆风险，下一步理应仔细研究趋势跟踪策略系统中是否存在或何时存在动态杠杆，以及如何量度动态杠杆。第 14 章会接着讨论动态杠杆，并演示频谱分析如何有助于过滤掉夏普比率的动态杠杆效应。本章的下一小节将讨论趋势跟踪策略系统中的保证金净值比率以及它是如何影响投资组合波动率的。

深入研究保证金净值比率

保证金净值比率是在任意特定时刻以保证金形式持有的交易资金金额的量度指标。例如，如果在基金交易中，有 25% 的资金存入保证金账户，则保证金净值比率为 25%。保守型交易者的保证金净值比率可能在 15% 左右，而激进型交易者的保证金净值比率可

第 9 章 趋势跟踪策略的隐藏风险和未隐藏风险
Chapter 9　The Hidden and Unhidden Risks of Trend Following

能达 40%。因为大多数合约的保证金要求为 5%~10%，因此保证金账户中的每 1 美元都代表了标的合约的杠杆风险敞口。如果一个保守型的期货交易者有 100 美元而且保证金要求是 5%，他会将 5 美元存入保证金账户并以 100 美元的价格买入一份合约。如果一个激进型的期货交易者想要使用更多的杠杆，可以买入 5 份合约并投入 25 美元，他名义上承担了 500 美元的风险敞口，本质上提高了投资的杠杆率。激进型期货交易者的保证金净值比率将是 25%，他的资本与负债比率为 4∶1。各个合约的保证金金额各不相同。总体而言，总的保证金净值比率可视为对所用杠杆大小的粗略估计。随着期货交易者改变其头寸的大小，增加合约，减少合约，并动态调整头寸，杠杆比率也随之动态地改变了。主要问题是：交易者是否使用激进的策略，即所谓的双倍下注策略，比如期权卖空策略和鞅投注的动态杠杆策略？如果过度地使用杠杆，可能会为夏普比率值带来隐藏风险。

趋势跟踪策略系统中的保证金净值比率是所使用的杠杆大小的粗略量度指标。① 如果应用了动态杠杆策略，杠杆数额将更加剧烈地增大和减小，从而使保证金净值比率的波动率增大。因此，我们可以通过检查保证金净值比率的变化来确定是否使用了动态杠杆。从更实际的角度来说，我们可以检查每日保证金净值比率的变异系数。每日保证金净值比率的**变异系数**可作为衡量保证金净值比率离散程度的归一化量度指标。② 对于本章前面的代表性趋势跟踪策略系统而言，每日保证金净值比率的变异系数为 0.3。在应用限制双倍下注天数的鞅投注策略的情形下，每日保证金净值比率的变异系数变为 0.5。尽管这种动态杠杆的影响没有体现在夏普比率中，但使用动态杠杆（如鞅投注）确实会导致保证金净值比率变化较大（或变异系数较高）。

过去的杠杆水平（保证金净值比率）和期货收益率幅度（正的和负的）的相关性也可以证明动态杠杆的使用。③ 如果相关性很高，过去的高杠杆水平导致收益率幅度较大（无论正的还是负的），表明应用了动态杠杆。代表性趋势跟踪策略系统正的日度收

---

① 本小节的计算中，估算保证金时，对商品期货、股指期货和外汇期货的总敞口应用了 10% 的乘数，对固定收益债券期货的总敞口应用了 1% 的乘数。
② 在概率论和统计学中，变异系数又称"离散系数"，定义为标准差与平均值之比。变异系数只在平均值不为零时有意义，而且一般适用于平均值大于零的情况。——译者注
③ 保证金净值比率滞后一天，这是因为第 T 天的收益取决于第 $T-1$ 天的头寸。

益率和负的日度收益率（绝对值）与滞后的保证金净值比率的散点图，如图 9.14 所示。滞后的杠杆水平与日度收益率幅度的相关性相对较低。更具体地说，负的日度收益率绝对值与滞后的保证金净值比率的相关性接近 0，并且正的日度收益率与滞后的保证金净值比率的相关性甚至为负，为 -0.11。这表明趋势跟踪策略没有应用双倍下注或依赖于应用杠杆，如期权卖空策略或鞅投注策略等。趋势跟踪策略的收益率更高，可能是因为搭上了价格趋势的顺风车，而不是得益于集中风险或动态杠杆的应用。① 这一点可以通过具体的例子进一步说明。2008 年 10 月，代表性趋势跟踪策略系统的收益率最高，为 17.5%，同月的保证金净值比率平均值为 16%，低于整个样本期间所有月份保证金净值比率的平均值。作为反例，在 2009 年 4 月，趋势跟踪策略系统的收益率为 -5.5%，同月保证金净值比率的平均值也为 16%。②

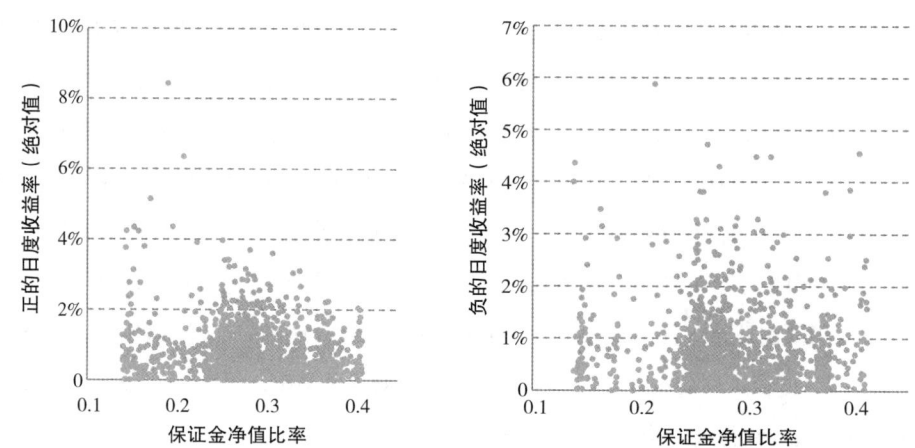

图 9.14 2001—2013 年，代表性趋势跟踪策略系统滞后的保证金净值比率和正的日度收益率绝对值（左图）和负的日度收益率绝对值（右图）的散点图。

为了比较，可以将动态杠杆策略加入趋势跟踪策略系统。在这种情况下，负的日度收益率绝对值与滞后的保证金净值比率的相关性从接近 0 变为了 0.37，正的日度收

---

① 第 8 章中用回撤的例子讨论了这一概念。趋势跟踪策略系统的回撤是由大量的小额亏损带来的，而不是大额的集中下注带来的。
② 我们称这种效应为非对称杠杆（asymmetric leverage）。

第 9 章　趋势跟踪策略的隐藏风险和未隐藏风险
Chapter 9　The Hidden and Unhidden Risks of Trend Following

益率与滞后的保证金净值比率的相关性从 -0.11 变为了 0.46。图 9.15 所示为负的日度收益率（绝对值）和正的日度收益率与滞后的保证金净值比率的散点图。在限制双倍下注天数的鞅投注策略下，收益率的幅度通常来自较高的杠杆率。

在应用动态杠杆的情况下，保证金净值比率的波动率会出现尖峰信号。这表明可能存在隐藏的杠杆风险。图 9.16 所示为应用和未应用鞅投注两种情形下，代表性趋势跟踪策略系统的 22 天滚动波动率的比较。当两个系统的月度风险都缩放到 5%时，它们的波动率在不同时间内表现出显著的不同。应用鞅投注策略后，日度波动率呈现周期性模式的特点。故而在应用鞅投注策略的情形下，用日度收益率计算的夏普比率，应该与基于月度收益率计算的典型夏普比率迥然不同。日度收益率的汇总掩盖了 PnL 高度不稳定的每日波动。① 当使用日度收益率数据计算夏普比率时，夏普比率的值减小了约 20%。对于代表性趋势跟踪策略系统，基于日度收益率和月度收益率计算的夏普比率值也具有类似的特点。

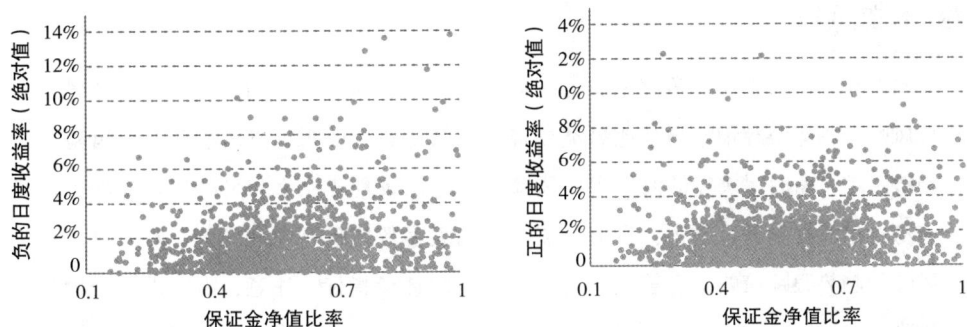

图 9.15　2001 年 6 月—2012 年 2 月，在应用受限的鞅投注策略的情形下，趋势跟踪策略系统滞后的保证金净值比率与负的日度收益率绝对值（左图）和正的日度收益率绝对值（右图）的散点图。

---

① 如果在当月早些时候应用鞅投注，则会尤其如此。

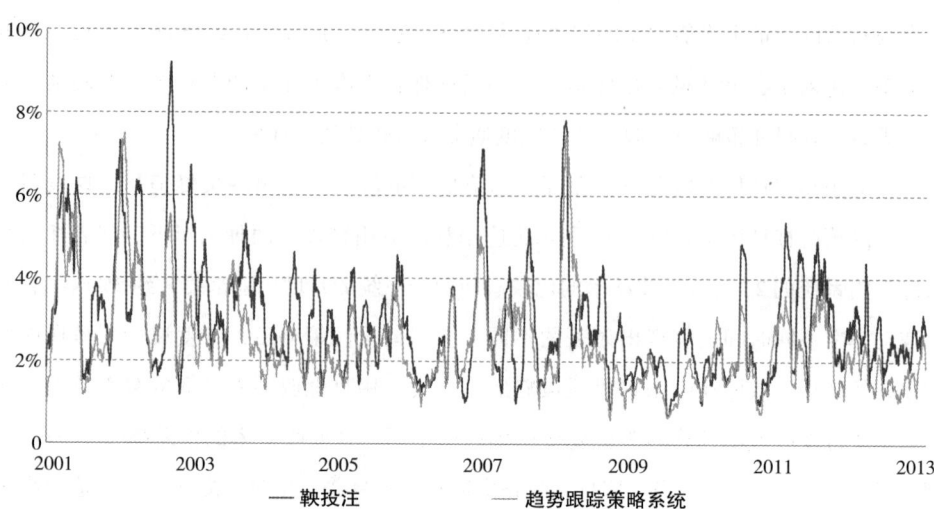

图9.16　应用鞅投注的代表性趋势跟踪策略系统的22天滚动波动率。

■ 本章总结

本章讨论了另类投资策略的核心风险，包括价格风险、信用风险、流动性风险和杠杆风险。趋势跟踪策略与其他另类投资策略的比较，证明价格风险和杠杆风险是讨论趋势跟踪策略时需关注的两个主要风险。通过比较夏普比率和另类投资中的关键风险容易看出，在夏普比率中，另类投资策略的大多数风险是隐藏风险。对于仅承担价格风险的趋势跟踪策略，夏普比率是妥当的风险衡量指标，注意，需要进一步检验杠杆风险。如果策略应用了动态杠杆，类似于在叠加期权卖空策略或应用鞅投注策略时双倍下注，则夏普比率中也可能存在隐藏的杠杆风险。进一步研究保证金净值比率随着时间的变化情况，表明趋势跟踪策略没有应用动态杠杆。

■ 延伸阅读与参考文献

Brunnermeier, M., and L. Pedersen. "Market Liquidity and Funding Liquidity." *Review of Financial Studies* 22, no. 6 (2009): 2201–2238.

第9章 趋势跟踪策略的隐藏风险和未隐藏风险
Chapter 9　The Hidden and Unhidden Risks of Trend Following

Foster, D., and H. Young. "The Hedge Fund Game: Incentives, Excess Returns, and Piggy-Backing." Working paper, 2007.

Getmanksy, M., A. Lo, and I. Makarov. "An Econometric Model of Serial Correlation and Illiquidity in Hedge Fund Returns." *Journal of Financial Economics* 74 (2004): 529-609.

Goetzman, W., J. Ingersoll, M. Spiegel, and I. Welch. "Sharpening Sharpe Ratios." NBER Working Paper No. 9116, 2002.

Greyserman, A. "Dynamic Leveraging as a Factor of Performance Attribution." ISAM white paper, 2011.

Kaminski, K., and A. Mende. "Crisis Alpha and Risk in Alternative Investment Strategies." CME Group white paper, 2011.

Keating, C., and W. Shadwick. "A Universal Performance Measure." London: The Finance Development Centre, 2002.

Khandani, A., and A. Lo. "Illiquidity Premia in Asset Returns: An Empirical Analysis of Hedge Funds, Mutual Funds, and U.S. Equity Portfolios." Working paper, 2010.

Lo, A. W. "Risk Management for Hedge Funds: Introduction and Overview." *Financial Analysts Journal* 57, no. 6 (November/December 2001).

Lo, A. W. "The Statistics of Sharpe Ratios." *Financial Analysts Journal* 58, no. 4 (July/August 2002).

Sharpe, W. F. "The Sharpe Ratio." *Journal of Portfolio Management* 21, no. 1 (Fall 1994): 49-58.

Smith, S. W. "The Scientist and Engineer's Guide to Digital Signal Processing." California Technical Pub., 1997.

Vayanos, D. "Flight to Quality, Flight to Liquidity, and the Pricing of Risk." NBER Working Paper, 2004.

第 10 章

不同宏观经济环境下的趋势跟踪策略

在市场分歧期间，趋势跟踪策略有着堪称卓越的收益表现。潜在的宏观环境因素可以推动市场分歧，从而创造可交易的价格动量机会。本章将讨论关于市场的几个关键宏观因素：利率环境、量化宽松时期的后危机复苏、政府干预和监管力量。在不同宏观环境下的结果混合了多种因素，且往往具有其高度特殊性。为避免误解，在此说明，本章概述了宏观效应和市场干预的不同观点。分析是定性的、基于历史的，在某些情况下则有关坊间传闻。除了讨论宏观事件之外，本章还分析了信贷危机后出现的强势股市大牛市，这是一段量化宽松时期。一般而言，宏观层面问题的影响，以及这些影响与趋势跟踪策略之间的关系非常复杂，仍存在许多有争论的问题留待未来研究。

■ 利率环境

回到本书绪论部分关于趋势跟踪策略的历史研究，利用一组可以追溯到 1693 年的股指期货、固定收益债券期货和商品期货市场的收益率数据，从较长期的角度来对宏观环境进行研究。图 10.1 展示了在大约 300 年的时期内，一个简单的趋势跟踪策略系统的累计收益表现。① 整个 300 年样本期内的夏普比率为 0.72，平均月度收益率为 0.9%，月度收益率呈 0.33 的正偏度。为了量化趋势跟踪策略和传统资产类别之间的关

---

① 趋势跟踪策略系统使用了基于月度收益率的简单移动平均线。在 1900 年之前，投资组合包含了股指期货、固定收益债券期货和商品期货行业的 17 个市场。

第 10 章　不同宏观经济环境下的趋势跟踪策略
Chapter 10　Trend Following in Various Macroeconomic Environments

系，通过对几个全球股票指数和固定收益债券市场的月度收益率求平均值，来构建一个股票指数和一个固定收益债券指数，使用的数据始于 19 世纪 70 年代。① 我们使用月度收益率进行研究发现，趋势跟踪策略与股票指数的整体相关性为 0.10，与固定收益债券指数的相关性为 0.13。这种相关性表明，趋势跟踪策略和传统资产类别之间的整体相关性较低。

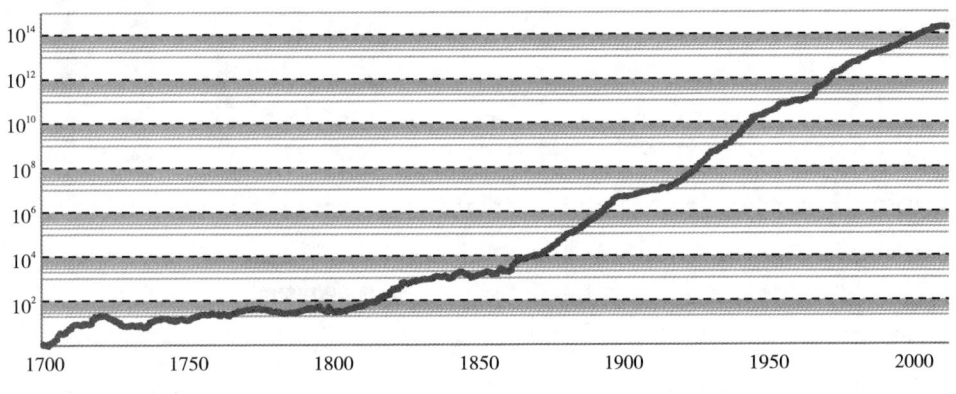

图 10.1　1700—2012 年，在超过 300 年的时期内，一个简单的趋势跟踪策略系统的累计收益表现（对数）。

图 10.2 绘制了在股票指数或固定收益债券指数收益率表现为负的时期，趋势跟踪策略系统的平均月度收益率。图 10.2 的上图表明，对于股票市场，在股票指数收益率为负的月份，趋势跟踪策略的平均收益率为正。更具体地说，在股票指数收益率为 −10% 的月份，趋势跟踪策略的平均收益率仍然接近 2%。对于固定收益债券指数的情况，和股票指数相比，图 10.2 的下图呈现出了不那么一致的②模式。值得指出的是，当固定收益债券指数的负收益率（绝对值）最大时，趋势跟踪策略的平均收益率仍然

---

① 股票指数是由富时 100 指数、标准普尔 500 指数、CAC 40 指数和澳大利亚 SPI 200 指数的月度收益率的平均值构建的，而固定收益债券指数是由美国 10 年期国债、加拿大 10 年期国债和日本 10 年期国债的月度收益率的平均值构建的。在这几个单独的股票指数或固定收益债券市场出现之前，我们先用等价市场的收益率来扩展历史数据，确保这两个指数的组成数据都始于 19 世纪 70 年代。
② 在固定收益债券指数收益率为负的月份，趋势跟踪策略的平均收益率有正有负。——译者注

为正。

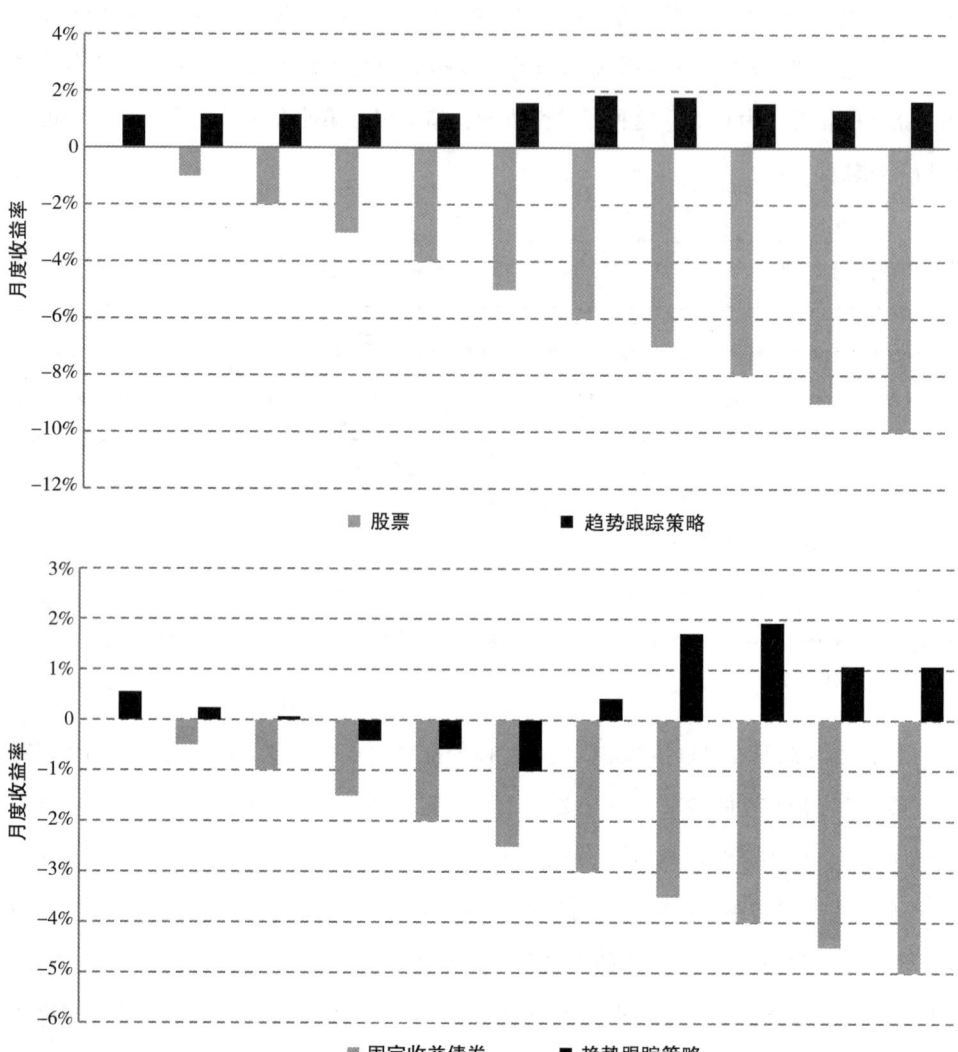

图10.2 趋势跟踪策略在股票指数收益率为负时（上图）和固定收益债券指数收益率为负时（下图）的条件平均月度收益率。

第 10 章　不同宏观经济环境下的趋势跟踪策略
Chapter 10　Trend Following in Various Macroeconomic Environments

本书的大部分内容针对的都是依据股票市场所定义的危机。仔细研究利率也很重要。回到第 6 章的分析，利率对趋势跟踪策略收益表现的潜在影响来自两个方面：已投资资金的额外利息收入和期货价格，都会不可避免地受到利率的影响。

对两种利率制度的分析

在过去的 800 年里，甚至过去的 50 年里，利率制度发生了很大变化。图 10.3 展示了 1954—2013 年的联邦基金利率。在这近 60 年的时期里，有两种截然不同的利率制度：1981 年之前为利率上行期，1982 年之后为利率下行期。比较趋势跟踪策略在这两个时期的条件收益表现，可能有助于理解两种截然不同的利率制度是如何影响趋势跟踪策略业绩表现的。

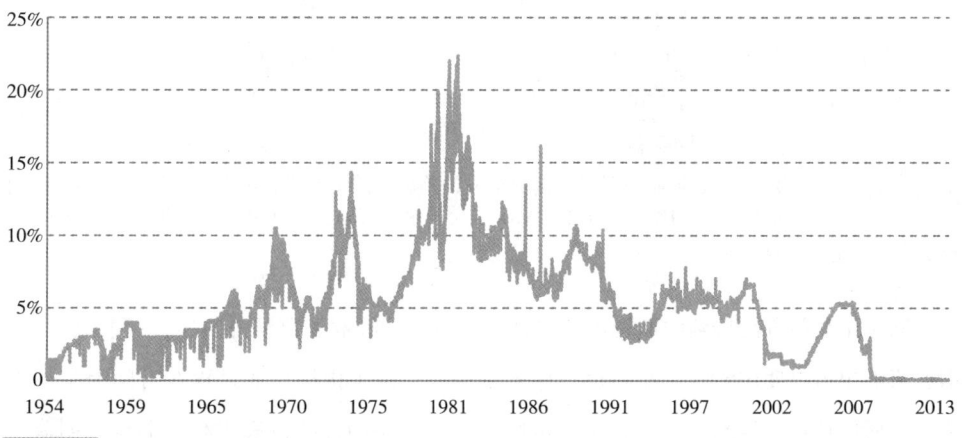

图 10.3　1954—2013 年的联邦基金利率。

数据来源：全球金融数据。

由于 20 世纪 80 年代以前的长期固定收益债券期货价格不可得，因此可以使用 1962 年以来的收益率数据，采用数值方法得出 1962—1980 年的期货价格。① 使用仅由 5 年期美国国债和 10 年期美国国债组成的投资组合，比较利率上行期和利率下行期投资组合的

---

① 对收益率和期货价格进行回归分析，可以得到线性关系。从实证研究角度来说，基于这种方法得到的价格基础上的趋势跟踪策略系统的日度 PnL，和实际的期货价格之间存在着高度的相关性。

夏普比率，结果如图 10.4 所示。利率上行期和利率下行期投资组合的夏普比率大小相似，在利率上行期间，夏普比率的值略大一些。图 10.5 和 10.6 展示了在两个相同的固定收益债券市场中，趋势跟踪策略的 2 年期滚动夏普比率。从这两个图来看，这两个固定收益债券市场中趋势跟踪策略的收益表现似乎与相应的收益率变化关系不大。

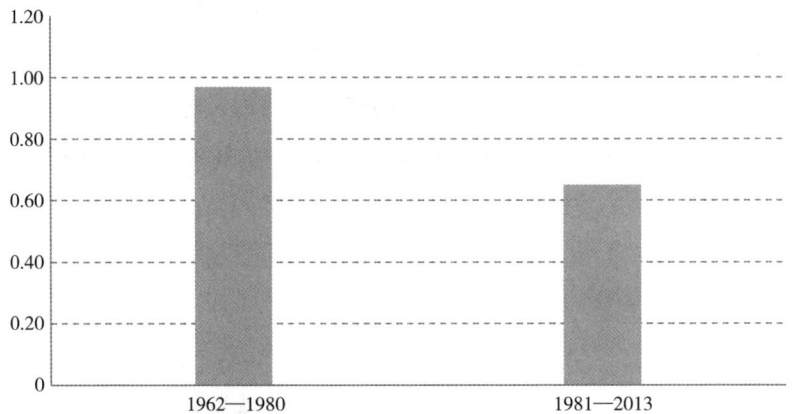

图 10.4 由 5 年期和 10 年期美国国债期货组成的趋势跟踪策略投资组合，分别在两种不同利率制度下的夏普比率。1962—1981 年为利率上行期，1981—2013 年为利率下行期。

数据来源：全球金融数据。

除了用数值方法得到的期货价格（期货价格是从收益率数据得出的），利率上行的潜在影响也可以使用时间逆序的价格序列来检验。由于价格形成过程在时间上是不可逆的，所以从这个意义上来看，这个检验方法只是说明性的，说明利率上行将创造一个固定收益债券价格下跌的环境。表 10.1 列出了使用实际价格的九个长期固定收益债券市场的夏普比率和同期的时间逆序价格。平均而言，使用实际价格（利率不断下行）得到的夏普比率与使用逆序价格（利率不断上行）得到的夏普比率值比较接近。这些实证检验表明，趋势跟踪策略在长期固定收益债券市场上的收益表现不太可能受到不同利率制度的显著影响。趋势跟踪策略显然利用了固定收益债券期货在利率上行和利率下行时的价格趋势机会而获利。固定收益债券的价格趋势无论是在利率下行环境中向上，还是在利率上行环境中向下，似乎都对趋势跟踪策略的收益表现影响不大。

第 10 章 不同宏观经济环境下的趋势跟踪策略
Chapter 10 Trend Following in Various Macroeconomic Environments

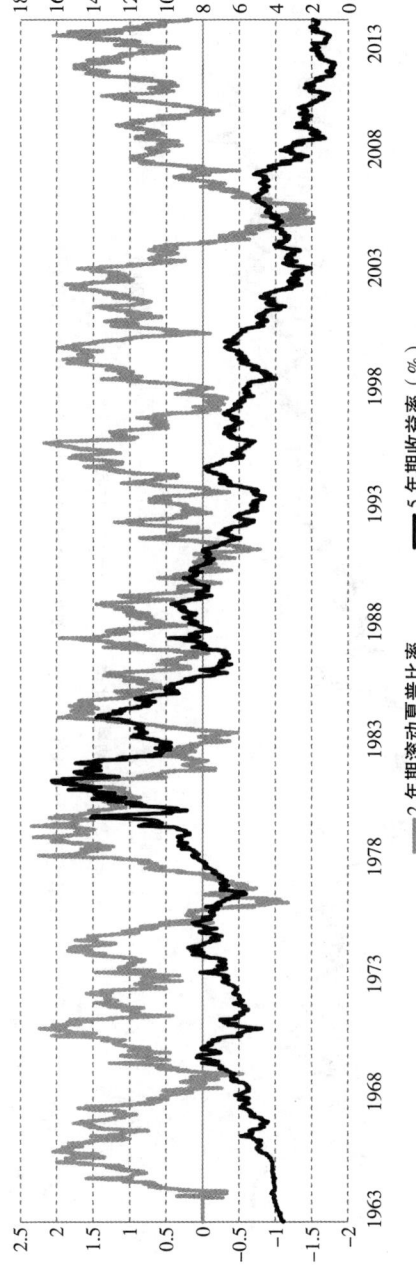

图 10.5 1963—2013 年期间，5 年期美国国债期货趋势跟踪策略的 2 年期滚动夏普比率和 5 年期收益率。

数据来源：全球金融数据。

管理期货的趋势跟踪策略：寻找危机阿尔法
Trend Following with Managed Futures: The Search for Crisis Alpha

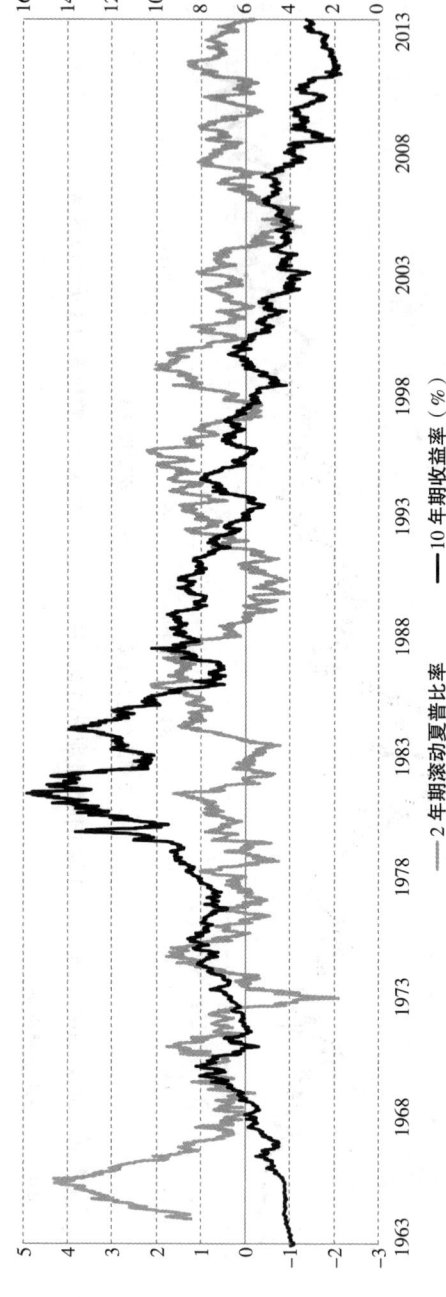

图10.6 1963—2013年间，10年期美国国债期货趋势跟踪策略的2年期滚动夏普比率和10年期收益率。

数据来源：全球金融数据。

第 10 章　不同宏观经济环境下的趋势跟踪策略
Chapter 10　Trend Following in Various Macroeconomic Environments

表 10.1　九个长期固定收益国债期货基于实际价格和时间逆序价格的夏普比率。

	实际价格	时间逆序价格	起始时间
平均值	0.42	0.33	
美国 2 年期国债期货	0.83	0.77	1990 年 12 月
美国 5 年期国债期货	0.37	0.29	1988 年 11 月
美国 10 年期国债期货	0.33	0.27	1982 年 10 月
美国 30 年期国债期货	0.24	0.14	1978 年 2 月
英国长期国债（金边债券）期货（Gilt Long）	0.13	−0.16	1983 年 5 月
欧元德国 2 年期国债期货（Euro Schatz）	0.55	0.53	1999 年 11 月
欧元德国 5 年期国债期货（Euro Bobl）	0.47	0.32	1996 年 11 月
欧元德国 10 年期国债期货（Euro Bund）	0.61	0.50	1991 年 6 月
日本 10 年期国债期货	0.22	0.34	1986 年 4 月

短期利率干预

　　本章第一部分的分析侧重于长期的利率制度。由于大多数趋势跟踪策略系统是中长期的，中长期趋势才是这些系统被设计并要捕捉的机会类型。另一方面，趋势可能出现在利率市场受干预或利率市场短期变化的基础上。可以通过加息这个简单的例子，来考察短期利率冲击的影响。尽管存在证据说明长期利率制度带来的影响，但可以认为，短期利率的飙升可能给长期策略带来不利的影响。用一个简单的利率干预的例子，似乎能够最好地解释这一观点。2014 年初，与其他主要货币相比，土耳其里拉汇率处于创纪录的低点，为了提振土耳其里拉，土耳其中央银行提高了短期利率。如图 10.7 所示，左图为 2014 年 1 月土耳其共和国中央银行的短期利率（隔夜贷款利率），右图为 2013 年 10 月至 2014 年 1 月其他主要货币（美元）与土耳其里拉的汇率。

　　从一个月的角度来看，短期利率的上升本身就表现为利率飙升。在土耳其中央银行加息之前，土耳其里拉中存在明显的下降趋势。这表明，在加息之前，长期趋势跟踪策略一直在做空土耳其里拉，直至利率飙升为止。短期利率上升了 4.25%，一周的回购利率上升了 5.5%，这可能很容易触发趋势跟踪策略的止损信号。这个例子说明了政府干预是如何在市场中引发趋势的，但它们也有能力使趋势跟踪策略系统猝不及防地受挫。相比短期的飙升，对趋势跟踪策略而言，可持续的趋势才是最有利可图的。并非所有趋势都能够给趋势跟踪策略系统带来可观的收益。

图 10.7 左图显示了 2014 年 1 月土耳其共和国中央银行的隔夜贷款利率，右图显示了 2013 年 10 月至 2014 年 1 月的美元/土耳其里拉货币对汇率。

■ 监管力量和政府干预

尽管有自由市场的概念，但市场已经被监管力量和接连不断的政府干预所淹没，特别是近期。监管力量与政府干预之间的相互作用是有关趋势跟踪策略的一个有趣的主题。这种影响是否会造成或阻碍价格趋势，目前可能尚不清楚。尽管事实已经相当明显——政府干预和监管变化都会对市场产生影响，但这种影响是如何发生的尚存不明确之处。为了进一步讨论这个问题，我们总结了关于政府干预的文献，并且对监管力量做出了一些评论。

政府干预

为了讨论政府干预的影响，本节首先讨论政府显著干预的几个例子。第一个例子是原油期货市场。自 20 世纪 50 年代以来，原油期货市场一直是石油输出国（OPEC）和其他机构持续干预的焦点。Stevens（2005）全面地回顾了影响石油市场的因素。更具体地说，石油价格受到和供需有关的因素以及政府机构的政策影响。这些因素可能是

第 10 章 不同宏观经济环境下的趋势跟踪策略
Chapter 10 Trend Following in Various Macroeconomic Environments

周期性的,甚至是结构性的。在任何一种情况下,石油价格都表现出明显的价格趋势。例如,原油期货趋势跟踪模型表现强劲,夏普比率在过去几十年中高于 0.45。这高于个别市场趋势跟踪策略的平均夏普比率,后者约为 0.35。①

再举一个例子,20 世纪 90 年代日本的经济环境,通常被称为失去的十年,这一时期的特征是,频繁的财政和货币政策等政府干预。为了研究政府干预对这一时期的影响,可以将趋势跟踪策略表现应用于日本股票指数(日经指数,Nikkei)、日本政府固定收益债券指数(JGB)和日元(JPY)。表 10.2 展示了 20 世纪 90 年代,将趋势跟踪策略应用于日本股票、固定收益债券和货币市场时的夏普比率。在政府频繁干预的这段时期,三个市场都呈现出了价格趋势,趋势跟踪策略抓住了盈利的趋势机会。每个资产类别的夏普比率,在典型的单个期货市场上的收益表现都高于整体平均水平,日本政府固定收益债券指数的表现尤为明显。

表 10.2 代表性趋势跟踪策略应用于 20 世纪 90 年代的日经指数、日本政府固定债券指数和日元的夏普比率。

指数	夏普比率
日经指数	0.37
日本政府固定收益债券指数	0.97
日元	0.67

有学者研究了政府干预对价格波动和价格趋势的影响。举一个具体的例子,Kneib 和 Wocken(2012)分析了欧盟干预后乳制品行业的价格。他们发现,干预对价格动态和波动率的影响是混合的,也是由干预价格决定的。McCauley(2012)得出结论,国际资金流动使风险追逐(risk-on)市场进入了一个正反馈循环。在风险追逐期间,由于资金流入,新兴市场的中央银行倾向于对全球固定收益债券收益率施加下行压力。这种下行压力进一步加强了风险追逐模式。Kelly、Lustif 和 Van Nieuwerburgh(2013)研

---

① 个别市场趋势跟踪策略系统的夏普比率值低于综合的趋势跟踪策略系统的夏普比率值,因为后者将风险分散在了所有的资产类别中。

究了期权市场，并论证了金融行业与政府救助政策之间的直接联系。

InschQuantrend 白皮书（2011）研究了在货币市场实施六个具体的重大干预措施之后，外汇期货市场趋势跟踪策略在干预期间的表现。作者假设，当干预的目的是稳定紧张的市场时，它对趋势强度和平滑性的影响是有利的。特别是在金属市场上，Mingst 和 Stauffer（1979b）估计，从 1968 年 9 月到 1969 年 2 月，国际锡理事会（International Tin Council）的干预导致锡的价格上涨了 10%。在这种特殊情况下，干预导致锡的价格产生了 6 个月的趋势。Mingst 和 Stauffer（1979a）的研究表明，对于一系列金属市场（橡胶、锡和铜），很难识别或衡量价格干预是如何影响长期价格趋势的。就股票市场而言，Bhanot 和 Kadapakkam（2006）分析了 1989 年香港金融管理局对股票市场的大规模干预。该研究认为，干预的信息效应导致了恒生指数的显著异常收益。在干预后的一段期间，异常收益没有逆转，表明这种影响不是由于临时价格压力造成的。

尽管对政府干预的研究相对复杂，但政府干预并不一定会降低趋势跟踪策略的收益表现，如果干预导致了较长期趋势的产生，有时反而可能会提高趋势跟踪策略的收益表现。尽管如此，Bond 和 Goldstein（2010，2012）认为政府干预可能会为投机交易带来交易风险。这对商品期货市场来说尤为重要。举一个具体的例子，在美国，政府为从事农业的农民提供了 200 亿美元的补贴。这一举措是否会产生趋势或增加风险，这个问题很难回答。短期效应可能更容易检验。与 Bond 和 Goldstein 的观点一致，正如本章前文中土耳其里拉的例子一样，短期干预可能会对趋势跟踪策略产生不利影响。举一个商品期货市场中的具体例子，2014 年 1 月，埃及机构埃及商品供应总局（General Authority for Supply Commodities，GASC）声明，不再接受水分含量高于 13% 的小麦。这个简单的声明意味着，水分含量略高于 13.5% 的法国小麦，将不再符合埃及的贸易条件。考虑到每年约有 100 万吨法国小麦出口到埃及，这项新政策将对法国小麦的价格产生重大影响。2013 年，法国小麦的价格下跌了 22%，这不足为奇。法国小麦的空头头寸将从这一政策的变化中获益匪浅。美国小麦水分含量为 12%，是一种潜在替代品，这种变化的残余影响与 2013 年美国小麦的价格仅上涨 0.4% 相吻合。在一系列干预措施中，证据具有高度的特殊性，也很难基于个案进行预测。

第 10 章　不同宏观经济环境下的趋势跟踪策略
Chapter 10　Trend Following in Various Macroeconomic Environments

再回到货币市场的讨论。包括 LeBaron（1999）、Saacke（1999）和 Sapp（1999）在内的多项研究表明，政府干预时期（德国和美国）和货币市场中技术型交易策略的积极收益表现之间，存在着强相关性。这项研究可能表明，货币趋势可能比利率趋势更具有可交易性。为了支持这一论断，Neely（2002）找到了相关论据——利率干预通常作为对短期趋势的反应，还称干预并不会为技术型交易策略带来盈利。盈利的来源是趋势，趋势导致了政府干预，而不是政府干预之后产生了趋势。我们用一个例子来检验政府对货币的干预，图 10.8 展示了 2000—2003 年美元兑日元的汇率（美元/日元货币对）。考虑没有点的曲线：这些干预措施有没有在实质上改变曲线中的价格时间序列？在许多情况下，Neely（2002）的结论可能是正确的，因为将政府干预与基本面因素的影响区分开来极其困难。

图 10.8　2000—2003 年日本政府干预的效果。图中圆点代表日本银行的干预。

监管力量

自从上一次金融危机和臭名昭著的伯纳德·麦道夫（Bernard Maddof）丑闻之后，为了帮助避免未来的金融危机，立法者和监管机构正在推动制定新法规。在国际层面上,也存在着协调统一此类监管法规的呼声。

这些法规的重点在于:

- 提高透明度,以确保市场参与者、交易对手方和合约清算方法之间的互联性。
- 限制和/或控制风险承担的法规。
- 针对由于短视而进行的卖空操作的潜在禁令和进一步限制,以有效避免市场价格陷入"死亡螺旋"。

监管的无意影响:一个评论 虽然推动进一步监管的初衷是好的,但它可能会为投资者在股票市场亏损期间采取一致行动创造更多的结构性原因,从而起到推波助澜的作用。首先,限制或禁止卖空的法令使更多的投资者无法缓解对股票的多头偏差,这可能进一步加剧了他们在股票亏损期间卖出股票的需求。其次,对衍生品使用和商品期货市场的限制,如关于养老基金的相关提案,会使投资组合中的这些养老基金在应对市场压力时不够分散化,缺乏灵活性。第三,侧重于风险承担的条例,类似于巴塞尔协议III,可能进一步促使投资者在面临亏损、波动性和相关性飙升时采取相应的措施。第四,通过统一监管、报告披露以及头寸和交易对手方登记来提高金融市场透明度的条例,可能有助于减少上一次金融危机期间银行业出现的一些问题。当谈及未来的危机时,许多人可能会批评金融系统的统一、集中清算制度和报告披露可能会产生一个具有新的系统性风险的金融怪兽,"大而不倒"。我们在第2章中讨论过中央对手方。对中央对手方清算制度的主要批评之一是基于系统性风险的。侧重于银行业可能会无意中将问题通过其他途径转移到其他市场部门、交易所、保险公司、影子银行等。

和在以往所有的金融危机中一样,新的监管和规则往往是出于减少危机的善意。尽管做出了种种努力,但金融危机仍在新的领域出现,并且似乎发生得更加频繁了。全球市场环境只是在适应这些规则和法规。因此,这些新的规则和法规可能会在市场压力时期限制市场参与者的适应性和灵活性,从而加剧驱使市场参与者采取相应措施的情况。如果是这样的话,在某些情况下,市场中的危机阿尔法机会可能会在这些时刻出现。趋势跟踪策略是一种机会主义策略,它随时准备着在市场出现趋势时能够捕

第 10 章 不同宏观经济环境下的趋势跟踪策略
Chapter 10　Trend Following in Various Macroeconomic Environments

捉趋势。有些趋势的机会比其他趋势的机会更容易捕捉。例如，本书的绪论中讨论了郁金香狂热泡沫和 1929 年的华尔街崩盘。1929 年 10 月，道琼斯指数在一个月的时间里狂跌了大约一半，一个代表性趋势跟踪策略系统在此期间则获得了正的收益率。在著名的黑色星期一前后两年的时间里，趋势跟踪策略实现了 90% 的收益率。另一方面，在 2010 年欧洲债务危机中期，市场发生闪电崩盘，在这种情况下捕捉危机阿尔法变得更加困难。

■ 后危机复苏

2008 年后，金融界发生了天翻地覆的变化。对 2008 年危机的反应引发了一系列监管和几乎前所未有的财政和货币政策，当然，也包括量化宽松政策。在同一时期，从 2009 年到 2013 年的 5 年间，标准普尔 500 指数缓慢而稳健地上涨了 175%！将近期的表现也纳入研究视野，自 1928 年标准普尔 500 指数创立以来，这一表现在所有 5 年滚动期的第 98 个百分位数。标准普尔 500 指数 2009—2013 年的累计收益表现如图 10.9 所示。

图 10.9　标准普尔 500 指数在 2009—2013 年的累计收益表现。

趋势跟踪策略系统看似应该从这个大的"趋势"中获益颇丰。事实上，情况是否真的如此？在本节中，我们用代表性趋势跟踪策略系统检验标准普尔500指数。这种分析可以总体上加深我们对不同交易速度的趋势跟踪系统收益表现的了解。

快，中，慢？

尽管这种"上升趋势"肉眼可见，但它还没有明显到任何特定的趋势跟踪策略都能捕捉到。为了进一步讨论这个问题，我们可以检验不同速度的趋势跟踪策略系统在近期和整个历史时期中的收益表现。趋势跟踪策略系统将尝试使用一系列系统规则，来确定标准普尔500指数是在上升，还是跌至新的低点。为了区分趋势跟踪策略的不同方法，根据交易速度划分不同的趋势跟踪策略系统，其中交易速度是平均持仓周期的函数。持仓周期少于4周的系统被定义为快速系统，持仓周期为7~11周的系统被定义为中速系统，持仓周期超过14周的系统被定义为慢速系统。虽然这些分界点的选择相对主观，但基于这种选择，该分析得出的结果仍然相对稳健。①

对于表10.3中的每个持仓周期，我们任意选择两个一般的趋势跟踪策略系统。2009—2013年和自1928年标准普尔500指数创立以来，每个特定交易速度的趋势跟踪策略系统与标准普尔500指数的相关系数和夏普比率列于表10.3中。自1928年以来，中速趋势跟踪策略系统具有最高的夏普比率，与标准普尔500指数之间存在着较低但是正的相关性；快速趋势跟踪策略系统具有第二高的夏普比率，与标准普尔500指数有着略负到零之间的相关性；慢速趋势跟踪策略系统则具有最低的夏普比率，并且与标准普尔500指数有着最高的正相关性。在后危机复苏期间，标准普尔500指数显著上涨，快速和中速系统的夏普比率低于慢速系统的夏普比率。

---

① 对于每个速度分类，都任意地选择了两个满足持仓周期要求的趋势跟踪策略系统。

第 10 章 不同宏观经济环境下的趋势跟踪策略
Chapter 10 Trend Following in Various Macroeconomic Environments

表 10.3 自次贷危机爆发后的 5 年（2009—2013 年）以及自 1928 年标准普尔 500 指数创立以来，快速、中速、慢速和等权重加权平均速度的趋势跟踪系统的夏普比率及其与标准普尔 500 指数的相关系数。

持仓周期	夏普比率 （2009—2013 年）	夏普比率 （自 1928 年以来）	和标准普尔 500 指数的相关系数 （2009—2013 年）	和标准普尔 500 指数的相关系数 （自 1928 年以来）
快速	-0.026	0.466	0.037	-0.060
	0.156	0.492	0.125	-0.010
中速	0.386	0.541	0.302	0.084
	0.120	0.522	0.420	0.056
慢速	0.503	0.415	0.804	0.214
	0.623	0.397	0.786	0.222
组合系统[①]	0.379	0.581	0.514	0.102
平均[②]	0.294	0.472	0.412	0.084

就相关性而言，在后危机复苏期间，三种速度的趋势跟踪策略系统都有略高于平均的正相关性，慢速系统的相关性甚至高达 80%。在整个时期内，典型的慢速系统与标准普尔 500 指数的相关性约为 20%，表明在 2009—2013 年的后危机复苏期间，上涨趋势非常强劲，与股票多头策略的相关性是历史上平均相关性的 4 倍多。这表明，在这个特定时期，慢速系统与股票市场中的买入并持有策略的收益表现最为类似。慢速系统和买入并持有策略的投资组合之间的高度相关性，证实了 2009 年后股市纯粹上涨的趋势。

表 10.3 还可以引发对分散化影响的讨论。为了用一种简单的方式检验分散化，可以将具有多种交易速度的组合系统的收益差异，和所有交易速度下的平均收益表现进行比较。这两者之间的差异表明了在趋势跟踪策略系统中组合交易速度的好处。在这

[①] 组合系统是由所有六个系统组成的组合策略。
[②] 夏普比率一列代表六个夏普比率的等权重加权平均值，相关系列一列代表六个与标准普尔 500 指数的相关系数的等权重加权平均值。

两种情况下，后危机复苏期间和自标准普尔 500 指数创立以来，组合系统的夏普比率比各个交易速度系统的平均夏普比率高了近 25%。

从长期来看 2009—2013 年是一个特殊时期，慢速系统的表现较好。我们自然而然会提出下一个问题：这一特殊时期是否属于异常现象。为了明确这一点，比较自 1928 年标准普尔 500 指数成立以来的 5 年期滚动夏普比率。在 5 年期重叠的情况下，总共有 81 个数据点。表 10.4 列出了不同交易速度的系统就夏普比率而言表现最佳的时间百分比。纵观历史（包括后危机复苏期间），慢速系统的收益表现最差。在整个期间，快速或中速系统在大约 73% 的时间里收益表现优于慢速系统。

如表 10.4 所示，慢速系统只有超过 25% 的时间是收益表现最好的（在 5 年滚动期间内）。看看历史上什么交易速度的系统表现最佳，这也很有趣。图 10.10 基于不同交易速度绘制了具有最佳收益表现的系统。其中，最佳收益表现被定义为，与标准普尔 500 指数价格（对数尺度）相比，具有最高的 5 年期滚动夏普比率。

表 10.4　1928—2013 年，每个系统（快速、中速和慢速）具有最高的夏普比率的时间所占的百分比。

	夏普比率最高的时间所占的百分比（%）
快速	37.42
中速	35.80
慢速	26.78

图 10.10 展示了在不同的 5 年期间内，哪个策略具有最佳的收益表现。5 年是一个比较长的时期，所以也可以检验更短的时期。图 10.11 展示了自标准普尔 500 指数成立以来，就 1 年期夏普比率而言，相比标准普尔 500 指数的累计收益表现（对数），具有最佳收益表现的系统的交易速度。

当慢速系统的收益表现优于中速和快速系统时，确定优异收益表现的极端程度也富有意义。表 10.5 展示了慢速系统的夏普比率（同时）大于相应的快速和中速系统的时间频率。例如，黑体数字 5.34 表示，有 5.34% 的时间，慢速系统的夏普比率比中速

第 10 章 不同宏观经济环境下的趋势跟踪策略
Chapter 10 Trend Following in Various Macroeconomic Environments

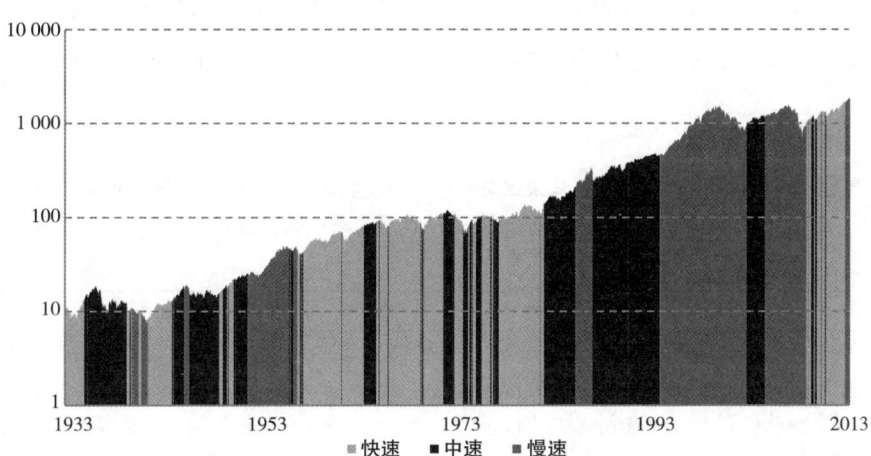

图 10.10　1928—2013 年，快速、中速、慢速趋势跟踪策略系统最佳收益表现的 5 年期夏普比率。这些时期是相对于标准普尔 500 指数收益表现（对数）绘制的。

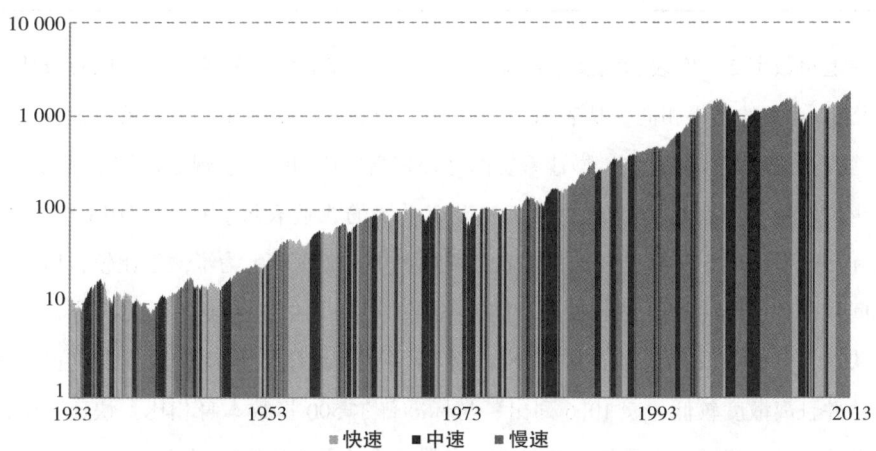

图 10.11　1928—2013 年，标准普尔 500 指数上，快速、中速、慢速趋势跟踪策略系统最佳收益表现的 1 年期夏普比率。这些时期是相对于标准普尔 500 指数收益表现（对数）绘制的。

系统的夏普比率大 0.3（x 轴），并且比快速系统的夏普比率大 0.5（y 轴）。黑体数字是有意义的，因为它代表了 2009—2013 年后危机复苏期间标准普尔 500 指数的状态。

表 10.5 1928—2013 年，慢速趋势跟踪策略系统的收益表现优于中速和快速趋势跟踪策略系统的时间百分比。x 代表的是慢速系统比中速系统的夏普比率高多少；y 代表的是慢速系统比高速系统的夏普比率高多少。

		慢速					
		$x=0$	0.1	0.2	0.3	0.4	0.5
快速	$y=0$	26.78	13.87	9.23	6.90	5.75	5.16
	0.1	23.01	13.24	8.74	6.48	5.44	4.98
	0.2	18.84	12.45	8.01	6.01	5.00	4.55
	0.3	15.60	11.68	7.55	5.66	4.80	4.38
	0.4	14.02	10.73	7.30	5.52	4.66	4.30
	0.5	13.06	10.08	6.98	**5.34**	4.53	4.18

左上角数字 26.78 表示慢速系统优于中速系统并且优于快速系统的时间百分比，这和表格 10.4 中的结果相同。从表 10.5 的一般情况来看，很明显，慢速系统很少同时优于中速和快速系统。简言之，慢速系统的这种相当出色的收益表现是比较罕见的。

也可以用直方图检验快速、中速和慢速系统的收益表现。1928—2013 年，快速、中速和慢速系统的 5 年期夏普比率的直方图如图 10.12 所示。为了便于比较，后危机复苏期间用单独加黑的矩形突出显示。快速系统的分布与中速和慢速系统的分布明显不同。快速系统似乎没有呈现出正态分布。相反，快速系统的收益表现呈现出正偏度的特点，并且离散度较低。表 10.6 列出了与标准普尔 500 指数本身相比，快速、中速和慢速趋势跟踪策略系统交易标准普尔 500 指数的收益表现的偏度。

第 10 章 不同宏观经济环境下的趋势跟踪策略
Chapter 10 Trend Following in Various Macroeconomic Environments

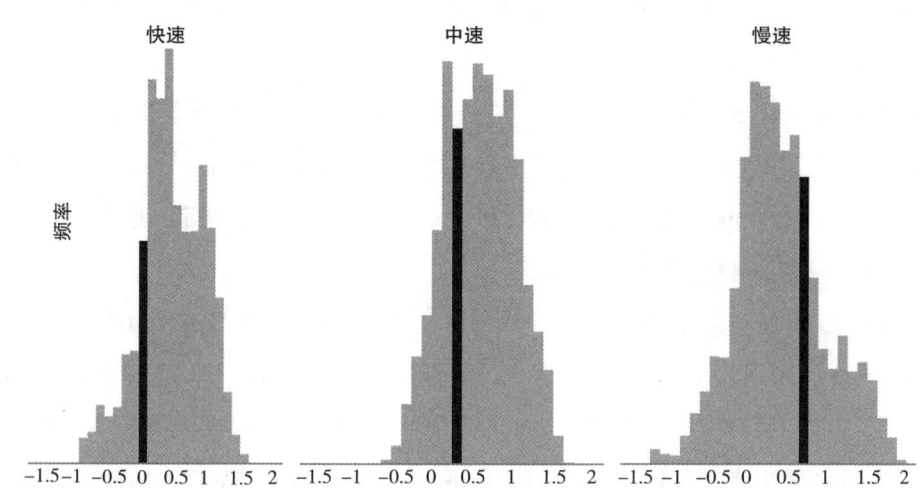

图 10.12　1928—2013 年，快速、中速、慢速趋势跟踪策略系统的 5 年期滚动夏普比率的直方图。为便于比较，后危机复苏期间由单独加黑的矩形突出显示。

表 10.6　1928—2013 年，快速、中速和慢速趋势跟踪策略系统交易标准普尔 500 指数的收益表现的偏度。

	快速	中速	慢速	标准普尔 500 指数
偏度	0.21	0.03	-0.17	-0.22

值得注意的是，慢速系统与标准普尔 500 指数的偏度非常类似；从直观上来看，这是有意义的，因为持仓周期越长，趋势跟踪策略系统的收益表现就越接近买入并持有策略的收益表现。对于快速和中速系统，后危机复苏期间（2009—2013 年）的夏普比率略低于其长期平均值。这表明，尽管在此期间，标准普尔 500 指数买入并持有策略的投资者处于第 98 个百分位数，但这一时期似乎不是趋势跟踪策略系统的尾部事件。

对速度的需求与分散化

2008 年后，股市缓慢而稳步地上涨。本节中的分析表明，在此期间，慢速系统的收益表现较差（尽管并不令人震惊）。从长期来看，慢速系统偶然的优异表现只发生在某个数据点和某一段时期。这种分析和讨论并不意味着慢速系统的收益表现比中速系统和快速系统的表现更好或更差，只说明了跨多种交易速度的分散化投资的价值，以及不过分强调单个时间段的重要性。

自从标准普尔 500 指数创立以来，趋势跟踪策略投资组合的夏普比率平均值为 0.58，并且和买入并持有标准普尔 500 指数的投资组合的相关性很低，仅为 0.1。这样的表现比标准普尔 500 指数本身的夏普比率还要高，从而有力地说明了，趋势跟踪策略是一个引人注目的另类投资资产类别。

为了更具体地讨论分散化的好处，我们可以通过检验不同交易速度的趋势跟踪策略与标准普尔 500 指数结合后的组合系统，来研究交易速度是如何影响系统总体的收益表现的。为此，我们将一个标准普尔 500 指数的纯多头投资组合与趋势跟踪策略系统，以 50/50 的权重配置成不同的组合系统。标准普尔 500 指数自创立以来的夏普比率为 0.37。我们比较了标准普尔 500 指数与交易标准普尔 500 指数的快速、中速和慢速趋势跟踪策略系统以 50/50 的权重配置后，所形成的投资组合的夏普比率，结果如图 10.13 所示。水平的黑实线表示投资组合的原始夏普比率，即 100% 纯多头标准普尔 500 指数的夏普比率，该数值为 0.37。

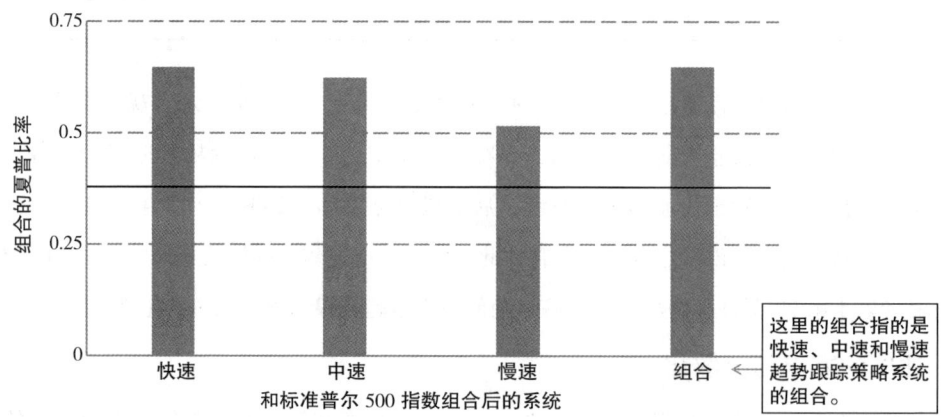

图 10.13　标准普尔 500 指数与交易标准普尔 500 指数的快速、中速和慢速趋势跟踪策略系统以 50/50 的权重配置。为了更便于比较，图中也列出了包含三种交易速度的组合系统的夏普比率。时间周期为 1928—2013 年。

第 10 章 不同宏观经济环境下的趋势跟踪策略
Chapter 10 Trend Following in Various Macroeconomic Environments

趋势跟踪策略系统的分散化益处是显而易见的。图 10.13 中，可能有点违反直觉的一个事实是，慢速系统的分散化益处最低。这是由于慢速系统与标准普尔 500 指数的纯多头投资组合最为相似，且具有最大的正相关性。

长时期的分散化 不可否认的是，2009—2013 年的后危机复苏期对于股票纯多头投资者来说，一直是一个令人喜悦的旅程。本节中，我们通过检验股票市场这种缓慢而稳定的趋势，来确定哪种交易速度的趋势跟踪策略系统在此期间会有优异的收益表现。在后危机复苏期间，慢速系统的收益表现相当出色，但从长期来看，这仅仅是昙花一现。快速和中速系统难以跟踪这种趋势。从 1928 年到 2013 年的长期历史视角表明，这五年只是历史上的一个样本期。思想实验揭示了一个更重要的投资组合问题：使用不同交易速度的系统进行分散化投资所带来的价值。慢速系统往往与市场本身有着更高的相关性，为股票投资者提供了边际的分散化收益。从投资组合的角度看，随着时间的推移，跨越了较长时间跨度的分散化投资，是改善趋势跟踪策略长期收益表现的简单方法。

■ 本章总结

本章重点介绍了随时间变化，可能影响趋势跟踪策略收益表现的宏观因素。更具体地说，我们讨论了利率制度、政府干预、监管力量和后危机复苏期。利率制度似乎对趋势跟踪策略系统的收益表现影响不大。政府干预措施的影响好坏参半，但限制市场的行为似乎产生了可以利用的趋势。短期干预措施有可能对长期的趋势跟踪策略产生不利影响。在量化宽松时期，股票市场出现巨大的上涨趋势时，趋势跟踪策略的收益表现符合历史预期。总的来说，很难把政府干预和相应的基本面因素这二者的影响区分开来。最后，虽然监管力量的出发点通常是好的，但它可能会在市场中导致奇怪的外部性[1]。监管力量可能不时地创造出了趋势，从而为趋势跟踪策略创造了机会。

---

[1] 外部性（externality）是指一个经济主体的行为对其他经济主体的福利（消费者效用水平）产生影响，但这种影响没有完全反映在市场交易中的市场失灵现象。——译者注

■ 延伸阅读与参考文献

Bhanot, K., and P. Kadapakkam. "Anatomy of a Government Intervention in Index Stocks: Price Pressure or Information Effects?" *Journal of Business* (March 2006): 963-986.

Bond, P., I. Goldstein, and E. Simpson. "Market-Based Corrective Actions." *Review of Financial Studies* 23, no. 2 (2010): 781-820.

Bond, P., and I. Goldstein. "Government Intervention and Information Aggregation by Prices." Working paper, 2012.

"Central Bank Intervention: If the Trend Is Your Friend, Is Central Bank InterventionYour Enemy?," *InschQuantrend* 4 (April 2011).

Greyserman, A. "Trend-Following: Empirical Evidence of the Stationarity of Trendiness." ISAM white paper, February 2012.

Greyserman, A., and K. Kaminski. "S&P500: Is the Trend Your Friend?" ISAM white paper, 2014.

Kaminski, K. "Regulators' Unintentional Effects on Markets," *SFO*, 2011.

Kelly, B., H. Lustif, and S. Van Nieuwerburgh. "Too-Systematic-to-Fail: What Option Markets Imply About Sector-Wide Government Guartantees." Working paper, 2013.

Kneib, T., and M. Wocken. "Tobit Regression to Estimate Impact of EU Market Intervention in Dairy Sector." 123rd EAAE Seminar, Dublin, February 2012.

LeBaron, B. "Technical Trading Rule Profitability and Foreign Exchange Intervention." *Journal of International Economics* 49 (1999): 125-143.

McCauley, R. "Risk-On/Risk-Off, Capital Flows, Leverage and Safe Assets." BIS Working Paper, July 2012.

第 10 章 不同宏观经济环境下的趋势跟踪策略
Chapter 10 Trend Following in Various Macroeconomic Environments

Mingst, K., and R. Stauffer. "Modeling Equilibrium Trends and Interventions in Commodity Markets." *Empirical Economics* 4, no. 2 (1979a).

Mingst, K., and R. Stauffer. "Intervention Analysis of Political Disturbances, Market Shocks, and Policy Initiatives in International Commodity Markets." *International Organization* 33, no. 1 (1979b).

Neely, C. "The Temporal Pattern of Trading Rule Returns and Central Bank Intervention: Intervention Does Not Generate Technical Trading Rule Profits." *Journal of International Economics* 58, no. 1 (October 2002): 211–232.

Saacke, P. "Technical Analysis and the Effectiveness of Central Bank Intervention." University of Hamburg, unpublished manuscript, 1999.

Sapp, S. "The Role of Central Bank Intervention in the Profitability of Technical Analysis in the Foreign Exchange Market." Unpublished manuscript, Ivey School of Business, University of Western Ontario, 1999.

Stevens, P. "Oil Markets." *Oxford Review of Economic Policy* 21, no. 1 (2005).

Tang, K., and W. Xiong. "Index Investment and Financialization of Commodities." NBER Working Paper 16385, 2010.

第五部分

业绩基准和风格分析

BENCHMARKING AND STYLE ANALYSIS

第 11 章

收益率离散度

对于 CTA 领域内的配置者，趋势跟踪策略日度收益率之间的高度相关性常常给投资者带来一种误解：所有的趋势跟踪策略投资者都差不多。事实上，趋势跟踪策略在投资方法、风格、仓位以及策略中混合了多少非趋势跟踪策略等方面的差异很大。尽管投资者对趋势跟踪策略存在误解，认为趋势跟踪策略有着高度的相似性，但趋势跟踪策略的收益率表现出了显著的离散度。本章重点从实证研究和概念上来讨论收益率离散度。首先，在不同策略分类中从短期和长期的角度讨论它们的收益率离散度；其次，具体研究了收益率离散度的两个主要驱动因子——历史回测窗口大小和资金配置方法；第三，从投资者角度研究了收益率离散度；最后，使用 CTA 收益率，从实证和理论上检验了收益率离散度。本章证明了参数选择的特殊效应，以及趋势跟踪策略之间高度相关性的重要性，这种相关性随着时间推移带来了收益率离散度。

在讨论收益率离散度及其与相关性的后续关系之前，先通过一个简单却值得深思的例子引出一些关于收益表现和相关性复杂度的观点。图 11.1 展示了三个人为生成的资产（资产 1、资产 2 和资产 3）的实现情况。乍一看，似乎相比资产 3，资产 1 与资产 2 的相关性更高。事实上，在这个极端的例子中，结论正好相反。资产 1 与资产 2 的相关性为 -1.0，与资产 3 的相关性为 +1.0！这个例子虽然比较极端，却突出了可能存在过度依赖相关性量度的情形。①

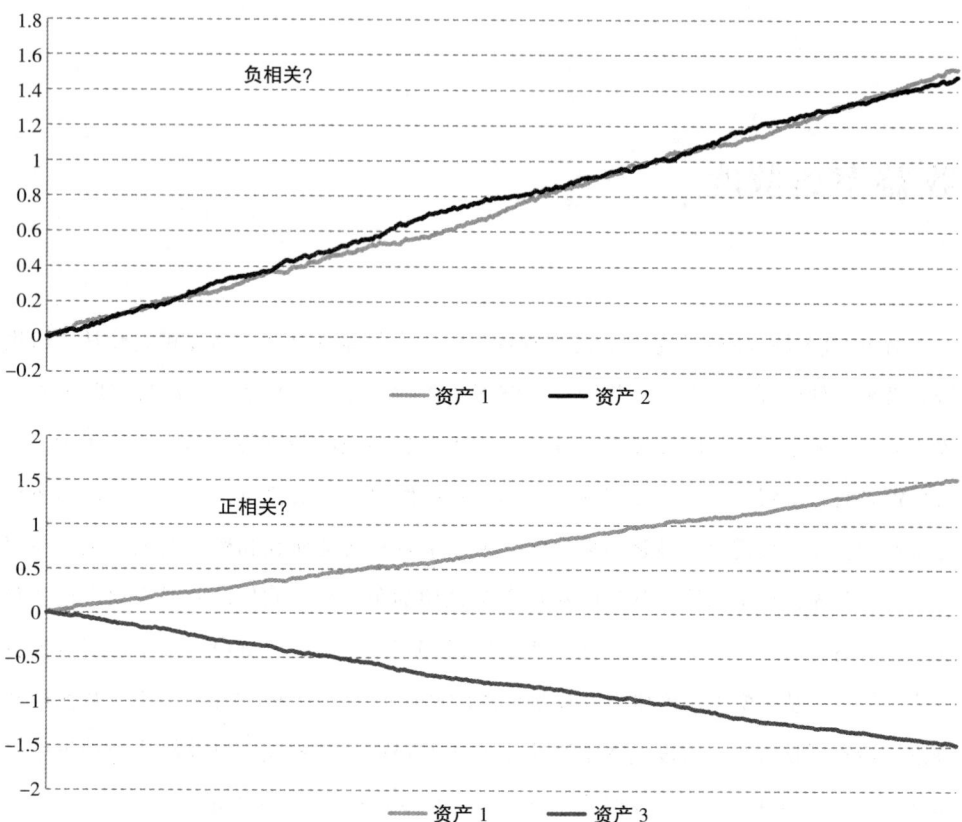

图 11.1　三个模拟资产（资产1、资产2和资产3）的相关性表现。此例展示了资产之间看似具有欺骗性的相关性数值，因为资产1与资产2的相关性为-1.0，资产1与资产3的相关性为+1.0。

---

① 第14章中再次讨论了每日结算制度下的相关性。由于期货交易中采用了标准化的每日结算制度，期货交易中基金经理之间的相关性是稳妥可信的，而其他没有采用标准化每日结算制度的策略，其相关性可能被低估了。

第 11 章　收益率离散度
Chapter 11　Return Dispersion

■ 策略分类与收益率离散度

第 3 章介绍了影响趋势跟踪策略分类的几个关键因素，包括风险目标水平、持仓周期、资金配置和行业偏差。根据持仓周期、资金配置和股票多头偏差，趋势跟踪策略系统可以划分为 8 个系统。8 个趋势跟踪策略系统的总结见表 11.1。第 7 章又讨论了趋势跟踪策略系统的这一分类方法，并证明了等金额风险配置的投资组合产生了更高的长期收益率，采用等金额风险配置且没有明确的股票多头偏差的趋势跟踪策略系统产生了最高的危机阿尔法、最高的正偏度和最佳的条件相关性特征。这一分析是相对长期的。在短期内，收益率离散度可能更加显著。为了说明趋势跟踪策略构建的这几个方面是如何在长期和短期内和收益率离散度联系起来的，本节再一次把趋势跟踪策略系统划分为 8 个系统。

表 11.1　基于股票多头偏差、资金配置和持仓周期这三个方面，构建 8 个趋势跟踪策略系统。此处，"非长期持仓"是指中期持仓。

	股票多头偏差	市值加权	长期持仓
1	无	否	非
2	有	否	非
3	无	是	非
4	有	否	是
5	有	是	非
6	无	是	是
7	有	否	是
8	有	是	是

每个趋势跟踪策略系统涵盖四大类资产——股指期货、商品期货、固定收益债券期货和外汇期货，这些资产涵盖全球 50 个市场。[1] 业绩指标和投资组合的收益，如偏

---

[1] 该数据集包含了 1993—2013 年的日度数据，所有收益率数据都标准化到 20% 的年化风险，并且收益中并没有扣除交易成本。

度、危机阿尔法和贝塔，有助于量化不同趋势跟踪策略系统的构建方法在不同市场环境中的收益表现和差异。本节使用箱线图总结了 8 个趋势跟踪策略系统的收益表现指标。在每个箱体中，中心标记（箱体中的线）代表数据的中位数，箱体的上下边缘分别代表第 75 百分位数和第 25 百分位数，两者之差即四分位距。须则代表该组数据的最大值和最小值，并不是异常值。[①] 须以外会有一些用加号表示的点，可以理解为数据中的异常值。

短期收益表现

为了展示短期内的收益率离散度，我们可以检验特定日历年的收益表现。图 11.2 是 8 个趋势跟踪策略系统在 2012 年的收益率离散度的箱线图。2012 年，等金额风险配置、持仓周期中等（系统 1）的对称系统的收益表现最差。系统 1 的收益率中位数为 −15%。相比之下，具有股票多头偏差、市值加权配置、持仓周期较长的系统 8 有着最好的收益表现。系统 8 的收益率中位数为 10%。为了进行比较，图 11.3 展示了 8 个趋势跟踪策略系统在 2009 年的收益率离散度的箱线图。等金额风险配置、持仓周期中等、具有股票多头偏差的系统 2 有着最好的收益表现。2009 年，系统 2 的收益率中位数超过了 20%。相比之下，没有股票多头偏差、市值加权配置、持仓周期更长的系统 6 有着最差的收益表现，收益率的中位数接近零。

根据趋势跟踪策略的构建方法的不同方面对趋势跟踪策略系统进行划分，为短期内的收益率离散度提供了合理的解释。趋势跟踪策略系统的收益率离散程度激发了趋势跟踪策略需要更加复杂的业绩基准这一需求。有关这部分内容将在本书的第 12 章和第 13 章中讨论。图 11.4 展示了 8 个趋势跟踪策略系统中，长时期内收益率离散度的箱线图。与 2009 年和 2012 年的情况相比，很明显，随着时间的推移，等金额风险配置的趋势跟踪策略系统的收益表现似乎优于市值加权配置的趋势跟踪策略系统的收益表现。至少 1994 年到 2013 年的情况似乎如此。

[①] 这些图中的异常值边界与箱体上下边缘的距离均为箱体高度的 1.5 倍。

第 11 章 收益率离散度
Chapter 11　Return Dispersion

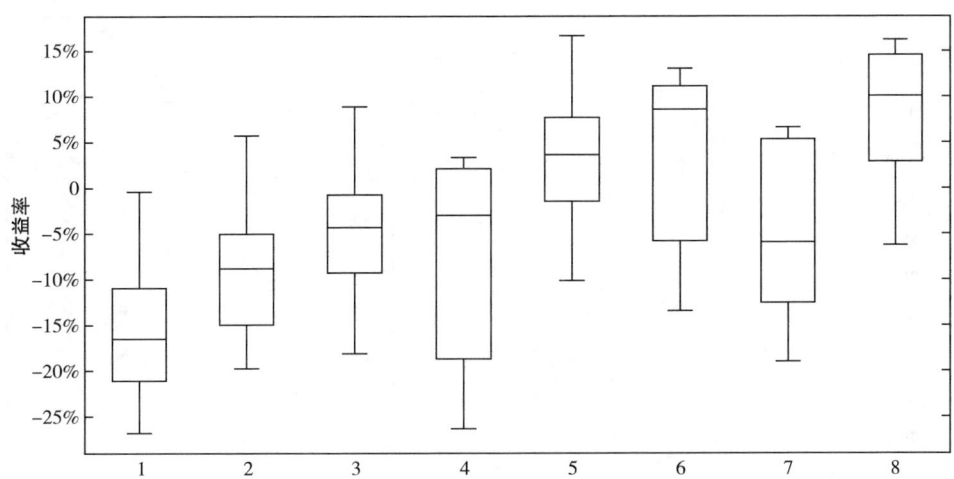

图 11.2　8 个趋势跟踪策略系统在 2012 年的收益率离散度（年化收益率）的箱线图。y 轴代表年化收益率。

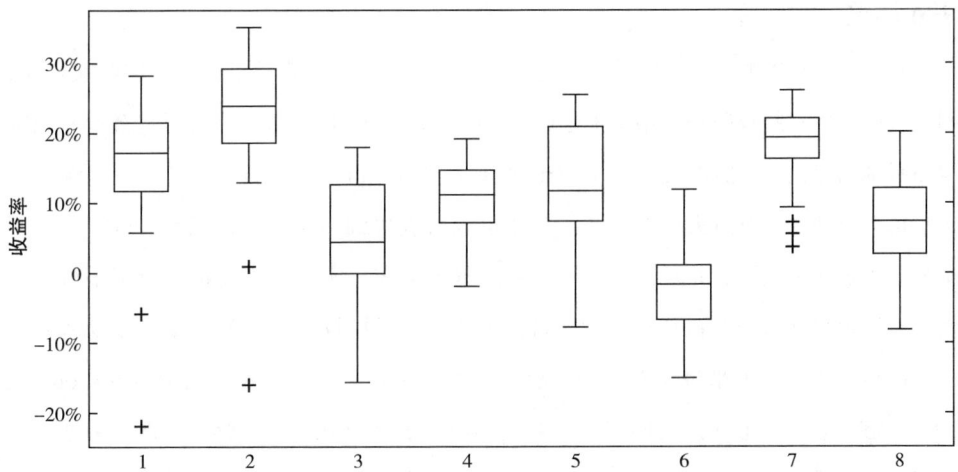

图 11.3　8 个趋势跟踪策略系统在 2009 年的收益率离散度（年化收益率）的箱线图。y 轴代表年化收益率。

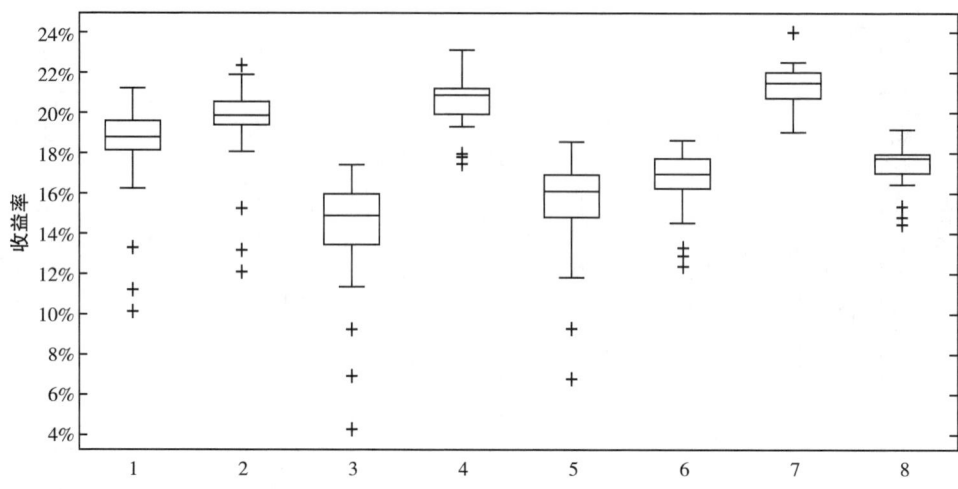

图 11.4 8个趋势跟踪策略系统在1994—2013年的收益率离散度的箱线图。y轴代表年化收益率。

头寸调整

对趋势跟踪策略构建方法的不同选择，似乎驱动了趋势跟踪策略系统的收益表现，因此我们可以对趋势跟踪策略系统作进一步的划分。回到第3章系统化地构建趋势跟踪策略系统的讨论，资金配置解释了资金是如何在不同市场中进行配置的。头寸调整取决于每个单独的市场过去的波动率。为了创建粒度更细的系统设计函数，可将头寸调整划分为长期和短期，并且，等金额风险配置既可应用于单个市场也可应用于行业层面。对于较短（较长）的历史回测窗口，头寸规模根据较短（较长）期的波动率估计进行调整。从直觉上来说，在波动率变化相当快的风险追逐、风险规避（risk on risk off）市场环境中，较短历史回测窗口对应的收益表现更好。按行业或个别市场划分等金额风险配置，可以解释资金配置如何影响收益表现。在等金额风险配置和头寸调整方法中增加两个选项，可以将趋势跟踪策略分为24个系统。24个趋势跟踪策略系统及其2012年相应的收益表现，如表11.2所示。

2012年，24个趋势追踪策略子系统收益率离散度的箱线图如图11.5所示。其中，

第 11 章 收益率离散度
Chapter 11 Return Dispersion

系统 1、9、24 有着最差的收益表现。在所有类型的趋势跟踪策略系统中，采取市值加权和股票多头偏差的趋势追踪策略系统有着最佳的收益表现。趋势跟踪策略系统的进一步划分，说明了趋势跟踪策略构建方法的各个方面是如何影响收益率离散度的，尤其是在短期内。

表 11.2 不同持仓周期、资金配置、股票多头偏差、头寸调整历史回测窗口的 24 个趋势追踪策略系统及其 2012 年相应的收益表现。

	交易速度	资金配置	股票多头偏差	历史回测窗口	2012 年的收益率（%）
1	中速	股票风险（市场）	无	短期	-17.5
2	中速	股票风险（市场）	无	长期	-12.2
3	中速	股票风险（市场）	有	短期	-9.3
4	中速	股票风险（市场）	有	长期	-4.6
5	中速	市值加权	无	短期	-5.0
6	中速	市值加权	无	长期	-4.1
7	中速	市值加权	有	短期	4.1
8	中速	市值加权	有	长期	5.3
9	中速	股票风险（行业）	无	短期	-18.7
10	中速	股票风险（行业）	无	长期	-12.3
11	中速	股票风险（行业）	有	短期	-9.5
12	中速	股票风险（行业）	有	长期	-3.8
13	慢速	股票风险（市场）	无	短期	-0.3
14	慢速	股票风险（市场）	无	长期	-12.7
15	慢速	股票风险（市场）	有	短期	5.2
16	慢速	股票风险（市场）	有	长期	-5.4
17	慢速	市值加权	无	短期	2.8
18	慢速	市值加权	无	长期	-2.3
19	慢速	市值加权	有	短期	9.0
20	慢速	市值加权	有	长期	6.3
21	慢速	股票风险（行业）	无	短期	-3.6
22	慢速	股票风险（行业）	无	长期	-14.7
23	慢速	股票风险（行业）	有	短期	3.4
24	慢速	股票风险（行业）	有	长期	-6.3

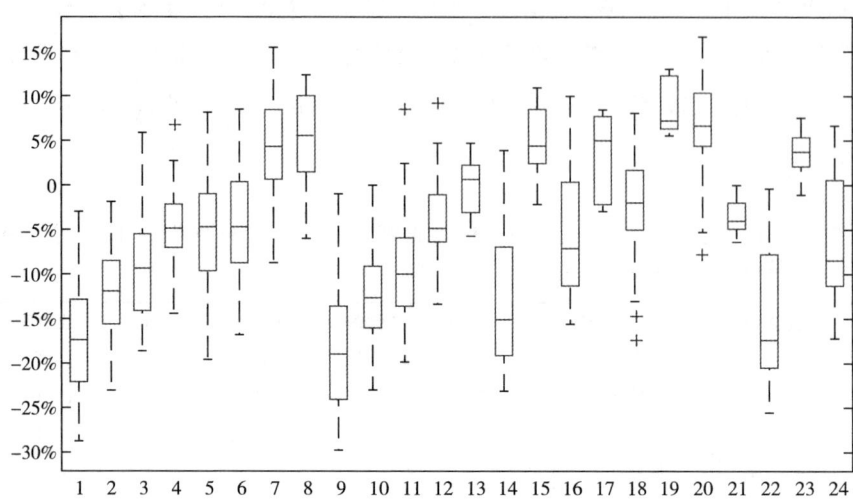

图 11.5 2012 年，24 个趋势跟踪策略系统收益率离散度的箱线图。

■ 进一步研究资金配置与头寸调整

在上一节中，根据趋势跟踪策略构建方法的几个方面对趋势跟踪策略系统进一步划分后，我们比较了子系统的收益表现。考虑到资金配置在长时期内是收益表现的核心差异化因素，更深入地研究资金配置有助于理解为什么资金配置如此重要。资金配置和头寸调整都会对特定市场中的头寸规模有影响。本节将进一步讨论这两个方面。

本节的讨论使用两个常见的趋势跟踪策略系统——**通道突破系统**和**移动平均线系统**，而不是表 11.1 中的八个趋势跟踪策略系统。使用连续的价格时间序列、标准的趋势信号，以及典型的使用滚动波动率来调整头寸的方法，可构建一个代表性趋势跟踪策略系统。[①] 作为对这两个系统的补充，我们使用了随机入市开仓系统来提高该分析的通用性。

---

① 需要重点关注的是，这里使用了第 3 章提到的常用的头寸调整方法。

第 11 章 收益率离散度
Chapter 11　Return Dispersion

通道突破系统

- 价格高于历史回测窗口中的最高价格时,开多头头寸。
- 价格低于历史回测窗口中的最低价格时,开空头头寸。
- 每当触及追踪止损点时,系统就立即止损,退出该头寸。

移动平均线系统

- 当较短的历史回测窗口中的移动平均价格值高于较长的历史回测窗口中的移动平均价格值时,开多头头寸。
- 当较短的历史回测窗口中的移动平均价格值低于较长的历史回测窗口中的移动平均价格值时,开空头头寸。
- 当交叉信号改变方向或触及追踪止损点时,系统就立即止损,退出该头寸。①

随机入市开仓系统

- 没有特定的入市开仓信号。
- 该系统由大量的独立交易者组成②,最初每个交易者都以相同的概率开多头或空头头寸。
- 每当触及追踪止损点时,每个交易者都立即止损,退出该头寸。

随机入市开仓系统是一个具有入市独立性的趋势跟踪策略系统。尽管该系统没有入市开仓的决策信号,但在运行时依然跟踪趋势。当出现长期上涨的趋势时,空头头寸将会止损退出,反之亦然。随着时间的推移,趋势跟踪策略系统的独立交易者的净头寸将更加符合趋势。**追踪止损的松紧度**定义为用来设置追踪止损点的日度价格变化的滚动标准差。追踪止损的松紧度类似于具有入市开仓和平仓退市信号的系统的历史回测窗口大小。使用随机入市开仓系统不是为了说明头寸管理的重要性,而是为了说明结果的稳健性和通用性。

这些投资组合涵盖四大类资产——股指期货、商品期货、固定收益债券期货和外

---

① 对于通道突破系统和移动平均线系统,在 252 天的历史回溯窗口中,追踪止损是每日价格变化的滚动标准差的 12 倍。
② 该系统由 100 个独立交易者组成。

汇期货，大约包含 50 个市场。从 20 世纪 90 年代开始，大多数市场都可以获得日度价格数据。自 1978 年以来农产品市场的日度价格数据是可得的。[①] 为了说明头寸是如何配置的，仔细研究第 3 章中关于合约数量的公式，有助于解释构建系统的各个方面是如何起作用的。名义头寸（v）的数学表达式如下：

$$v = s \times \frac{\theta \times c}{\sigma_k(\Delta p) \times PV} \times (PV \times p)$$

在这个数学表达式的分子中，单个市场的合约数量是风险载荷（θ）和投资资金（c）的函数。资金配置是通过调整每个市场的投资资金来实现的。风险调整可以来自风险载荷（θ），且风险调整基于分母中的历史波动率 [$\sigma_K(\Delta p)$]。首先，通过分析基于历史波动率 [$\sigma_K(\Delta p)$] 的历史回测窗口（K）的头寸调整变化，来讨论收益率离散度。其次，检验行业资金配置的变化，来确定行业配置是如何影响收益率离散度的。[②]

头寸调整和历史回测窗口大小

基于波动率进行头寸调整，不同的历史回测窗口大小可以帮助我们了解在趋势跟踪策略系统中，波动率调整对趋势跟踪策略系统的收益表现有着怎样的影响。首先，将通道突破系统视为头寸调整函数。使用范围在 20~200 天之间的历史回测窗口，表 11.3 列出了 2001—2013 年通道突破系统的年化收益率。[③] 历史回测窗口大小的影响在样本期内似乎是随机的。某些年份似乎对历史回测窗口的大小更加敏感。例如，在 2009 年，50 天的历史回测窗口对应 3.91% 的正收益率；而在同一年度，当历史回测窗口减小到只有 20 天时，收益表现暴跌了 14.52%。另一方面，在 2003 年，每一个历史回测窗口大小都对应正收益。构建不同的趋势跟踪策略系统风格时，为了量度其收益率离散度水平，可以将四分位距（IQR）作为衡量收益率离散度大小的指标。四分位距

---

① 假设三个趋势跟踪策略系统在同一天以收盘价执行订单，而不考虑滑点。
② 在影响收益率离散度的三个典型因素中，投资组合杠杆和风险载荷（θ）是最直接的，在此不予讨论。在整个测试期间，本节的计算结果都调整为年化波动率 15% 时的年化净收益率。
③ 在本小节中，对于该系统以及其他两个系统，投资组合在市场之间的资金配置基于等金额风险配置。在这种情况下，头寸规模与市场的滚动波动率成反比。

第 11 章 收益率离散度
Chapter 11 Return Dispersion

定义为年化收益率的 75% 四分位数和 25% 四分位数之间的差值。2003 年，四分位距仅为 3.77%，而 2008 年的四分位距为 13.74%。表 11.3 的收益率离散度表明，在某些年份，历史回测窗口更短的趋势跟踪策略系统优于历史回测窗口更长的趋势跟踪策略系统的收益表现，而在某些年份，情况正好相反。

表 11.3 历史回测窗口大小从 20 到 200 天不等的通道突破策略系统的年化收益率。第二行是根据每年不同收益率的四分位距来量度的收益率离散度，其中由于历史回测窗口大小的变化，带来了不同的收益率。

	2001	2002	2003	2004	2005	2006	2007	2008	2009	2010	2011	2012	2013
IQR	4.96	4.03	3.77	6.92	4.78	3.49	3.99	13.74	6.20	4.40	2.49	6.77	9.56
20	15.15	16.46	17.34	1.39	2.09	-9.00	14.03	51.47	-10.23	-0.89	-13.97	-2.31	-7.12
30	14.10	16.89	14.93	8.00	-1.06	1.70	0.97	64.20	-14.52	6.08	-9.99	-0.26	-6.17
40	13.47	25.46	9.63	6.25	-6.23	2.53	-5.72	65.17	-3.91	7.65	-2.51	-2.91	-6.61
50	8.84	25.31	6.78	9.24	-0.11	7.23	-8.54	63.58	3.91	5.90	3.96	-7.31	-8.69
60	6.34	27.72	7.40	6.30	0.22	13.27	-2.03	62.44	12.72	7.89	4.81	-5.81	-8.72
70	12.54	25.34	8.38	2.15	1.24	12.54	3.43	59.59	12.24	12.72	5.35	-10.28	-7.42
80	11.46	24.92	11.07	-2.09	2.49	13.14	0.09	58.32	9.75	12.13	10.78	-9.91	-9.17
90	9.34	26.45	13.41	-4.88	2.26	15.73	-0.61	60.95	8.82	16.50	11.28	-12.98	-7.61
100	11.42	23.97	17.21	-6.11	4.81	13.42	0.56	60.92	7.06	15.44	10.92	-8.63	-1.22
110	10.09	25.71	18.25	-5.43	4.76	9.61	2.45	57.32	8.15	17.15	8.89	-5.39	0.17
120	10.07	25.01	17.51	-0.61	6.13	7.33	3.54	57.26	8.24	16.91	6.03	-1.25	2.81
130	10.19	24.11	17.80	0.01	5.66	9.55	5.02	55.08	6.11	14.46	5.39	-1.98	1.61
140	15.98	26.66	16.85	-0.27	3.51	9.84	3.16	54.08	7.11	14.29	8.55	-1.11	1.14
150	16.75	25.08	15.82	0.71	4.36	10.31	3.41	52.01	5.76	14.14	7.18	-1.73	2.53
160	15.59	23.43	16.53	0.10	6.80	9.83	4.80	51.34	5.93	15.20	6.13	1.18	3.07
170	16.79	22.04	18.06	2.84	8.46	8.91	4.59	50.39	6.08	15.26	5.52	0.99	2.03
180	16.94	20.09	17.03	1.34	7.79	9.05	3.53	47.61	5.08	15.25	5.41	1.51	0.69
190	16.43	19.81	18.23	4.24	7.71	10.65	3.57	46.56	4.20	15.44	5.32	1.39	1.20
200	16.26	21.21	18.58	6.93	6.70	11.19	4.49	45.06	3.85	16.20	6.15	0.35	2.15

移动平均线交叉交易系统根据较短和较长的历史回测窗口，来确定何时是多头头寸，何时是空头头寸。在此示例中，对于移动平均线交叉交易系统，较长的历史回测

窗口大小为100~240天，较短的历史回测窗口大小为10~60天。图11.6展示了2001—2013年，每个日历年内较长和较短历史回测窗口组合的移动平均线交叉交易系统的收益率。和通道突破系统一样，收益率离散度在每个日历年都差异很大。例如，在2008年，收益率对两种历史回测窗口大小的选择都非常敏感。而与2008年不同，在2005年，历史回测窗口大小的选择显得不那么重要。

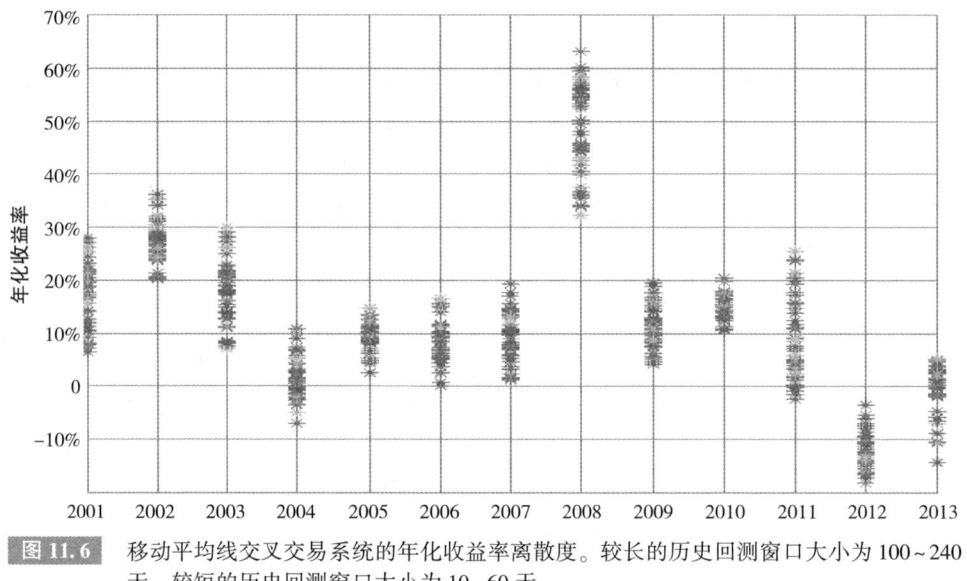

图11.6 移动平均线交叉交易系统的年化收益率离散度。较长的历史回测窗口大小为100~240天，较短的历史回测窗口大小为10~60天。

通道突破系统和移动平均线交叉交易系统都依赖于特定的信号，来作出入市开仓和平仓退市的决策。为了检验这些结果是否稳健，或者是否仅仅是入市开仓信号的函数，可以用随机入市开仓系统来检验收益率离散度。2001—2013年随机入市开仓系统的年化收益率和四分位距的值，如表11.4所示。对于随机入市开仓系统，头寸调整和交易速度将直接取决于追踪止损的松紧度。追踪止损的松紧度或日度价格变化的滚动标准差的数值介于2~20之间。追踪止损点如果设置为2，会导致频繁止损，使系统交易得更快；而追踪止损点设置为20的系统，则极少发生止损退出交易，持仓周期会更长。即使是随机入市开仓系统，收益率离散度在每个日历年都差异很大。例如，在

第 11 章 收益率离散度
Chapter 11 Return Dispersion

2009 年，将追踪止损的松紧度参数由 3 改为 4 时，年化收益率从 -42% 提高到了 -14.6%。而在 2010 年，追踪止损的松紧度参数同样由 3 改为 4，对收益率表现的影响却很小，几乎没有影响。在三种不同类型的趋势跟踪策略构建方法下，收益率离散度的结果稳健。头寸调整似乎会在某些年份产生较大的影响，而在其他年份则影响甚微。

表 11.4　随追踪止损的松紧度或每日价格变化的滚动标准差（取值范围为 2~20）而变化的随机入市系统的年化收益率。第一行是根据每年四分位距来度量的收益率离散度，其中不同的追踪止损松紧度参数设置带来了不同的收益率。

	2001	2002	2003	2004	2005	2006	2007	2008	2009	2010	2011	2012	2013
IQR	4.43	12.52	7.31	8.33	10.39	4.18	11.94	21.65	7.32	14.59	13.82	10.38	4.41
2	2.44	-0.36	13.56	-7.66	4.97	1.83	4.44	75.43	-23.74	10.79	-6.26	-1.84	-7.90
3	11.49	12.13	8.42	-13.34	-4.21	-1.78	11.09	64.37	-42.00	3.18	-11.32	4.78	-4.44
4	5.57	24.84	15.22	-9.03	-6.77	-3.93	2.93	94.03	-14.60	3.16	-17.42	-4.16	3.07
5	18.25	26.08	9.10	3.90	-3.09	1.09	3.45	86.60	-9.55	11.23	5.26	-5.41	-2.81
6	19.27	26.21	7.64	2.13	-6.99	-0.03	-5.81	89.54	1.26	12.96	5.93	-11.93	-1.18
7	13.91	29.01	3.95	3.29	-5.51	2.35	-7.09	89.62	2.47	17.85	12.80	-17.70	-3.74
8	15.73	32.16	4.71	4.08	-8.88	5.11	-10.40	75.36	4.28	18.61	14.40	-18.73	-2.84
9	12.07	35.88	5.40	2.26	-7.95	4.29	-5.57	69.82	2.90	17.85	14.62	-27.27	0.09
10	11.36	33.01	6.24	-2.41	-6.75	6.02	-1.28	75.69	8.17	18.80	17.13	-21.41	1.41
11	12.19	36.03	9.80	-2.04	-8.23	5.08	-4.85	75.62	8.06	17.55	9.81	-19.47	-0.63
12	10.38	38.50	11.88	-3.15	-7.97	1.24	-4.19	69.09	5.66	17.22	10.41	-19.32	-0.64
13	10.86	40.73	14.96	-3.44	-5.72	-1.52	-2.40	70.76	3.04	12.86	10.21	-17.35	-0.95
14	14.61	39.55	15.45	-6.82	-3.55	2.85	0.41	60.61	1.80	23.77	4.03	-13.35	-3.33
15	17.11	40.62	15.97	-9.68	-2.35	3.21	3.03	58.06	-0.44	24.79	2.75	-9.90	2.11
16	15.90	39.65	12.44	-2.80	2.71	2.65	7.33	49.95	1.39	33.15	-1.65	-9.52	0.53
17	16.28	43.04	15.15	-2.49	4.32	8.52	7.51	40.16	3.96	37.97	-0.16	-8.77	7.23
18	13.50	38.83	17.47	5.16	7.66	6.12	7.94	24.28	3.29	34.24	-1.77	-8.90	8.65
19	15.81	42.26	19.03	3.10	10.04	6.17	7.76	18.18	-4.37	30.21	-5.26	-6.91	1.75
20	15.69	43.04	16.44	11.05	9.08	5.58	10.14	17.86	-3.02	31.44	-7.90	-8.76	1.09

特定行业和资金配置

为了说明行业对资金配置的影响，如前一小节所述，我们检验了通道突破系统的年化收益率，回测窗口范围为 90~120 天。表 11.5 中列出了 2001—2013 年，在 90~120 天的历史回测窗口下，每个行业的资金配置权重平均为 10%~50% 不等对应的收益表现。其余的资金等权重地配置在其他三个行业。在每个行业中，每个市场的资金配置是基于等金额风险配置的。行业头寸规模大体上可以用以下数学公式来表示：

$$行业头寸规模 = \frac{行业资金 \times \theta}{N \times \overline{\sigma}_{行业}}$$

式中，θ 为风险载荷，N 为行业中的市场总数，$\overline{\sigma}_{行业}$ 为特定行业市场的平均金额风险。和头寸调整一样，13 年间，在特定行业上超配和低配对趋势跟踪策略系统的收益表现产生了迥异的影响。例如，2013 年，在固定收益债券期货上的超配导致趋势跟踪策略系统的收益表现非常糟糕；同年，超配股指期货却有助于趋势跟踪策略系统获得更高的收益率。特定行业配置对趋势跟踪策略系统的收益表现每年的影响都有所不同。2005—2008 年，无论特定行业的资金配置如何，收益率离散度都相对较小；相比之下，2011 年，当在某个特定行业或者其他行业配置较多权重时，收益率离散度增大了。

收益率离散度和市场波动率

前两节中，讨论了用不同方法进行头寸调整和行业资金配置对趋势跟踪策略系统收益表现的潜在影响。由于在进行头寸调整和行业资金配置时参数取值范围较广，因此当收益率离散度相对较高时，趋势跟踪策略系统的收益率离散度看起来似乎是随机的。对于前几个小节中描述的所有趋势跟踪策略系统来说，在所有的头寸调整参数体系下，2008 年的收益率离散度处在最高水平。考虑到每年的收益率离散度分布范围很广，我们自然会提出下一个问题：整个市场的波动率是如何与收益率离散度相关的。为了简化分析，把市场波动率定义为包含了趋势跟踪策略投资组合的所有市场的标准化波动率的平均值。在本节中，每个市场分别通过相应的样本周期内，日度价格变化的 252 天滚动标准差的平均值进行标准化。

第 11 章　收益率离散度
Chapter 11　Return Dispersion

在四个行业之间具有不同资金配置的通道突破策略系统的年化收益率。第一行是根据每年不同收益率的四分位距来量度的收益率变化散度。度的收益率离散度，其中资金配置的变化带来了不同的收益率。

表 11.5

股指期货	商品期货	固定收益债券期货	外汇期货	IQR	2001	2002	2003	2004	2005	2006	2007	2008	2009	2010	2011	2012	2013
				IQR	5.55	3.46	3.99	2.72	1.92	2.96	4.07	1.32	2.83	3.59	5.99	3.27	4.27
25	25	25	25		5.84	27.61	17.52	−7.03	4.90	11.90	−3.44	62.25	8.87	13.61	11.40	−16.03	−3.87
10	30	30	30		0.49	27.54	15.32	−8.15	3.81	11.74	3.96	64.01	4.75	21.41	19.17	−14.40	−11.96
15	28	28	28		2.27	27.56	16.05	−7.78	4.18	11.79	1.49	63.42	6.12	18.81	16.58	−14.94	−9.27
20	26	26	26		4.06	27.59	16.79	−7.40	4.54	11.85	−0.97	62.83	7.50	16.21	13.99	−15.49	−6.57
30	23	23	23		7.62	27.63	18.25	−6.65	5.27	11.96	−5.90	61.66	10.25	11.01	8.80	−16.58	−1.18
35	21	21	21		9.40	27.66	18.98	−6.28	5.63	12.02	−8.36	61.07	11.62	8.41	6.21	−17.12	1.52
40	20	20	20		11.19	27.68	19.71	−5.90	6.00	12.07	−10.83	60.48	13.00	5.80	3.62	−17.67	4.21
45	18	18	18		12.97	27.70	20.44	−5.53	6.36	12.13	−13.29	59.89	14.38	3.20	1.03	−18.21	6.91
50	16	16	16		14.75	27.73	21.17	−5.16	6.73	12.19	−15.75	59.30	15.75	0.60	−1.56	−18.76	9.60
30	10	30	30		6.15	32.49	18.80	−11.11	7.38	10.13	−5.41	62.59	8.45	12.07	14.45	−17.98	−3.56
28	15	28	28		6.05	30.86	18.37	−9.75	6.56	10.72	−4.75	62.47	8.59	12.58	13.43	−17.33	−3.66
26	20	26	26		5.94	29.24	17.94	−8.39	5.73	11.31	−4.09	62.36	8.73	13.10	12.41	−16.68	−3.77
23	30	23	23		5.73	25.98	17.09	−5.67	4.08	12.50	−2.78	62.13	9.01	14.12	10.38	−15.38	−3.98
21	35	21	21		5.63	24.35	16.66	−4.31	3.25	13.09	−2.12	62.02	9.15	14.64	9.36	−14.73	−4.08
20	40	20	20		5.53	22.73	16.23	−2.95	2.43	13.68	−1.46	61.90	9.30	15.15	8.34	−14.08	−4.19
18	45	18	18		5.42	21.10	15.81	−1.59	1.60	14.27	−0.80	61.79	9.44	15.66	7.32	−13.43	−4.29

续表

股指期货	商品期货	固定收益债券期货	外汇期货	2001	2002	2003	2004	2005	2006	2007	2008	2009	2010	2011	2012	2013
16	50	16	16	5.32	19.47	15.38	-0.23	0.78	14.86	-0.14	61.67	9.58	16.18	6.30	-12.78	-4.40
30	30	10	30	2.51	21.32	22.92	-3.03	5.46	8.96	-8.25	62.81	11.72	7.75	2.60	-18.39	5.50
28	28	15	28	3.62	23.41	21.12	-4.36	5.28	9.94	-6.65	62.62	10.77	9.70	5.53	-17.60	2.37
26	26	20	26	4.73	25.51	19.32	-5.69	5.09	10.92	-5.04	62.43	9.82	11.66	8.46	-16.82	-0.75
23	23	30	23	6.95	29.71	15.72	-8.36	4.72	12.89	-1.83	62.06	7.92	15.56	14.33	-15.25	-7.00
21	21	35	21	8.06	31.80	13.92	-9.70	4.53	13.87	-0.22	61.87	6.97	17.51	17.26	-14.46	-10.12
20	20	40	20	9.17	33.90	12.12	-11.03	4.35	14.85	1.38	61.68	6.02	19.47	20.19	-13.68	-13.25
18	18	45	18	10.28	36.00	10.32	-12.37	4.16	15.83	2.99	61.49	5.07	21.42	23.12	-12.89	-16.37
16	16	50	16	11.39	38.10	8.52	-13.70	3.97	16.81	4.60	61.30	4.12	23.37	26.06	-12.11	-19.50
30	30	30	10	14.20	29.09	13.03	-5.83	2.96	16.79	-4.03	59.57	10.57	13.20	9.36	-13.37	-5.48
28	28	28	15	11.41	28.60	14.52	-6.23	3.61	15.16	-3.83	60.46	10.01	13.34	10.04	-14.25	-4.94
26	26	26	20	8.63	28.10	16.02	-6.63	4.26	13.53	-3.63	61.35	9.44	13.47	10.72	-15.14	-4.41
23	23	23	30	3.05	27.11	19.01	-7.43	5.55	10.28	-3.24	63.14	8.31	13.74	12.07	-16.92	-3.34
21	21	21	35	0.26	26.62	20.51	-7.83	6.20	8.65	-3.04	64.03	7.74	13.88	12.75	-17.81	-2.81
20	20	20	40	-2.52	26.13	22.01	-8.23	6.85	7.02	-2.84	64.92	7.17	14.02	13.43	-18.70	-2.27
18	18	18	45	-5.31	25.63	23.50	-8.63	7.49	5.39	-2.65	65.82	6.61	14.15	14.11	-19.59	-1.74
16	16	16	50	-8.10	25.14	25.00	-9.03	8.14	3.76	-2.45	66.71	6.04	14.29	14.79	-20.48	-1.20

第 11 章 收益率离散度
Chapter 11　Return Dispersion

首先，在样本期的每一年内，基于一系列历史回测窗口，我们可以将四分位距量度的收益率离散度与相应的市场波动率进行对比。图 11.7 展示了收益率离散度（对应于一系列历史回测窗口大小的四分位距，见表 11.3）与整体市场波动率（所有市场 252 天标准化波动率的平均值）之间的散点图。即使把 2008 年作为异常点从散点图上剔除，收益率离散度作为历史回测窗口大小的函数，和整体市场波动率之间仍然没有明显的相关性。① 同样的分析可以应用于行业资金配置的变化上。图 11.8 展示了收益率离散度（对应于不同行业资金配置的四分位距，见表 11.5）和市场波动率（所有市场 252 天标准化波动率的平均值）之间的散点图。同样把 2008 年作为异常点从散点图上剔除，收益率离散度作为行业资产配置的函数，和市场波动率之间依然没有明显的相关性。

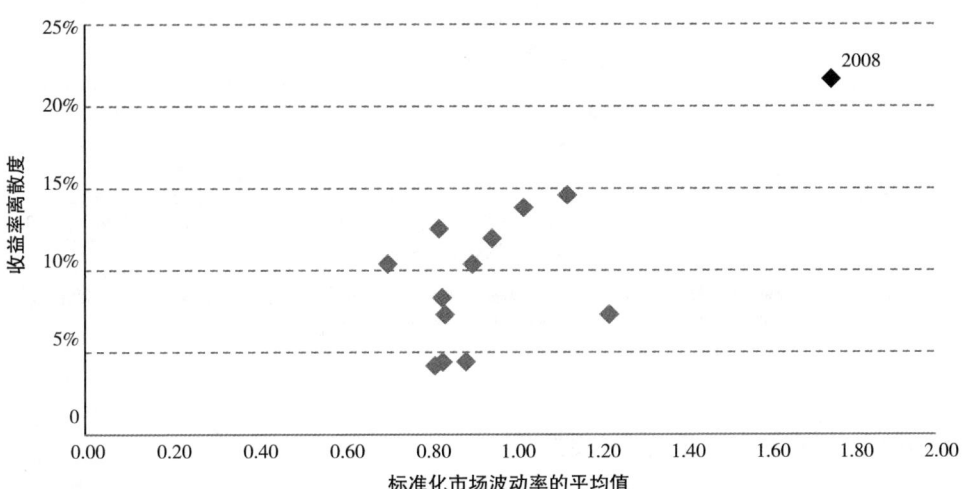

图 11.7　不同历史回测窗口大小下的收益率离散度（四分位距）与市场波动率（标准化市场波动率的平均值）的散点图。样本期是 2001—2013 年。

第 8 章中讨论了市场波动率和投资组合波动率的关系。在本章中，基于波动率调整趋势跟踪策略系统的头寸时，应该使系统在某种程度上达到 Vega 中性。但是在市场波

---

① 考虑到这一结果对应的样本期仅为 10 年，因此我们对较小范围内的市场进行了更长期的研究。当应用具有 32 年历史价格、包含 12 个市场的投资组合时，得出的结果和 10 年期的结果相似。

动率剧烈变化的时期，基于波动率方法调整头寸将不能继续保持 Vega 中性。因此可以预计，收益率离散度和市场波动率之间缺乏相关性。像 2008 年这样有代表性的年度，市场波动率飙升，同时收益率离散度也很大。作为稳健性检验，当我们使用 Newedge 指数的波动率而不是标准化市场波动率的平均值时，收益率离散度依然和市场波动率不相关。

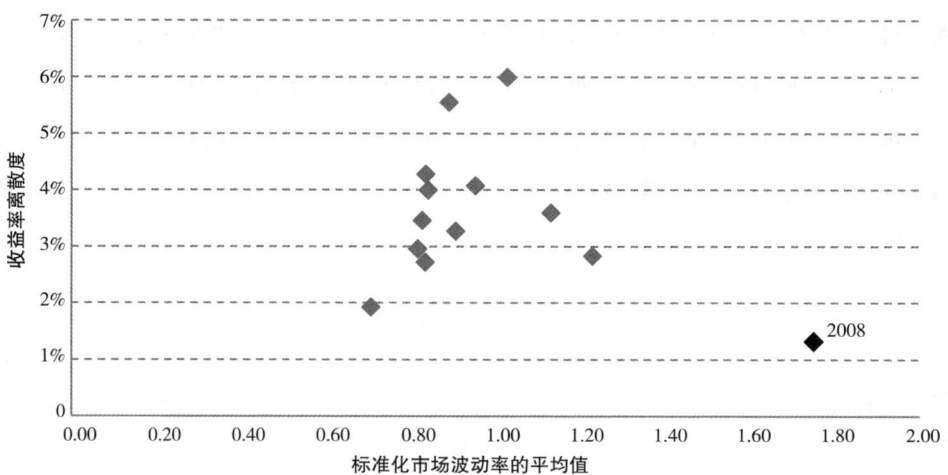

图 11.8　不同行业资金配置方法下的收益率离散度（四分位距）与市场波动率（标准化市场波动率的平均值）的散点图。样本期是 2001—2013 年。

■ 投资者视角下的收益率离散度

从投资者的角度来看，由不同的参数带来的收益率离散度仍然是一个重要的问题。收益率离散度可以为跨行业评价和了解基金经理的收益表现提供额外的信息。例如，当收益率离散度较大时，说明趋势跟踪策略有着广泛的收益表现；另一方面，当收益率离散度较小时，如果收益表现显著偏离同行（波动率标准化后），投资者可能会对此保持合理的怀疑。举一个简单的例子，趋势跟踪策略基金经理决定，把资金的大部分配置给套利交易或者信用利差交易。把趋势跟踪策略系统作为一个整体，即使收益率离散度较小，由于套利交易不是传统的趋势跟踪策略，额外配置大量套利交易的趋势

第11章 收益率离散度
Chapter 11 Return Dispersion

跟踪策略的收益表现也可能会显著偏离其他趋势跟踪策略投资者的收益表现。

为了量度趋势跟踪策略系统收益率离散度的水平,我们可以使用通道突破系统和移动平均线交叉交易系统检验收益率离散度指数(RDI)。通道突破系统的历史回测窗口大小在20~250天范围内,如表11.3所示。行业资金配置的百分比范围如表11.5所示。随着历史回测窗口大小和行业资金配置的变化,RDI指标的数值用滚动年化收益率的四分位距来计算。RDI代表了趋势跟踪策略系统期望的收益率离散度的总水平。如图11.9所示,在2001—2013年期间,基于通道突破系统和移动平均线交叉交易系统,用趋势跟踪策略的12个月滚动收益率的四分位距来评估RDI指标。在这个特定的例子中,2012年初的RDI值接近20%,达到了峰值。在给定的样本期内,这个峰值位于收益率离散度历史值的前5%。①

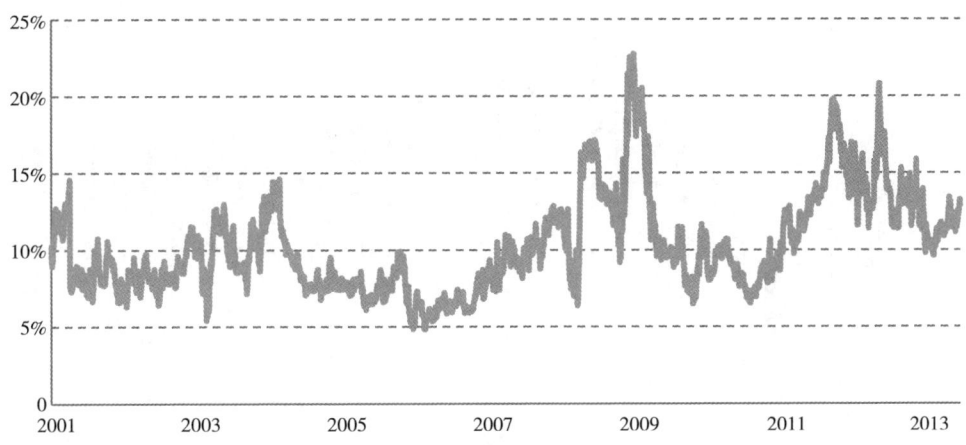

图11.9 2001—2013年期间的收益率离散度指数(RDI)。RDI的值是用基于通道突破系统和移动平均线交叉交易系统的12个月滚动年化收益率的四分位距来计算的。

为了进一步研究收益率离散度,需要更加细致地研究某一特定年度的收益率离散度。下面通过举例说明。2011年,对于一系列不同的历史回测窗口大小和不同的行业

---

① 根据巴克莱快报,资产管理规模至少5 000万美元的CTA交易程序中,2011年初至今的最高收益率(截至2011年7月31日)为27%,最低收益率为-30%。2010年,最高的收益率为66%,而最低的收益率为-15%。

资金配置参数，通道突破系统投资组合的收益率分布如图 11.10 所示。从图 11.10 中可以看出，较短的历史回测窗口带来了最佳收益表现。将这个例子细化到行业层面，基于历史回测窗口大小和行业资金配置函数的收益率分布如图 11.11～图 11.14 所示。[①]
在 2011 年的具体例子中，低配股指期货的通道突破系统产生了更高的收益率。如果重仓配置在商品期货行业，较短历史回测窗口的通道突破系统会有最差的收益表现，即使历史回测窗口变长，收益表现也依然糟糕。对于 2011 年的固定收益债券期货行业，无论历史回测窗口大小如何，固定收益债券期货的配置权重增加都会提升通道突破系统的收益表现。最后，对外汇期货市场而言，外汇期货的配置权重增加有助于改善通道突破系统的收益表现，但是，随着历史回测窗口大小的变化，改善的幅度不一。

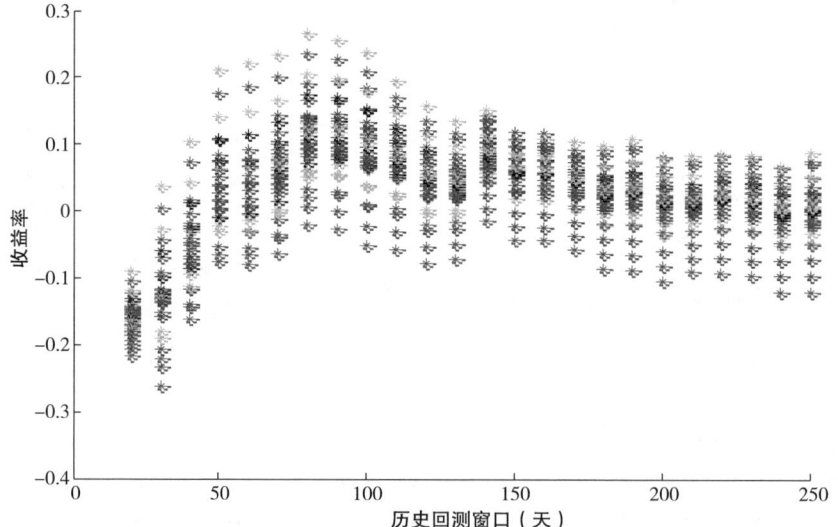

图 11.10　2011 年，投资组合收益率与历史回测窗口大小和行业资金配置的函数关系。每一个点代表一个对应特定的历史回测窗口大小和行业资金配置的投资组合。

---

① 和本节中的其他例子一样，当特定行业的资金配置发生变化时，资金在余下的三个行业之间平均分配。

第 11 章　收益率离散度
Chapter 11　Return Dispersion

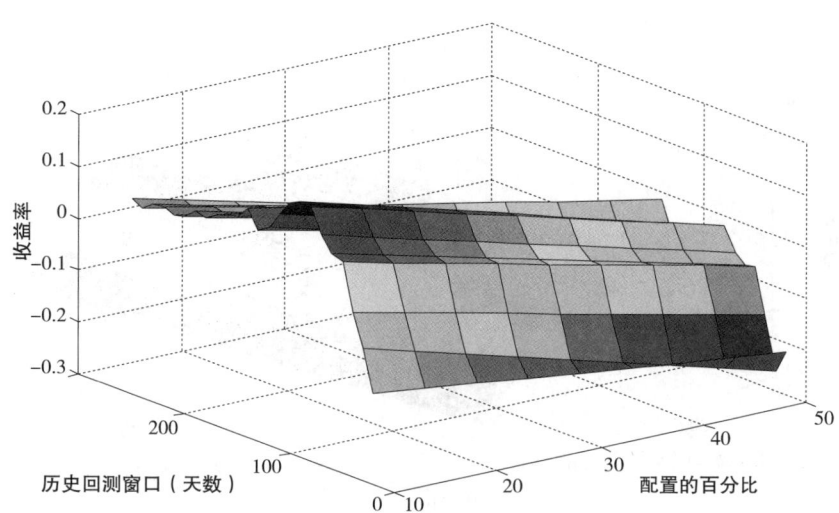

图 11.11　2011 年，投资组合收益率与历史回测窗口大小和股指期货行业资金配置的函数关系。

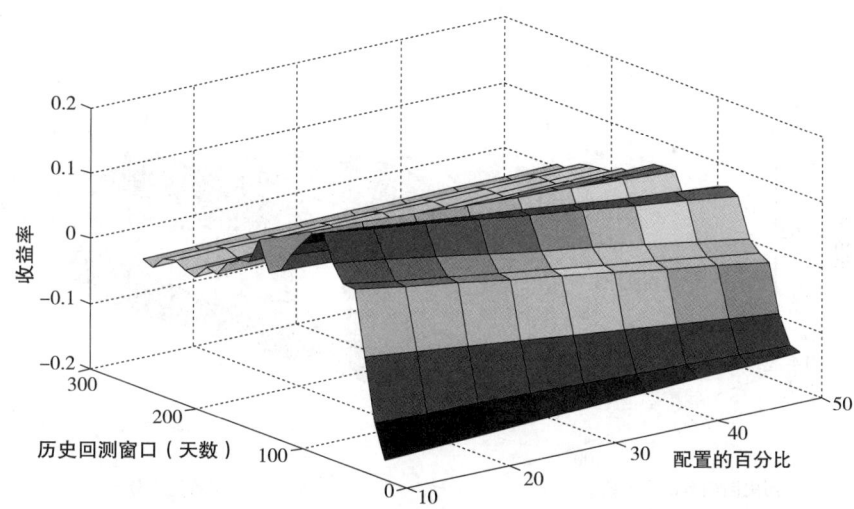

图 11.12　2011 年，投资组合收益率与历史回测窗口大小和商品期货行业资金配置的函数关系。

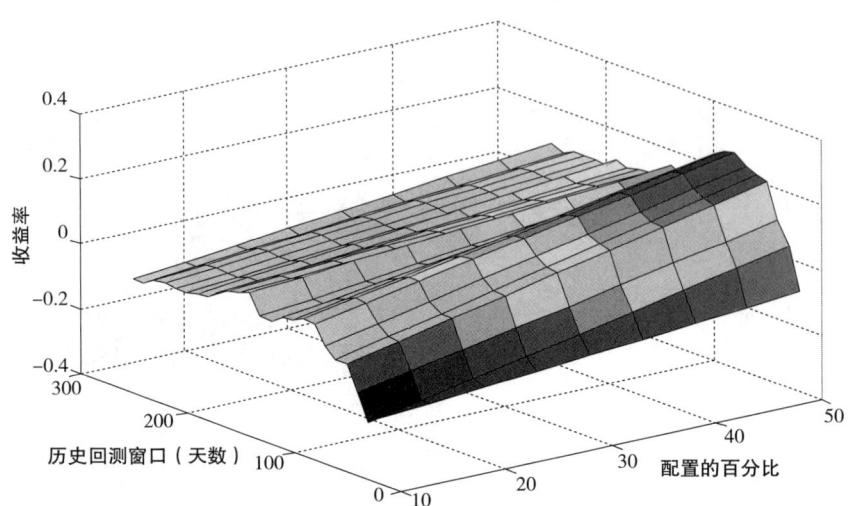

图 11.13 2011 年，投资组合收益率与历史回测窗口大小和固定收益债券期货行业资金配置的函数关系。

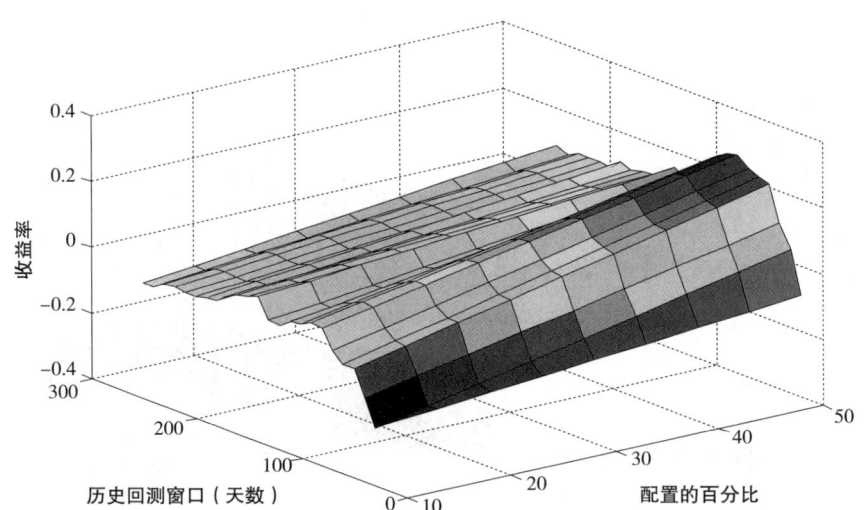

图 11.14 2011 年，投资组合收益率与历史回测窗口大小和外汇期货行业资金配置的函数关系。

第 11 章 收益率离散度
Chapter 11 Return Dispersion

收益率离散度随着时间减小

尽管短期内会导致较高的收益率离散度，但随着投资期限的增加，特定的历史回测窗口大小和行业资金配置选择对收益率离散度的影响程度逐渐减小。长期来看，由于参数选择的随机性，趋势跟踪策略系统的收益率离散度在减小。我们可以举一个简单的实例来说明。使用可以追溯到 1978 年的 12 个市场的价格数据。如图 11.15 所示，平均收益率离散度是投资期限的函数，收益率离散度用投资期间不同平均年化收益率的四分位距来代表，历史回测窗口大小范围为 20~200 天。随着投资期限的增加，收益率离散度逐渐减小。当投资期限超过 4 年甚至更长时间，收益率离散度（或在投资期限内，不同平均年化收益率的平均四分位距）已经下降到低于 5% 的水平。图 11.16 展示了一个类似的收益率离散度与行业资金配置的关系，行业资金配置方法同表 11.5。与图 11.15 相同，收益率离散度用一系列不同行业资金配置的平均年化收益率的四分位距来量度。和历史回测窗口大小一样，收益率离散度作为行业资金配置的函数，也随着投资期限的增加而减小。

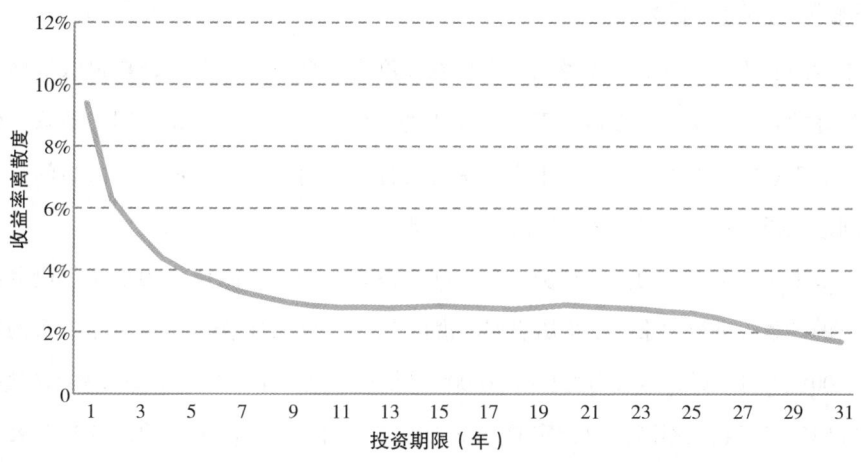

图 11.15 在不同的历史回测窗口大小下，平均年化收益率的离散度分布。纵轴是每个给定投资期限内的收益率离散度，由不同平均年化收益率的四分位距平均值量度。

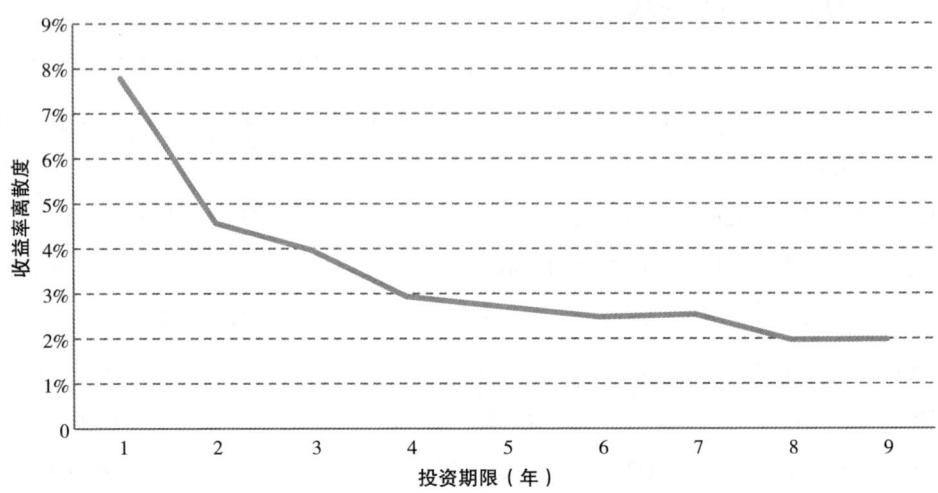

图 11.16 在不同的行业资金配置方法下，用平均年化收益率的四分位距来量度的收益率离散度分布。纵轴是每个给定投资期限内的收益率离散度，由不同平均年化收益率的四分位距平均值量度。

动态参数选择的风险

本章的前几个小节中已经说明，在任意年度中，哪组参数会为趋势跟踪策略系统带来最好的收益表现看上去似乎是相对随机的。仅这一观察结果就表明，动态参数选择可能过于短视，也可能是一个相当轻率的目标。毋庸置疑，一定会有人想问，是否可以通过选择参数来获得较为优异的收益表现。

本节来做一个简单的实证研究。每一年，系统在历史回测窗口大小和行业资金配置广泛的参数中进行搜索。如果历史回测窗口大小在 20~250 天，行业资金配置的权重在 0~100% 之间，那么参数的组合有 10 000 种情况。选择下一年收益率最高的参数集。与实际中的未来收益不同，因为实验是基于历史数据的，所以未来的最佳收益表现参数是已知的。给定 10 000 个不同的参数组合，根据前一年的收益率对参数进行简单优化，其平均年化收益率为 8.8%，这个值远低于样本期间的平均收益率。在同期的 10 000 个历史回测窗口大小和行业资金配置组合中，只有在 13% 的参数集下，趋势跟

第 11 章 收益率离散度
Chapter 11　Return Dispersion

踪策略系统的收益表现比每年动态调整参数后更差。

基于历史的收益表现，还有其他方法可以用来动态选择参数。① 比如，可以基于历史的夏普比率来选择参数集。和选择历史最佳收益表现（收益或夏普比率择其一）的参数集不同，我们选择历史最差收益表现的参数集进行测试。结果很有意思，但不足为奇，选择历史最差收益表现的参数集，同选择历史最佳收益表现参数集，趋势跟踪策略系统的总体收益表现很相似。

由于收益率离散度具有明显的随机性，基于历史收益表现的动态参数调整，并不能创造更好的收益表现。用图象直观地表示，图 11.17 为当前 250 天滚动收益率最高的

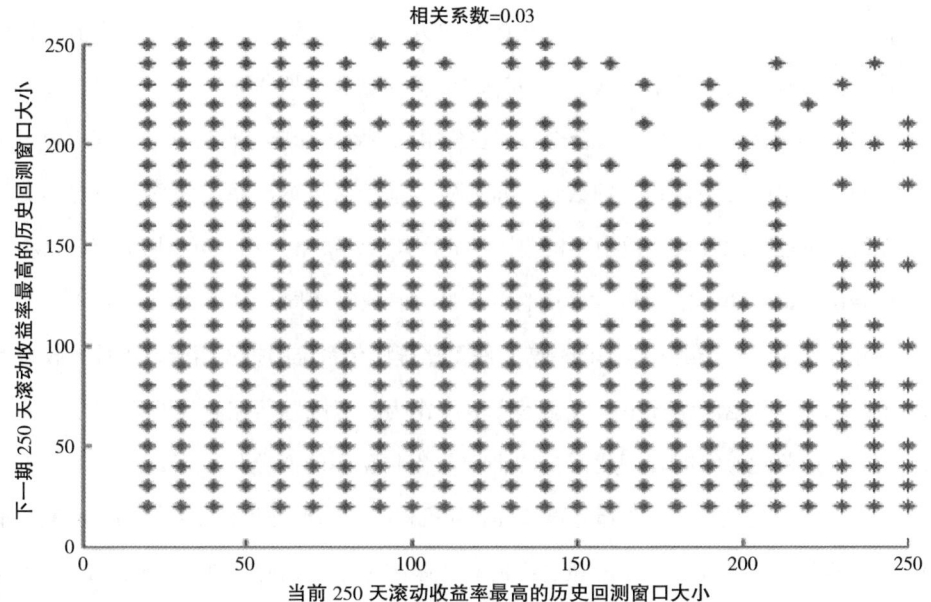

图 11.17　当前 250 天滚动收益率最高的历史回测窗口大小和下一期 250 天滚动收益率最高的历史回测窗口大小的相关系数散点图。

---

① 也可以应用高级优化方法并试验其他技术变量，这些方法可能会遭遇数据透视偏差（data-snooping bias）的困扰。

历史回测窗口大小，和下一期 250 天滚动收益率最高的历史回测窗口大小的相关性。当前和下一期最高收益率的历史回测窗口大小的相关性为 0.03，接近零。该散点图的结果表明，动态参数选择很可能注定是一项徒劳的任务。

尽管我们一直在竭力寻找能够随着时间变化筛选出最佳参数集的过滤器，但在短期内，由于参数选择的特质性，这项任务似乎有点难以完成。动态参数选择的风险为跨趋势跟踪策略程序化系统的分散化投资提供了令人信服的论据。

跨趋势跟踪策略程序化系统的分散化投资

对收益率离散度的进一步研究表明，随着投资期限的增加，收益率离散度看起来会降低。另一种使趋势跟踪策略分散化的简单方法是，投资组合中包含一篮子的趋势跟踪策略。这种组合有助于分散前文讲述的由于参数选择所带来的特定影响。我们可以用简单的实例来说明在投资组合中添加趋势跟踪策略的影响。假定 n 是投资组合中所包含趋势跟踪策略程序化系统的数量。每一年，基于通道突破系统和移动平均线交叉交易系统，从趋势跟踪策略池中随机选择 n 个趋势跟踪策略，其中历史回测窗口大小和行业资金配置的大小范围，和本章其他小节中的参数集相同。对于 2001—2013 年期间的每一年，使用 200 个随机选择的趋势跟踪策略程序化系统的投资组合，来计算收益率离散度的水平。在这种情况下，收益率离散度作为趋势跟踪策略程序化系统数目的函数，用 n 个趋势跟踪策略程序化系统的平均年化收益率的四分位距来量度。更简单地说，收益率离散度是包含 n 个趋势跟踪策略的投资组合的平均年化收益率的中间值。本例中的投资组合包含了 200 个随机选择的趋势跟踪策略，我们计算了 2001—2013 年投资组合的平均年化收益率。

图 11.18 展示了作为 n 的函数的年化收益率离散度，其中 n 是 2001—2013 年样本期间包含的趋势跟踪策略的数量。从图中可以看出，随着投资组合中包含的趋势跟踪策略数量的增加，收益率离散度降低了；还可以看出，即使在 1 年的投资期限内，要降低收益率离散度的影响，大约需要包含多少趋势跟踪策略。1 年期收益率的期望离散

第 11 章 收益率离散度
Chapter 11　Return Dispersion

度，从包含 1 个趋势跟踪策略的 10%降低到了包含 5 个趋势跟踪策略时的不到 5%。当包含的趋势跟踪策略数量增加到 20 个时，收益率离散度收敛到了非常低的水平，仅为 2%。此例表明，参数选择的特定影响，如何随着趋势跟踪策略池的不同参数而减少。到某一点以后，仍然存在着一定程度上不能被分散的收益率离散度。这种"系统性"的影响是由于投资组合存在相关性（但并不是完全相关的），收益率时间序列依然存在一定程度的收益率离散度而造成的。我们将在后面的小节中详细地讨论这一问题。

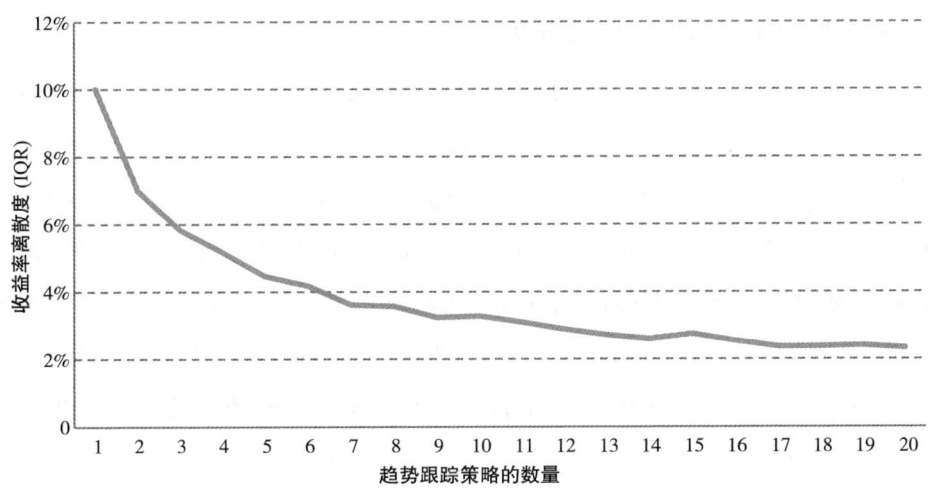

图 11.18　平均年化收益率的 1 年期收益率离散度与包含的趋势跟踪策略数量的函数关系。纵轴是 2001—2013 年期间，用每一年的四分位距平均值所衡量的收益率离散度。

■ 收益率时间序列相关性的理论和实证研究

本章的前几节中，重点描述和解释了趋势跟踪策略系统的收益率离散度。两个有着不同参数集的趋势跟踪策略，代表了两个有相关性的收益率时间序列。本节从理论和实证的角度，退后一步来查看有相关性的收益率时间序列的特征，及其与收益率离散度之间的关系。首先，就两个有相关性的收益率时间序列的实例，从理论上检验收益率离散度。其次，比较 CTA 收益率离散度的实际值与收益率离散度的理论值。本节阐明了在一系列有相关性的趋势跟踪策略程序化系统中，进行分散化是多么必要。

尽管存在着高度的相关性，但趋势跟踪策略的分散化仍然降低了参数选择带来的特定影响。

相关性和收益率离散度的理论研究

给定两个随机相关的收益率时间序列，在这些收益率时间序列中自然存在着收益率离散度。接下来的问题是，经过特定的观察期后，如何确定两个收益率时间序列的期望收益率离散度水平。为了简化分析，假定两个收益率时间序列（r_t^X，r_t^Y）是正态分布的随机变量。在本节中，为了简单起见，收益率离散度定义为两个收益率时间序列之差的绝对值。对于两个正态分布的随机变量，两个收益率时间序列之差的绝对值服从折叠正态分布（folded normal distribution）。两个正态随机变量具有相同的均值（μ）和标准差（σ），相关系数为ρ，在这个特例中，收益率离散度的期望值即两个变量之差的绝对值，数学表达式如下：

$$E[|r^X-r^Y|] = \frac{S\sqrt{2}}{\sqrt{\pi}}$$

其中，$S=\sigma\sqrt{2(1-\rho)}$。收益率离散度的方差（差的绝对值）可以用以下数学表达式来表示：

$$\mathrm{Var}(|r^X-r^Y|) = S^2\left(1-\frac{2}{\pi}\right)$$

基于上面这两个数学公式，得到以下的观察和结论：
- 平均而言，收益率离散度和初始的两个收益率时间序列的波动率线性相关。波动率越高（低），收益率离散度越高（低）。

第 11 章　收益率离散度
Chapter 11　Return Dispersion

- 在两个相关的收益率时间序列具有相同均值的特殊情形下，收益率离散度并不取决于两个收益率时间序列的均值。
- 收益率离散度的方差是相关系数的函数，随相关系数呈线性减小。收益率离散度的期望值作为相关系数的平方根而减小。
- 当相关系数增加时，收益率离散度的期望值和方差都减小。
- 当相关系数接近 1 时，收益率离散度的期望值仍然可能非常大。

模拟与理论上的收益率离散度

使用理论框架将收益率离散度和相关系数联系起来，可以用模拟方法检验收益率离散度，比较收益率时间序列的理论值和模拟值。首先，通过蒙特卡罗模拟方法，模拟了两个有相关性的收益率时间序列。模拟时，相关系数在 0~1 之间变化。在这个例子中，两个收益率时间序列具有相同的均值和波动率。波动率设定为年化 18%。如图 11.19 所示，上图展示了滚动年化收益率的离散度均值，下图展示了收益率离散度的值大于 10% 的概率。柱状图代表模拟的估计值，黑色实线则代表通过本节前文的公式计算得出的理论值。观察上图，当两个收益率时间序列之间的相关系数为 0.7 时，收益率离散度的均值应该在 11% 左右。而下图中，相关系数同样为 0.7 时，收益率离散度大于 10% 的概率几乎为 50/50。

在这两个图中，即使两个收益率时间序列具有高度相关性，收益率离散度取值仍然非常广泛。如图 11.20 所示，用滚动月度收益率（和图 11.19 中用年化收益率不同）计算收益率离散度，来比较模拟估计值和理论值。上图展示了平均收益率离散度与相关系数的函数关系，下图展示了滚动月度收益率的离散度大于 2% 的概率。在此特例中，当两个收益率时间序列之间的相关系数为 0.7 时，月度收益率离散度的均值在 3% 以上，且月度的收益率离散度超过 2% 的概率高达 61%。

趋势跟踪策略相关性的实证分析

前两节从理论方面讨论了有相关性的收益率时间序列的收益率离散度，已经通过理论和模拟方法检验了两者之间的相关性。本节使用实际的 CTA 交易跟踪记录，对趋势跟踪策略的收益率离散度进行实证分析。对于典型的趋势跟踪策略 CTA，各种趋势跟踪策略 CTA 程序化系统相关系数较好的估计值是 0.7。为了说明这一点，我们可以比较一个纯粹趋势跟踪策略系统和七个大型的趋势跟踪策略 CTA 基金真实的交易记录。

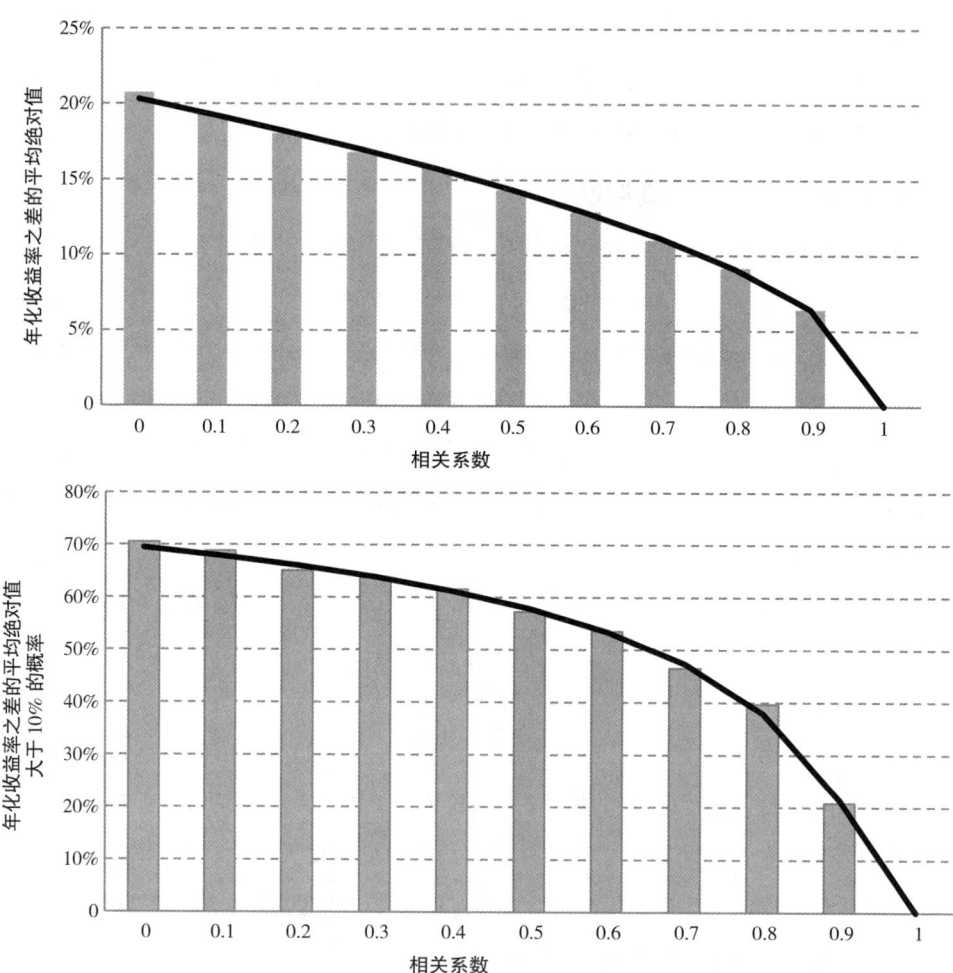

图 11.19　上图：滚动年化收益率的平均离散度模拟估计值和理论值与相关系数的函数关系。下图：滚动年化收益率的离散度模拟估计值和理论值大于 10% 的概率。两图中，柱状图都代表模拟估计值，黑色实线都代表理论值。

第 11 章 收益率离散度
Chapter 11　Return Dispersion

在这个例子中，可以对月度收益率和滚动年化收益率都进行检验。① 纯粹趋势跟踪策略系统和七个真实的趋势跟踪策略 CTA 基金的收益率时间序列之间，收益率离散度的理

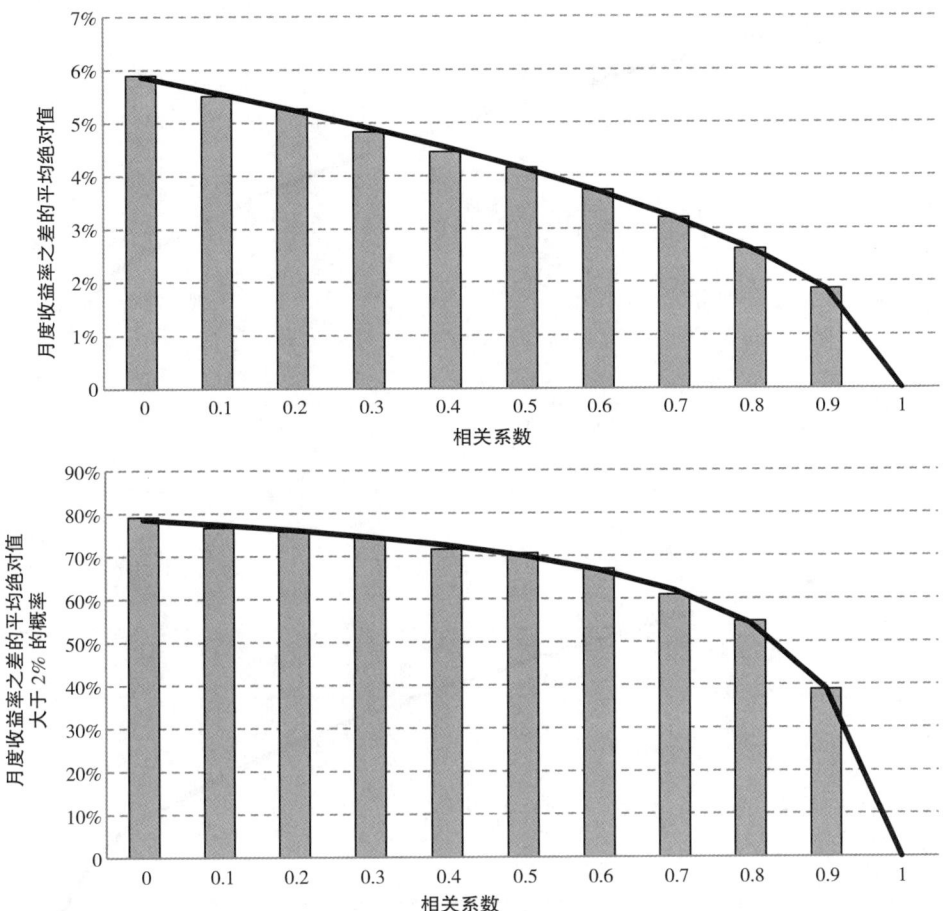

图 11.20　上图：滚动月度收益率的平均离散度模拟估计值和理论值。下图：滚动月度收益率的离散度模拟估计值和理论值大于 2% 的概率。两图中，柱状图都代表模拟估计值，黑色实线都代表理论值。

---

① 所有 CTA 基金的跟踪记录都始于 2001 年 6 月，结束于 2012 年 12 月。在给定的采样期间内，每个跟踪记录在相同样本期内的风险都首先按比例缩放到相同的 18%。在本示例中，CTA 基金的夏普比率在 0.42~0.90 之间变化。

管理期货的趋势跟踪策略：寻找危机阿尔法
Trend Following with Managed Futures: The Search for Crisis Alpha

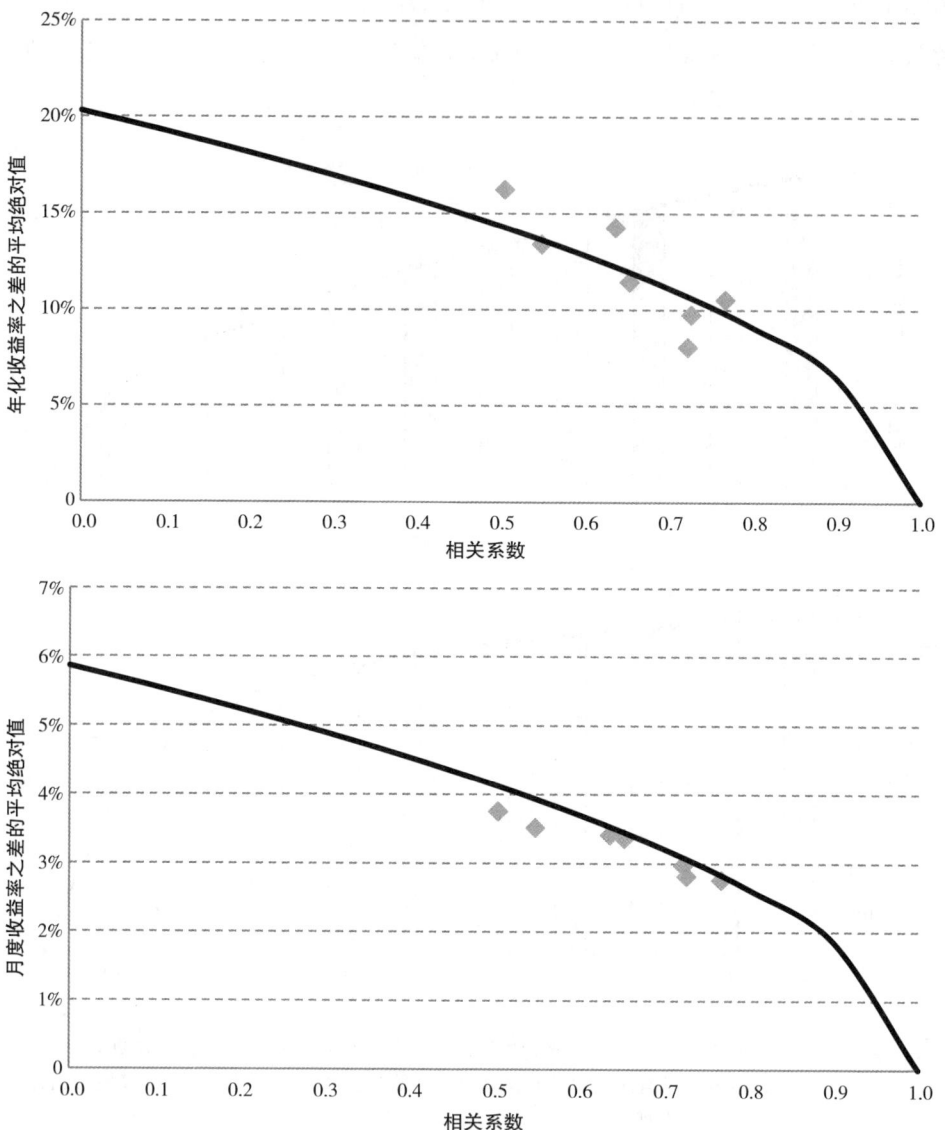

图 11.21　2001—2012 年，纯粹趋势跟踪策略系统和其他七个 CTA 基金之间的年化滚动收益率（上图）和月度收益率（下图）的平均收益率离散度。

第 11 章 收益率离散度
Chapter 11　Return Dispersion

论值和平均收益率离散度的点值，如图 11.21 所示。从图中可以看出，无论是月度收益率还是年化收益率，真实趋势跟踪策略 CTA 基金的平均收益率离散度都和有相关性的收益率时间序列的理论期望值线性相关。

当两个收益率时间序列完全相关时，收益率离散度为零。与此相反，当相关系数从 1 开始减小时，收益率离散度开始增大，不可忽略。基于本节中的理论和实证研究，对于相关系数在 0.6~0.8 之间的简单情形，在相同的夏普比率和 18% 的年化波动率下，平均收益率离散度的估计值见表 11.6。从表中可以看出，当相关系数在 0.6~0.8 之间，（即典型的趋势跟踪策略相关系数）时，无论是月度收益率还是年化收益率，收益率离散度的值都比较大。

表 11.6　给定典型的相关系数 0.6~0.8、相同的夏普比率值，以及 18% 的年化波动率，两个相关收益率序列之间的平均收益率离散度的近似估计值。

频率	平均收益率离散度的近似估计值
年度	10%
一年两次的	7.5%
月度	3%

组合具有相关性的收益率时间序列

考虑到本章中的理论、模拟和实证研究证据，即使是具有高度相关性的收益率时间序列，依然有着不可忽略的收益率离散度。本节的结果聚焦在两个收益率时间序列的比较上。我们将研究若干具有高度相关性的收益率时间序列，从实证研究的角度选择有真实交易记录的 CTA 基金。CTA 基金之间的相关系数通常在 0.6~0.8 之间，当然这和选取的观察周期有关。总的来说，CTA 基金在某一年的收益率离散度可以相当大。例如，2012 年，对资产管理规模至少在 10 亿美元以上的基金经理，CTA 基金的收益率分布范围在 30%~−35% 之间。①

---

① 2012 年度的平均收益率为−1.1%。要注意，其中一些基金经理不一定是趋势跟踪策略基金经理，他们对杠杆或风险目标水平的使用可能存在着很大差异。来源：Newedge Nelson 2012 年度报告。

管理期货的趋势跟踪策略:寻找危机阿尔法
Trend Following with Managed Futures: The Search for Crisis Alpha

投资者会犯的一个常见错误是,认为CTA基金之间高度相关性的假设使得所有CTA基金都是等价的。在极端情况下,这个结论甚至可以说服投资者,使其认为只需要一个CTA基金经理就能代表整个CTA策略体系。回到图11.17,由于个性化的参数选择,单个趋势跟踪策略具有显著的特定影响。这些特定影响在趋势跟踪策略之间,年复一年,创造了巨大的收益率离散度。随着越来越多的趋势跟踪策略加入投资组合,单个趋势跟踪策略参数所带来的特定影响得以平均化。总体上,有相关性的收益率时间序列通过这种系统效应,导致产生了较低但不可忽略的收益率离散度。[1]

和本章前面的小节中使用趋势跟踪策略程序化系统不同,可以结合CTA基金经理的实际交易跟踪记录,了解如何通过向投资组合中添加额外的基金经理来影响收益率离散度。图11.22中,收益率离散度是数量n的函数,以投资于n个独特的趋势跟踪策略程序化系统的平均四分位距来量度。如图11.18所示,趋势跟踪策略程序化系统的数量范围在1~20之间。尽管这些CTA基金实际的交易记录之间存在高度的相关性,但随着更多的趋势跟踪策略程序化系统加入投资组合,收益率离散度大大降低了。这表明,选择单一的基金经理代表对趋势跟踪策略的风险敞口是有风险的。由于单个基金经理的参数选择所带来的特定影响,选择单一的基金经理会带来很大的收益率离散度。关于这一点,本章开篇已经就头寸调整和行业资金配置参数化的范围讨论过了。就像是简单的通道突破系统和移动平均线交叉交易系统,当把其他基金经理的投资策略加入趋势跟踪策略投资组合时,即使对于1年的周期来说,也降低了参数选择所带来的特定影响。

---

[1] 类比股票收益率中的特质和系统性风险,不失为一种很好的方法,可用来考虑参数依赖性的重要性。对于足够大的投资组合,有相关性的收益率序列仅存在系统性效应。该效应是系统性的,会影响所有策略,并且由于策略之间的相关性小于1,所以它并不能被分散掉。

第 11 章 收益率离散度
Chapter 11 Return Dispersion

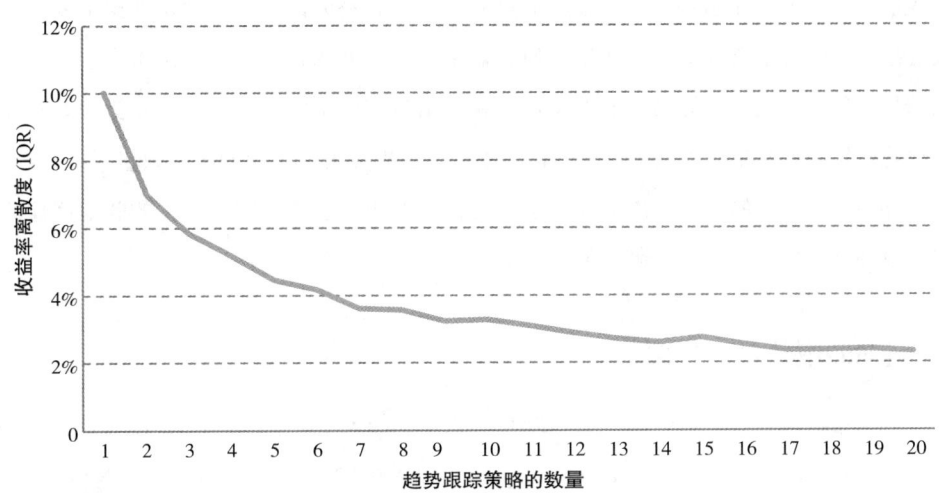

图 11.22　用平均年化收益率的四分位距所量度的收益率离散度，与投资组合包含的趋势跟踪策略数量的函数。在这些计算中，使用了实际的 CTA 交易跟踪记录。

■ 本章总结

　　本章重点讲述了收益率离散度在趋势跟踪策略中的作用。首先，本章讨论了趋势跟踪策略的分类，并检验了构建策略的两个关键方面：头寸调整和行业资金配置。实证研究发现，由于参数取值范围广，趋势跟踪策略的收益率离散度随着时间呈现出遍布性和高度随机性的特点。无论是对头寸调整还是行业资金配置都是如此。当把市场波动率考虑进来时，市场波动率并没有像头寸调整或行业资金配置那样，可以驱动收益率离散度的水平发生变化。考虑到收益率离散度的随机性，本章从投资者的角度来研究收益率离散度。由于选择最优的参数集几乎是个不可能完成的任务，因此投资者应该考虑在投资组合中添加趋势跟踪策略程序化系统所带来的影响。添加一些趋势跟踪策略程序化系统，无论是有真实交易记录的 CTA 基金还是趋势跟踪策略程序化系统，都可以降低单个参数选择所带来的特定影响。最后，本章转向有相关性的收益率时间序列和收益率离散度的理论分析。通过和有真实交易记录的 CTA 收益率进行对比，分析表明，CTA 行业的收益率离散度和高度相关的收益率时间序列的理论期望值线性相关。总之，收益率离散度是高度相关的收益率时间序列的自然效应。由于个性化的参数选择，每个单独的趋势跟踪策略投资者表现出特定的影响。把不同的趋势跟踪策略程序化系统结合起来，可以降低这种特定影响。当投资组合包含的策略数量足够多时，依然存在一定水平的收益率离散度。这说明，当把相关但并非完全相关的收益率序列组合成一个投资组合时，依然存在系统效应。

■ 延伸阅读与参考文献

Agarwal, V., and N. Naik. 2000, "Performance Evaluation of Hedge Funds with Option-Based and Buy-and-Hold Strategies." EFA 0373; FA Working Paper No. 300.

"Dynamic Leveraging as a Factor of Performance Attribution." ISAM white paper, May 2011.

Fama, E., and K. French. "Common Risk Factors in the Returns on Stocks and Bonds." *Journal of Financial Economics* 33 (1993): 3-56.

Fung, W., and D. Hsieh. "Empirical Characteristics of Dynamic Trading Strategies: The Case of Hedge Funds." *Review of Financial Studies* 2 (1997): 275-302.

Fung, W., and D. A. Hsieh. "Asset-Based Style Factors for Hedge Funds." *Financial Analyst Journal*, 58, no. 1 (2002).

Sharpe, W. E. "Asset Allocation: Management Style and Performance Measurement." *Journal of Portfolio Management* 18, no. 2 (Winter 1992): 7-19.

第 12 章

指数与风格因子构建

每个单独的趋势跟踪策略系统都是包括风险配置、信号生成、信号过滤和交易执行的复杂集成体。它们结合起来，构成了既有共性又有个性的系统。正如前面的章节所讨论的那样，不同的趋势跟踪策略的日度收益率之间往往具有很高的相关性，然而，在横截面上的收益率离散度可能是相当大的。这为投资者带来了独特的挑战，因为趋势跟踪策略系统经常偏离共同的行业业绩基准，不同的趋势跟踪策略基金也存在差异。投资者通常关注趋势跟踪策略的业绩评估、策略分类、合适的业绩基准和监控是否发生了风格漂移。如果没有合适的业绩基准进行比较，结果可能会产生误导，难以衡量投资经理的能力孰优孰劣。简单地与行业业绩基准进行比较的做法往往太过粗略，而基于同行的分析可能相对主观。为了解决这个问题，Greyserman 等（2014）在论文中提出了一个分析框架，用于管理期货行业中基于收益的风格分析。该论文关注趋势跟踪策略的市场分歧风险承担，提供了 CTA 收益横截面中策略构建与收益表现之间的直接关系。图 12.1 展示了八个大型 CTA 的 12 个月标准化滚动收益率，可以看出，比较两个趋势跟踪策略投资者孰优孰劣是多么困难。

本章回顾了 Greyserman 等（2014）提出的市场分歧风险承担策略的新的业绩基准和三个相应风格因子的构建方法。首先，下文重新回顾了市场分歧风险承担方法，并将其用于设计基本的市场分歧趋势跟踪策略。通过构建简单的策略，可以构建趋势跟踪策略的"市场"，我们称其为市场分歧趋势跟踪策略指数（DI）；其次，构建了基于市场规模、股票偏差和交易速度的三个风格因子；最后，将 DI 和三个因子与常见的基

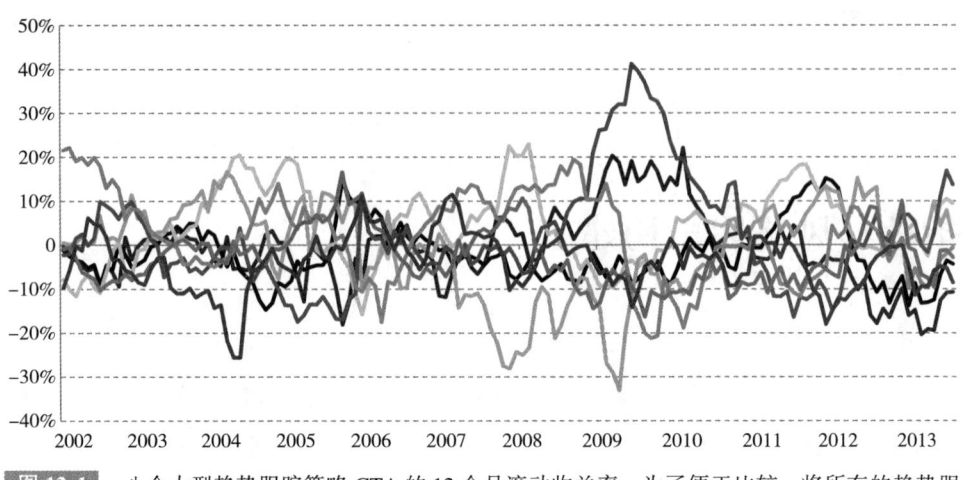

图 12.1 八个大型趋势跟踪策略 CTA 的 12 个月滚动收益率。为了便于比较，将所有的趋势跟踪策略标准化为相同的风险。

数据来源：彭博。

于基金经理的指数、学术指数和传统资产类别进行了比较。本章的分析为基于收益的风格分析及其在第 13 章中的应用提供了背景。

■ 回顾市场分歧风险承担策略

在第 5 章中，我们详细讨论了市场趋同和市场分歧风险承担方法。与市场趋同相反，市场分歧风险承担者往往假设对资产收益率的分布相对无知。他们用系统化的方法在市场下行时截断亏损，而对于那些盈利的交易，他们"跟踪"趋势甚至将头寸规模加倍。在收益分布上，市场分歧风险承担者会获得许多较小的亏损，但偶尔有非常可观的盈利。这意味着这些市场分歧风险承担策略具有正偏度、正凸度和较低的每次交易**胜率**。在实践中，采取趋势跟踪策略的投资者的头寸胜率不到 50%。趋势跟踪策略也是为数不多的收益率分布表现出正偏度特点的对冲基金策略。简言之，趋势跟踪策略在期货市场中采用市场分歧风险承担方法。

与人们的普遍观点相反，随着时间的推移，入市开仓的可预测性通常不如平仓退

第 12 章 指数与风格因子构建
Chapter 12 Index and Style Factor Construction

市的决策那么重要。这往往为我们对此作出解释和策略构建都留下了很大的空间。每个趋势跟踪策略都涉及若干关键的决策：入市开仓机制、跨市场风险配置、亏损阈值和头寸选择。入市开仓通常由有噪声的基于价格的信号确定，从这一信号可以确认趋势向上或向下。风险配置规则确定了从一个市场到另一个市场配置多少风险。亏损阈值确定了何时认定不存在上升趋势或下降趋势。头寸选择解释了策略如何偏好这个市场而不是另一个市场，或在一个市场中如何偏好上升趋势而不是下降趋势。

趋势跟踪策略可分为四个核心部分：风险配置、入市开仓决策、平仓退市决策和头寸选择（见图 12.2）。下文将从市场分歧风险承担者的角度审视这些组成部分。

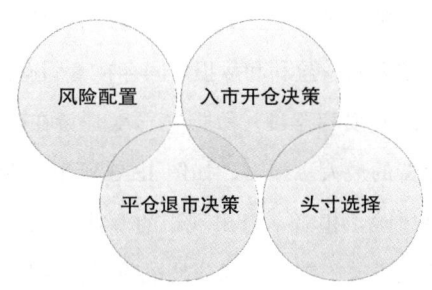

图 12.2 趋势跟踪策略的四个核心组成部分。

入市开仓决策

入市开仓决策决定何时开仓，纯粹的市场分歧风险承担者可能对何时开仓没有主观的看法。① 如第 3 章所述，一个简单的趋势跟踪策略系统可能会使用移动平均线来决定是否入市开仓。例如，Pedersen、Ooi 和 Moskowitz（2012）在时间序列动量策略中使用了 12 个月的移动平均线来确定开仓。② 由于复杂的入市开仓机制可能会表明收益是可

---

① 动量的概念已被学者广泛讨论。动量的主要问题在于，采取动量策略需要入市开仓和平仓退市的决策。实际上，"动量"一词通常使投资者和学者认为动量策略隐含了资产价格的可预测性。市场分歧风险承担方法的一个不同之处是，它是不对称的。平仓退市的决策相比入市开仓决策，重要得多，也复杂得多。
② 另一个例子是，Newedge 趋势指标是在大约 50 个不同的期货市场上的简单 20/120 移动平均线交叉策略。

预测的，所以何时入市开仓的决策可能是最具争议性的。① Greyserman 等（2014）使用了简单的入市开仓决策，以避免对资产价格的可预测性做出任何假设。另一方面，Fung 和 Hsieh（1997b）从数学上证明了趋势跟踪策略与回望跨式期权（lookback straddle）的相似性。在这种情况下，入市开仓决策和平仓退市决策只是奇异期权组合的简单复制（或 Delta 对冲）。②

平仓退市决策

对于趋势跟踪策略系统来说，平仓退市决策是最重要的决策。本书第 1 章中，郁金香危机的例子正说明了这种不对称性。入市开仓决策可能非常简单，但平仓退市以及何时平仓退市的决策对系统整体的收益表现产生的影响大得多。即使不引用行为金融学的理论，也有大量的证据表明，盈利和亏损之间存在着固有的不对称性。③ 平仓退市决策将明确地取决于策略的**亏损容忍度**。亏损容忍度是指在市场分歧风险承担者在减少头寸之前，仓位可以保持的最大亏损量。如图 12.3 所示，在郁金香的例子中，具有低亏损容忍度的市场分歧风险承担者一旦出现小的亏损（如 10%），在 1637 年 2 月时就会选择平仓退市。相比之下，第二个市场分歧风险承担者的亏损容忍度高于第一个，可能在 1637 年 3 月才会出售郁金香。最后，第三个具有极端亏损容忍度的市场分歧风险承担者（可能在面对亏损时表现出处置效应）将成为买入并长期持有的投资者，迎来郁金香泡沫的破灭和崩溃。

---

① Pedersen、Ooi 和 Moskowitz（2012）使用了时间序列动量的一个特征，其中历史回测窗口大小为 12 个月。他们对这种特征进行了改变，但研究结果也表明，收益率离散度随着策略的构建而变化。入市开仓窗口和平仓退市窗口都是基于历史收益率，他们还记录了时间序列动量的资产定价异常情况。

② Fung 和 Hsieh（1997b）从理论上解释了在没有资产收益率可预测性假设的情况下，趋势跟踪策略如何在数学上起作用。对于大多数投资者而言，问题在于回望跨式期权不能交易，这为我们计算基准收益率带来了一些挑战。

③ 有大量的行为金融学理论表明，金融市场中存在着这种不对称性。首先，前景理论是行为经济学中的一种积极理论，它证明了效用函数中的损失厌恶，即亏损比盈利的权重大。其次，投资者也表现出处置效应，即他们倾向于持有亏损的头寸并快速卖出盈利的头寸。最后，蛇咬效应也使投资者一旦经历亏损就避免再次投资。关于亏损的不对称性问题，在 Kaminski 和 Lo（2014）的著作中也有相关论述。

第 12 章 指数与风格因子构建
Chapter 12　Index and Style Factor Construction

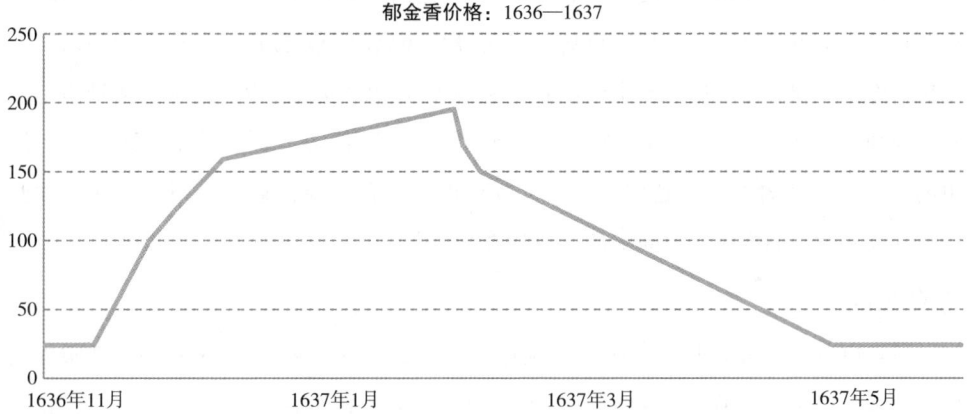

图 12.3　郁金香球茎合约的标准价格指数。
资料来源：Thompson（2007）。

头寸选择和风险配置

除了入市开仓和平仓退市决策之外，还有另外两个构建趋势跟踪策略的关键部分。纯粹的市场分歧风险承担者不应该参与**头寸选择**，因为他们可能对任何类型的头寸都没有明确的观点。在实践中，构建系统时，可以让系统选择某些头寸而不是其他头寸（这一过程通常称为过滤）。市场分歧风险承担者应该对一个资产类别与另一个资产类别的价值"没有信念"或观点。例如，纯粹市场分歧方法不会更喜欢股票而不是固定收益债券，只有这些资产类别的信号强度才能决定头寸决策。

接下来要研究的第二个方面是风险配置和相应的资金配置。风险配置定义了不同市场的风险配置情况。从理论上讲，配置风险的最简单方法是，根据过去的波动率进行等金额风险配置（EDR）。这种方法类似于不考虑相关性的风险平价策略。偏离等金额风险配置方法的策略可能侧重于市场规模、流动性，或者投资者对期望在哪种风险溢价上收益表现出色抱有隐性的观点。

■ 定义市场分歧趋势跟踪策略

为了描述市场分歧风险承担方法，可以定义一个简单的市场分歧趋势跟踪策略。

一个收益率为r_t^D的**市场分歧趋势跟踪策略**（D）包括基本的入市开仓决策、使用追踪止损进行平仓退市的决策，并且在市场中采用等金额风险配置方法。我们有意将入市开仓决策作为基础，以避免对未来资产收益率的可预测性做出假设。追踪止损是简单的止损规则，可以更新止损水平并在价格移动时"跟踪"价格。等金额风险配置是一种简单的、持"不可知论"的稳健方法，可以跨市场配置风险，它只依赖于这样一种假设——随着时间的推移，波动率具有一定的持续性。

风险配置

特定市场中的名义头寸（v）——无论多头还是空头——等于头寸调整函数乘以调整后总金额风险，再乘以合约的名义价值。其数学表达式如下：

$$v = s \times \frac{\theta \times c}{\sigma_K(\Delta p) \times PV} \times (PV \times P)$$

头寸调整函数的范围介于$-1 \sim 1$之间（$s \in [-1, 1]$）。它根据入市开仓和平仓退市信号确定合约的头寸规模和做多/做空方向。本节后面将详细讨论头寸调整函数。配置的调整后总金额风险等于配置的金额风险除以期货合约金额风险。配置的金额风险就是风险载荷（θ）乘以每个市场的配置资金（c）。期货合约金额风险是已实现的金额风险［每个合约价格在历史回测窗口（K）上的$\sigma_K(\Delta p)$］乘以点值（PV）。① 合约的名义价值等于合约价格的点值（乘数）乘以头寸调整函数。

进一步研究这个等式，可以发现它有几个推广和扩展。首先，在简单的情况下，设置所有市场的风险载荷（θ）都是相等的，并且以基点表示，例如，每个市场0.02。这样设置风险载荷，可以顾及趋势跟踪策略系统的杠杆。配置给趋势跟踪策略的资金也可能因市场而异，但在简单的情况下，资金配置可以采取等金额风险配置方法。这意味着配置在单个市场上的资金等于总资金（c_T）除以交易市场的数量（N）：

$$c = \frac{c_T}{N}$$

---

① 点值是用于计算期货合约规模的乘数。

第12章 指数与风格因子构建
Chapter 12　Index and Style Factor Construction

举一个玉米期货多头头寸的例子，可以进一步阐明这个公式。假设未来玉米期货合约已实现的金额风险 $\sigma_K^{Corn}(\Delta p) \times PV = 7\,000$ 美元，风险载荷为 0.02，配置资金为 1 000 000 美元，合约规模（点值）为 50，标准价格为 430 美元。如果头寸调整函数为 1（$s=1$），则名义头寸为玉米期货多头 61 427.57 美元。可将玉米期货合约与典型的原油期货合约进行比较。例如，假设原油期货已实现的金额风险为 $\sigma_K^{oil}(\Delta p) \times PV = 24\,000$ 美元，风险载荷为 0.02，配置资金为 1 000 000 美元，点值为 1 000，标准价格为 95 美元。对于 $s=1$，这构成 79 166.67 美元的原油期货多头头寸。[1] 相对头寸调整非常重要。改变风险载荷的大小，趋势跟踪策略系统的总风险可以随之向上或向下调整。例如，如果每份合约的风险载荷翻倍至 0.04，则每个市场的头寸也会翻倍，玉米期货头寸为 122 857.14 美元，相同配置资金的原油期货头寸为 158 333.33 美元。

入市开仓和平仓退市决策

在每个市场的名义头寸表达式中，需要说明一个关键变量。头寸调整函数决定了趋势跟踪策略的执行。在任意特定时间 t，头寸调整函数（s_t）决定了头寸规模和方向、多头或空头。[2]

入市开仓决策和平仓退市决策的构建应与基本的市场分歧风险承担方法相一致。追踪止损是一种简单、连续的截断头寸亏损的方法。它是一种止损规则，在达到某个亏损阈值时被触发。追踪止损的关键特征是，亏损阈值作为历史价格的函数，随着历史价格的变化而变化，有效地"追踪"价格。在简单的表征中，关键参数是**追踪止损亏损容忍度**（γ）。这个指标可以简单地称为亏损容忍度，因为它定义了特定的趋势跟踪策略止损的松紧度。如果 γ 很大，则策略有着很高的亏损容忍度，只有在遭受较大的亏损时，才会触发追踪止损。这类似于慢速趋势跟踪策略系统。另一方面，如果 γ 较小，则策略有着较低的亏损容忍度，很容易触发止损，从而以相当快的速度退出头寸。同理，这类似于快速趋势跟踪策略系统。追踪止损方法作为 γ 和历史价格的函数，追

---

[1] 这里重点指出，总名义风险敞口和配置资金并不相等。总的配置资金还取决于由期货交易所设定的期货合约保证金要求。
[2] 在不失一般性的前提下，由于对所有包含的市场都采用了相同的方法，因此可以假设一个特定的市场（i），并在正文的描述中省略下标。

踪止损水平不断变化。无论是多头还是空头，都可以定义**追踪止损指示器**（trailing stop indicator）——$I_t^{TS,long}$、$I_t^{TS,short}$，当达到追踪止损阈值时被触发。多头追踪止损指示器 $I_t^{TS,long}$ 可以用如下公式表达：

$$I_t^{TS,long}(\gamma) = \begin{cases} 1(p_t \leq TS_{t-1}^{long}), \text{多头头寸止损} \\ 0(p_t > TS_{t-1}^{long}), \text{保持多头头寸} \end{cases}$$

其中，p_t 是 t 时刻的价格，TS_{t-1}^{long} 是 $t-1$ 时刻的多头追踪止损水平，TS_t^{long} 随时间 t 更新的表达式如下：

$$TS_t^{long} = \max(p_t - \gamma\, \sigma_m, TS_{t-1}^{long})$$

σ_m 代表时间窗口（m）内价格的波动率。① 追踪止损水平随价格变化。价格上涨，追踪止损水平随之上涨，反之亦然。追踪止损水平始终是先前的追踪止损水平和基于当前价格的新止损水平的最大值。如果当前价格为 100 美元，亏损容忍度为 5，过去的波动率为 10%，则当前止损水平为 50 美元。追踪止损水平取决于近期价格是上涨还是下跌。例如，如果价格下降至当前的 100 美元，当前追踪止损水平是 99 美元。在这种情况下，新的追踪止损水平将是 99 美元（远高于 50 美元）。另一方面，如果价格上涨到当前的 100 美元，之前的止损水平可能是 48 美元。在这种情况下，下一个追踪止损水平将与当前止损水平 50 美元相同。

入市开仓机制

虽然有意简化，但市场分歧趋势跟踪策略的入市开仓决策更为微妙。首先，为了说明如何选择入市开仓的启发式方法，先对行为金融学有些粗浅的认识，能够帮助我们理解一种常见的行为启发式方法——**概率匹配**（probability matching）。作为个体，当

---

① 空头追踪止损指示器 $I_t^{TS,short}$ 可以用类似的方法来定义：

$$I_t^{TS,short}(\gamma) = \begin{cases} 1(p_t \leq TS_{t-1}^{short}), \text{空头头寸止损} \\ 0(p_t > TS_{t-1}^{short}), \text{保持空头头寸} \end{cases}$$

其中，p_t 是 t 时刻的价格，TS_{t-1}^{short} 是 $t-1$ 时刻的空头追踪止损水平，TS_t^{short} 随时间 t 更新的表达式如下：

$$TS_t^{short} = \min(p_t + \gamma\, \sigma_m, TS_{t-1}^{short})$$

第 12 章 指数与风格因子构建
Chapter 12 Index and Style Factor Construction

我们面临在 H 或 T 两个选择之间做决策时，我们随机选择 H 的概率和 H 发生的潜在概率分布相同。在启发式方法领域，这一过程被称为概率匹配。例如，如果一枚硬币有 75% 的概率正面朝上（H），我们将以类似的概率选择正面朝上或反面朝上（H 或 T）。例如，我们会选择 HHTHHHTHTHHHHTHT 而不是 HHHHHHHHHHHHHHHH。在不知道 H 的期望概率的情况下，对这个概率进行最优估计，并以该概率选择 H。当面对一些二元决策序列时，可以证明，这种行为启发式方法是最优的。[①]

趋势跟踪策略是一系列二元决策。与硬币正面朝上或反面朝上类似，在每个入场交易时点，都需要做出趋势上升还是下降（H vs T）的决策。在这种情况下，任何采取趋势跟踪策略的投资者都将简单地决定做多还是做空，决定做多或做空的概率与他们对上升趋势（H）或下降趋势（T）的最优净估计值（表示为 $\hat{p}_t^{up}$ 和 $\hat{p}_t^{down}$）相同。这意味着平均值将是这类决策的组合系统的最优净估计值。更简单地说，头寸调整函数应设置为趋势上升或趋势下降发生概率的净估计值：

$$s_t = \hat{p}_t^{up} - \hat{p}_t^{down}$$

当追踪止损被触发时，与硬币正面朝上或反面朝上类似，这取决于追踪止损针对的是多头还是空头头寸。例如，如果两个空头追踪止损被触发，则与连续两次硬币反面朝上（TT）类似。当获得新信息时，趋势上升和趋势下降的概率应相应更新。更新趋势上升或下降的概率估计的表达式如下：

$$\hat{p}_t^{up} = \hat{p}_{t-1}^{up} + 0.5 \times (\hat{p}_{t-1}^{down} I_t^{TS,short} - \hat{p}_{t-1}^{up} I_t^{TS,long})$$

$$\hat{p}_t^{down} = \hat{p}_{t-1}^{down} + 0.5 \times (\hat{p}_{t-1}^{up} I_t^{TS,long} - \hat{p}_{t-1}^{down} I_t^{TS,short})$$

在多头或空头头寸达到追踪止损的每个时间点，调整头寸调整函数以反映趋势上升或下降的最优净估计。请注意，趋势上升的概率和趋势下降的概率和为 1，而头寸调整函数的范围介于 $-1 \sim 1$ 之间。

[①] Brennan 和 Lo（2011）在论文《行为的起源》（*The Origin of Behovior*）中做了如下解释：概率匹配是总体上的最优策略。他们研究了一个简单的顺序决策模型，该模型可以解释行为金融学相关文献中提到的许多行为启发式方法，包括前景理论、概率匹配、风险觅食等。

最好用一个例子来解释该系统。可以假设在 0 时刻，没有关于上升趋势或下降趋势概率的先验设定。

在这种情况下，$p_0^{up}=p_0^{down}=0.5$，并且头寸调整函数是 0 ($s_0=0$)。我们假设第一个追踪止损发生在τ_1时刻，第二个追踪止损发生在τ_2时刻，$\tau_1<\tau_2$。并且，假设两个追踪止损都是针对空头头寸的。在这种情况下，空头追踪止损指示器的值为 1，多头追踪止损指示器的值为 0，即 $I_{\tau_1}^{TS,short}=1$，$I_{\tau_1}^{TS,long}=0$。这个市场处于上升趋势的概率是：

$$\widehat{p}_{\tau_1}^{up}=\widehat{p}_{\tau_1-1}^{up}+0.5\times(\widehat{p}_{\tau_1-1}^{down}I_{\tau_1}^{TS,short}-\widehat{p}_{\tau_1-1}^{up}I_{\tau_1}^{TS,long})$$
$$=0.5+0.5\times(0.5\times1-0.5\times0)=0.75$$

该估计值用于确定头寸调整函数，此时风险载荷为 0.5，且为多头头寸：

$$s_{\tau_1}=\widehat{p}_{\tau_1}^{up}-\widehat{p}_{\tau_1}^{down}=0.75-0.25=0.5$$

在τ_2时刻，下一个（空头）追踪止损的时刻，概率估计值再次更新：

$$\widehat{p}_{\tau_2}^{up}=\widehat{p}_{\tau_2-1}^{up}+0.5\times(\widehat{p}_{\tau_2-1}^{down}I_{\tau_2}^{TS,short}-\widehat{p}_{\tau_2-1}^{up}I_{\tau_2}^{TS,long})$$
$$=0.75+0.5\times(0.25\times1-0.75\times0)=0.875$$

该估计值将头寸调整函数更新为风险载荷 0.75 的多头头寸：

$$s_{\tau_2}=\widehat{p}_{\tau_2}^{up}-\widehat{p}_{\tau_2}^{down}=0.875-0.125=0.75$$

根据直觉，当追踪止损的条件被触发时，概率的估计值会根据追踪止损被触发的频率进行调整。交易策略相对简单，直接取决于追踪止损的频率，用相应的亏损容忍度水平来表征。[1]

定义趋势跟踪策略的"市场"

在上一节中，我们描述了一种简单的市场分歧风险承担方法的趋势跟踪策略。这个策略涉及一些简单的假设。首先，该策略依据趋势上升或趋势下降的估计值（作为

---

[1] 交易系统本质上是没有先验概率的贝叶斯系统，随着止损规则的条件被触发，简单的 50/50 初始估计会随之更新。

第 12 章 指数与风格因子构建

追踪止损被触发的频率的函数）来入市开仓。用简单的追踪止损启发式方法做出平仓退市决策，以亏损容忍度（γ）为表征。

下一步是确定采用市场分歧风险承担策略的市场，这和股票风险的市场类似。股票的"市场"指的是股票指数或一篮子公司股票多头头寸的市值加权。在这个例子中，承担市场分歧风险的"市场"是一篮子交易策略，代表一系列亏损容忍度（γ）。**市场分歧趋势跟踪策略指数**（DI）可以定义为，在一系列广泛的亏损容忍度下一篮子交易策略的等权重加权①。实际上，可以在合理的亏损容忍度范围内（$\gamma=4,6,\cdots,20$），用有限数量的策略构建该指数。对于这种情况，与股票相反，等权重法更适合市场，因为它实施起来最简单。DI 代表了采用市场分歧风险承担策略的平均市场收益率。基于这一特征，可以将简单构建的收益率为 r_t^{DI} 的 DI 定义为：

$$r_t^{DI} = \frac{1}{N} \sum_{i=1}^{N} r_t^{D}(\gamma_i), \gamma_i = 4, 6, 8, \cdots, 20$$

其中，$r_t^D(\gamma_i)$ 指的是在一系列（N）不同的风险容忍度下，风险容忍度为 γ_i 的市场分歧趋势跟踪策略的收益率时间序列。

直观地说，DI 由一系列亏损容忍度范围内的等权重加权的确定性策略组成。和基于基金经理的行业指数或特定的趋势指数不同，DI 不是通过组合大量高度主观的、特定参数化的策略来构建的。这种方法很简单，可以修改方法以设计风格因子。风格因子的构建有助于解释如何修改基线市场分歧风险承担方法的参数，以实现不同的风险和收益概况。在继续构建风格因子之前，创建 DI 的五个关键假设和特征总结如下：

- 风险配置：所有市场进行等金额风险配置（头寸基于过去的金额风险水平，不考虑市场规模或流动性）。
- 亏损容忍度：假设所有市场均等（也就是说，一个市场与另一个市场相比，在亏损容忍度上没有任何倾向）。

---

① 简单的基线市场分歧趋势跟踪策略指数对不同的亏损容忍度具有相等的权重。该指数的扰动以及策略的组合方式，将引出本章后续小节中构建的风格因子。

- 平仓退市策略：取决于策略的亏损容忍度，完全具有追踪止损的特点。
- 入市开仓策略：入市开仓决策在平仓退市决策后立即开始起作用。基于趋势上升减去趋势下降的概率的简单最优净估计值进行头寸调整。
- 头寸选择或偏差：对任何行业、资产类别或市场都没有隐含的偏差。

必须指出，DI 是可交易的投资策略的等权重配置投资组合，其中投资策略完全由少量参数定义。指数代表了期货市场中广泛的可交易策略，这些策略的区别在于其随着时间分散风险和承受亏损的方法。任何一个单独的趋势跟踪策略都可能偏离这种方法，但核心是，趋势跟踪策略应致力于做好风险配置和减少亏损。

尽管 DI 很简单，但在趋势跟踪策略行业中，该指数仍具有一定的代表性。将 DI 的历史收益表现与几个常见的基于基金经理的指数和趋势指数绘制在一起，如图 12.4 和图 12.5 所示。基于基金经理的指数代表由每个基金经理构建的一篮子趋势跟踪策略，而趋势指数由一组参数来定义。例如，Newedge 趋势指数针对的是大约 50 个期货市场中简单的 20/120 移动平均线交叉系统，时间序列动量（TSMOM）是由 Pedersen、Ooi 和 Moskowitz（2012）通过 12 个月滚动历史回测窗口来定义的。

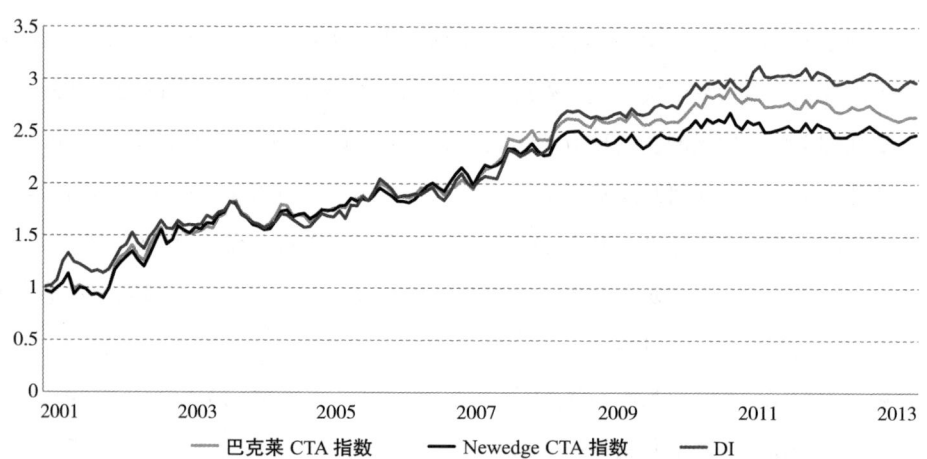

图 12.4　2001 年 6 月至 2013 年 12 月，巴克莱 CTA 指数、Newedge CTA 指数和 DI 的历史收益表现。所有指数的收益率时间序列均标准化为 6% 的风险水平。

数据来源：彭博。

第 12 章 指数与风格因子构建
Chapter 12 Index and Style Factor Construction

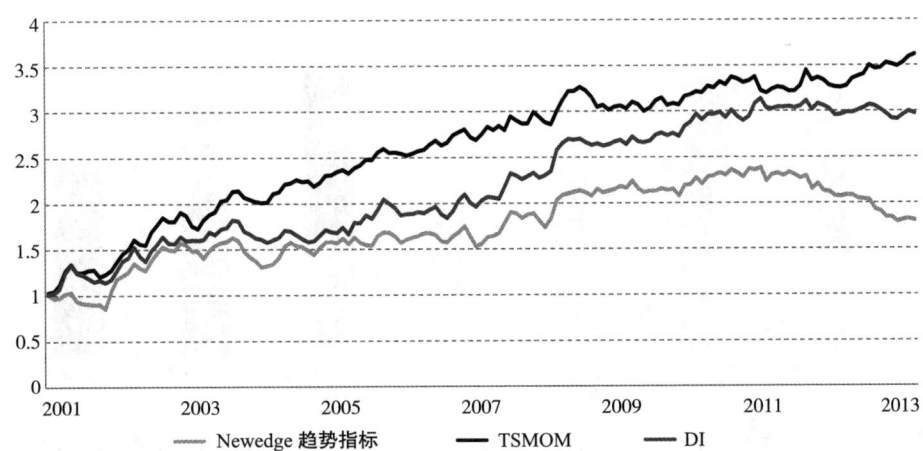

图 12.5 2001 年 6 月至 2013 年 12 月,Newedge 趋势指标、TSMOM 和 DI 的历史收益表现。所有指数的收益率时间序列均标准化为 6% 的风险水平。

资料来源:彭博;Moskowitz、Ooi 和 Pedersen(2012)。

例如,图 12.6 展示了市场分歧趋势跟踪策略指数(DI)与几个基于基金经理的指数和趋势指数之间的相关性。DI 与大多数基于基金经理的指数的相关性大约为 80%,这表明市场分歧风险承担方法是趋势跟踪策略的核心。这一点在业界和学术界的趋势指数中也很明显。在趋势指数中,Newedge 趋势指标与明显侧重于亏损容忍度这一参数的简单市场分歧趋势跟踪策略系统相关性最高。Fung 和 Hsieh(1997b)的回望跨式期权策略似乎与 DI 的相关性最低。[1]

乍看之下,虽然构造简单,但 DI 似乎抓住了趋势跟踪策略的关键方面。同样有趣的是,主要关注平仓退市决策和截断亏损过程的系统,似乎能够很好地代表趋势跟踪策略这个整体。下一步是调整策略结构,以更好地解释有关趋势跟踪策略的更多方法。

---

[1] 可以在 http://faculty.fuqua.duke.edu/~dah7/DataLibrary/TF-FAC.xls 中获得有关 Fung 和 Hsieh(FH)指数的数据。

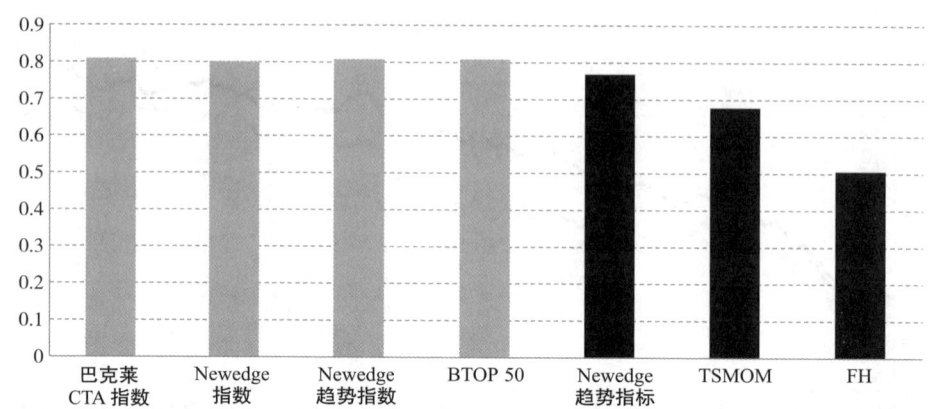

图 12.6 DI 与基金行业常见的基金经理指数（巴克莱 CTA 指数、Newedge 指数、Newedge 趋势指数和 BTOP 50）和趋势指数（Newedge 趋势指标、TSMOM 以及 Fung 和 Hsieh）之间的相关性。样本期是 2001 年至 2013 年 12 月。

数据来源：彭博；Moskowitz、Ooi 和 Pedersen（2012）；Fung 和 Hsieh（2001）。

■ 构建风格因子

上一节概述了市场分歧趋势跟踪策略指数（DI），或者说期货市场中采用市场分歧风险承担方法的市场。与股票指数的构建方法类似，指数的构建为理解"市场贝塔"和股票风险的一般估值提供了基准。从这种意义上来说，市场分歧趋势跟踪策略指数同样为理解**趋势贝塔**和市场分歧风险承担活动的一般估值提供了基准。在股票市场中，构建市场指数的方法无法解释资本资产定价模型（CAPM）中的某些异常现象，如小公司效应、价值效应等。类似于 Fama 和 French（1993）因子，可以构建三个简单的 CTA 风格因子。这些因子有助于解释在构建趋势跟踪策略时的偏差。Greyserman 等（2014）根据市场规模、股票偏差和交易速度，构建了三种相应的风格因子。在本节中，我们对这三种风格因子的构建进行了详细的阐述，以解释每个风格因子的特点。

市场规模因子

DI 的主要假设之一是，仅基于已实现的波动率，对所有市场使用等风险权重配置

第 12 章 指数与风格因子构建
Chapter 12 Index and Style Factor Construction

方法。另一方面,风险可以根据每个期货市场的市场规模进行配置。有关风险配置方法的介绍,请参阅第 3 章的内容。对于市值加权风险配置方法,风险配置仍然通过过去的波动率进行调整,但配置的资金金额(c^i)可以设置为市场规模的函数。实际上,市场规模可以通过成交量(volume)乘以价格波动率来量度。① 然后将资金作为总市场规模的函数进行配置。每个市场的市值加权策略的名义头寸(i)为:

$$v^{MCW,i} = s^i \times \left(\frac{\theta \times c^i}{\sigma_K(\Delta p^i) \times PV^i} \right) \times (PV^i \times P^i)$$

其中,

$$c^i = \frac{MCAP_i}{\sum_{j=1}^{N} MCAP_j}$$

根据这一逻辑,收益率为 r_t^{SMB} 的**市场规模因子**(小市值减去大市值,SMB)是等风险权重配置方法的市场分歧趋势跟踪策略与市值加权配置方法的市场分歧趋势跟踪策略之间的差异。市场规模因子的净值代表了将更多资金配置给规模有限、流动性通常较小的市场的影响,这类似于 Fama 和 French(1993)描述的股票市值因子。在这种情况下,市场规模因子定义为:

$$r_t^{SMB} = r_t^{DI} - r_t^{MCW}$$

与股票市场类似,市值加权配置方法将更多的风险配置在市场规模较大、流动性较好的期货市场上。较大型的趋势跟踪策略系统,也就是那些资产管理规模较大且有着市场规模限制的系统,可能出于其资产管理规模而受限于这种方法。这可能是较小市场中交易成本、滑点和市场影响的函数。实际上,市场规模因子能够表明,市场分歧风险承担机会或趋势来自较小的市场还是较大的现金充裕的期货市场。图 12.7 展示了 1994 年 12 月至 2013 年 12 月期间市场规模因子的 12 个月滚动收益率。从 1993 年 9

---

① 市场规模(MCAP)等于日度交易量的 250 天滚动平均值乘以日度波动率的 250 天滚动平均值(滞后一天)。

月到 2013 年 12 月，市场规模因子的收益率似乎是正的，平均大约为 6.3%。这表明，随着时间的推移，似乎存在小规模市场效应。在这 20 年的样本期内，小规模市场上的风险配置增加了收益。值得注意的是，类似于股票的小盘股效应，这种溢价并不稳定。在某些时期，小规模市场的收益表现远远优于大规模市场。例如，自 2009 年以来，市场规模因子一直在稳步下降。可以推测为什么会出现这种情况。第一个原因可能是量化宽松政策，它能够在大型、高流动性固定收益债券和股票市场中创造更大的趋势。如果这些大规模市场中存在明显的趋势，那么小规模市场可能会表现不佳。市场规模因子与小规模市场的流动性和市场规模等问题直接相关。这些问题将在第 15 章中进一步讨论。

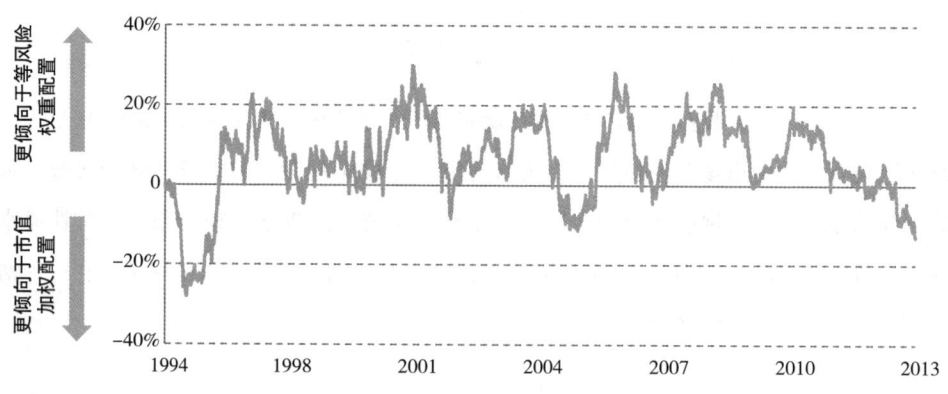

图 12.7　1994 年 12 月至 2013 年 12 月，市场规模因子（小市值减去大市值）的 12 个月滚动收益率。

股票偏差因子

市场分歧趋势跟踪策略指数（DI）避免了对某个特定市场或其他市场的任何特定偏好。我们再次将视角转换到行为金融学上，投资者倾向于锚定某些价值或资产以进行相对估值。在金融市场中，总是锚定股票市场来进行比较。大多数投资者的注意力聚焦在股票市场上。考虑到这一事实，趋势跟踪策略的基金经理可能会倾向于在构建策略时包含股票多头偏差，也就不足为奇了。如果增加股票多头偏差，会改变策略的

第 12 章 指数与风格因子构建
Chapter 12 Index and Style Factor Construction

一些统计特征，包括降低危机阿尔法。股票偏差的这一方面将在第 14 章中进一步讨论。为了检验股票偏差，可以构建**股票偏差因子**（EQB），即具有明确的股票多头偏差的市场分歧趋势跟踪策略，和具有明确的股票空头偏差的市场分歧趋势跟踪策略之间的差异。股票偏差因子的收益率（r_t^{EQB}）的数学表达式如下：

$$r_t^{EQB} = r_t^{DI}(v_t^i > 0) - r_t^{DI}(v_t^i < 0), i \in 股票$$

股票偏差因子隔离了附加规则或过滤器的影响，使得趋势跟踪策略系统比通常的股票偏差更大。更具体地说，在假设存在股票风险溢价的情况下，随着时间的推移，股票的上升趋势比下降趋势更多。实际情况就是如此，但需要说明，等金额风险配置方法并不等同于多头和空头的等权重资金配置。在特定的市场中，多空比率仅取决于多空趋势的存在。在股票市场中，多头信号多于空头信号。这意味着，等风险加权配置方法已经具有净多头偏差。如果基金经理对进一步将收益锚定到股票指数有所偏好，可能会考虑过滤掉负信号或限制股票的空头头寸。相对而言，股票偏差因子解释了趋势跟踪策略对股票多头头寸的风险配置程度。

1994 年 12 月到 2013 年 12 月期间，股票偏差因子的 12 个月滚动年化收益率的平均值如图 12.8 所示。从图中可以看出，股票偏差因子的收益表现基本跟随股票指数的收益表现。从次贷危机和科技股泡沫发生时的股票市场暴跌，可以明显看出这一点。对股票增加额外的偏差，相当于在投资组合中增加股票的配置权重，或在策略中增加股票贝塔。从直觉上来说，具有股票偏差的趋势跟踪策略会有更高的夏普比率，但在股票市场危机期间将失去趋势跟踪策略的一些积极特征。例如，1993—2013 年，股票偏差因子的平均年化收益率为 6.7%。股票偏差因子改变了趋势跟踪策略的一些统计特征，并减少了危机阿尔法。这将在第 14 章中进一步讨论。

图 12.8 从 1994 年 12 月至 2013 年 12 月，股票偏差因子（EQB）的 12 个月滚动收益率。

交易速度因子

在实践中，大多数 CTA 投资者都会想了解相应基金经理的平均持仓周期。投资者经常想要从这一简单的数字中了解交易系统的速度。问题在于，这个数字是一个平均值，并且是趋势跟踪策略系统中大量参数的复杂组合。使用市场分歧趋势跟踪策略方法，可以比较具有较低亏损容忍度的快速策略和具有较高亏损容忍度的慢速策略的收益表现。**交易速度因子**（慢速减去快速，SMF）定义为具有较高亏损容忍度的慢速策略的投资组合，与具有较低亏损容忍度的快速策略的投资组合之间的差异。Greyserman 等（2014）将交易速度因子的收益率（r_t^{SMF}）定义为：

$$r_t^{SMF} = r_t^{DI}(\bar{\gamma}_{\text{slow}}) - r_t^{DI}(\bar{\gamma}_{\text{fast}})$$

其中，$\bar{\gamma}_{\text{fast}} = 4, \cdots, 10$；$\bar{\gamma}_{\text{slow}} = 14, \cdots, 20$。

交易速度因子将交易速度与亏损容忍度联系起来。当交易速度因子较高时，慢速交易系统（具有较高的亏损容忍度）比快速交易系统（具有较低的亏损容忍度）更有效。1994 年 12 月至 2013 年 12 月期间，交易速度因子的 12 个月滚动收益率如图 12.9 所示。平均年化净收益率约为 8.8%，表明慢速系统在过去 20 年中的表现优于快速系统。对这一结果，有一种解释是，市场可以随着时间的推移补偿具有较高亏损容忍度的系统。与市场规模因子类似，交易速度因子高度依赖时间，这一点同样重要。在某些时期，具有较高亏损容忍度的慢速系统不能得到补偿。例如，有趣的是，在危机期间，快速系统有着更好的表现。

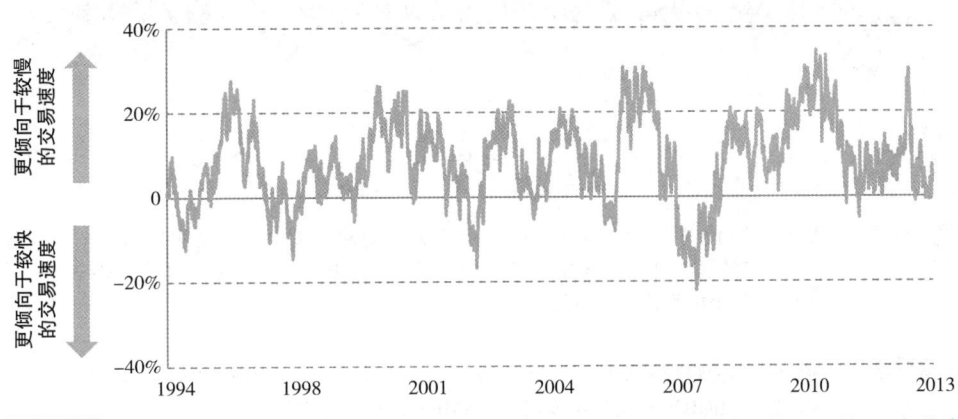

图 12.9　1994 年 12 月至 2013 年 12 月，交易速度因子（SMF）（慢速减去快速）的 12 个月滚动收益率。

风格因子的特征

基于以上三种风格因子的构建，一个值得关注的问题是风格因子的相关性和共线性。如果这些因子解释了相同的影响，它们可能无法解释 CTA 的横截面收益率。图 12.10 展示了市场分歧趋势跟踪策略指数和三种风格因子的 12 个月滚动收益率。随着时间的推移，它们的表现有着相当大的差异。表 12.1 中列出了这三种因子和市场分歧趋势跟踪策略指数之间的相关性。从表中可以看到，它们之间的相关性不为零，因子之间存在一定的差异。这表明，借助风格因子，可能会帮助我们更好地理解趋势跟踪策略系统的各个方面。

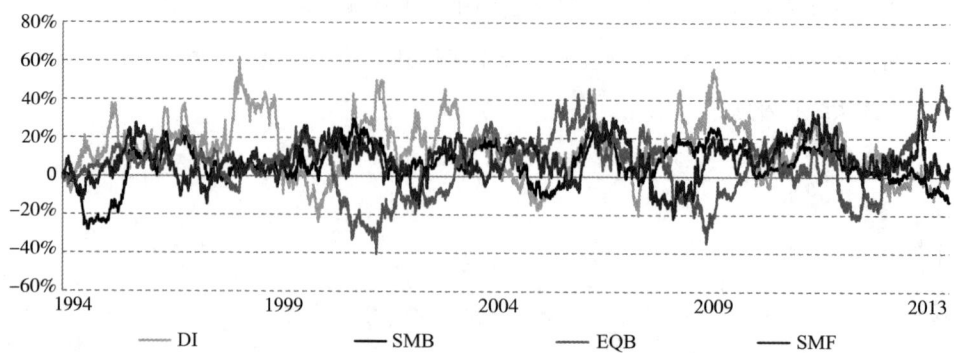

图 12.10 从 1994 年 12 月到 2013 年 12 月，市场分歧趋势跟踪策略指数（DI）与三个风格因子——市场规模因子（SMB）、股票偏差因子（EQB）和交易速度因子（SMF）——的 12 个月滚动收益率的对比。

表 12.1 市场分歧趋势跟踪策略指数（DI）与三个风格因子——市场规模因子（SMB）、股票偏差因子（EQB）和交易速度因子（SMF）之间的相关性。

	DI	SMB	EQB	SMF
DI	1	0.365	0.009	0.250
SMB	0.365	1	-0.046	0.178
EQB	0.009	-0.046	1	0.106
SMF	0.250	0.178	0.106	1

如图 12.10 所示，市场分歧趋势跟踪策略指数和三种风格因子表现出了显著的变化。为了进一步研究，表 12.2 汇总了市场分歧趋势跟踪策略指数和市场规模因子、股票偏差因子和交易速度因子的常用统计指标。

表 12.2 市场分歧趋势跟踪策略指数与三个风格因子：市场规模因子（SMB）、股票偏差因子（EQB）和交易速度因子（SMF）的年化统计指标（1993—2013）。统计指标包括平均值、中位数、标准差、夏普比率、偏度、峰度、序列自相关性和最大回撤。

指数和因子	平均值	中位数	标准差	夏普比率	偏度	峰度	序列自相关性	最大回撤
DI	14.80	11.20	18.20	0.81	0.56	4.24	7.50	20.50
SMB	6.30	1.50	11.00	0.57	0.10	8.05	-6.60	25.50

第12章 指数与风格因子构建
Chapter 12 Index and Style Factor Construction

续表

指数和因子	平均值	中位数	标准差	夏普比率	偏度	峰度	序列自相关性	最大回撤
EQB	6.70	7.10	14.00	0.48	−0.38	3.94	−4.50	51.40
SMF	8.80	14.90	14.60	0.60	−0.55	3.15	−1.30	21.20

图 12.11 展示了每个风格因子的统计指标。在 20 年间，市场规模因子具有较小的正平均值、正偏度和最大的峰度。市场分歧趋势跟踪策略指数和任何风格因子都没有实质性的序列相关性。股票偏差因子和交易速度因子均具有比市场规模因子更高的均值，但偏度为负。在这三种风格因子中，股票偏差因子的回撤最大，为 51.4%。为了更

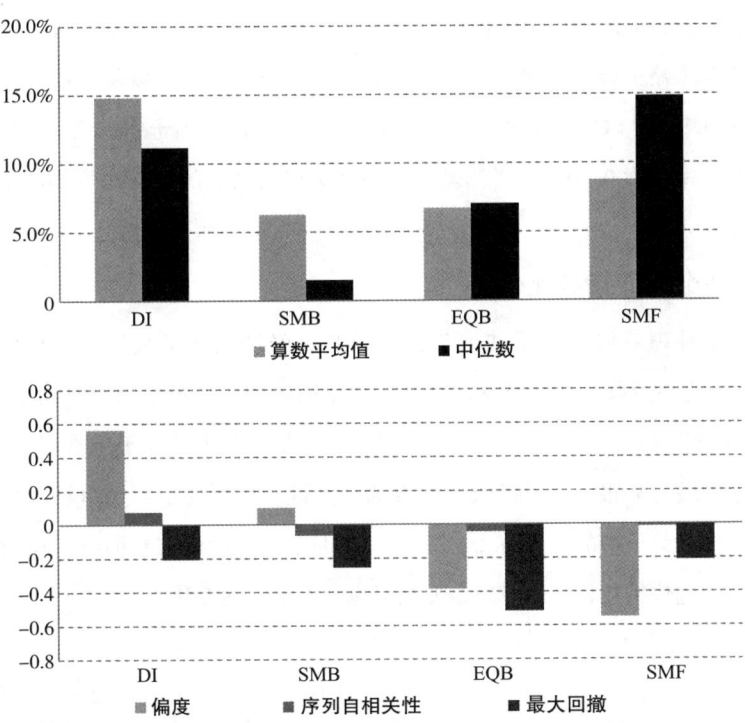

图 12.11 1993—2013 年期间，市场分歧趋势跟踪策略指数与三个风格因子——市场规模因子（SMB）、股票偏差因子（EQB）和交易速度因子（SMF）——的年化统计指标。

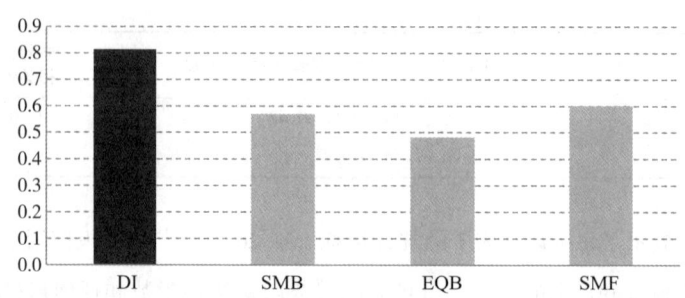

图 12.12　1993—2013 年期间，市场分歧趋势跟踪策略指数（DI）与三个风格因子——市场规模因子（SMB）、股票偏差因子（EQB）和交易速度因子（SMF）——的夏普比率值。

直接地进行比较，对风格因子进行波动率的调整非常重要。在图 12.12 中，比较了市场分歧趋势跟踪策略指数和三种风格因子的夏普比率值。市场分歧趋势跟踪策略指数的夏普比率为 0.81，与 CTA 行业一致。更有趣的是，在风格因子中，交易速度因子具有最高的夏普比率，为 0.60。股票偏差因子和市场规模因子的夏普比率则较低，分别是 0.48 和 0.57。

与常见的基金行业指数比较

为了更好地理解风格因子如何与常见的基金经理行业指数和趋势指数关联，图 12.13 展示了这些指数与市场分歧趋势跟踪策略指数和三种风格因子之间的相关系数。风格因子通常与指数正相关，尽管它们与指数的相关性远低于主要的"趋势"因子——市场分歧趋势跟踪策略指数与指数的相关性。这推动了使用市场分歧趋势跟踪策略指数作为趋势贝塔的衡量标准。在这三个因子中，股票偏差因子与所有指数的相关性最低。与趋势指数相比，股票偏差因子也具有最大的变化。

第 12 章 指数与风格因子构建
Chapter 12 Index and Style Factor Construction

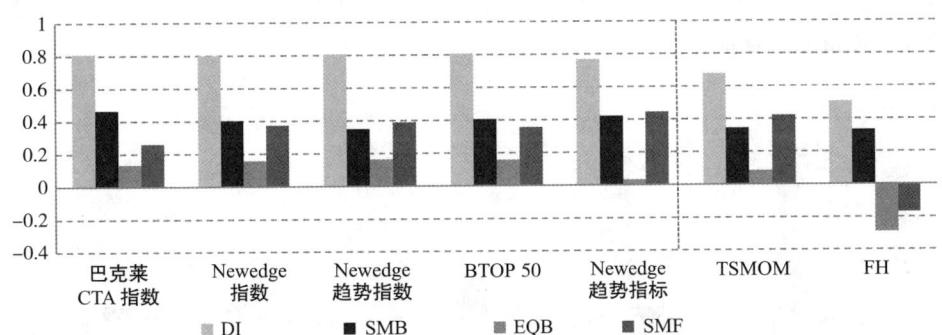

图 12.13 市场分歧趋势跟踪策略指数和三个风格因子与常见的基金经理行业指数（巴克莱 CTA 指数、Newedge 指数、Newedge 趋势指数和 BTOP 50）和趋势指数（Newedge 趋势指标、TSMOM 以及 Fung 和 Hsieh）之间的相关性。样本期为 2001 年 6 月至 2013 年 12 月。

数据来源：彭博；Moskowitz、Ooi 和 Pedersen（2012）；Fung 和 Hsieh（2001）。

与传统资产类别比较

大多数另类投资策略与传统资产类别之间有着较低的相关性。许多投资者选择投资趋势跟踪策略，是基于趋势跟踪策略与其投资组合的互补性和条件相关性。因此，深入研究风格因子与传统资产类别的关系是很有意义的。图 12.14 展示了市场分歧趋势跟踪策略指数和三种风格因子与传统资产的相关性。传统资产包括股票（MSCI 世界指数）、新兴市场股票（MSCI 新兴市场指数）、固定收益债券（摩根大通全球固定收益债券指数）、商品（标准普尔高盛商品指数）和波动率（VIX 指数）。正如预期的那样，20 年间，市场分歧趋势跟踪策略指数和股票之间具有较低的负相关性，和固定收益债券指数以及波动率指数有着较低的正相关性。[①] 市场规模因子与固定收益债券之间有着较低的正相关性。从绝对值来看，股票偏差因子与各种指数有着最高的相关性，与股票市场的正相关性较高，而与波动率的负相关性较高；交易速度因子与所有传统资产

[①] 与固定收益债券有正相关性不足为奇。在第 6 章中，我们讨论了利率的迁仓收益。利息收入是期货交易策略收益来源不可忽略的一部分。在第 7 章中，定义危机时期时讨论了波动率，在第 8 章中提及投资组合波动率时也讨论了波动率。趋势跟踪策略与波动率的上行变化有关，从长远来看，这从净值上使该策略与波动率略微正相关。

类别的相关性都最低。除了股票偏差因子之外，很少有相关性的绝对值较大。有关细节将在第 14 章中详细讨论。

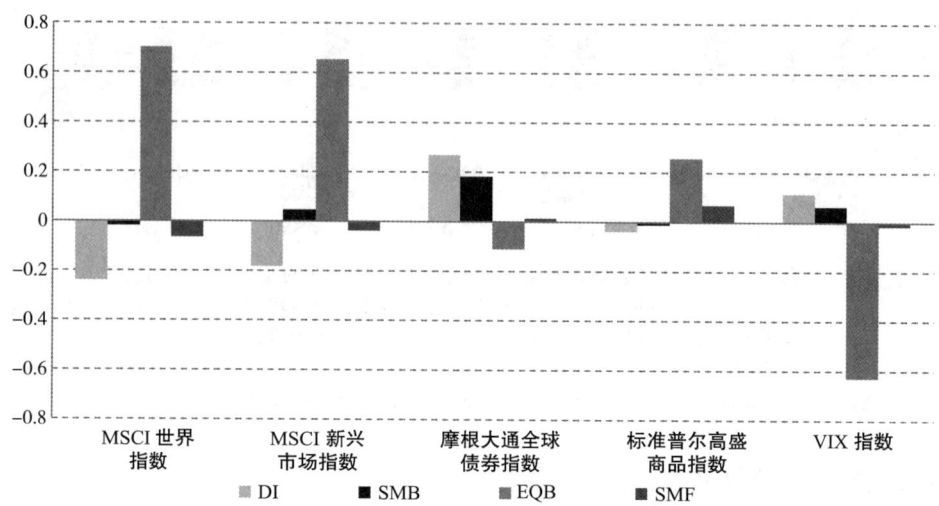

图 12.14 市场分歧趋势跟踪策略指数（DI）和三个风格因子——市场规模因子（SMB）、股票偏差因子（EQB）和交易速度因子（SMF）与其他资产类别的相关性：股票（MSCI 世界指数）、新兴市场股票（MSCI 新兴市场指数）、固定收益债券（摩根大通全球债券指数）、商品（标准普尔高盛商品指数）和波动率（VIX 指数）。样本期为 1993—2013 年。

数据来源：彭博。

■ 本章总结

本章通过回顾市场分歧风险承担的原则，概述了 Greyserman 等（2014）提出的市场分歧趋势跟踪策略指数（DI）的构建方法。这种构建方法依赖最少量的假设，并且仅通过策略的亏损容忍度来进行参数化。这个简单的定义引入了"市场"（在第 13 章中被称为趋势贝塔），DI 以及基于市场规模、股票多头偏差和交易速度的三个风格因子的构建。DI 和三个风格因子的夏普比率均为正值，且相关性较低。然后，将 DI 和三种风格因子跟基于基金经理的指数、基于价格的趋势跟踪策略指数和传统资产类别进行

第 12 章 指数与风格因子构建
Chapter 12 Index and Style Factor Construction

了比较。本章的分析为下一章中基于收益的风格分析提供了相关的背景知识。

■ 延伸阅读与参考文献

Agarwal, V., and N. Y. Naik. "Performance Evaluation of Hedge Funds with Option-Based and Buy-and-Hold Strategies." EFA 0373; FA Working Paper No. 300, 2000.

Brennan, T., and A. Lo. "The Origin of Behavior." *Quarterly Journal of Finance* 1, no. 55 (2011).

Fama, E., and K. French. "Common Risk Factors in the Returns on Stocks and Bonds." *Journal of Financial Economics* 33 (1993): 3-56.

Fung, W., and D. Hsieh. "Empirical Characteristics of Dynamic Trading Strategies: The Case of Hedge Funds." *Review of Financial Studies* 2 (1997a): 275-302.

Fung, W., and D. Hsieh. "Survivorship Bias and Investment Style in the Returns of CTAs." *Journal of Portfolio Management* 23 (1997b): 30-41.

Fung, W., and D. Hsieh. "A Primer on Hedge Funds." *Journal of Empirical Finance* 6 (1999): 309-331.

Fung, W., and D. Hsieh. "The Risk in Hedge Fund Strategies: Theory and Evidence from Trend Followers." *The Review of Financial Studies* 2 (2001): 313-341.

Fung, W., and D. Hsieh. "Performance Characteristics of Hedge Funds and Commodity Funds: Natural vs. Spurious Biases." *Journal of Financial and Quantitative Analysis* 35 (2000): 291-307.

Fung, W., and D. Hsieh. "Asset-Based Style Factors for Hedge Funds." *Financial Analysts Journal*, 58, no. 1 (2002).

Fung, W., and D. Hsieh. "Hedge Fund Benchmarks: A Risk-Based Approach." *Financial Analysts Journal* 60 (2004): 65-80.

Greyserman, A., K. Kaminski, A. Lo, and L. Yan. "Style Analysis in Systematic Trend Following." Working paper, 2014.

Kaminski, K., and A. Lo. "When Do Stop-Loss Rules Stop Losses?" *Journal of Financial Markets* 18, issue C (2014): 234–254.

Moskowitz, T., Y. Ooi, and L. Pedersen. "Times Series Momentum." *Journal of Financial Economics* 104 (2012): 228–250.

Thompson, E. "The Tulipmania: Fact or Artifact?" Public Choice 130, nos. 1–2 (2007): 99–114.

第 13 章

业绩基准和风格分析

计算基金对一组指数或因子的风险敞口,常用基于收益的风格分析方法。风格分析可以用来评价基金的收益表现、发现资产配置的偏好,以及检测风格漂移。这个方法最初由 Sharpe(1992)在共同基金收益分析中提出,Fama 和 French(1993)继续研究了类似的方法论,基于三个因子来解释横截面上的股票收益。本章为趋势跟踪策略建立了相同的方法论。值得注意的是,尽管侧重趋势跟踪策略,但这种分析也可以推广到其他策略上。本章使用市场分歧趋势跟踪策略指数(DI)作为业绩基准策略或"市场"投资组合的代表,采用类似于 Greyserman、Kaminski、Lo 和 Yan(2014)所述的三种风格因子,建立了基于收益的风格分析框架,并讨论了基于收益的风格分析在管理期货行业的应用。

趋势跟踪策略的风格因子并不是基于指数收益得到的,它们与 Fama 和 French(1993)三因子模型的构造方法类似。和对冲基金的研究一样,使用这种类型的框架是非常必要的,因为对冲基金的风格分析更侧重于策略之间(而不是内部策略)的变化。更具体一点,在相关的文献中,对冲基金的收益通常以资产管理组合采取买入并持有策略的收益来表示,收益归因到对冲基金的动态交易策略和其他风格因子的收益上。[1] 例如,Fung 和 Hsieh(1997a)提出了五个通用的策略分类,以解释许多对冲基金的收益差别:程序化系统交易/趋势跟踪策略、程序化系统交易/投机性交易、全球/宏观、

---

[1] 也可以参见 Hasanhodzic 和 Lo(2007)。

价值投资、危机投资。这类学习有助于确定对冲基金通用的**策略分类**。他们无法针对同一策略类型的对冲基金提供更详细的内部策略的差异。该框架由 Greyserman 等（2014）提出，旨在填补内部策略层面的风格分析的空白，更好地适用于管理期货行业的趋势跟踪策略。

■ 基于收益的风格分析框架

在明确定义策略的收益及相应的业绩基准策略，与风格因子之间的关系的基础上，才可以进行基于收益的风格分析。在 Greyserman 等（2014）提出相关理论之后，任意的趋势跟踪策略收益率时间序列（基金或者指数）都可以分解为业绩基准策略的收益（市场分歧趋势跟踪策略指数，DI）和相应构建的风格因子的收益。趋势跟踪策略风格因子包括市场规模因子（SMB）、股票偏差因子（EQB）和交易速度因子（SMF）。①基于这一框架，趋势跟踪策略收益率时间序列和业绩基准策略、每个相应的风格因子之间存在线性关系：

$$r_t^{CTA} - r_f = \alpha + \beta^{Trend} r_t^{DI} + \beta^{SMB} r_t^{SMB} + \beta^{EQB} r_t^{EQB} + \beta^{SMF} r_t^{SMF} + \varepsilon_t$$

这个关系式将 t 时刻 CTA 基金的总收益率（r_t^{CTA}）减去无风险利率（r_f）的值，和市场分歧趋势跟踪策略指数的收益率（r_t^{DI}）、市场规模因子的收益率（r_t^{SMB}）、股票偏差因子的收益率（r_t^{EQB}）以及交易速度因子的收益率（r_t^{SMF}）进行对比。市场分歧趋势跟踪策略指数的贝塔（系数）可以看作趋势贝塔，市场规模因子、股票偏差因子和交易速度因子的相应贝塔（系数）可以看作风格贝塔。为了分析这个表达式的正确性，我们对一个趋势跟踪策略投资者的总收益率时间序列和相应的市场分歧趋势跟踪策略指数，以及三个风格因子的收益率时间序列做了简单的线性回归，得到贝塔系数和阿尔法（截距）的估计值。贝塔的估计值可以定量地确定某个基金经理或者指数的风格。回归的 R 平方值用于量度模型的拟合优度。考虑到基金经理收益的变化，高 R 平方值

---

① 第 12 章详细地讨论和分析了市场分歧趋势跟踪策略指数和三个相应的风格因子。

第 13 章 业绩基准和风格分析
Chapter 13　Benchmarking and Style Analysis

说明，线性回归方程可以解释给定收益率时间序列的大部分收益变化的来源。线性回归方程的截距代表阿尔法的值，或者将每个风格因子和业绩基准策略都考虑进来后，依然存在的总收益。

分析常见的行业业绩基准

第一步，我们自然回到常用的基于基金经理的指数和基于价格的趋势跟踪策略指数（在上一章讨论过）。回顾基于基金经理的指数，可以大致了解 CTA 基金经理的平均风格。回顾基于价格的趋势跟踪策略指数，无论是行业导向的（Newedge 趋势指标）还是学术驱动的（TSMOM[①]，Fung 和 Hsieh[②]），都可以了解其构建风格。基于基金经理的指数（包括真实交易的收益率）和基于价格的指数的不同，有助于我们了解在经受考验（理论遇到实际）时该如何调整风格。

通过对指数的超额收益和市场分歧趋势跟踪策略指数（DI）、市场规模因子（SMB）、股票偏差因子（EQB）以及交易速度因子（SMF）进行回归，基于收益的风格分析可以应用到每个指数。表 13.1 列出了在相应的时间周期内回归分析的结果。[③] 这些指数的 R 平方值范围从 Fung 和 Hsieh（2001）模型的 0.48 到 Newedge 趋势指数的 0.69，这表明，基于收益的风格分析解释了 CTA 指数收益变化的大部分来源。图 13.1 比较了每个指数的趋势贝塔。Newedge 趋势指数的趋势贝塔值最大，相对来说，两个趋势指数也有着较高的趋势贝塔值。由于市场分歧趋势跟踪策略指数的年化波动率为 18.2%，因此对于大多数指数而言，趋势贝塔值小于 1 也就不足为奇了。趋势贝塔值最高的 Newedge 趋势指数仅包含趋势跟踪策略投资者。Newedge CTA 和 BTOP 50 指数均包含非常广泛的非趋势跟踪策略基金。

[①] TSMOM 的数据来源是 Moskowitz、Ooi 和 Pedersen（2012）。
[②] 有关 Fung 和 Hsieh 指数的数据，请访问 http://faculty.fuqua.duke.edu/~dah7/DataLibrary/TF-FAC.xls。
[③] 收益率时间序列从 2000 年开始，伴随着 Newedge CTA 指数的创立。一些指数（例如 BTOP50 指数）具有时间更长的历史数据。为了保持一致，这个分析中所用的数据都始于 2000 年。

表 13.1　对常见的基于基金经理的 CTA 指数（Newedge CTA 指数、Newedge 趋势指数、BTOP 50 指数）和基于价格的趋势指数（Newedge 趋势指标、TSMOM、Fung 和 Hsieh）进行基于收益率的风格分析。对于小于 5% 的 p 值，显著的回归系数以黑体标出；对于小于 10% 的 p 值，以斜体标出。

基于基金经理的指数和基于价格的趋势指数	市场分歧趋势跟踪策略指数（DI）	市场规模因子（SMB）	股票偏差因子（EQB）	交易速度因子（SMF）	R 平方	截距（%）
Newedge CTA 指数	**0.37**	0.00	**0.08**	0.04	0.67	*-0.23*
Newedge 趋势指数	**0.65**	-0.13	**0.16**	0.08	0.69	*-0.41*
BTOP 50 指数	**0.35**	0.00	**0.08**	0.02	0.68	*-0.21*
Newedge 趋势指标	**0.54**	0.13	-0.03	**0.16**	0.62	*-0.40*
TSMOM	**0.46**	-0.03	0.06	**0.16**	0.50	*0.43*
Fung 和 Hsieh	**1.44**	**0.74**	**-0.72**	**-1.08**	0.48	*-2.39*

数据来源：彭博；Moskowitz、Ooi 和 Pedersen（2012）；Fung 和 Hsieh（2001）

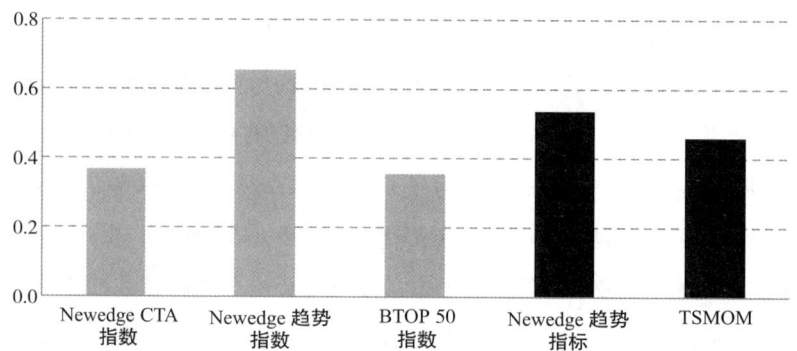

图 13.1　选定行业的基于基金经理的 CTA 指数（Newedge CTA 指数、Newedge 趋势指数、BTOP 50 指数）和基于价格的趋势指数（Newedge 趋势指标、TSMOM）的趋势贝塔估计值。

数据来源：彭博；Moskowitz、Ooi 和 Pedersen（2012）。

图 13.2 比较了每一个指数的风格贝塔。除了 Fung 和 Hsieh（2001）指数之外，市场规模因子的贝塔对其他指数都没有统计上的显著性。尽管回归结果不显著，但 Newedge CTA 和 BTOP 50 指数的市场规模因子贝塔值接近零。Newedge 趋势指数略呈负值，表明了该指数的趋势跟踪策略投资者可能略微偏好在大规模市场中交易。对于

不代表真实交易记录的 Fung 和 Hsieh 趋势指数，市场规模因子较大且为正，这表明该理论价格指数市场偏差较小。比较趋势指数与基于真实交易记录的指数，表明由于流动性和成交量的限制，实践与理论相比，较小规模的市场在实际情况中可能会产生轻微的风格漂移。

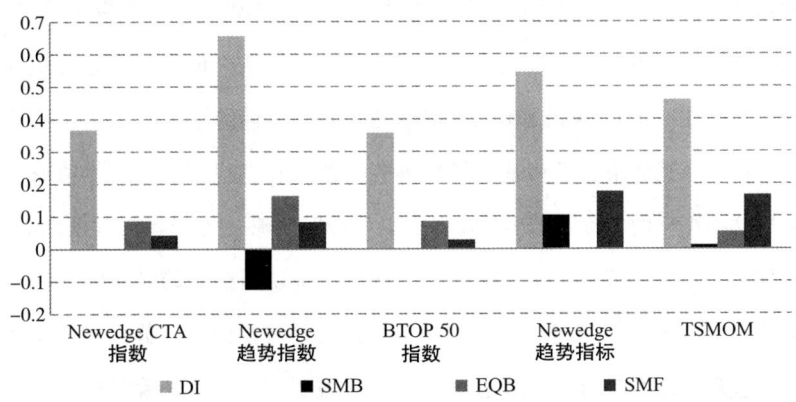

图 13.2 基于基金经理的 CTA 指数和基于价格的趋势指数的趋势贝塔和三个因子——市场规模因子（SMB）、股票偏差因子（EQB）和交易速度因子（SMF）的贝塔。
数据来源：彭博；Moskowitz、Ooi 和 Pedersen（2012）。

再次回到图 13.2，股票多头偏差贝塔对所有基于基金经理的指数都是正值且显著。另一方面，Fung 和 Hsieh（2001）的回望跨式期权投资组合对股票偏差因子回归时，回归系数为负，并且在统计上具有显著性。当理论与实践相比时，一定程度上，基于基金经理的指数相比基于价格的指数表现出更大的股票多头偏差。从风格的角度来看，总体而言，这表明基金经理可能会选择略微多配一些股票市场的多头头寸。对于基于价格的趋势指数，时间序列动量（TSMOM）也对股票市场存在着轻微的倾斜，但在统计上不具有显著性。这种风格上的倾斜可能是由于 Moskowitz、Ooi 和 Pedersen（2012）在论文中选择了 12 个月的参数。对于股票市场多头而言，选择 12 个月可能恰好是一个非常好的历史回测窗口大小，但对于一般的市场分歧趋势跟踪策略方法，这可能会导致基于特定参数选择的轻微的股票多头偏差。

除了 Fung 和 Hsieh（2001）之外，交易速度因子的贝塔几乎都是正值，尽管在统计显著性上有所不同。TSMOM 序列使用了 12 个月的历史回测窗口。交易速度因子的因子载荷①为正值，表明 TSMOM 的交易速度低于经典的趋势跟踪策略系统。② 相比基于基金经理的指数，Newedge 趋势指标和 TSMOM 都有更高的交易速度贝塔。在基于基金经理的指数中，Newedge 趋势指数仅包含了标记为趋势跟踪策略投资者的基金经理，有着最高的交易速度贝塔，并且具有统计显著性。这表明，该指数中趋势跟踪策略投资者的交易速度往往比 CTA 的平均交易速度慢。这个定性的结果在 CTA 行业中也是众所周知的。许多非趋势跟踪策略基金经理可能会使用短期投资、相对价值或均值回归策略。采取这些策略的投资者，通常比采取趋势跟踪策略的投资者更频繁地进行交易。即使在总体水平上，也可以使用风格分析方法，定量说明纯粹趋势跟踪策略指数和总 CTA 指数的风格差异。基于基金经理和基于价格的趋势指数的趋势贝塔比其他风格因子大得多。直观上，本节的总指数水平风格分析表明，趋势跟踪策略投资者主要是市场分歧风险承担者。总体而言，由于市场约束和市场摩擦、对股票多头偏差的隐含愿望，以及可能的交易成本，基金经理在实际交易中也可能进行一定的风格调整。

■ 单个 CTA 基金经理的风格分析

Greyserman 等（2014）提出的基于收益的风格分析，为研究 CTA 基金的内部策略差异提供了一种简单的方法。上一节说明了如何在指数层面应用这种风格分析，本节将基于收益的风格分析用于单个 CTA 收益，并讨论该分析方法的相关应用。风格分析考虑到了更多独特的策略业绩基准、分类和收益归因。其进一步的应用包括风格漂移监控、基金经理选择和资产配置。

回顾单个 CTA 收益，可以了解各个 CTA 基金经理的基本风格。本节从比较八个大

---

① 因子载荷（factor loading），又称因子暴露，用于衡量因子对投资组合收益率的贡献。
② 12 个月的窗口期是指观察周期为 12 个月，而不是持仓周期为 12 个月。

型 CTA 趋势跟踪策略基金经理的收益表现开始讨论。表 13.2 展示了八个大型 CTA 基金的月度收益率相对于业绩基准系统（DI）和三个因子的收益率时间序列基于收益的风格分析结果。① 为简单起见，我们把这些 CTA 基金标记为 CTA1~CTA8。回归的 R 平方值在 0.52~0.74 之间，表明了基于收益的风格分析的解释能力。阿尔法是回归的截距，贝塔是对 DI 和三个风格因子的回归系数。②

表 13.2 八个大型趋势跟踪策略 CTA 基金基于收益的风格分析结果。对于以小于 5% 的 p 值作为回归显著性标准的，显著的回归系数以黑体标出；对于以小于 10% 的 p 值作为回归显著性标准的，显著的回归系数以斜体标出。

	市场分歧趋势跟踪策略指数（DI）	市场规模因子（SMB）	股票偏差因子（EQB）	交易速度因子（SMF）	R 平方	截距（%）
CTA1	**0.78**	0.12	*-0.11*	**0.16**	0.70	-0.11
CTA2	**0.82**	**-0.21**	**0.12**	-0.02	0.71	-0.25
CTA3	**0.69**	**-0.26**	**0.20**	-0.05	0.52	0.27
CTA4	**0.50**	*-0.20*	**0.17**	*0.13*	0.49	-0.12
CTA5	**0.51**	*-0.16*	**0.14**	*0.09*	0.62	-0.12
CTA6	**0.47**	-0.03	**0.20**	-0.01	0.56	0.11
CTA7	**0.81**	-0.14	**0.14**	**-0.09**	0.74	-0.30
CTA8	**0.59**	-0.14	**0.24**	*0.11*	0.60	*-0.43*

在图 13.3 中，绘制了每个 CTA 基金的趋势贝塔以便于比较。与基金经理总指数相比，单个 CTA 的趋势贝塔值大小迥异。图 13.4 展示了每个 CTA 的市场规模因子、股票偏差因子和交易速度因子的风格贝塔。不同风格因子的因子载荷看起来差别很大。这表明，CTA 是按照不同方法构建的。与总指数不同，单个 CTA 基金似乎对不同的风格因子都有着各自的因子载荷。例如，CTA1 是唯一一个股票偏差因子贝塔为负值，市场规模因子贝塔为正值却没有统计显著性的 CTA。这表明，相比同类的其他基金，CTA1 可能为小规模市场配置了更多风险，并明显避免了股票多头偏差。而对于 CTA4

---

① 所有收益率均为 2001 年 6 月至 2013 年 12 月的月度收益率。
② 与标准的基于收益的风格分析不同，此处系数没有大于 0 且总和为 1 的约束条件。

来说，其市场规模因子贝塔非常大并且为负值，股票偏差因子贝塔非常大并且为正值，交易速度因子贝塔也非常大且为正值。这表明，CTA4 将风险配置给了规模更大的市场（大多数情况下是金融市场），存在股票多头偏差，相比同类的其他基金，交易速度更慢。即使大型 CTA 的同类策略，在交易风格上也存在着显著的差异。

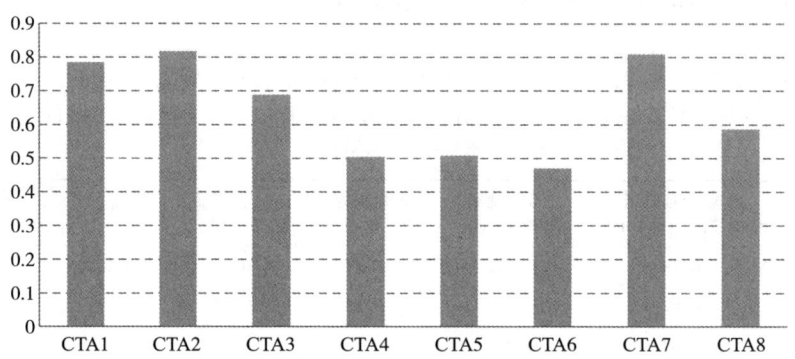

图 13.3　八个单独的大型趋势跟踪策略 CTA 对市场分歧趋势跟踪策略指数（DI）的趋势贝塔。

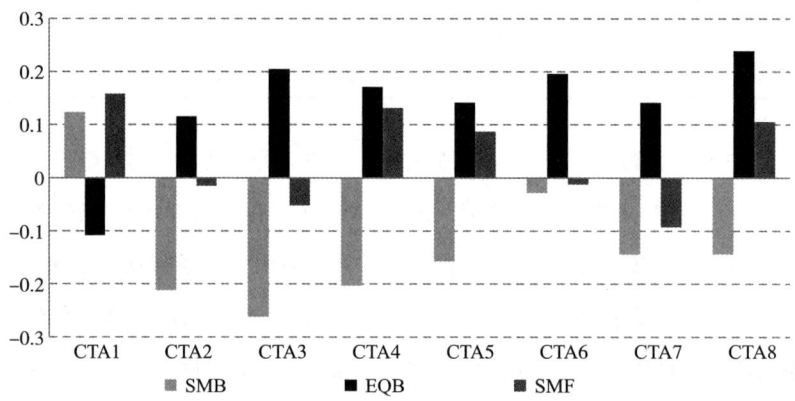

图 13.4　八个单独的大型趋势跟踪策略 CTA 对市场规模因子（SMB）、股票偏差因子（EQB）和交易速度因子（SMF）的贝塔。

重要的是，要记住该风格分析仅基于这些基金经理的收益率时间序列。这种分类不是来自坊间议论或者定性分类。虽然投资者可能会向 CTA 基金经理询问有关其投资

第13章 业绩基准和风格分析
Chapter 13 Benchmarking and Style Analysis

风格的相关信息,但大部分信息可能难以量化或自动分类。这种定量的 CTA 风格分析方法能够对 CTA 基金的趋势跟踪策略构建风格进行分类,并且直接将此和基金经理的收益率时间序列关联。唯一的输入量是月度收益率时间序列,考虑到基金经理收益率时间序列的波动水平,拟合的结果相当令人满意。

合适的业绩基准和收益归因

已知每个 CTA 基金的因子载荷之后,可以根据 CTA 基金对三个风格因子和业绩基准系统 (DI) 的因子载荷,为该基金建立一个特别的业绩基准。正的阿尔法值可以解释为,相对于业绩基准有相应的风格因子载荷的特定 CTA 主动获取超额收益的能力。例如,当把模型中的所有风格因子都考虑进来时,CTA3 有着最大的阿尔法值。相对于其他基金,CTA3 有着较低的 R 平方值。这表明,可能需要其他因子来解释 CTA3 正的超额收益表现。另一个简单的应用是收益归因:2013 年,股票偏差因子贝塔为正,市场规模因子贝塔为负,交易速度因子贝塔相对较低,并且在统计上不具有显著性。考虑到 CTA3 对小规模市场具有绝对值较大的负的因子载荷,并且具有绝对值较大的正的股票多头偏差,人们可能会期望 CTA3 在收益表现上成为佼佼者。事实的确如此:2013 年,CTA3 的收益表现远远优于同类的其他 CTA 基金。

小规模和非趋势跟踪策略基金经理

现在可以分析大型 CTA 之外其他类型的趋势跟踪策略投资者。先来分析一组小型 CTA (资产管理规模较小的 CTA,表示为 SCTA) 和一组归类为"非趋势跟踪策略"的基金经理 (策略分类是非趋势跟踪策略,表示为 NCTA)。表 13.3 列出了基于收益的风格分析结果,包括原来的八个大型 CTA、八个小型 CTA (SCTAs) 和三个非趋势跟踪策略 CTA (NCTAs)。在较小型的 CTA 中,回归分析的 R 平方值与原来的大型 CTA 组一致,R 平方值的范围为 0.25~0.62。一些小型 CTA 的市场规模因子贝塔为正值,这表明,其中的一些基金经理相比大型 CTA 基金经理,倾向于配置更多的风险在规模较小的市场。在这个样本组中,相比大型 CTA,大多数小型 CTA 的股票多头偏差并不显著，并且小型 CTA 的交易速度因子贝塔值差别很大。与业界的讨论一致，小型的 CTA 基金似乎有着更加多样的投资风格，并且可能在较小规模的市场中获得交易机会，而大型基金在较小规模的市场中不易获得交易机会。在非趋势跟踪策略组中，NCTA1 和 NCTA3 的 R 平方值接近零。这表明，它们的收益来源不能用任何趋势风格因子来解释。另一方面，NCTA2 的 R 平方值为 0.46。NCTA2 可能会给自己贴上非趋势跟踪策略的标签，但趋势跟踪策略风格分析却给出了不同的答案。在该样本的所有同类 CTA 中，确实很容易将 NCTA2 与其他基金经理区别开来，因为，NCTA2 有着绝对值很大且显著为负的市场规模因子贝塔，不太显著的负的股票偏差因子贝塔，以及数值较大且显著的交易速度因子贝塔。这表明该基金经理更加偏好在规模较大的市场中进行交易，可能具有一定的股票空头偏差，并且交易系统速度较慢。① 从投资者的角度来看，这种类型的风格分析将有助于对 CTA 基金经理进行非主观分类和比较。

表 13.3 一组大型趋势跟踪策略 CTA、小型趋势跟踪策略 CTA 和非趋势跟踪策略 CTA 基于收益的风格分析。对于以小于 5% 的 p 值作为回归显著标准的，显著的回归系数以黑体标出；对于以小于 10% 的 p 值作为回归显著标准的，显著的回归系数以斜体标出。

	市场分歧趋势跟踪策略指数（DI）	市场规模因子（SMB）	股票偏差因子（EQB）	交易速度因子（SMF）	R 平方	截距（%）
CTA1	**0.78**	0.12	*−0.11*	**0.16**	0.70	−0.11
CTA2	**0.82**	**−0.21**	**0.12**	−0.02	0.71	−0.25
CTA3	**0.69**	**−0.26**	**0.20**	−0.05	0.52	0.27
CTA4	**0.50**	*−0.20*	**0.17**	**0.13**	0.49	−0.12
CTA5	**0.51**	*−0.16*	**0.14**	*0.09*	0.62	−0.12
CTA6	**0.47**	−0.03	**0.20**	−0.01	0.56	0.11
CTA7	**0.81**	−0.14	**0.14**	*−0.09*	0.74	−0.30
CTA8	**0.59**	−0.14	**0.24**	*0.11*	0.60	*−0.43*

① 与 NCTA2 的基金经理私下讨论证实了这种分析的确符合事实。这位特定的基金经理不会频繁地使用止损来创建慢速交易系统，而是采用了一种独特的趋势信号处理方法。尽管该基金经理在同类里具有独一无二的特征，但他仍然是相当"趋势跟踪策略"的基金经理。

续表

	市场分歧趋势跟踪策略指数（DI）	市场规模因子（SMB）	股票偏差因子（EQB）	交易速度因子（SMF）	R 平方	截距（%）
S CTA1	**0.52**	**0.45**	−0.01	**0.26**	0.44	−0.22
S CTA2	**0.53**	0.19	**0.34**	**0.28**	0.52	**−0.83**
S CTA3	**1.13**	0.20	−0.07	−0.20	0.35	−0.03
S CTA4	1.45	**−0.52**	0.03	**0.34**	0.62	**−0.95**
S CTA5	**0.38**	0.00	0.11	−0.11	0.25	0.12
S CTA6	**0.63**	−0.07	0.04	0.02	0.49	−0.29
S CTA7	**0.87**	0.14	**0.20**	**−0.21**	0.51	0.07
S CTA8	**0.57**	**0.32**	**0.14**	**−0.25**	0.60	−0.12
N CTA1	−0.04	0.01	−0.05	0.02	0.01	**0.53**
N CTA2	**0.73**	**−0.53**	−0.11	**0.18**	0.46	**0.74**
N CTA3	0.06	0.16	0.03	0.01	0.08	0.05

套利交易

套利交易是一种常见的期货投资策略，投资者将息差因子视为 CTA 风格分析的另一个因子，这并不少见。尽管如此，大多数趋势跟踪策略基金经理的策略中仅包含了较少的息差因子风险暴露。为了证明这一点，在八个大型趋势跟踪策略 CTA 基金经理基于收益的风格分析中，增加了一个息差因子。如表 13.4 所示，增加息差因子后，某些基金经理的回归分析的 R 平方值略微提高了，某些则没有。总的来说，添加息差因子的影响相对较小。对于八个大型 CTA 基金而言，只有 CTA4 对息差因子有着显著且为正的因子载荷。小型 CTA 基金的情况也类似。对于明确表示使用套利交易策略的基金经理而言，添加息差因子作为第四个因子，来检验其对该投资组合的影响是很容易的。

表 13.4 趋势跟踪策略 CTA 基金在有和没有息差因子时基于收益的风格分析。对于以小于 5% 的 p 值作为回归显著标准的，显著的回归系数以黑体标出；对于以小于 10% 的 p 值作为回归显著标准的，显著的回归系数以斜体标出。

无息差因子	市场分歧趋势跟踪策略指数（DI）	市场规模因子（SMB）	股票偏差因子（EQB）	交易速度因子（SMF）	息差因子	R 平方	截距（%）
CTA1	**0.78**	0.12	*-0.11*	**0.16**	—	0.70	-0.11
CTA2	**0.82**	**-0.21**	**0.12**	-0.02	—	0.71	-0.25
CTA3	**0.69**	**-0.26**	**0.20**	-0.05	—	0.52	0.27
CTA4	**0.50**	*-0.20*	**0.17**	**0.13**	—	0.49	-0.12
CTA5	**0.51**	*-0.16*	**0.14**	*0.09*	—	0.62	-0.12
CTA6	**0.47**	-0.03	**0.20**	-0.01	—	0.56	0.11
CTA7	**0.81**	-0.14	**0.14**	*-0.09*	—	0.74	-0.30
CTA8	**0.59**	-0.14	**0.24**	*0.11*	—	0.60	**-0.43**
有息差因子	市场分歧趋势跟踪策略指数（DI）	市场规模因子（SMB）	股票偏差因子（EQB）	交易速度因子（SMF）	息差因子	R 平方	截距（%）
CTA1	**0.78**	0.11	-0.09	**0.16**	-0.12	0.70	-0.02
CTA2	**0.81**	**-0.23**	**0.14**	-0.01	-0.15	0.71	-0.13
CTA3	**0.69**	**-0.27**	**0.22**	-0.05	-0.10	0.52	0.35
CTA4	**0.51**	-0.18	**0.13**	**0.13**	**0.23**	0.50	-0.29
CTA5	**0.51**	*-0.16*	**0.15**	*0.09*	-0.05	0.62	-0.08
CTA6	**0.47**	-0.01	**0.17**	-0.01	0.12	0.57	0.02
CTA7	**0.81**	*-0.16*	**0.16**	*-0.09*	-0.11	0.74	-0.21
CTA8	**0.59**	-0.14	**0.23**	*0.11*	0.02	0.60	**-0.45**

监控风格漂移

　　CTA 领域的另一个难题是监控和确定是否存在风格漂移。由于趋势跟踪策略系统相当复杂，收益表现有一定的噪声，因此策略的构建并不像我们所希望的那样透明，所以很难说明收益表现是由于市场影响还是趋势跟踪策略本身改变了。我们使用风格因子来量度某些风格的暴露度，投资者可以检查风格因子的滚动窗口，以确定策略是否随着时间的推移而发生了显著变化。例如，图 13.5 展示了在 2010—2013 年期间，

第13章 业绩基准和风格分析
Chapter 13 Benchmarking and Style Analysis

CTA5 基金的风格因子的 24 个月滚动因子贝塔,风格因子包括市场规模因子、股票偏差因子和交易速度因子。趋势跟踪策略系统似乎在 2011 年略有调整,因为在这一年里趋势贝塔大幅下降,股票偏差因子的风格贝塔增加,交易速度放缓。CTA 基金经理可据此解释 2011 年趋势跟踪策略系统是如何变化的,以及他们是否做了调整,做了哪些不同的调整。通常,趋势跟踪策略系统的风格漂移非常难以量度。在过去几年中,一些单个趋势跟踪策略基金经理为了加入套利策略,更多地进入现金投资市场,并(或)增加了信用利差,创造的收益表现有好有坏。① CTA 风格分析提供了一种监控策略风格的方法,可用于确定交易方法何时或者是否发生了结构性的变化。

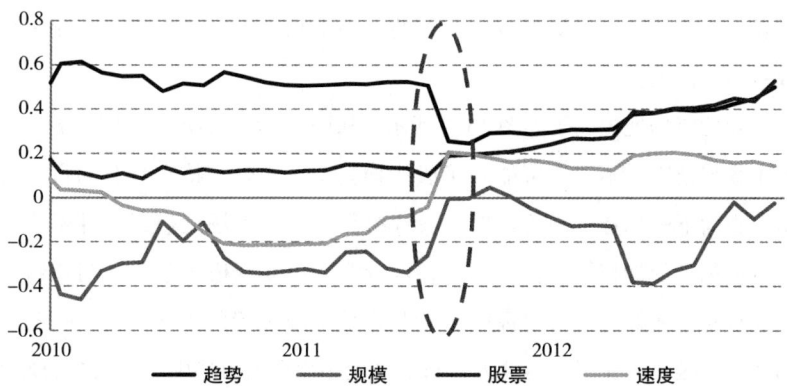

图 13.5 CTA5 的市场规模因子、股票偏差因子和交易速度因子的 24 个月滚动贝塔,样本期为 2005—2012 年。

■ 市场规模因子的行业层面分析

上一节讨论了单个基金经理收益的风格分析,说明了风格分析如何用于收益归因,设置适当的业绩基准和监控风格漂移。本节将详细介绍市场规模因子,并演示如何将风格分析扩展到行业层面。

---

① 我们将在第 16 章中讨论从纯粹趋势跟踪策略到多策略方法的转变。

在 CTA 基于收益的风格分析中提出的三个因子（即市场规模因子、股票偏差因子和交易速度因子）中，市场规模因子的收益率最近呈现出大幅下跌的趋势。这表明，采用基于市值加权配置的趋势跟踪策略系统的收益表现，优于等金额风险配置的趋势跟踪策略系统的收益表现。同样的分析证实了这一结论。尽管最近①市场规模因子的收益率为负，但在 20 年期间，其平均收益率为 6.3%。这一正溢价可能表明，从长期来看，在较小的市场中趋势跟踪策略的表现更优，这和股票市场中的小盘股效应有些类似。针对行业内部的分析，可能有助于我们了解导致近期市场规模因子收益率为负的原因。

包含股指期货、商品期货、固定收益债券期货、外汇期货的投资组合总体的市场规模因子，如图 13.6 所示。尽管长期平均值为正，但最近为较小的市场配置更多风险并不能受益。为了解该因子最近表现变差的原因，我们可以分析每个行业中市场规模因子的收益表现来进行比较。

特定行业的市场规模因子如图 13.7 所示。从图 13.7 中的每一个图来看，和投资组合层面的市场规模因子不同，可能除了股指期货市场之外，特定行业的市场规模因子并非都呈一直向下的趋势。需要说明，投资组合层面的市场规模因子并不完全是特定行业市场规模因子的加权平均值。每个特定行业的市场规模因子仅针对该特定行业的投资组合而计算。将该行业的等风险配置与市值加权配置的收益表现进行比较。当特定行业市场规模因子为正时，意味着该行业中较小规模的市场中存在更多的趋势。

图 13.6　市场规模因子，样本周期为 1995—2013 年。

---

① 指 2013 年前后，下同。——译者注

第 13 章 业绩基准和风格分析
Chapter 13　Benchmarking and Style Analysis

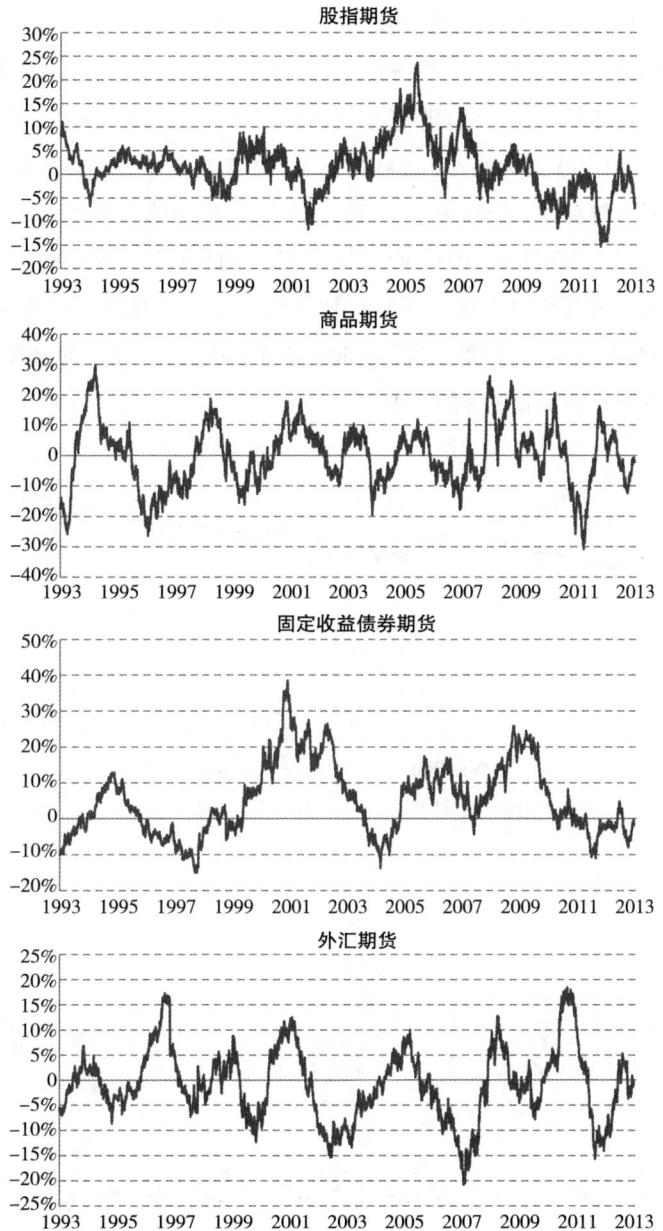

图 13.7　每个特定行业的市场规模因子,样本周期为 1995—2013 年。

自 2006 年以来，股指期货行业是唯一一个市场规模因子呈日益下降趋势的行业。这表明，较小的股指期货市场与较大的股指期货市场相比表现不佳。更具体地说，较大的股票市场是趋势行情，较小的股票市场则是震荡行情。举例来说，图 13.8 展示了 2010 年 1 月至 2014 年 1 月标准普尔 500 指数和恒生指数的走势，标准普尔 500 指数相比恒生指数更具有趋势性。以市场分歧指数（MDI）表示的大型市场和小型市场的市场分歧水平之差（大型市场的 MDI 减小型市场的 MDI）可以量化这些效应，如图 13.9 所示。该图说明，大型股票市场的趋势行情强烈，而小型股票市场表现出震荡行情（没有表现出市场分歧）。这似乎说明，在股指期货行业层面，等金额风险配置（EDR）方法隐含着在新兴市场配置更多的权重。

图 13.8 2010 年 1 月至 2014 年 1 月的标准普尔 500 指数和恒生指数。
数据来源：彭博。

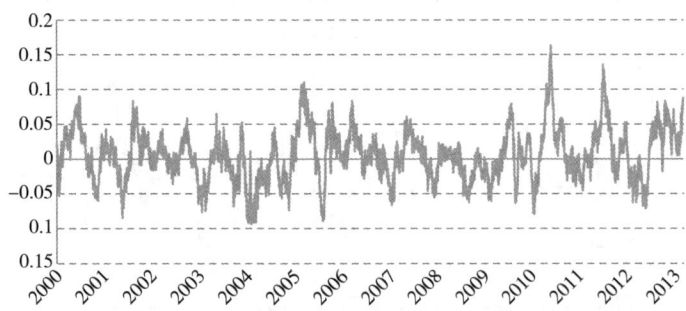

图 13.9 2000 年 9 月至 2013 年 12 月，用市场分歧指数（MDI）衡量的大型股票市场和小型股票市场的市场分歧水平差异（大型市场的 MDI 减小型市场的 MDI）。

第 13 章 业绩基准和风格分析
Chapter 13　Benchmarking and Style Analysis

现在开始讨论固定收益债券期货市场。固定收益债券期货市场规模因子近年来呈下行趋势。结合所有的图一起来看，自 2006 年以来，大规模的股票市场比新兴市场交易更具有趋势性。大规模的固定收益债券期货市场比小规模的固定收益债券期货市场更具有趋势性。结合 2010—2011 年小规模的商品期货市场，以及 2011—2012 年小规模的外汇期货市场来看，等金额风险配置的投资组合收益表现不佳。

近期商品期货市场和外汇期货市场似乎表现得不太一样，说明股票行业可能是近期市场规模因子下降的主要驱动因素。为了检验每个行业对投资组合水平的市场规模因子的影响，我们可以计算另类投资行业内市场规模因子。在这个例子中，对于等金额风险配置和市值加权配置方法，单个行业配置相同的权重。在每个行业中，将等金额风险配置与基于市值的配置进行比较。另类投资行业内的市场规模因子如图 13.10 所示。与图 13.6 中的市场规模因子不同，实际上，行业内市场规模因子的收益表现在过去两年里有所改善。行业内市场规模因子表明，行业配置在近期市场规模因子的下降趋势中也起到了重要的作用。更具体地说，除了可能向较大的股票市场配置较少的风险之外，纯粹的等金额风险配置方法通常还会在行业层面为股票市场配置较少的资金（把股票行业看作一个整体）。

图 13.10　行业内市场规模因子：每个行业内，基于等风险配置方法的系统和基于市值配置方法的系统的平均年化滚动收益率差值（相当于等市值风险）。这两种方法的行业配置保持不变。

■ 关于风格分析的说明

尽管通过线性回归做基于收益的风格分析是一种易于使用又直观的方法，但该分析方法并不是收益分析的灵丹妙药。Fama-French 模型的简便性和适用性可能导致我们使用因子分析方法时有过分自信的倾向。除此之外，业绩基准系统的选择和因子构建对于解释结果也有着重要的作用。由于风格分析的结果相对容易得出，因此重要的是考察使用风格分析的几个核心方面：风格系数的解释、业绩基准系统的选择和风格因子的构建。

风格系数：谨慎使用

在讨论 CTA 风格因子分析之前，先回顾一下著名的 Fama-French 股票模型。作为一种通用的方法，此处的讨论为因子分析提供了一些重要的规则和注意事项。Fama-French 三因子模型中的三个因子分别为市场因子、规模因子（SMB）和价值因子（HML），考虑由共同基金或 ETF 组成的四个基金：F1~F4。用 Fama-French 三因子模型对每个基金进行估计，然后根据它们的因子载荷（它们对应的价值贝塔）对基金进行排序，这些值列于表 13.5 中。

表 13.5　共同基金和 ETF 基金 1~4 的 Fama-French 三因子模型回归系数估计。根据基金的价值因子权重对基金进行排序。

基金	市场因子贝塔	规模因子载荷	价值因子载荷	阿尔法（%）
1	−1.20	−0.05	0.66	1.25
2	0.90	0.03	0.31	−0.24
3	0.97	−0.26	0.31	−0.24
4	0.97	0.06	0.25	−0.33

数据来源：彭博；French。

使用 Fama-French 三因子模型的简单点估计，基金 1 在价值因子上的因子载荷最高。这是否意味着基金 1 真的是最有代表性的价值基金呢？其实，基金 1 是美国石油空

第 13 章 业绩基准和风格分析
Chapter 13 Benchmarking and Style Analysis

头基金。这是随机选择的，显然不是一个基于价值的共同基金。是什么导致了这些明显违反启发式方法的结果呢？

魔鬼就藏在因子模型估计的数学细节中。与表 13.5 不同，在表 13.6 中将点估计值与其 t 统计量一并列出，那些从零开始在统计上具有显著性且在95%置信区间内的点估计值以黑体标记。估计值及其相应的统计量也列在表 13.6 中。显然在这个例子中，基金 1（美国石油空头基金）对市场因子的因子载荷为一个合理的负值；其 R 平方值仅为 0.44，与模型的拟合度明显较低。尽管绝对值较大，但基金 1 对价值因子的因子载荷在统计上并不显著，t 统计量仅为 -0.31。如果回归系数的值大于 1.96，只有该系数从零开始并且在95%的置信区间内，我们才认为其在统计上具有显著性。其他三只基金都是大规模的、价值投资的 ETF，由 R 平方值可以看出，它们和 Fama-French 三因子模型拟合度较好。

表 13.6 表 13.5 中的共同基金和 ETF 1~4 的 Fama-French 三因子模型的系数估计和 t 统计量。对于以小于或等于5%的 p 值作为回归显著标准的，显著的回归系数以黑体标出。

基金	市场因子贝塔	t 统计量	规模因子载荷	t 统计量	价值因子载荷	t 统计量	阿尔法（%）	t 统计量	R 平方
美国石油空头基金	**-1.2**	-5.48	-0.05	-0.13	0.66	1.48	1.25	1.52	0.44
iShares 罗素 1 000 价值 ETF	**0.9**	42.05	0.03	0.87	**0.31**	10	-0.24	-2.48	0.93
先锋价值 ETF	**0.97**	57.31	-0.26	-7.93	**0.31**	10.89	-0.24	-3.79	0.98
iShares 标准普尔 500 价值指数基金 ETF	**0.97**	43.00	0.06	1.60	**0.25**	7.61	-0.33	-3.23	0.93

数据来源：彭博；French。

相反，假定我们的目标是选择出一只成长型基金。表 13.7 列出了 Fama-French 模型对基金 1~7 的估计值汇总。七个基金按其对价值因子的因子载荷大小排序，绝对值最大的负因子载荷代表该基金对成长因子载荷最大。

表 13.7 共同基金和 ETF 1~7 的 Fama-French 三因子模型的回归系数估计。根据对价值因子载荷的权重从低到高对基金进行排序。负权重表示基金是成长型而非价值型的。

基金	市场因子贝塔	规模因子载荷	价值因子载荷	阿尔法（%）
1	0.75	−0.41	−0.72	−0.41
2	1.04	−0.69	−0.45	−1.00
3	0.23	−0.19	−0.41	0.86
4	1.07	−0.10	−0.38	−0.10
5	0.87	−0.49	−0.33	−0.25
6	1.04	−0.01	−0.30	−0.09
7	0.97	−0.19	−0.23	−0.09

数据来源：彭博；French。

用具体的名称和相应的 t 统计量来替换现有的基金代号，则基金 1 是黄金 ETF。为什么黄金基金是最大的成长型基金，甚至比成长型 ETF 还要大？尽管黄金和股票之间可能存在某种相关关系，但该 ETF 是否对成长因子的因子载荷期望值最大，尚不完全清楚。传统的 ETF 和基金对 Fama-French 三因子模型的拟合度非常好，但在许多其他情况下，它也提供了误导性的结果。拟合度不好的模型估计值不能与那些拟合度良好的模型估计值进行比较。值得注意的是，在七只基金中，iShares 标准普尔 500 成长型指数基金对成长因子的因子载荷绝对值最小。尽管因子载荷的绝对值较小，但其回归系数在统计上具有显著性，可谓名副其实①。（见表 13.8）

与黄金 ETF 不太好的拟合度类似，Fama-French 三因子模型在解释 CTA 收益表现方面也相对较差。对于大多数 CTA 基金，R 平方值在 0.00~0.15 之间。对规模因子和价值因子的估计也是无用的。与所有模型一样，我们可以估计相关系数，但如果在统计上不具有显著性，它们就没有意义。

---

① 指回归系数在统计上具有显著性这一事实，与 iShares 标准普尔 500 成长型指数基金这一名称所带来的对成长因子的暴露预期相符。——译者注

第 13 章　业绩基准和风格分析
Chapter 13　Benchmarking and Style Analysis

表 13.8　共同基金和 ETF 1~7 的 Fama-French 三因子模型的回归系数估计。根据对价值因子载荷的权重从低到高对基金进行排序。负权重表示基金是成长型而非价值型的。对于以小于 5% 的 p 值作为回归显著标准的，显著的回归系数以黑体标出；对于以小于 10% 的 p 值作为回归显著标准的，显著的回归系数以斜体标出。

基金	市场因子贝塔	t 统计量	规模因子载荷	t 统计量	价值因子载荷	t 统计量	阿尔法 (%)	t 统计量	R 平方
美国石油空头基金	0.75	2.77	−0.41	−0.71	−0.72	−1.49	−0.41	−0.37	0.08
高盛商品策略基金 A 类	1.04	6.92	**−0.69**	−2.08	−0.45	−1.62	−1.00	−1.54	0.38
SPDR 黄金 ETF	0.23	1.66	−0.19	−0.69	−0.41	−1.76	0.86	1.63	0.04
iShares 罗素 1 000 成长型 ETF	1.07	71.66	**−0.10**	−4.13	**−0.38**	−17.58	−0.10	−1.60	0.97
PowerShares DB 商品指数 Trac ETF	0.87	7.13	−0.49	−1.94	−0.33	−1.54	−0.25	−0.51	0.36
先锋成长型 ETF	1.04	61.89	−0.01	−0.17	**−0.3**	−10.77	−0.09	−1.37	0.98
iShares 标准普尔 500 成长型指数基金 ETF	0.97	63.46	**−0.19**	−7.47	**−0.23**	−10.50	−0.09	−1.32	0.96

数据来源：彭博；French。

讨论了经典的风格分析模型之后，也可以用相同的视角讨论 CTA 的风格因子分析。对于表 13.2 中的八个大型 CTA，每个 CTA 的系数估计值与相应 p 值列于表 13.9 中。

在此示例集中，八个 CTA 都具有显著的趋势贝塔。对于市场规模因子和交易速度因子，一些 CTA 没有显著的回归系数。例如，CTA8 对市场规模因子的回归系数不显著，说明 CTA8 的市场规模因子回归系数不能直接与 CTA3 的进行比较，因为后者在统计上是显著的。CTA8 的市场规模因子回归系数有两种解释。一方面，可能基金对市场规模因子的因子载荷非常小，以至于模型无法通过少量的月度收益率来检测到它；另一方面，CTA8 可能对市场规模因子根本就没有因子载荷。

表 13.9 对于 CTA 1~8 的风格因子分析的回归系数估计值。列出了 Fama-French 三因子模型回归的 R 平方值以进行比较。对于以小于 5% 的 *p* 值作为回归显著标准的，显著的回归系数以黑体标出；对于以小于 10% 的 *p* 值作为回归显著标准的，显著的回归系数以斜体标出。

	市场分歧趋势跟踪策略指数（DI）	市场规模因子（SMB）	股票偏差因子（EQB）	交易速度因子（SMF）	R 平方	Fama-French R 平方
CTA1	**0.78**	0.12	***−0.11***	**0.16**	0.70	0.13
CTA2	**0.82**	**−0.21**	**0.12**	−0.02	0.71	0.04
CTA3	**0.69**	**−0.26**	**0.20**	−0.05	0.52	0.01
CTA4	**0.50**	***−0.20***	**0.17**	**0.13**	0.49	0.00
CTA5	**0.51**	***−0.16***	**0.14**	*0.09*	0.62	0.02
CTA6	**0.47**	−0.03	**0.20**	−0.01	0.56	0.00
CTA7	**0.81**	−0.14	**0.14**	*−0.09*	0.74	0.04
CTA8	**0.59**	−0.14	**0.24**	*0.11*	0.60	0.04

数据来源：彭博；French。

由于许多 CTA 将趋势跟踪策略与其他非趋势跟踪策略相结合，因此它们有着不同的 R 平方值也不足为奇。对于有更多非趋势跟踪策略的投资组合，直观上，针对 CTA 基金的风格分析提出的趋势跟踪策略模型可能在拟合度上比较差。在不同策略之间比较因子载荷时，还是会碰到问题。例如，CTA3 的 R 平方值为 0.52，相比之下，Fama-French 模型回归的 R 平方值为 0.01，这表明，尽管通过提出的因子大大提高了模型的拟合度，但还需要增加其他因子以提高模型对基金经理业绩的解释能力。

业绩基准策略与模型设计

任何风格分析框架都有以下几个关键假设：

1. 业绩基准系统的选择
2. 风格因子的选择
3. 因子构建

本章的结果和 Greyserman 等（2014）的讨论一脉相承。在此框架中，任何趋势跟踪策略的收益率时间序列（基金或指数）的收益来源，都可以分解为业绩基准策略的收益

第 13 章　业绩基准和风格分析
Chapter 13　Benchmarking and Style Analysis

（市场分歧趋势跟踪策略指数，DI）以及构建的相应风格因子的收益。趋势跟踪策略风格因子包括市场规模因子（SMB）、股票偏差因子（EQB）和交易速度因子（SMF）。

　　本节将更详细地讨论风格分析设计的第一个方面。对于业绩基准策略的选择，市场分歧趋势跟踪策略指数提供了有最小偏差或特定市场视角的业绩基准。这种策略在思想上最符合纯粹趋势跟踪策略方法。风格因子解释了这种方法的某些偏差。根据风格分析的目标，这种业绩基准策略的选择有利也有弊。回到 Fama-French 模型进行类比，当在股票市场上选择等权重或市值加权指数，这种选择将改变结果以及模型的解释能力。对于趋势跟踪策略的情况，可以考虑使用市值加权而不是等权重的方法。为了检验这两个指数之间的差异，图 13.11 展示了市场分歧趋势跟踪策略指数（DI）和市值加权指数（MCAPI）的累计收益表现。这两个指数有较高的相关性，相关系数为 0.88。

　　哪一种业绩基准策略最合适，取决于我们要进行风格分析的 CTA 基金类型。业绩基准策略的选择也会影响整个回归模型的解释能力，决定了其他风格因子的回归系数。可以通过一个简单的实验来解释业绩基准策略选择的利弊。假设市场分歧趋势跟踪策略指数被市值加权指数代替。使用本章前文表 13.2 中相同的时间序列，可以通过市值加权指数（而不是市场分歧趋势跟踪策略指数）将风格分析重新应用于八个大型 CTA。使用初始模型和使用新模型（也就是以市值加权指数作为业绩基准策略）进行风格分析的结果如表 13.10 所示。

　　解释这些结果最直接的方法是先看几个关键趋势。由于此样本中的 CTA 规模较大（就资产管理规模而言），预期它们类似于市值加权指数似乎是合乎逻辑的。但与我们的预期相反，八位基金经理的 R 平方值保持不变甚至减小了。所有基金对市场规模因子的回归系数都增大了，所有系数都在统计上具有显著性。对于股票偏差因子，使用市值加权指数作为业绩基准策略，包含了对股票市场的偏差，这降低了股票偏差因子的解释能力。当业绩基准策略改变时，交易速度因子的作用也改变了。当使用市值加权指数作为业绩基准策略时，许多策略的交易速度看起来变得更快了。

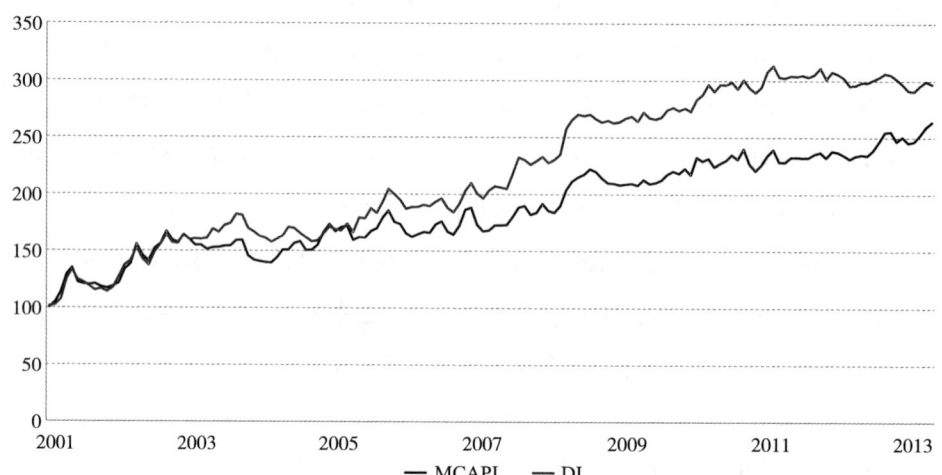

图 13.11 2001—2013 年，市场分歧趋势跟踪策略指数（DI）和市值加权趋势跟踪策略指数（MCAPI）的累计收益表现。

表 13.10 对于 CTA 1~8 的风格因子分析的回归系数估计值。对于以小于 5% 的 p 值作为回归显著标准的，显著的回归系数以黑体标出；对于以小于 10% 的 p 值作为回归显著标准的，显著的回归系数以斜体标出。

初始模型 （DI）	市场分歧趋势 跟踪策略指数（DI）	市场规模因子 （SMB）	股票偏差因子 （EQB）	交易速度因子 （SMF）	R 平方	截距 （%）
CTA1	**0.78**	0.12	*-0.11*	**0.16**	0.70	-0.11
CTA2	**0.82**	**-0.21**	0.12	-0.02	0.71	-0.25
CTA3	**0.69**	**-0.26**	**0.20**	-0.05	0.52	0.27
CTA4	**0.50**	*-0.20*	**0.17**	**0.13**	0.49	-0.12
CTA5	**0.51**	*-0.16*	**0.14**	*0.09*	0.62	-0.12
CTA6	**0.47**	-0.03	**0.20**	-0.01	0.56	0.11
CTA7	**0.81**	-0.14	**0.14**	*-0.09*	0.74	-0.30
CTA8	**0.59**	-0.14	**0.24**	**0.11**	0.60	-0.43
新模型 （MCAPI）	市场分歧趋势 跟踪策略指数（DI）	市场规模因子 （SMB）	股票偏差因子 （EQB）	交易速度因子 （SMF）	R 平方	截距 （%）
CTA1	**0.69**	**0.79**	**-0.12**	**-0.16**	0.67	-0.10
CTA2	**0.64**	**0.49**	0.07	*-0.14*	0.64	-0.27

续表

初始模型（DI）	市场分歧趋势跟踪策略指数（DI）	市场规模因子（SMB）	股票偏差因子（EQB）	交易速度因子（SMF）	R 平方	截距（%）
CTA3	**0.52**	**0.34**	**0.18**	-0.13	0.47	0.25
CTA4	**0.46**	0.30	**0.15**	-0.10	0.49	-0.10
CTA5	**0.45**	**0.28**	**0.12**	*-0.10*	0.62	-0.09
CTA6	**0.37**	**0.31**	**0.13**	*-0.11*	0.49	0.17
CTA7	**0.60**	**0.54**	0.09	*-0.12*	0.64	-0.35
CTA8	**0.51**	**0.45**	**0.16**	-0.09	0.58	*-0.42*

对于市场规模因子，回归系数普遍增大，这表明，当业绩基准是等权重时，许多基金经理倾向于在更大规模的市场进行交易；另一方面，如果业绩基准是市值加权时，这些基金中的许多 CTA 倾向于在更小规模的市场进行交易，而不是由其市值决定的。举一个具体的例子，我们可以比较和检验 CTA1 和 CTA2。这两种 CTA 对初始模型都具有较高的 R 平方值，分别为 0.70 和 0.71。当使用市值加权的业绩基准策略时，两者对新模型的拟合度都下降了，R 平方值分别为 0.67 和 0.64。CTA1 对市场规模因子的回归系数从 0.12 变为 0.79；CTA2 对市场规模因子的回归系数从 -0.21 变为正的 0.49，两者在统计上都具有显著性。通过比较可以看出，这两个 CTA 都更接近纯粹趋势跟踪策略方法，而相比 CTA2，CTA1 似乎配置了更多的风险给规模较小的市场。

交易速度因子稍微复杂一些。例如，在初始模型下，相对于市场分歧趋势跟踪策略指数，CTA1 的交易速度看起来很慢。但是，当使用市值加权业绩基准策略时，CTA1 的交易速度看起来更快。结果可能令人费解，但这意味着该基金的交易速度比市值加权指数快，比市场分歧趋势跟踪策略指数慢。

■ 基金经理选择和配置

基于收益对 CTA 进行风格分析的方法，可用于策略分类、收益表现评价、同类策略分析和风格漂移监控。基金经理的选择和配置对任何投资者来说都是又一个挑战。与任何投资组合的选择问题一样，优化问题是对资产收益分布偏好和假设的函数。为了说明风格因子如何用于基金经理选择和配置，我们使用 2001 年 6 月至 2012 年 12 月期间，八个大型 CTA 基金经理的数据来进行简单的实验。表 13.11 列出了市场分歧趋势跟踪策略指数和三种风格因子的夏普比率。表 13.12 列出了八个大型 CTA 基金经理的夏普比率、趋势贝塔和三个相应的风格因子贝塔。

表 13.11 2001 年 6 月至 2012 年 12 月，市场分歧趋势跟踪策略指数（DI）和三种风格因子的夏普比率。

	市场分歧趋势跟踪策略指数（DI）	市场规模因子（SMB）	股票偏差因子（EQB）	交易速度因子（SMF）
夏普比率	0.80	0.96	0.36	0.65

表 13.12 2001 年 6 月至 2012 年 12 月，八个大型 CTA 基金经理对市场分歧趋势跟踪策略指数（DI）和三种风格因子的夏普比率和风格贝塔值。

	CTA1	CTA2	CTA3	CTA4	CTA5	CTA6	CTA7	CTA8
夏普比率	0.73	0.56	0.83	0.59	0.67	0.9	0.53	0.42
市场分歧趋势跟踪策略指数（DI）贝塔	0.78	0.82	0.69	0.50	0.51	0.47	0.81	0.59
市场规模因子（SMB）贝塔	0.12	−0.21	−0.26	−0.20	−0.16	−0.03	−0.14	−0.14
股票偏差因子（EQB）贝塔	−0.11	0.12	0.20	0.17	0.14	0.20	0.14	0.24
交易速度因子（SMF）贝塔	0.16	−0.02	−0.05	0.13	0.09	−0.01	−0.09	0.11

想象一个场景，投资者正在考虑将资金配置给八位 CTA 基金经理中的一些甚至全部。首先，我们对每个投资者现有的投资组合或投资偏好不做任何假设，而是假设投资者可以获得市场分歧趋势跟踪策略指数和风格因子的收益率时间序列，并且可以根据对因子暴露的偏好进行选择，这将更为直观。例如，在 Fama-French 三因子模型（1993）的情况下，任何投资者都可以检验这些因子，将其与他们自己个人的投资组合

第 13 章 业绩基准和风格分析
Chapter 13 Benchmarking and Style Analysis

相比较,并根据他们对这些因子的因子暴露偏好进行选择。① 在八个趋势跟踪策略基金经理(CTA1~CTA8)中,我们做相同的假设。基于这种假设可以预期,不同的个人投资者会有许多不同的因子暴露。基于三种风格因子中每个因子的风险暴露,表 13.13 列出了几种可能的投资者选择。选择 A、B 和 C 代表投资者希望获得这三种风格因子中的一种因子暴露;选择 D 代表投资者希望对这三种风格因子有相等的因子暴露;选择 E 代表投资者希望在市场分歧趋势跟踪策略指数和三个相应风格因子的所有可能组合中,获得最大的夏普比率。②

表 13.13 使用 2001 年 6 月至 2012 年 12 月的数据,列出了投资者对三种风格因子的因子暴露的可能选择。

投资者选择	市场规模因子(SMB)贝塔	股票偏差因子(EQB)贝塔	交易速度因子(SMF)贝塔	夏普比率
A	1.00	0.00	0.00	0.96
B	0.00	1.00	0.00	0.36
C	0.00	0.00	1.00	0.65
D	0.33	0.33	0.33	0.91
E	0.70	0.09	0.21	1.09

对于任意一种投资者选择,例如 A、B 或 D,可以通过选择不同 CTA 基金经理的投资组合,以达到与投资者期望相同的因子权重和最大的夏普比率值。这个优化问题的目标是将夏普比率最大化,限制条件是每个风格因子载荷的权重满足投资者的要求。例如,表 13.14 列出了每个 CTA 的相应权重和该投资组合的夏普比率。

---

① 与 Fama 和 French (1993) 的例子类似,在股票的例子中,投资者可以选择小市值投资组合或价值型投资组合或成长型投资组合。在趋势跟踪策略的例子中,投资者更倾向于小规模市场或"寻找危机阿尔法"。
② 通过解决四个收益率序列(DI、SMB、EQB 和 SMF)的简单优化问题来选择投资组合权重。目标函数是夏普比率,约束条件是各项权重之和为 1。

表 13.14　可供投资者选择的投资组合权重列表（A～E）。对于每个相应的投资者选择（A～E），通过在给定的期望风险暴露条件下最大化夏普比率值，来确定配置的权重。CTA1～CTA8 是每种投资组合可能的候选基金。

投资者选择	投资组合权重								夏普比率
	CTA1	CTA2	CTA3	CTA4	CTA5	CTA6	CTA7	CTA8	
A	0.38	0.00	0.00	0.00	0.00	0.62	0.00	0.00	0.90
B	0.00	0.00	0.00	0.06	0.15	0.59	0.00	0.20	0.80
C	0.21	0.00	0.00	0.34	0.28	0.00	0.00	0.17	0.72
D	0.00	0.00	0.00	0.16	0.28	0.20	0.00	0.36	0.67
E	0.37	0.00	0.00	0.14	0.03	0.33	0.00	0.13	0.82

选择 A 是一个规模投资组合（size portfolio）。CTA1 是组里唯一一个对市场规模因子的风格因子暴露为正的大型 CTA 基金经理。优化问题的结果表明，CTA1 对市场规模因子的风格因子暴露为 38%，CTA6 对市场规模因子的风格因子暴露为 62%，这不足为奇。该投资组合模拟了具有最高夏普比率的市场规模因子。夏普比率与市场规模因子相当。同样重要的是，要记住市场规模因子不是一个可投资的策略，而 CTA1 和 CTA6 代表了两个大型 CTA 基金经理。选择 B 是具有股票偏差因子载荷且夏普比率最高的投资组合。该投资组合配置了 6% 的 CTA4、15% 的 CTA5、59% 的 CTA6 和 20% 的 CTA8。由于 CTA1 是唯一一个对股票偏差因子的因子暴露为负的大型 CTA，因此该基金经理不包含在此投资组合中。有趣的是，CTA2、CTA3 和 CTA7 不包括在任何投资组合中。这也难怪——这三个基金经理的夏普比率值都较低。这表明了基于夏普比率方法的缺点。使用夏普比率只是目标函数的一个例子。我们还可以用其他许多方法来选择基金经理。例如，如果某个特定投资者想要找到能够提供最大危机阿尔法的风格因子暴露，此投资组合的权重将创建一个危机阿尔法最大的投资组合。本节的结果也仅限于八个大型 CTA 的小集合。回到表 13.3，当较小的 CTA 也包括在基金经理选择当中时，风格因子暴露的范围则大得多。例如，一个危机阿尔法投资组合可能包含了数值较大且为正的市场规模因子暴露，以及负的股票偏差因子暴露。定性地说，CTA1、

第13章 业绩基准和风格分析
Chapter 13 Benchmarking and Style Analysis

SCTA1、SCTA3，甚至可能 NCTA2，都是被考虑的候选人。

本节讨论使用风格因子进行基金经理选择和配置的简单方法。在示例中，使用最大化夏普比率的优化方法有几个缺点，但该方法不失为一种根据构建风格选择和配置 CTA 基金经理的简单方法。

■ 本章总结

本章针对趋势跟踪策略基金经理，讨论了基于收益的风格分析方法及其相关应用。使用 Greyserman 等（2014）提出的业绩基准和风格构建方法，可以基于构建风格对常见的行业业绩基准、趋势指数和单个基金经理的收益进行分析。趋势跟踪策略基金经理、基于基金经理的业绩基准和趋势指数的 R 平方值都很高，这表明风格分析框架能够解释 CTA 横截面收益率的相当一部分变化。CTA 风格分析的应用包括收益归因、合适的业绩基准以及用于监控风格漂移的新工具。给定一组对 CTA 风格有不同偏好的特定投资者，可以使用 CTA 风格因子进行基金经理的选择和配置。

■ 延伸阅读与参考文献

Agarwal, V., and N. Naik. "Performance Evaluation of Hedge Funds with Option-Based and Buy-and-Hold Strategies." EFA 0373; FA Working Paper No. 300, 2000.

Brennan, T., and A. Lo. "The Origins of Behavior." *Quarterly Journal of Finance* 1, no. 55 (2011).

Fama, E., and K. French. "Common Risk Factors in the Returns on Stocks and Bonds." *Journal of Financial Economics* 33 (1993): 3–56.

French, K. http://mba.tuck.dartmouth.edu/pages/faculty/ken.french/data_library.html.

Fung, W., and D. Hsieh. "Empirical Characteristics of Dynamic Trading Strategies: The Case of Hedge Funds." *Review of Financial Studies* 2 (1997a): 275–302.

Fung, W., and D. Hsieh. "Survivorship Bias and Investment Style in the Returns of CTAs." *Journal of Portfolio Management* 23 (1997b): 30–41.

Fung, W., and D. Hsieh. "A Primer on Hedge Funds." Journal of Empirical Finance, 6 (1999), 309–331.

Fung, W., and D. Hsieh. "Asset-Based Style Factors for Hedge Funds." *Financial Analysts Journal* 58, no. 1 (2002).

Fung, W., and D. Hsieh. "Performance Characteristics of Hedge Funds and Commodity Funds: Natural vs. Spurious Biases." *Journal of Financial and Quantitative Analysis* 35 (2000): 291–307.

Fung, W., and D. Hsieh. "The Risk in Hedge Fund Strategies: Theory and Evidence from Trend Followers." *Review of Financial Studies* 2 (2001): 313–341.

Fung, W., and D. Hsieh. "Hedge Fund Benchmarks: A Risk-Based Approach." *Financial Analysts Journal* 60 (2004): 65–80.

Greyserman, A., K. Kaminski, A. Lo, and L. Yan. "Style Analysis in Systematic Trend Following." Working paper, 2014.

Kaminski, K., and A. Lo. "When Do Stop Loss Rules Stop Losses?" *Journal of Financial Markets* 18, issue C (2014): 234–254.

Hasanhodzic, J., and A. Lo. "Can Hedge-Fund Returns Be Replicated?" *Journal of Investment Management* 5 (2007): 5–45.

Moskowitz, T., Y. Ooi, and L. Pedersen. "Time Series Momentum." *Journal of Financial Economics* 104, no. 2 (2012): 228–250.

Sharpe, W. E. "Asset Allocation: Management Style and Performance Measurement." *Journal of Portfolio Management* 18, no. 2 (Winter 1992).

第六部分

投资组合中的趋势跟踪策略

TREND FOLLOWING IN AN INVESTMENT PORTFOLIO

第 14 章

投资组合视角下的趋势跟踪策略

到目前为止，我们已经从不同角度对趋势跟踪策略做了一定的研究。本书的剩余部分将从更整体的视角介绍趋势跟踪策略。本章回顾了代表高级主题的三个核心问题：股票市场的角色和危机阿尔法，了解趋势跟踪策略波动率的周期性，以及每日结算制度对基金经理之间相关性的影响。本章从投资者的角度展开了对趋势跟踪策略的讨论。第 15 章讨论了规模、流动性和容量的作用。第 16 章考察了从纯粹趋势跟踪策略进行分散化投资的行为。第 17 章讨论了跨时间的趋势跟踪策略动态配置。

■ 仔细研究危机阿尔法

第 4 章介绍了适应性市场背景下的危机阿尔法概念。在接下来的章节中，我们会使用一系列方法，并在不同的趋势跟踪策略构建风格下讨论危机阿尔法的重要性。对于机构投资者来说，在传统投资组合收益表现糟糕的时期，危机阿尔法是了解趋势跟踪策略收益表现的关键特征。第 7 章讨论了危机阿尔法如何应用于不同的资产类别，本节重点介绍如何深入探讨股票市场与危机阿尔法的关系。

股票依赖

经典的趋势跟踪策略投资组合包括七个行业：股指期货、固定收益债券期货、利率期货（STIR）、外汇期货（FX）、农产品期货、能源期货和金属期货。1999—2012

年,代表性趋势跟踪策略系统应用于每个行业的夏普比率如图 14.1 所示。① 该样本期间是有意选择的,因为在此期间,股票市场中买入并持有策略的总收益率大约为零。同时,趋势跟踪策略的收益表现一直在股指期货市场中是最弱的。② 为了进一步检验每个行业的市场分歧水平,可以在每个行业的投资组合水平上计算市场分歧指数(MDI)。当 MDI 大于阈值 0.1,表明这一时期的市场分歧较高。对于股票市场的具体情况,行业 MDI 值大于 0.1 的概率可以用来衡量趋势跟踪策略机会的广泛程度。正如第 3 章中将 0.1 用作趋势跟踪策略投资组合的阈值,因为对于趋势跟踪策略系统来说,MDI 值为 0.1 是具有非负收益的 MDI 平均水平。如果 MDI 很高,则该行业价格的信噪比也很高,通常表明趋势跟踪策略在该行业交易有着优异的盈利能力。

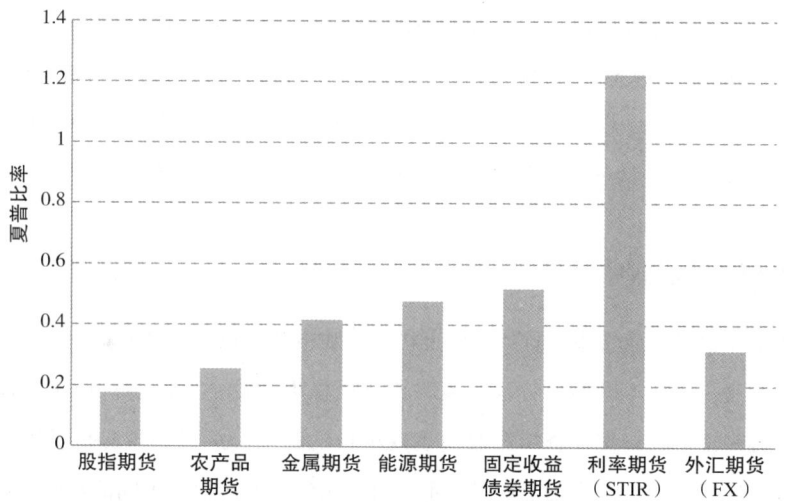

图 14.1　代表性趋势跟踪策略系统应用于每个行业的夏普比率。样本期为 1999—2012 年。

图 14.2 展示了 1999—2012 年样本期间每个行业 MDI 大于 0.1 的估计概率。在所有行业中,股指期货市场高于 0.1 阈值的概率最低。有些人可能会假设,由于竞争加剧,

① 代表性趋势跟踪系统是等金额风险配置的分散化投资系统。
② 在本节的分析中,股票市场包括两个北美市场、四个欧洲市场和三个亚洲市场。

第 14 章 投资组合视角下的趋势跟踪策略

股指期货市场相对来说更"有效"。还有大量的学术文献声称股票指数长期表现出均值回归的特点，例如 Monoyios 和 Sarno（2002）。目前尚不清楚趋势跟踪策略在股指期货行业中表现不佳是由于竞争加剧，还是作为一种资产类别，股票市场没有相应的市场分歧。

危机阿尔法是衡量策略在市场压力期间表现的简单指标。第 7 章讲述了危机阿尔法与许多行业的表现相关，其中股票市场危机是刺激因素。1999—2012 年的样本期包括两个股票大熊市，但股指期货市场的市场分歧（或信噪比）最小。这说明了股票市场可能是引发危机的导火索，但显然不是危机阿尔法的主要来源。

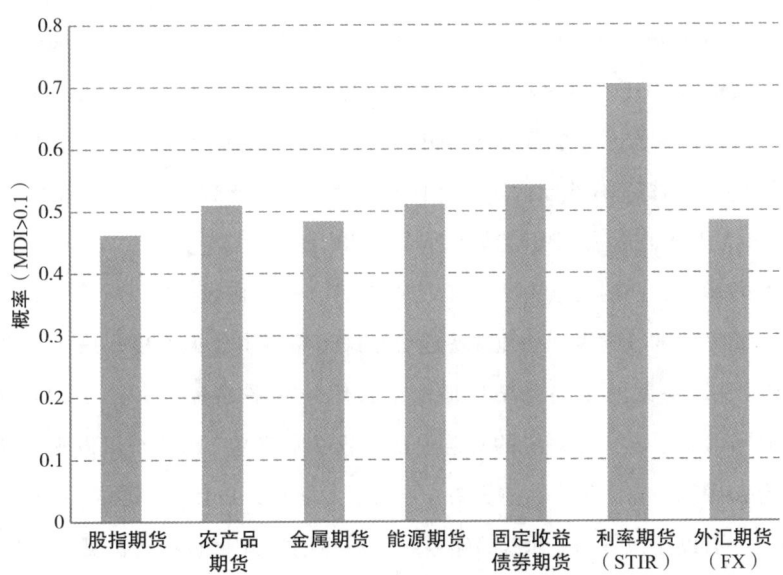

图 14.2　每个行业的 MDI 值大于 0.1 的估计概率。样本期为 1999—2012 年。

多头或空头股票趋势

从行业上来说，股指期货市场表现出了最小的市场分歧，本节将探讨上行和下行股票趋势的作用。为了研究市场分歧的方向效应，我们需要重新回顾第 5 章中提及的市场分歧指数的构建。信噪比是特定时期内个别价格变化与趋势的比率。我们使用信噪比来衡量特定价格时间序列的市场分歧水平。对于任何特定日期，在时间 t，具有历史回测窗口 n 的特定价格时间序列的信噪比 SNR_t 可以用如下表达式计算：

$$SNR_t(n) = \frac{|p_t - p_{t-n}|}{\sum_{k=0}^{n-1}|p_{t-k} - p_{t-k-1}|}$$

其中，p_t 为时间 t 的价格；n 为信号的历史回测窗口或信号观察期。对于采用中长期趋势跟踪策略的投资者，n 通常的选择大约是 100 天。第 t 天的 MDI 就是投资组合中所有市场的平均值 SNR_i^t。根据历史数据，当 MDI 值高于 0.1 时，市场是趋势友好的，在相应的时期内，可以预期投资组合会获得正的收益率。

将公式的分子去除绝对值，就得到带有正负号的市场分歧指数（market divergence index with signs，sMDI）。当 sMDI 较大而且符号为正时，表明市场环境具有更强的上升趋势。图 14.3 展示了每个行业的 sMDI 值大于 0.1 的估计概率。股指期货市场的 sMDI 值大于 0.1 的概率仅次于固定收益债券期货市场。比较图 14.2 和图 14.3 可以看出，当 MDI 大于 0.1 时①，上升趋势在整个时期内超过了 2/3。

为了仅检验有方向的股票头寸（多头或空头），可以比较标准、纯多头和纯空头的趋势跟踪策略系统的收益表现。纯多头趋势跟踪策略系统仅抓取多头信号（平或者多头），而纯空头趋势跟踪策略系统仅抓取空头信号（平或者空头）。图 14.4 展示了 1999—2013 年期间，这三个系统的收益表现。通过比较这三个系统可以观察到，在标准对称的趋势跟踪策略系统中，空头头寸导致了大量的负 PnL。在此样本期间，限制空头头寸的大小有助于改善趋势跟踪策略系统在股指期货行业的收益表现。表 14.1 列出了三个趋势跟踪策略系统在股指期货行业的收益表现统计指标：标准对称的趋势跟踪策略系统、纯多头趋势跟踪策略和纯空头趋势跟踪策略系统。

---

① 除了 sMDI 大于 0.1 之外，MDI 大于 0.1 的另外一种情况是 sMDI 低于 -0.1，后者大约占所有样本期的 1/3。

第 14 章 投资组合视角下的趋势跟踪策略
Chapter 14 Portfolio Perspectives on Trend Following

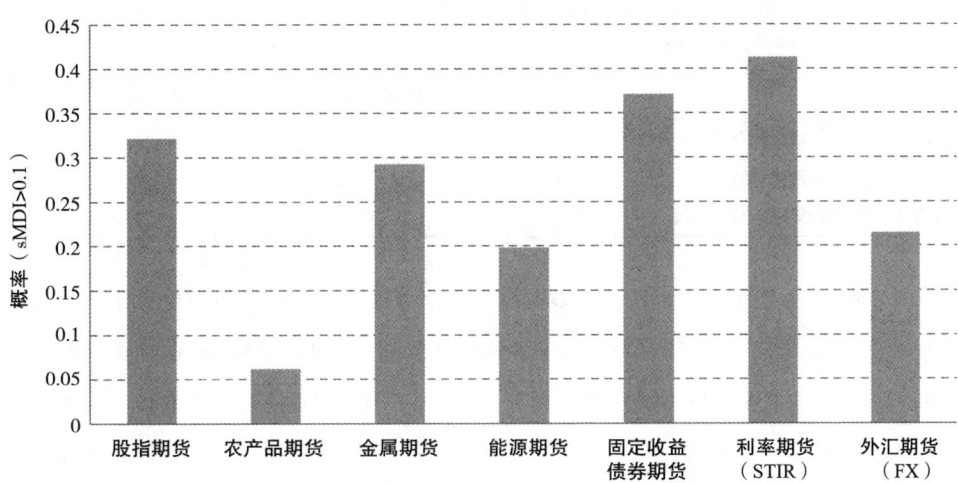

图 14.3　每个行业 sMDI 的值大于 0.1 的估计概率。样本期为 1999—2012 年。

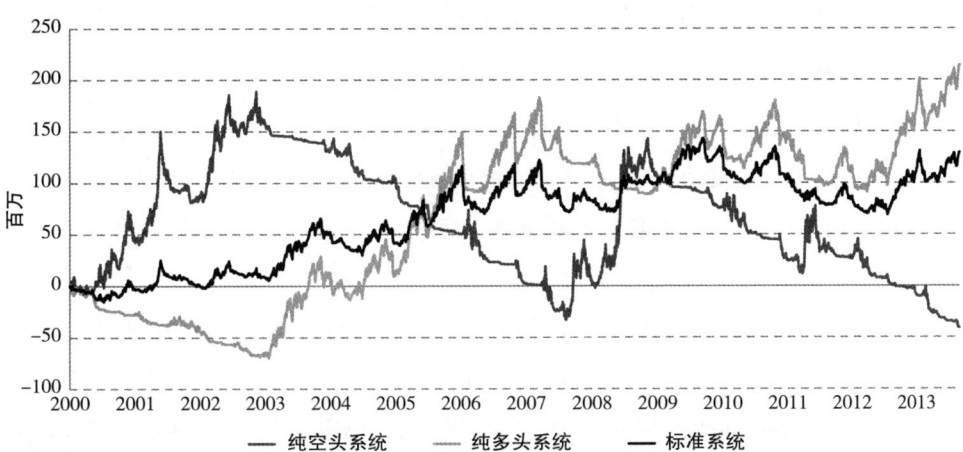

图 14.4　在股指期货行业中，标准对称的趋势跟踪策略系统、仅持有多头头寸的纯多头系统和仅持有空头头寸的纯空头系统的累计收益表现，样本期为 1999—2013 年。

表 14.1 在股指期货行业中，标准对称的趋势跟踪策略系统、纯多头趋势跟踪策略系统和纯空头趋势跟踪策略系统的收益表现统计指标。样本期为1999—2013年。

	夏普比率	收益率（月度）(%)	风险（月度）(%)
标准对称的趋势跟踪策略系统	0.36	0.80	7.52
纯多头趋势跟踪策略系统	0.41	1.32	10.95
纯空头趋势跟踪策略系统	-0.07	-0.25	11.36

在1999—2012年的样本期，纯多头趋势跟踪策略系统具有最高的夏普比率。纯多头系统从2009年开始表现良好；与此相反，标准趋势跟踪策略系统的净值曲线从2009—2012年一直呈下降走势。尽管夏普比率增加，但在股指期货行业上纯多头趋势跟踪策略系统具有负偏度，收益的偏度值为-0.25，而标准对称趋势跟踪策略系统的偏度为0.23。收益偏度从正值向负值的转变，表明了股指期货行业的纯多头趋势跟踪策略系统有着较大的尾部风险和极不理想的风险特征。这促使人们深入研究在极端市场事件出现时，比如危机时期，股指期货市场会发生什么。

危机阿尔法

危机阿尔法是衡量市场在压力期间收益表现的指标。我们使用第7章中基于VIX的方法，任何VIX的变动超过前一个月20%的月份都被标记为危机月份。图14.5绘制了1999—2013年期间的标准普尔500指数，其中基于VIX的危机时期由阴影条突出显示。

实际上，采取趋势跟踪策略的投资者并没有完全消除股票空头信号。我们并没有检验股票行业的纯多头头寸，而是采用5∶1的多头头寸与空头头寸的多头偏差。图14.6比较了标准对称趋势跟踪策略系统和纯多头（股指期货行业）趋势跟踪策略系统的危机阿尔法贡献。重要的是要指出，股指期货只是整个投资组合中的七个行业之一。从图14.6中可以看出，从趋势跟踪策略系统中去掉股票空头信号的影响，使得总收益率增加了1%以上。这种限制空头头寸大小的方法增大了投资组合的总收益率，但这是以牺牲危机阿尔法为代价的。危机阿尔法的收益表现从大约5%降至接近零。更具体地说，夏普比率的提高（整个投资组合从0.77到0.86）是以牺牲了4.6%的危机阿尔法为代价的。

第 14 章 投资组合视角下的趋势跟踪策略
Chapter 14　Portfolio Perspectives on Trend Following

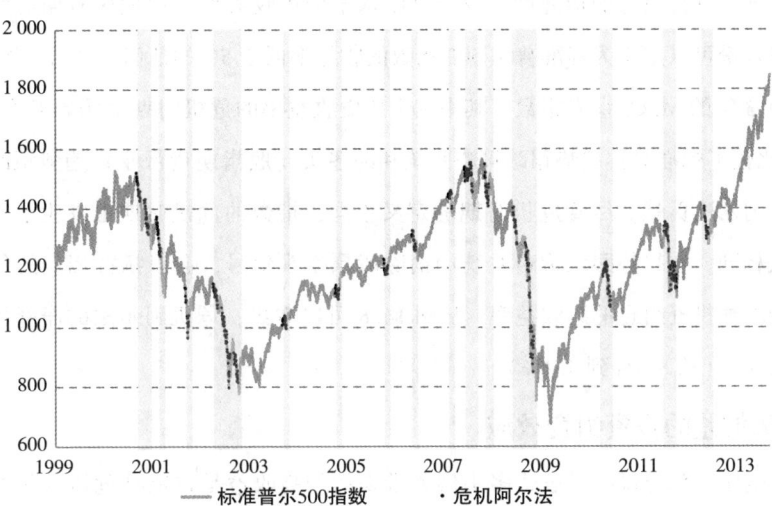

图 14.5　1999—2013 年期间的标准普尔 500 指数，其中以阴影条突出显示了基于 VIX 的危机时期。

数据来源：彭博。

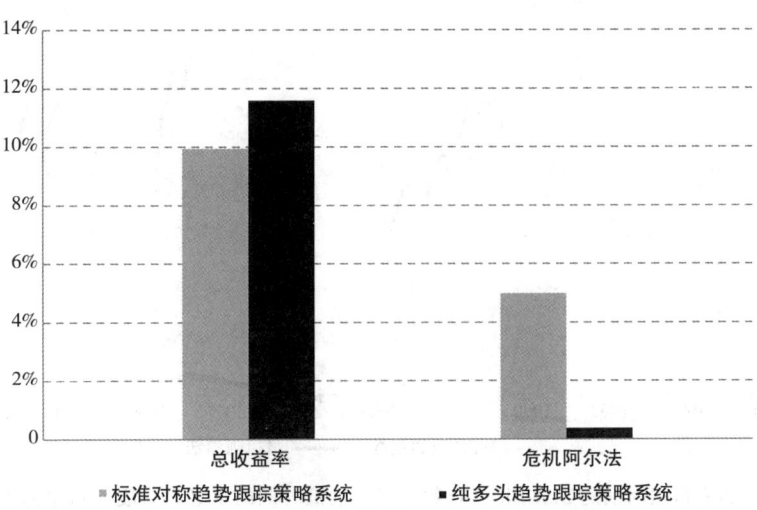

图 14.6　对于标准对称趋势跟踪策略系统和仅具有纯股票多头头寸的趋势跟踪策略系统，使用基于 VIX 的危机时期定义，比较总收益率和危机阿尔法。样本期为 1999—2012 年。

为了证明这种效应的稳健性,我们可以基于历史收益率使用危机时期的第二个定义。危机月份可以定义为标准普尔 500 指数的收益率低于 5% 的任何一个月。图 14.7 为 1993—2013 年的 MSCI 世界指数,其中基于历史收益率的危机时期由阴影条突出显示。图 14.8 比较了标准对称趋势跟踪策略系统和纯多头(股指期货行业)趋势跟踪策略系统的危机阿尔法贡献。尽管危机时期的定义不同,指数的危机时期也发生了变化,结果却大致相同。从趋势跟踪策略系统中消除股票空头信号,会以牺牲相应的危机阿尔法为代价增加投资组合的总收益率。从图 14.8 可以看出,危机阿尔法的净降幅大致相同,为 4.6%(从 8.7% 到 4.1%)。

股票多头偏差的投资组合效应

本节的第一部分说明了股票多头偏差带来的较高收益是以牺牲危机阿尔法为代价的。从投资者的角度,我们应该从整个投资组合的层面来考察这种影响。为简单起见,在此分析中考虑了两个机构投资组合:传统的 60/40 股票/债券投资组合,和基金的基

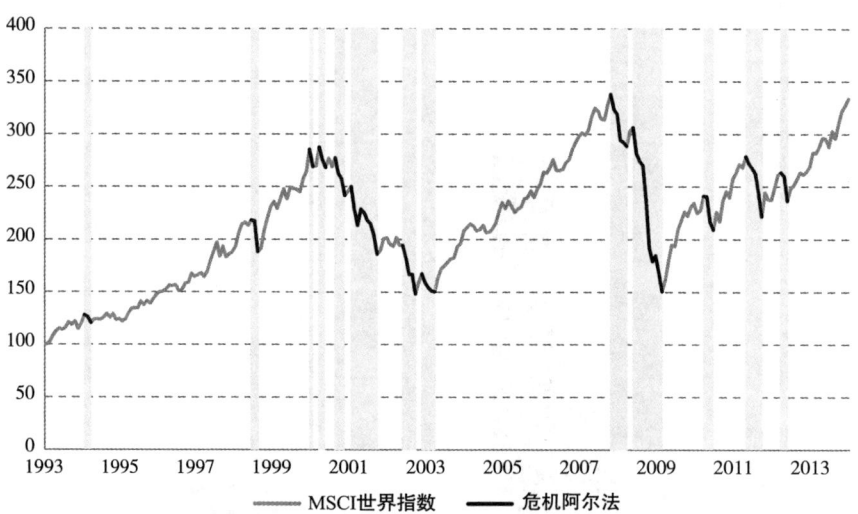

图 14.7 含有危机时期的 MSCI 世界指数,其中危机时期的定义是月度收益率低于 -5% 的时期,危机时期用阴影条突出显示。样本期为 1993—2013 年。

数据来源:彭博。

第 14 章　投资组合视角下的趋势跟踪策略
Chapter 14　Portfolio Perspectives on Trend Following

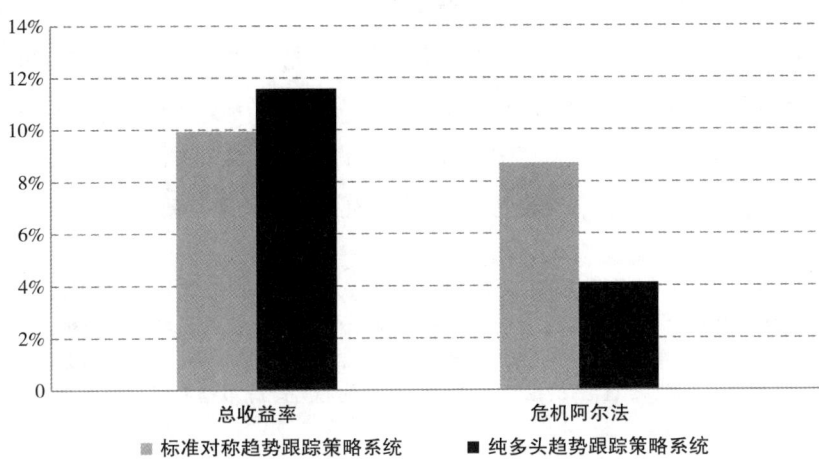

图 14.8　对于标准对称趋势跟踪策略系统和仅具有股票纯多头头寸的趋势跟踪策略系统，使用基于 SPX 收益率定义的危机时期，比较总收益率和危机阿尔法。样本期为 1999—2012 年。

金（FoF）投资组合。可以使用 60% 的 MSCI 世界指数权重和 40% 的摩根大通全球固定收益债券指数（GBI）权重来配置 60/40 股票/债券投资组合。FoF 投资组合将由 HFRI 基金的基金指数（HFRIFoF）来配置。对冲基金指数并不一定是可直接投资的，但它们的收益率时间序列可以代表 FoF 投资者在一段时间内的收益表现。每个机构投资者的投资组合将 20% 的权重配置到趋势跟踪策略。第一个投资组合包括 80% 的 60/40 股票/债券投资组合（48% 的股票，32% 的固定收益债券）和 20% 的趋势跟踪策略。第二个投资组合是 80% 的基金的基金指数（HFRIFoF）和 20% 的趋势跟踪策略。[1]

表 14.2 中列出了几种情况下投资组合收益表现的统计指标对比[2]：传统的 60/40 股票/债券投资组合（60% 的股票和 40% 的固定收益债券）和有/无股票多头偏差的趋势跟踪策略系统。在投资组合中加入标准对称的趋势跟踪策略程序化系统后，夏普比

---

[1] 在构建投资组合之前，将每个投资的月度波动率标准化为 5%。
[2] 出于现实考虑，我们不检验股票行业的纯多头头寸，而是按照 5∶1 的比值调整多头头寸与空头头寸，作为股票多头偏差。

率的值明显增大,而最大回撤的值明显减小。有股票多头偏差的趋势跟踪策略相比对称的趋势跟踪策略,在月度收益率上的涨幅更大。表14.3展示了在FoF投资组合中加入有/无股票多头偏差的趋势跟踪策略后的收益表现统计指标,并比较这几种情况下投资组合收益表现的统计指标。对于FoF投资者来说,有股票多头偏差的趋势跟踪策略和对称的趋势跟踪策略相比,无论是平均收益率还是夏普比率都降低了。

表14.2 传统的60/40股票/债券投资组合(60%的股票和40%的固定收益债券)和传统的60/40股票/债券投资组合中加入趋势跟踪策略后的收益表现统计指标。在1999—2012年的样本期内,组合后的投资组合包含了48%的股票、32%的债券和20%的趋势跟踪策略。组合后的投资组合包含对称的趋势跟踪策略或带有股票多头偏差的趋势跟踪策略。

	夏普比率	月度收益率(%)	月度波动率(%)	最大回撤(%)
传统的60/40股票/债券投资组合	0.68	0.72	3.55	44.47
加入20%的趋势跟踪策略(对称)	0.94	0.80	2.86	24.97
加入20%的趋势跟踪策略(有股票多头偏差)	0.91	0.82	3.02	27.57

表14.3 FoF投资组合和FoF投资组合中加入趋势跟踪策略后的收益表现统计指标。在1999—2012年的样本期内,组合后的投资组合包含了80%的HFRIFoF和20%的趋势跟踪策略。组合后的投资组合包含对称的趋势跟踪策略或带有股票多头偏差的趋势跟踪策略。

	夏普比率	月度收益率(%)	月度波动率(%)	最大回撤(%)
基金的基金指数(HFRIFoF)	0.73	1.08	4.96	71.23
加入20%的趋势跟踪策略(对称)	1.23	1.54	4.25	22.97
加入20%的趋势跟踪策略(在股票行业有股票多头偏差)	1.12	1.18	3.56	19.84

在本节的第一部分中,趋势跟踪策略投资组合有股票多头偏差时,投资组合的总收益率和夏普比率都提高了,但这是以牺牲危机阿尔法为代价的。从趋势跟踪策略基金经理的角度来看,这是可取的。从机构投资者的角度来看,当趋势跟踪策略和常见的机构投资组合相结合时,股票多头偏差会降低整个投资组合的夏普比率。对于60/40

第 14 章　投资组合视角下的趋势跟踪策略
Chapter 14　Portfolio Perspectives on Trend Following

股票/债券的投资组合，消除股票多头偏差对于减少最大回撤更有效。虽然结果好坏参半，但似乎有令人信服的证据表明，股票多头偏差可能更符合基金经理的利益，而不是投资者的利益。

■ 每日结算制度对相关性的影响

毫无疑问，对基金经理之间的关系进行分类时，相关性是最常用的量化指标之一。基金经理之间较低的相关性通常意味着风格和方法的分散化。通常投资者会得出结论，在特定领域，在更多投资经理之间配置资金进行分散化投资可能会更有利。由于依赖相关性作为衡量标准，因此，准确衡量相关性非常重要。对于期货行业而言，期货交易中有一个特定的技术因素经常被忽略，即采用标准化的每日结算制度计算资产净值（NAV）。本节根据实证研究证明，对于结算价格没有采取标准化的每日结算制度的策略，我们可能会低估其策略间的相关性。简单来说，管理期货策略的基金经理之间的相关性较高，这是具备一定的合理性的。对于管理期货行业以外的基金经理，基金经理之间的相关性更低，可能是由于缺乏标准化的每日结算制度。

每日结算制度和非流动性市场

一些学术论文说明了非流动性对对冲基金收益率的影响。例如，Getmansky、Lo 和 Makarov（2004）提出了有力的证据，即由于市场流动性不足，采取每日结算制度或按模型计价的做法，会导致大多数类别的对冲基金收益率时间序列有较高的自相关性。非流动市场经常被忽视的影响之一，是其对基金经理（或基金）之间相关性的影响。在非流动市场中，按市值计价或按模型计价可能会导致结算定价发生重大变化。这种变化人为地降低了交易这些资产的基金经理之间的相关性，因为实际上，他们在计算收益和 NAV 时可能采用不同的结算和定价方法。

在流动性较低的市场中，简单的买卖价差是每日结算制度的定价发生波动的一个重要原因。Arakelyan 和 Serrano（2012）研究了各种信用违约互换（CDS）市场的买卖价差。从期货合约之外的买卖价差来看，评级为 BBB 的一年期 CDS 市场的平均买卖价差为 13bps，标准差为 22bps。这种大小的买卖价差通常与 CDS 市场的日度波动率大小具有相同的数量级。对于期货市场，买卖价差相当低。在整个行业中，无论买卖价差如何，标准化结算价格都实行每日结算制度。

流动性和相关性

为了更好地说明，我们使用简单的场景来解释买卖价差对相关性的潜在影响。首先考虑两个相同的基金经理的情形。此例中，两个基金经理有着相同的收益率时间序列，其相关性为 1。接下来可以通过在初始的收益中添加买卖价差，来加大这两个相同的基金经理之间的差异。可以通过对某一价差分布建模来实现这一目的。该分布的实例是随机选择的，在这个买卖价差分布内实行每日结算制度。图 14.9 展示了在添加了假定的买卖价差后，两个相同基金经理的收益之间相关性的直方图。此例中，平均买卖价差设置为初始收益率时间序列日度波动率的 20%，并且买卖价差的标准差设置为日度收益波动率的 40%。平均来看，相关性从 1 降到了 0.8。此例说明，添加买卖价差降低了收益率时间序列的相关性（即使收益率时间序列完全相关）。在许多流动性较低的证券市场（比如信用市场）中，买卖价差甚至可能比我们所举的例子中用到的假定值更大。

在 CTA 行业，基金经理的相关性可能高达 80%。对于具有 80% 相关性的两个 CTA 基金经理，当不采用每日结算制度和标准化的结算价格时，我们可能会观察到其相关性低至 50%。这些示例形象地展示了买卖价差和实行每日结算制度的简单变化，可能会降低相关性。换句话说，缺乏标准化和一致的按市值计价机制时，基金经理之间的相关性将会降低。为了研究这与管理期货的关系，我们将在接下来的小节中详细研究每日结算制度的变化及其与基金经理之间相关性的关系。

第 14 章 投资组合视角下的趋势跟踪策略
Chapter 14 Portfolio Perspectives on Trend Following

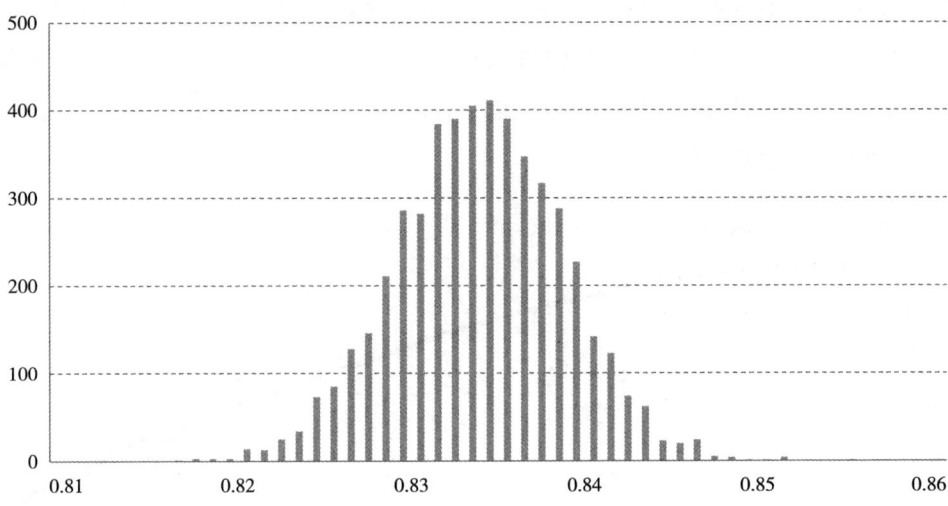

图 14.9 在添加了假定的买卖价差之后,两个收益率时间序列(完全相关)之间的相关性分布。

每日结算制度和趋势跟踪策略

上一节说明了非流动性和买卖价差的变化可能会导致低估基金经理之间的相关性。本节研究两个有代表性的、高度相关的趋势跟踪策略系统,这些系统会交易种类繁多的全球流动性期货市场。在过去的 20 年中,这两个趋势跟踪策略系统的日度收益率时间序列之间的相关性为 0.96。

如前文所述,管理期货基金主要交易流动性期货市场,这些市场提供了交易所的日度结算价格。因此,按市值计价的方法不需要自主决策。然而,为了说明采取每日结算制度波动性的可能影响,在日度结算价格附近加入一个统计价格分布,来模拟按市值定价的波动。对价格时间序列的实例进行抽样,以设置按市价计算的日度 PnL 的值。重点要注意,此噪声仅用于 PnL 的计算,趋势跟踪策略系统的交易信号和头寸规模不会受到任何影响。对于每个市场,假定不同买卖价差的日度收益率,用日度价格波动率的百分比来表示。图 14.10 展示了两个高度相关的趋势跟踪策略基金之间的相关性,与按市值计价的买卖价差平均值的函数关系。给出一个具体的例子,当假设买卖价差的平均值为日度价格波动率的 20% 时,这种日度结算价格变化的影响使得两个趋势跟踪策略基金之间的相关性从 0.96 降低到了 0.8,相关程度降低了 17%。从投资者的角度来看,如果没有对每日结算价格实行标准化的每日结算制度,这些高度类似的基金经理看起来会更加不同。

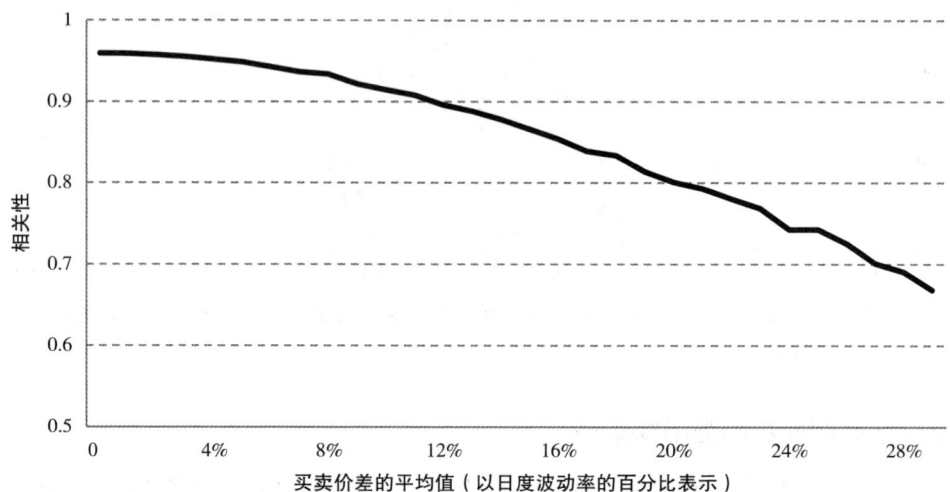

图 14.10 在各种不同的买卖价差的平均值假设下,两个趋势跟踪策略系统的日度收益率之间的相关性,买卖价差的平均值以日度价格变化波动率的百分比表示。

从这个例子中得出的重要结论是,如果趋势跟踪策略没有按交易所设定的每日结算价格实行每日结算制度,那么基金经理之间的相关性就会大大降低。这意味着,在另类投资市场中的许多其他策略,可能低估了基金经理之间的相关性。缺乏标准化的每日结算机制可以增加其分散化投资的潜在价值。

■ 理解波动率的周期性

波动率是风险承担和理解随着时间推移的风险的重要组成部分。在实践中,波动率不是恒定的,而是随着时间变化的。这个概念尤其适用于动态交易策略。一种检查波动率随时间变化的方法是观察波动率的周期性。**波动率的周期性**(volatility cyclicality)

第 14 章 投资组合视角下的趋势跟踪策略
Chapter 14 Portfolio Perspectives on Trend Following

定义为特定交易策略的波动率周期的相对速度。如果策略随着时间的推移相对缓慢，那么波动率周期应该是低频率的。这意味着波动率周期可能长达一年。趋势跟踪策略的波动率是随时间变化的，并且往往表现出较低的周期性。另一方面，对于激进的头寸获取方法（其中波动率迅速增大和迅速减小），波动率表现出高周期性。第 9 章所讨论的动态杠杆就是一个完美的例子，它是一种能够带来高频波动率周期的方法。仔细研究期权卖出策略和第 9 章中的鞅投注，可以看出波动率的峰值和波动率图象的高周期性。回顾一下，动态杠杆被定义为杠杆数量取决于投资组合过去的 PnL 的情形。简单来说，当过去有许多产生亏损（或盈利）的交易时，采用动态杠杆的投资组合会增加（或减少）其投注的规模。动态杠杆类似于扑克中的"双倍下注"。第 9 章讨论了动态杠杆中包含的隐性杠杆风险如何体现在夏普比率中。

可以使用频谱分析更直接地检查波动率的周期性。实际上，傅里叶变换可用于提取和识别波动率周期。傅里叶变换将信号从时域转换到频域，可以识别和过滤波动率周期。[1] 傅里叶变换可应用于 22 天（约一个月）的滚动波动率，以显示相应的高频和低频成分。[2] 周期被绘制为其功率（强度）的函数，得到周期图。[3] 更具体地说，周期图是信号的频谱密度，根据频率在信号中的重要性对频率进行加权。为了讨论趋势跟踪策略波动率的周期性，图 14.11 展示了趋势跟踪策略（Newedge 趋势指数）和股票市场（MSCI 世界指数）的周期图。趋势跟踪策略指数的周期图显示，没有明显的主频率对应短于 252 天的周期。与此相反，股票指数 22 天滚动波动率的周期图显示了几个较高的主频率。图 14.11 表明，趋势跟踪策略的波动率周期比股票市场的波动率周期更长，或许也更平稳。趋势跟踪策略和股票市场简单的频谱分析表明，与股票市场相比，趋势跟踪策略中的头寸波动率调整能够消除波动率随着时间变化的周期性影响。趋势跟踪策略的波动率调整已经在第 3 章介绍过，并在第 8 章中做了详细的解释。

---

[1] 傅里叶变换是一种常用的信号处理工具，可将信号从时域转换到频域。有关技术细节可以参见 Smith（1997）。
[2] 在此分析中，所有时间序列均标准化为相同的波动率。
[3] 第 5 章中介绍并讨论了此概念。

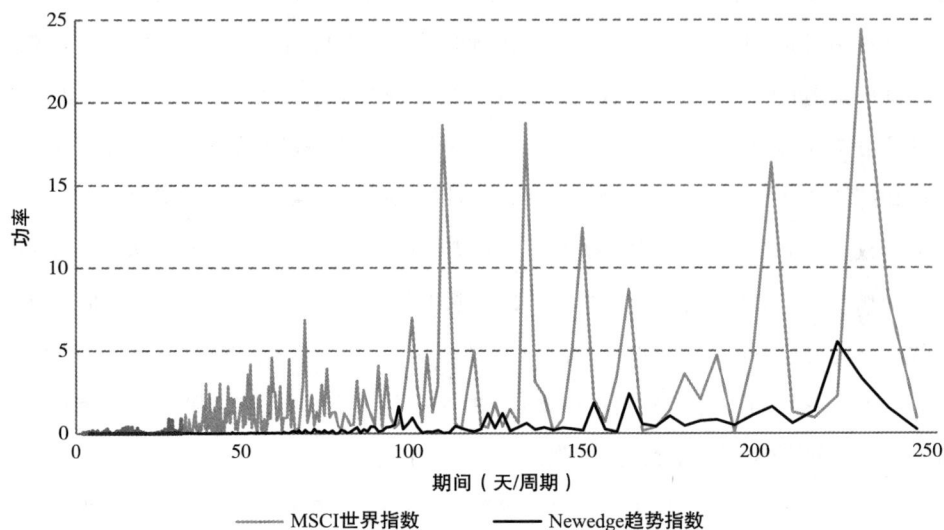

图 14.11　Newedge 趋势指数和 MSCI 世界指数 22 天滚动波动率高频成分的周期图。

从基金经理的收益表现中提取动态杠杆信息

上一节介绍了波动率的周期性概念。一个对低频和高频的观点是，趋势跟踪策略相比股票市场表现出更低的波动率周期性。与观察较低频率下的波动率周期相反，本节回顾了动态杠杆和高频波动率周期的影响。在实践中，波动率图象中的峰值和高周期性是动态杠杆的特征。趋势跟踪策略系统并不是为了根据 PnL 加仓而设计的。回到第 9 章中的例子，鞅投注是一种可以提高夏普比率的动态杠杆方法。我们回顾一下鞅投注的运作方式：当面临亏损时，增加多头头寸，直到 PnL 由负转正为止；或者，在面临亏损时，增加投注（双倍下注的另一种形式）。如果将鞅投注应用于趋势跟踪策略系统，则必须限制双倍下注的天数以确保易于处理。

动态杠杆类似于扑克中的"双倍下注"。我们可以从基金经理的收益率时间序列中将应用杠杆的积极模式分离出来。这使得投资者可以确定动态杠杆可能在哪个层面提升夏普比率的值。同样，对于高频效应的情况，傅里叶变换可用于提取和识别波动率周期。为了证明傅里叶变换在提取动态杠杆效应方面的作用，图 14.12 中，左图显示了

第 14 章 投资组合视角下的趋势跟踪策略
Chapter 14 Portfolio Perspectives on Trend Following

代表性趋势跟踪策略系统的 22 天滚动波动率的高频成分周期图,右图显示了有限鞅投注系统的 22 天滚动波动率的高频成分周期图。代表性趋势跟踪策略系统的周期图没有显示出与小于 22 天的周期相对应的主频率;与此相反,有限鞅投注系统的 22 天滚动波动率周期图显示了几个主频率。这些高频效应的强度代表持有头寸的加倍下注行为。回到第 9 章的讨论,鞅投注系统的杠杆效应无法用夏普比率来衡量。频谱分析告诉了我们一个非常不同的事实——鞅投注显然会增加波动率的高频效应。

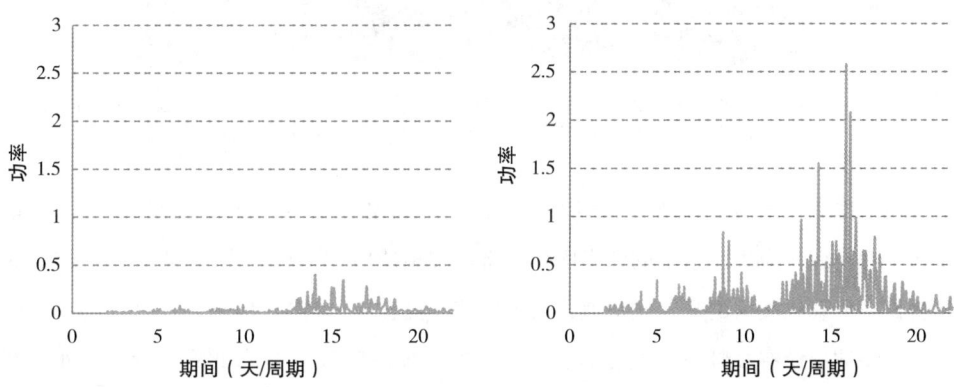

图 14.12　代表性趋势跟踪策略系统(左图)和有限鞅投注系统(右图)的 22 天滚动波动率的高频成分周期图。

将信号转换到频域有一个主要的好处:从信号中筛选出不同的频率相对容易。对频域信号进行滤波后,就可以通过傅里叶逆变换将其转换回时间序列。这样的操作可以从序列中去除高频效应的时间信号。为了演示这种方法,图 14.13 展示了用于消除高频效应的滤波过程的流程图。实际上,一旦消除了双倍下注的高频效应,就可以看出夏普比率的表现有多少归因于这些增加投注的方法。

为了使这个例子更具体,可以检查六个趋势跟踪策略基金经理(CTA1~CTA6)和两个趋势跟踪策略程序化系统(有或者无鞅投注)的收益率时间序列。① 对于 CTA 基

---

① 我们对收益率的绝对值进行傅里叶变换和傅里叶逆变换。在滤波并应用傅里叶逆变换之后,假定恢复的收益率与初始的收益率具有相同的符号。为了易于处理,在应用傅里叶逆变换之前,需要将功率谱密度中的极端离群值去掉。

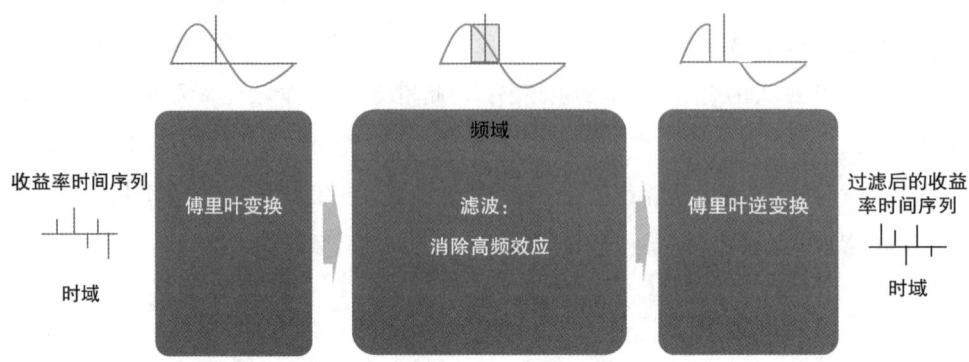

图 14.13 消除收益率时间序列中高频效应的过程示意图。输入是时域中的收益率时间序列，输出是时域中经过过滤后的收益率时间序列，滤波发生在频域中。

金经理，他们的收益表现被转换到频域，随后通过滤波过程来消除高频效应。然后，将傅里叶逆变换应用到余下的频率序列，将其转换成时间序列。表 14.4 列出了初始的夏普比率值和滤波后的夏普比率值，来衡量其收益表现。图 14.14 展示了初始的夏普比率值和滤波后没有高频效应的夏普比率值。过滤掉高频效应会降低除 CTA4 之外所有 CTA 基金经理的收益表现。值得注意的是，某些基金经理相比其他基金经理，他们的收益表现中出现了更加显著的高频效应。举一个具体的例子，当高频效应被消除时，CTA2 的收益表现降低了一半以上。这表明 CTA2 更有可能在持有头寸上使用动态杠杆。更具体地说，当去除高频效应后，CTA2 的夏普比率值从 2.01 减小到了 0.94。另一方面，CTA1 和 CTA5 仅受到了消除高频效应的轻微影响。这表明，这两位基金经理不会像动态杠杆那样增加或减少头寸。与有限鞅投注趋势跟踪策略系统比较时，结果也是如此。高频效应可以解释有限鞅投注趋势跟踪策略系统 0.46 的收益，以及标准化趋势跟踪策略系统仅 0.03 的收益。夏普比率的差异表明，傅里叶变换可用于分析动态杠杆对系统收益表现的影响。作为一种工具，这种方法揭示了动态杠杆带来的隐藏杠杆风险。夏普比率提供了风险调整后的收益表现指标。尽管进行了风险调整，但动态杠杆效应的影响并不总是能够用夏普比率来衡量。使用傅里叶变换，能够从收益率时间序列中去除动态杠杆效应，从而提供关于 CTA 基金经理持仓的信息。

第 14 章 投资组合视角下的趋势跟踪策略
Chapter 14 Portfolio Perspectives on Trend Following

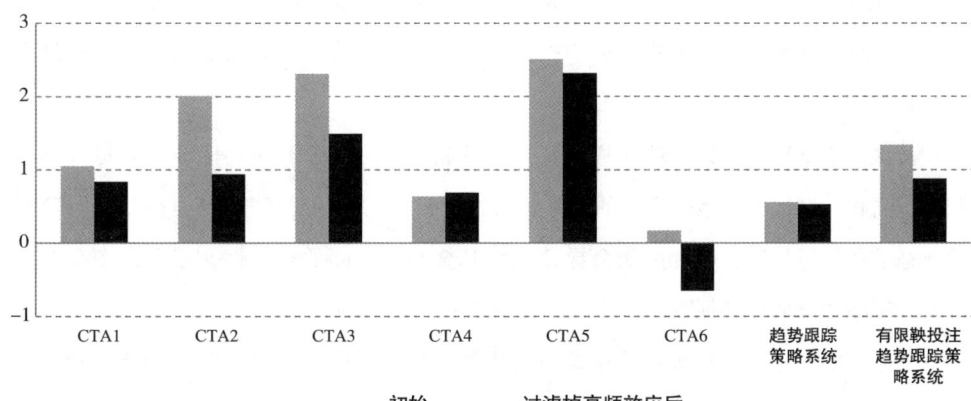

图 14.14　六个趋势跟踪策略 CTA 和两个代表性趋势跟踪策略系统（有/无有限鞅投注）的 2 年期夏普比率。夏普比率是通过傅里叶变换，在有高频效应和过滤掉高频效应的两种情况下分别计算的。

表 14.4　六个基金经理（CTA1~CTA6）和两个趋势跟踪策略系统（趋势跟踪策略系统和有限鞅投注趋势跟踪策略系统）的初始序列和过滤掉高频效应后序列的 2 年期夏普比率。

	初始序列	过滤掉高频效应后的序列
CTA1	1.05	0.84
CTA2	2.01	0.94
CTA3	2.31	1.49
CTA4	0.64	0.69
CTA5	2.51	2.32
CTA6	0.17	-0.65
趋势跟踪策略系统	0.56	0.53
有限鞅投注趋势跟踪策略系统	1.34	0.88

■ 本章总结

本章从投资者的角度介绍了三个高级主题。首先，本章讨论了股票市场对危机阿尔法的影响。对危机阿尔法和股票多头偏差的进一步分析表明，股票市场通常是市场危机发生的导火索，但不是业绩的主要驱动因素。尽管如此，股票多头偏差可能会提高基金经理的业绩。从投资者来看,股票多头偏差可能会提高单个基金经理的收益表现,但从整体来看,这种转变是以牺牲危机阿尔法为代价的,降低了策略的一些分散化特征。

其次,本章转而讨论管理期货的每日结算制度。由于管理期货标准化的每日结算制度,高相关性代表了策略之间的实际相关性。相比之下,对于管理期货以外的策略,缺乏标准化的每日结算制度可能会导致低估基金经理之间的相关性,夸大许多动态对冲基金策略的分散化特征。

最后,本章讨论了趋势跟踪策略波动率的周期性。即使与股票市场相比,标准的趋势跟踪策略系统也表现出了波动率的低频周期性。此部分讨论了如何使用傅里叶变换作为检验交易序列中频谱成分的工具。还重新考察了作为夏普比率中隐藏风险的动态杠杆。使用滤波技术,可以过滤基金经理的收益率时间序列,以了解动态杠杆的影响及其对夏普比率的相应影响。对几个基金经理的分析证明了单个基金经理的特质性。此外,比较有/无有限鞅投注这两种情况下的趋势跟踪策略系统,表明频谱分析和滤波能够捕捉动态杠杆中的隐藏风险。

■ 延伸阅读与参考文献

Arakelyan, A., and P. Serrano. "Liquidity in Credit Default Swap Markets." Mimeo, University CEU Cardenal Herrera, Spain, 2012.

Brunnermeier, M. K., and L. H. Pedersen. "Market Liquidity and Funding Liquidity." *Review of Financial Studies* 22, no. 6 (2009): 2201-2238.

Getmansky, M., A. Lo, and I. Makarov. "An Econometric Model of Serial Correlation and Illiquidity in Hedge Fund Returns." *Journal of Financial Economics* 74, no. 3 (2004): 529-609.

Greyserman, A. "The Impact of Mark-to-Market on Return Correlations," ISAM white paper, 2013.

第 14 章 投资组合视角下的趋势跟踪策略
Chapter 14 Portfolio Perspectives on Trend Following

Greyserman, A. "Trend Following in Equity Markets: The Cost of Crisis Alpha." ISAM white paper, 2012.

Monoyios, M., and L. Sarno. "Mean Reversion in Stock Index Futures Markets: A Nonlinear Analysis." *Journal of Futures Markets* 22, no. 4 (2002).

Smith, S. "The Scientist and Engineer's Guide to Digital Signal Processing." California Technical Pub., 1997.

Vayanos, D. "Flight to Quality, Flight to Liquidity, and the Pricing of Risk." NBER Working Paper, 2004.

第 15 章

规模、流动性和容量的可行性

许多人认为，分散化投资可能是金融市场上唯一的免费午餐了。分散化可以有各种各样的形式，包括不同的投资风格、风险因子的因子载荷、行业/市场和资产类别的多元选择、交易速度以及许多其他参数。第 3 章介绍了趋势跟踪策略系统中的四个关键部分：风险目标（杠杆）、市场配置、交易速度（持仓周期）以及多头或者空头方向性偏差。第 11 章通过考察头寸规模和行业资金配置，讨论了收益率的离散度。第 12 章和第 13 章介绍了分析构建风格重要性的框架。这些讨论都提到了规模、容量和流动性的实用性，但没有详细地研究。本章探讨了趋势跟踪策略分散化益处及其与规模、容量和流动性的关系。本章首先来讨论规模与资金配置和交易速度的关系，再讨论增加流动性较低的市场的分散化益处。

■ 规模重要吗？

随着基金资产管理规模的增长，有几个重要的考虑因素。首先，资金配置可能受到市场流动性和市场成交量的制约，其中市场成交量又受到基金经理的策略容量有限的限制。这就要求较大型的基金根据市场规模来有效地进行资金配置，类似于市值加权。其次，交易速度将受到较慢速的系统限制，因为大规模的头寸需要逐步进入市场，类似于大宗交易。根据第 13 章中的分析，管理规模较大的基金经理很可能会对市场规模因子（SMB）有负的风格贝塔，对股票偏差因子有正的风格贝塔，对交易速度因子有正的风格贝塔。对于第 13 章中的八个 CTA，总的来说，这个结论是比较正确的。由

第15章 规模、流动性和容量的可行性
Chapter 15 Practicalities of Size, Liquidity, and Capacity

于市场规模因子从长远来看具有正的溢价,因此负的市场规模因子贝塔表明,可能会错失较小规模市场的投资机会。另一方面,正如第14章所讨论的那样,正的股票偏差因子贝塔可能会以牺牲偏度和危机阿尔法为代价,增加预期收益。正的交易速度因子贝塔从长期来看表现更好,并且有着最大的负偏度值。本节首先分析了可能影响趋势跟踪策略投资组合内部分散化的两个方面,包括资产和交易速度的内在相关性特征。接着,我们对趋势跟踪策略程序化系统进行了分析,以了解投资组合内部的分散化,及其作为更大的投资组合的一部分带来的分散化益处。

规模较小的市场的相关性、分散化和结论

在讨论趋势跟踪策略投资组合的分散化之前,为了解促进因素和参考架构,本节首先绕过标准投资组合理论,回顾分散化的主要驱动因素。标准投资组合理论简单地证明了相关性如何在投资组合中创造分散化的收益。趋势跟踪策略的投资组合同样受益于相关性。每一个头寸都可以看作趋势跟踪策略投资组合的组成部分。这些头寸之间的相关性决定了整个投资组合的分散化程度。为了更明确地考察分散化益处,可以使用风险价值来衡量。在没有分散化的情况下,每个组成部分的风险价值总和与整个投资组合的风险价值相等;当存在分散化时,每个组成部分的风险价值总和将高于整个投资组合的风险价值。**分散化比率**(diversification ratio)可以用每个组成部分的风险价值总和除以整个投资组合的风险价值的比率来度量。如果分散化比率为1,则投资组合的各组成部分之间不存在分散化。随着这一比率从1逐渐增大,投资组合的分散化程度越来越高。

在数学上,如果存在 N 个组成部分,假定它们具有相同的风险 σ 和相关性 ρ,则分散化比率可以通过以下公式来表示:

$$\text{分散化比率} = \frac{\sqrt{N}}{\sqrt{1+(N-1)\rho}}$$

使用这个简化的表达式来计算分散化比率,当相关性为1时,所有组成部分都是相同的,并且投资组合中没有分散化。为了证明分散化比率如何随相关性和组成部分的

数量而变化，图 15.1 展示了相关性为 0.1~1、组成部分的数量 N 为 2~10 的分散化比率。和启发式方法一致，随着相关性的增加，投资组合的分散化程度降低了。与现代投资组合理论相同，当相关性为零时，仍然存在分散化益处。从数学上来说，当 ρ 为零时，分散化比率为 $\sqrt{N}$，远高于 1。投资组合中组成部分的数量也会影响分散化比率的大小。随着投资组合中包含更多独特的组成部分，将会有更多的分散化益处。这一点也可以从图 15.1 中看出。尽管本节中的例子很简单，但我们可以很容易地将启发式方法应用到趋势跟踪策略投资组合上。趋势跟踪策略的投资组合包含的低相关性的头寸越独特，投资组合的分散化程度越高。由于趋势跟踪策略存在约束，因此包含的资产数量和资产类别的限制，可能会影响投资组合层面的分散化程度。

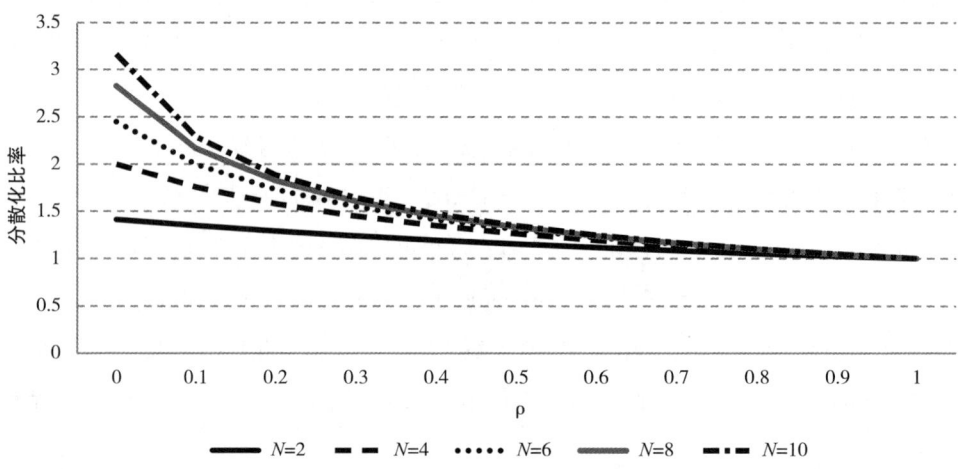

图 15.1 作为相关性（ρ）的函数，随着相关性的增大，分散化比率值的变化。

较小和新兴的市场 第 2 章讨论了衍生品行业的场外产品场内化，很明显，现代期货市场提供了广泛并且不断扩大的投资机会。在交易的期货市场中，流动性、成交量和成交额都非常不同。一些市场，特别是高成交额的金融合约，有着较高的流动性。除此之外，还有规模较小的、流动性较低的农产品市场和新兴市场。新兴市场如可交割的掉期期货或排放市场。在整个行业中，人们一直关注历史上相关性较低的商品期

第 15 章 规模、流动性和容量的可行性
Chapter 15 Practicalities of Size, Liquidity, and Capacity

货市场不断增长的相关性。这种现象称为商品金融化。随着市场之间的相关性增加，投资组合的分散化程度减少。规模较小、流动性较低的市场和新兴市场可能受到金融化的影响较少。① 为了检验投资组合内部相关性的影响，用一个代表性趋势跟踪策略系统中跨资产类别的相关性分析来更清楚地说明。2012 年，代表性趋势跟踪策略系统中，不同行业收益率时间序列之间的相关性如图 15.1 所示。2012 年，农产品行业与其他行业的平均相关性仅为 3.7%。尽管相关性较低，但大多数相关性较低的市场仍然规模较小，且流动性较低。对于管理规模较大的趋势跟踪策略来说，由于存在市场流动性和成交量的约束，对这些市场的资金配置将无足轻重。②

表 15.1 2012 年，代表性趋势跟踪策略系统中，不同行业收益率的相关性。

	农产品期货	固定收益债券期货	外汇期货	能源期货	股指期货	利率期货	金属期货
农产品期货		0.05	0.19	-0.12	0.01	0.08	0.01
固定收益债券期货	0.05		0.19	0.06	-0.14	0.21	0.22
外汇期货	0.19	0.19		0.32	0.48	0.14	0.55
能源期货	-0.12	0.06	0.32		0.39	0.08	0.28
股指期货	0.01	-0.14	0.48	0.39		0.04	0.3
利率期货	0.08	0.21	0.14	0.08	0.04		0.01
金属期货	0.01	0.22	0.55	0.28	0.3	0.01	
平均值	3.70%	9.80%	31.20%	16.80%	18.00%	9.30%	22.80%
平均 ABS 相关性	7.70%	14.50%	31.20%	20.80%	22.70%	9.30%	22.80%

交易速度

交易速度是交易的另一个方面，受总资产规模的影响。随着趋势跟踪策略程序化系统数目的增加和交易规模的增大，在实施方面存在更多的问题，对市场也产生了更

---

① 金融化是一个被广泛讨论的现象。实际上，即使在房地产领域，房地产投资信托（REITs）也已被证明与股票市场具有高度相关性，因为它们也在交易所交易。
② Newedge 关于容量的研究报告（Burghardt、Kirk 和 Liu，2013）通过实证分析展示了这一点，结果与这一结论一致。

多潜在影响。为了研究这个问题，本节将回到生成交易信号的历史回测窗口大小上来，并用历史回测窗口的大小来代表交易速度。例如，在趋势跟踪策略程序化系统内实现分散化的一种方法是，使用不同的历史回测窗口，以不同的速度接收交易信号。具有中长期历史回测窗口的趋势跟踪策略将接收中长期趋势信号。不同交易速度的组合将在一段时间内接收到非常不同的趋势信号。理论上，具有不同历史回测窗口大小的趋势跟踪策略系统之间的相关性，可以近似地用两个历史回测窗口共享时间段占较长历史回测窗口的比例的平方根来表示。图 15.2 展示了代表性趋势跟踪策略系统的模拟收益率时间序列的相关性，其中历史回测窗口大小在 20~500 天之间。①

	20	30	45	60	90	120	170	250	350	500
20	100	74	50	36	19	16	12	7	4	3
30	74	100	71	50	28	22	17	11	6	4
45	50	71	100	74	45	34	27	17	13	6
60	36	50	74	100	65	51	37	26	19	14
90	19	28	45	65	100	81	61	43	32	22
120	16	22	34	51	81	100	78	56	43	29
170	12	17	27	37	61	78	100	74	55	35
250	7	11	17	26	43	56	74	100	78	53
350	4	6	13	19	32	43	55	78	100	72
500	3	4	6	14	22	29	35	53	72	100

图 15.2 代表性趋势跟踪策略系统的模拟收益率时间序列的相关性矩阵，历史回测窗口大小为 20~500 天不等。其中相关性以百分比的形式表示。

---

① 为了简单起见，我们使用几何布朗运动对其进行模拟。

第 15 章　规模、流动性和容量的可行性
Chapter 15　Practicalities of Size, Liquidity, and Capacity

从图 15.2 中可以看出，20 天历史回测窗口和 500 天历史回测窗口之间的相关性接近零。考虑到历史回测窗口大小的相关性较低，采用广泛的交易速度有明显的分散化益处。对于受交易成本或市场影响而被限制为慢速的趋势跟踪策略系统，它们在交易速度上实现分散化的能力会比较有限。资产规模较大的趋势跟踪策略系统将限定为交易速度较慢的交易系统。

规模分散化的实证分析

前两节讨论了可能会影响资产管理规模较大的趋势跟踪策略系统的分散化的两个方面。对资产管理规模较大的趋势跟踪策略而言，不能给较小规模的市场和新兴市场配置大量资金，以及限制为较慢的交易速度，都有可能影响投资组合内实现分散化的能力。本节通过限制市场配置和交易速度对规模问题进行实证分析。假设对管理的每一级资产都采取了代表性的配置，在明确基于市场流动性和交易成本的不同市场和交易速度下进行实证分析。市场包括以下行业：股指期货、固定收益债券期货、外汇期货、农产品期货、能源期货和金属期货。在各种交易速度下，持仓周期从几天到几个月不等。对于每个具有代表性规模的相应趋势跟踪策略程序化系统而言，我们用其相对于资产规模为 10 亿美元的投资组合的分散化水平，来衡量分散化程度减少的幅度。对于每一个单独的趋势跟踪策略系统，根据资产管理规模的大小，对市场配置和交易速度施加适当的限制。[①] 在代表性趋势跟踪策略系统中，规模对分散化程度的影响如图 15.3 所示。随着资产管理规模的增加，对流动性相对较低的市场配置的权重必然相应地减少。交易速度更快的系统也必须让位给交易速度更慢的系统。投资组合内部的分散化益处随着资产管理规模的增大而减少。投资组合内部分散化程度的减少，体现在交易速度和市场配置两方面。考虑到规模对交易速度和市场深度的影响，随着资产管理规模达到 150 亿美元，投资组合内部的分散化程度降低了 15% 以上；而当资产管理规模达到 250 亿美元时，投资组合内部的分散化程度降低了 30%。本节的实证分析表明，

---

① 在这个简单的例子中，对于管理 10 亿美元和 300 亿美元资产的趋势跟踪策略投资者的典型行业配置而言，行业配置作为资产管理规模的函数，随着管理资产规模的增加而线性减少。样本周期是 1993—2013 年。

限制交易速度和市场配置，对于资产管理规模较大的趋势跟踪策略系统而言，会降低其投资组合内部的分散化程度。

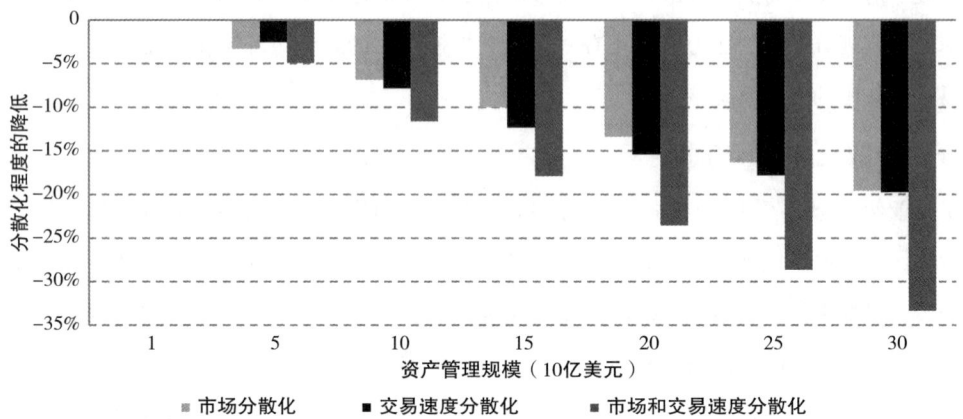

图 15.3 限制市场和交易速度之一或者同时限制两者的情况下，对代表性趋势跟踪策略系统进行实证分析。分散化程度的降低是趋势跟踪策略系统资产管理规模大小的函数。

投资组合分散化益处和规模

本节的第一部分讨论了资产组合内部的分散化益处是如何随着资产管理规模的变化而减少的。本小节立足于外部投资者的视角讨论这一问题，从整体投资组合的层面，考察规模对增加趋势跟踪策略系统分散化益处的影响。用传统的 60/40 股票/债券投资组合作为有代表性的投资组合。此例中，60/40 股票/债券投资组合为：权重为 60% 的股票，用 MSCI 指数表示；权重为 40% 的固定收益债券，用摩根大通全球固定收益债券指数（GBI）表示。通过将市场和交易速度限制为资产管理规模的线性函数，可以直接量度对相关性和危机阿尔法的影响。

60/40 股票/债券和趋势跟踪策略的混合投资组合，可视为由两种资产组成的投资组合。如果两种资产具有类似的波动率水平，则两者的相关性仍然是衡量两种资产分散化程度的最佳方法。使用与前一小节相同的市场和交易速度限制，图 15.4 展示了 60/40 股票/债券投资组合和趋势跟踪策略系统与资产管理规模的函数关系。随着资产

第 15 章 规模、流动性和容量的可行性
Chapter 15 Practicalities of Size, Liquidity, and Capacity

管理规模的增加,传统投资组合与趋势跟踪策略程序化系统之间的相关性稳步增加。这表明随着资产管理规模的增加,分散化益处减少。与第 13 章中关于风格分析的讨论一致,增加的相关性可以通过向金融期货市场的倾斜来解释。显然,在传统的 60/40 股票/债券投资组合中,金融期货的头寸与固定收益债券和股票的相关性更高。实证结果证实了这一结论。

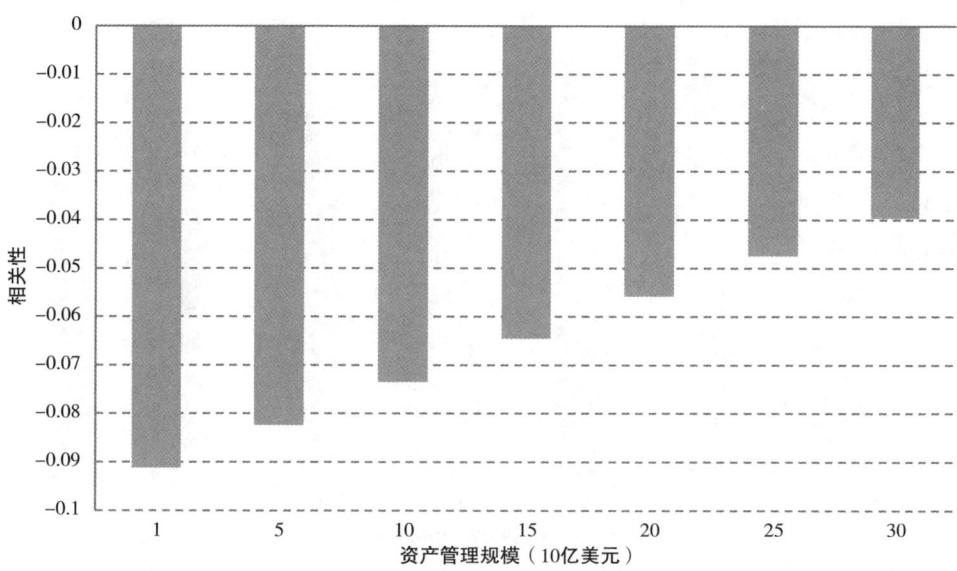

图 15.4 趋势跟踪策略系统和传统的 60/40 股票/债券投资组合之间的相关性与趋势跟踪策略系统资产管理规模大小的函数关系。

在趋势跟踪策略系统中,危机阿尔法是一个重要的分散化特征。危机阿尔法衡量了策略在市场压力期间的收益表现。在这种情况下,用危机阿尔法来衡量在传统的 60/40 股票/债券投资组合在市场危机时期,趋势跟踪策略系统的收益表现。危机时期定义为 60/40 股票/债券投资组合的收益率与其均值相差至少一个标准差的月份。基于这一定义,图 15.5 绘制了危机阿尔法与资产管理规模的函数关系图。与 10 亿美元的基金相比,资产管理规模为 250 亿美元时,危机阿尔法几乎降低了 1/4(约减少了 24%)。除了资产管理规模较大的基金更多地配置在金融期货市场以外,无法采用更快的交易

速度可能也是危机阿尔法减少的原因。这种影响也出现在了第 13 章的交易速度因子（SMF）中。和交易速度较快的系统相比，交易速度较慢的系统在危机期间似乎收益表现更差。

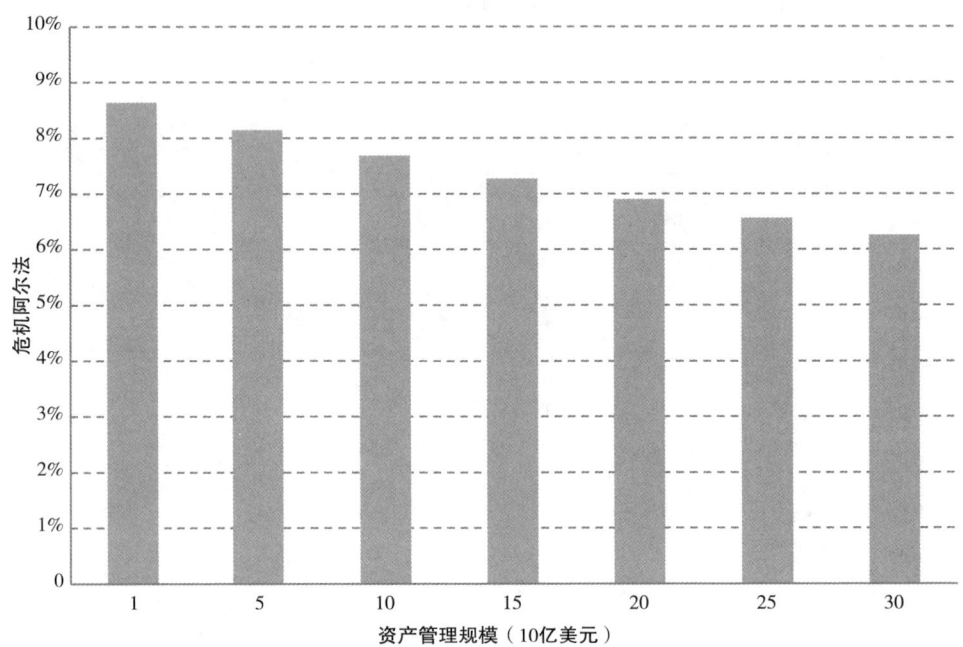

图 15.5　危机阿尔法与趋势跟踪策略系统资产管理规模大小的函数关系。危机阿尔法是基于 60/40 股票/债券投资组合收益率与其均值相差至少一个标准差的月份来定义的。

■ 流动性较低的市场的影响

基于本章前半部分的讨论和实证分析，对于资产管理规模较大的趋势跟踪策略系统而言，市场规模和流动性存在着关键的容量问题。接下来将进一步研究纳入或排除流动性较低的市场的情形。本节探讨纳入流动性较低的市场对趋势跟踪策略系统收益率时间序列的几个关键统计特征的影响。这些特征指标包括夏普比率、最大回撤和危机阿尔法。在超过 20 年的时间里，纳入流动性较低的市场导致总收益率略低。尽管如

第 15 章 规模、流动性和容量的可行性
Chapter 15 Practicalities of Size, Liquidity, and Capacity

此，纳入流动性较低的市场带来的分散化益处提高了夏普比率，减小了最大回撤，并增加了危机阿尔法。

我们根据流动性评估每个市场，而不是根据行业来衡量每个市场。为了衡量各个市场的流动性水平，有必要先根据流动性水平对市场进行排名。在本节的实证分析中，分析对象为包含股指期货、商品期货、固定收益债券期货和外汇期货在内的 50 个市场。

为了简单起见，过去 10 年每个市场的平均每日成交金额可以作为流动性的一个简单衡量标准。[1] 使用这种衡量标准，可以对每个市场进行相应地排名，图 15.6 展示了 50 个市场的流动性排名。市场符号对应的市场名称见本章附录。大多数流动性市场是由固定收益债券期货主导的。在固定收益债券期货市场中，只有欧元固定收益债券期货市场没有排在流动性最高的前 50%。排在后 50% 的低流动性市场包括相当数量的商品期货行业。在这个样本集的商品期货中，只有原油期货、黄金期货、天然气期货和 RBOB 汽油期货位列流动性最高的前 50%。农产品期货市场处于商品期货市场中流动性排名的底部。在此例中，外汇期货市场包括在 CME 交易的七种外汇期货。在这七种外汇期货中，墨西哥比索（Peso）的流动性最低。在股指期货中，亚洲股票市场的流动性最低。[2]

衡量分散化益处

使用流动性排名系统，我们可以更详细地研究纳入流动性较低的市场的边际效应。在本节的实证分析中，我们使用代表性趋势跟踪策略系统。[3] 可以通过纳入流动性较低的市场来衡量趋势跟踪策略投资组合的几个关键特征。这些特征指标包括总收益率、夏普比率、最大回撤和危机阿尔法。

---

[1] 基于价格和成交量数据，将每个市场上所有交易合约的每日成交金额进行汇总（来源：路透社）。成交量仅仅是衡量流动性的指标之一，还有很多更加复杂的流动性指标没有纳入我们的分析。

[2] 需要注意的是，流动性（liquid）是一个相对的术语。在本书中，流动性较低（less liquid）意味着流动性低于期货市场流动性最高、交易量最多的合约。出于实际考虑，流动性和流动性较低是比较恰当的术语，但是可能容易造成读者的误解，特此说明。

[3] 使用通道突破系统，历史回测窗口大小为 60~250 天。市场配置基于等金额风险配置方法。

管理期货的趋势跟踪策略：寻找危机阿尔法
Trend Following with Managed Futures: The Search for Crisis Alpha

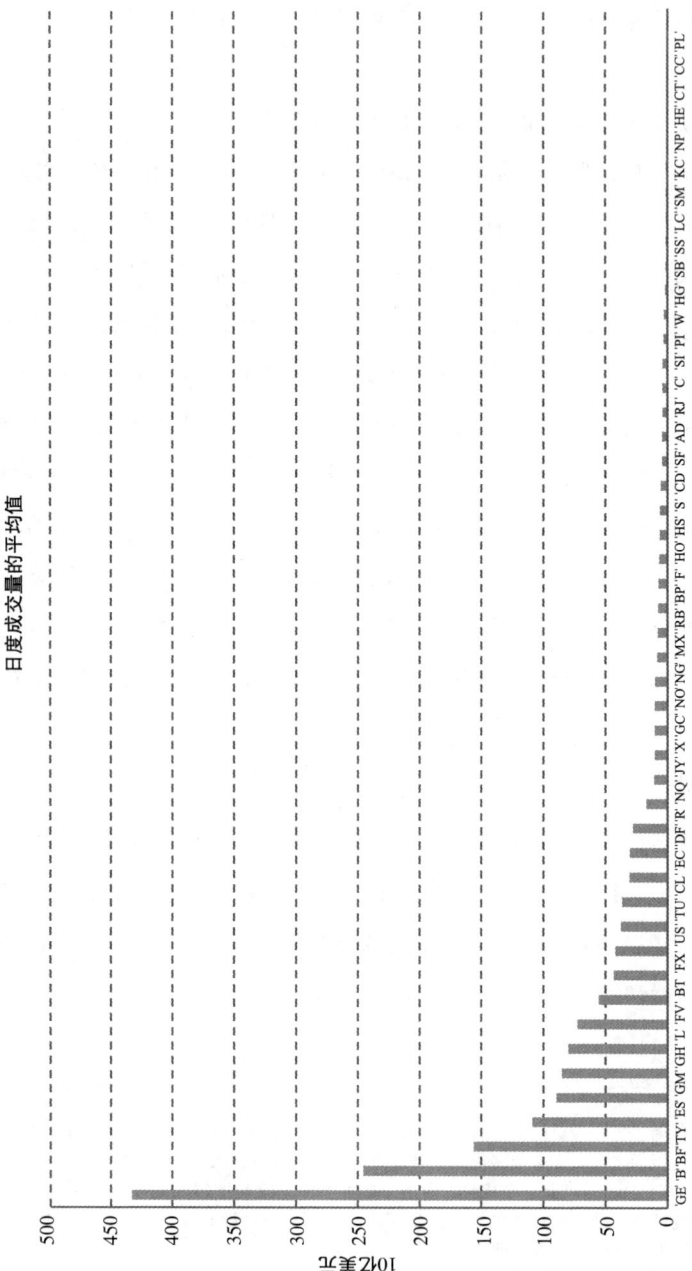

图15.6 2003—2013年，50个市场的流动性排名。以每个市场交易的所有合约的平均每日成交金额衡量。

数据来源：彭博。

第 15 章 规模、流动性和容量的可行性
Chapter 15 Practicalities of Size, Liquidity, and Capacity

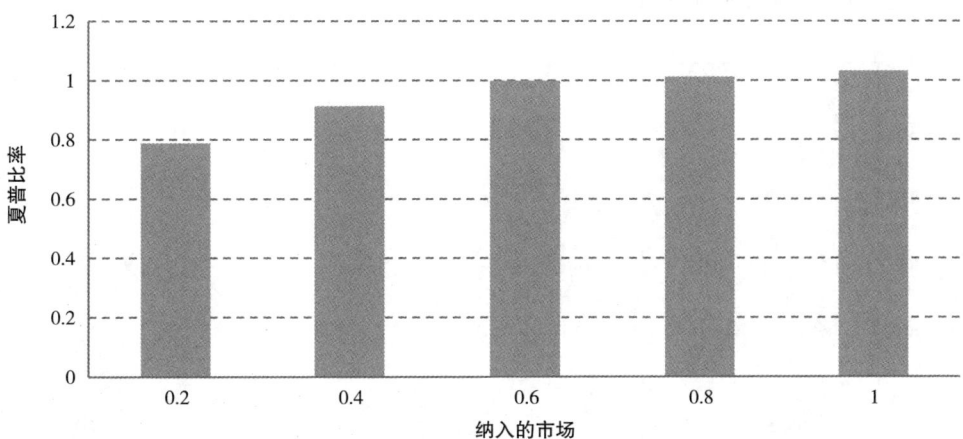

图 15.7 夏普比率与纳入市场的函数关系。纳入的市场基于其 1993—2013 年的流动性排名。

夏普比率 总收益率固然很重要,但风险调整后收益往往是更谨慎的业绩衡量标准。夏普比率是衡量风险调整后收益的最简单方法。图 15.7 展示了在超过 20 年的期间内,纳入流动性较低的市场时的夏普比率。随着更多流动性较低的市场纳入趋势跟踪策略系统,夏普比率的值稳步增长。这一增长表明,这些市场带来的分散化益处或相关性特征,超过了它们带来的较低收益的影响。

最大回撤 最大回撤也是投资组合的重要统计特征。使用代表性趋势跟踪策略系统,随着更多流动性较低的市场纳入趋势跟踪策略系统,最大回撤如图 15.8 所示。当趋势跟踪策略系统中纳入更多流动性较低的市场时,最大回撤的值从近 50% 降到了约 32%。①

危机阿尔法 危机阿尔法用来衡量策略在市场危机期间的收益表现。在这个例子中,基于 VIX 来定义危机阿尔法。随着更多流动性较低的市场纳入投资组合,危机阿尔法如图 15.9 所示。只包括前 20% 最具流动性的市场(主要是固定收益债券期货市场)的投资组合,与纳入流动性较低的市场(如商品期货市场)、更为分散化的投资组

---

① 最大回撤归一化为相同的月度 5% 的投资组合风险水平。

合相比,前者的危机阿尔法低得多。

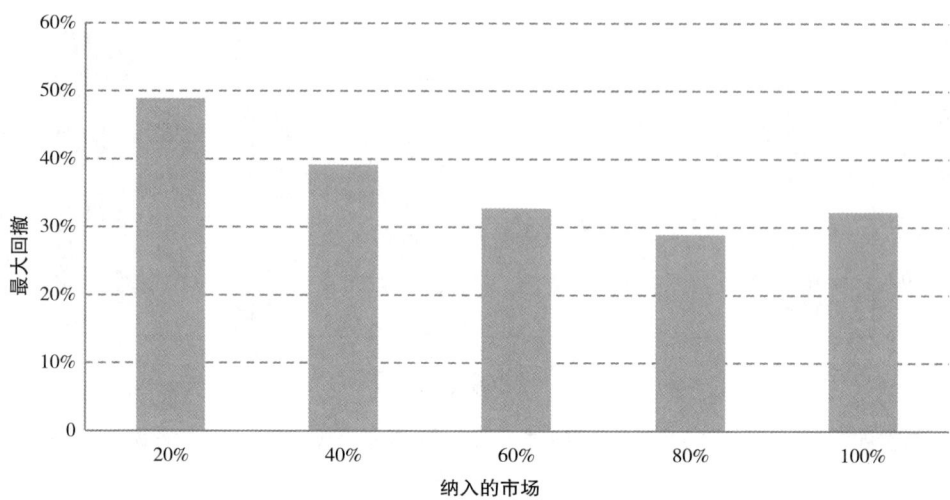

图 15.8 随着更多流动性较低的市场纳入投资组合,代表性趋势跟踪策略系统的最大回撤值的变化。在此分析中,使用了市场流动性排名。

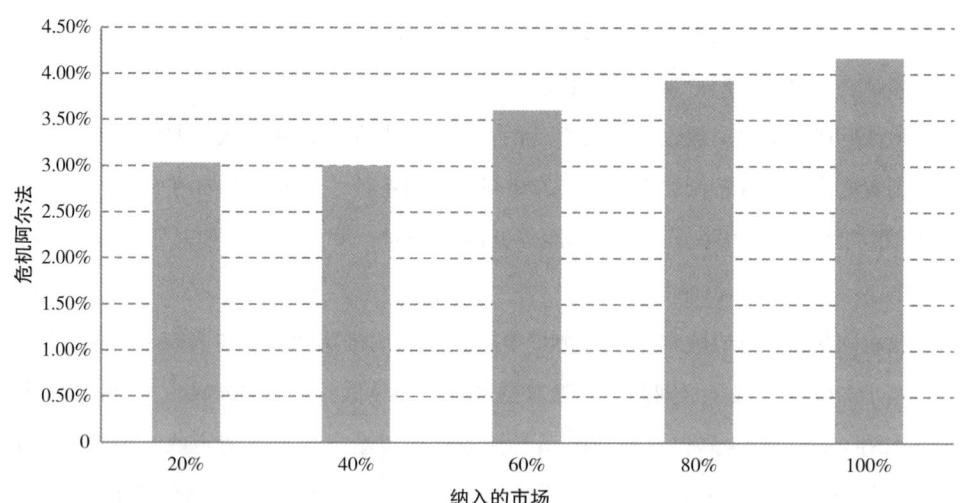

图 15.9 随着更多流动性较低的市场纳入投资组合,危机阿尔法的变化。其中,纳入的市场根据流动性排名。

第 15 章 规模、流动性和容量的可行性
Chapter 15 Practicalities of Size, Liquidity, and Capacity

跨时间的分散化

上一节的分析表明,纳入更多流动性较低的市场后,会给投资组合带来更多的分散化益处。这些分散化益处体现在投资组合的夏普比率提高,最大回撤减小,危机阿尔法增加。尽管如此,对于纳入流动性较低的市场的投资组合,可能仍然存在一些重要的择时问题。为了更深入地研究这一点,图 15.10 展示了两个投资组合的平均年化收益率差值,其中一个投资组合只纳入前 50% 最具流动性的市场,另一个投资组合纳入 2002—2013 年的所有市场。仅在 2003 年和 2004 年,以及 2008 年和 2009 年,纳入所有市场的投资组合的收益表现超过了仅纳入前 50% 最具流动性市场的投资组合的收益表现。图 15.11 绘制了在过去 10 年中,纳入更多市场的投资组合的夏普比率。2002—2013 年的研究结果与本章前文所述的 20 年期一致。平均而言,随着更多流动性较低的市场纳入投资组合,投资组合的夏普比率提高了。

为了根据夏普比率检验分散化益处的稳健性,可以通过改变流动性较低的市场的配置,来检验 5 年期平均滚动夏普比率的值。图 15.12 展示了 5 年期滚动夏普比率与流动性较低的市场的配置和时间的函数关系。虽然滚动夏普比率的值随着时间变化,但对于包含流动性较低的市场的投资组合而言,夏普比率的值相对提高了,并且这一结果是稳健的。

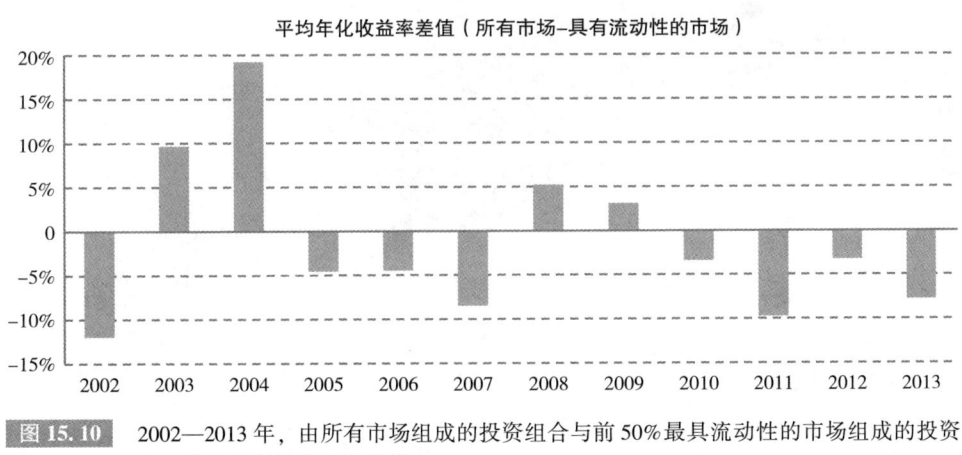

图 15.10 2002—2013 年,由所有市场组成的投资组合与前 50% 最具流动性的市场组成的投资组合的平均年化收益率差值。

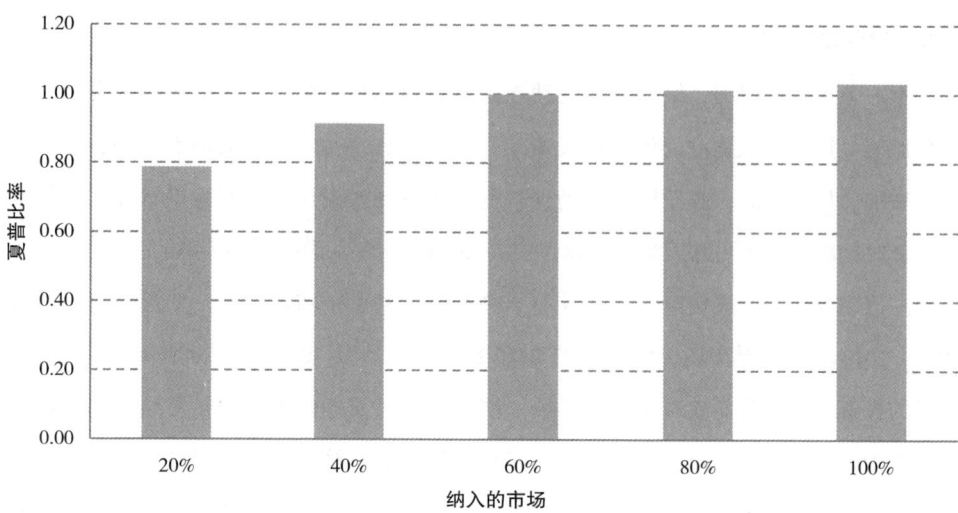

图 15.11 随着更多流动性较低的市场纳入投资组合,代表性趋势跟踪策略系统中夏普比率的变化。样本期为 2002—2013 年。纳入的市场根据其流动性排名。

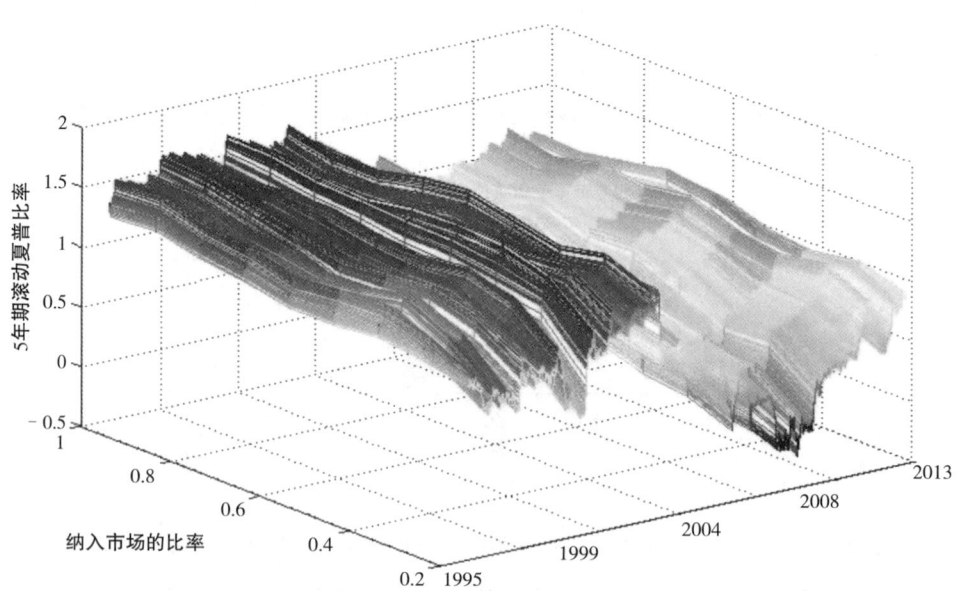

图 15.12 5 年期滚动夏普比率与纳入的市场和时间周期的函数关系。

第15章 规模、流动性和容量的可行性
Chapter 15 Practicalities of Size, Liquidity, and Capacity

商品期货 vs 金融期货

在期货市场的所有行业中,流动性最高的市场主要集中于金融期货市场(固定收益债券期货、股指期货和外汇期货)。流动性最低的市场主要包含商品期货市场。考虑到纳入更多流动性较低的市场带来的分散化益处,还是有必要仔细研究这些结果在多大程度上依赖于商品期货市场与金融期货市场之间的差异。为了研究商品期货和金融期货的关系,可以比较分层投资组合与基于流动性排名的投资组合。分层投资组合是根据各自的流动性排名,由相同百分比的商品期货市场和金融期货市场组成的投资组合。图 15.13 表明,随着加入流动性较低的市场,分层投资组合的收益表现始终优于其他流动性排名的投资组合(除了 100%,此时两个投资组合是相同的)。把商品期货市场纳入趋势跟踪策略投资组合,可以获得显著的分散化益处。即使对于分层投资组合而言,当纳入流动性较低的市场数量增加时,投资组合的夏普比率也提高了。这证实了分散化益处不仅是投资组合纳入商品期货行业的结果,也是纳入更多流动性较低的市场的结果。保持分层投资组合中商品期货和金融期货配置的权重相同,纳入更多流动

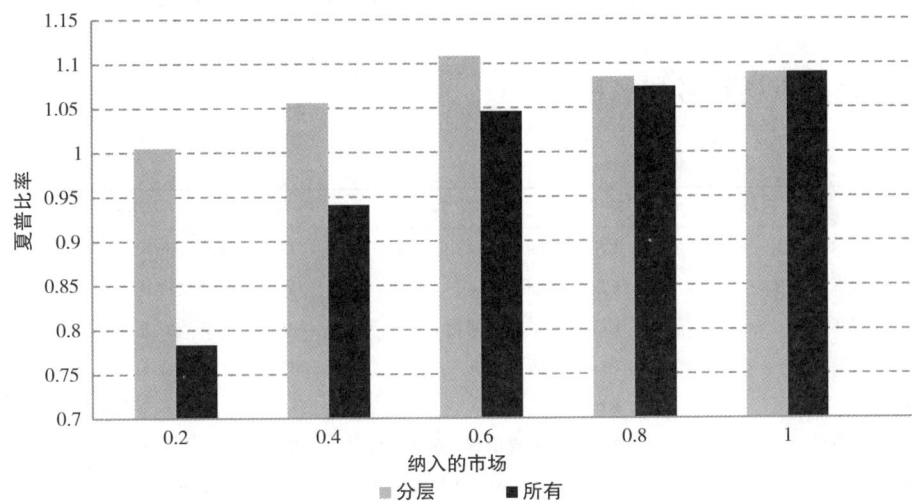

图 15.13 基于金融期货和商品期货市场各自的流动性排名的分层投资组合的夏普比率,以及基于流动性排名的所有市场的投资组合的夏普比率。样本期为 1993—2013 年。

性较低的市场可以持续提高夏普比率的值。本节的分析表明，商品期货的独特性质，以及在投资组合中纳入流动性较低的市场，可以提高投资组合的分散化益处。

■ 本章总结

CTA行业的爆炸性增长和资产管理规模的增加，提出了分散化和容量方面的问题。本章首先讨论了与规模相关的关键问题，及其对分散化的影响。随着资产管理规模越来越大，较小规模的、新兴的期货市场以及较快的交易速度会受到限制，从而降低投资组合内部的分散化程度。这些限制导致了与传统投资组合更高的相关性，对金融期货市场的倾斜更多，并且减少了危机阿尔法。讨论过规模之后，本章还讨论了流动性在分散化益处中的作用。从总体投资组合的角度来看，随着在投资组合中纳入更多流动性较低的市场，投资组合的分散化益处增加了。在投资组合中纳入流动性较低的市场，会提高夏普比率，减少最大回撤，并增加危机阿尔法。最后，本章还讨论了商品期货市场在推动趋势跟踪策略分散化益处方面的作用。在实证分析中，商品期货市场因其独特的相关性特征和较低的流动性，提高了趋势跟踪策略的分散化益处。

■ 附录：市场符号和名称

符号	名称	符号	名称	符号	名称
C-	玉米	US	美国30年期国库券	CD	加拿大元兑美元货币对
CC	可可，纽约	CL	原油期货	JY	日元兑美元货币对
CT	棉花	HO	取暖用油期货	NP	墨西哥比索兑美元货币对
KC	咖啡	NG	天然气期货	SF	瑞士法郎兑美元货币对
LC	活牛	RB	汽油期货	EC	欧元兑美元货币对
HE	瘦肉猪	ES	标准普尔500迷你指数	PL	铂
S-	黄豆	MX	法国CAC 40股票指数	GC	黄金期货
SB	11号糖期货	DF	德国DAX30指数	HG	铜
SM	豆粕期货	X-	富时100指数	SI	银

第 15 章　规模、流动性和容量的可行性
Chapter 15　Practicalities of Size, Liquidity, and Capacity

续表

符号	名称	符号	名称	符号	名称
W-	小麦	HS	恒生指数	GE	欧洲美元
BF	10 年期长期德国政府债券期货	NO	日经指数	B-	欧元同业拆借利率
GM	5 年期中期德国政府债券期货	NQ	纳斯达克 100 迷你指数	F-	欧元兑瑞士法郎货币对
GH	2 年期短期德国政府债券期货	SS	台湾 MSCI 指数	L-	短期英国货币
R-	金边债券	FX	欧洲斯托克 50 指数		
FV	美国 5 年期国库券	RJ	罗素 2000 迷你指数		
BT	日本固定收益债券	PI	澳大利亚 SPI 200 指数		
TU	美国 2 年期国库券	AD	澳元兑美元货币对		
TY	美国 10 年期国库券	BP	英镑兑美元货币对		

■ 延伸阅读与参考文献

Burghardt, G., E. Kirk, and L. Liu. "Capacity of the Managed Futures Industry." Newedge Alternative Edge Note, July 2013.

Greyserman, A. "Diversification: Size Matters." ISAM white paper, 2012.

Greyserman, A. "Trend Following: Empirical Findings of Diversification by Less Liquid Markets," ISAM white paper, 2012.

第 16 章

分散化投资

分散化投资是将多个资产类别引入投资组合的行为。往往认为分散化是在市场压力期间对投资组合实现某种保护的唯一方法。对于投资基金经理来说,分散化可以发生在**投资策略内部**(intrastrategy),也可以发生在**投资策略之间**(interstrategy)。例如,第 15 章讨论了基金的资产管理规模如何通过限制规模较小的、流动性较低的市场,以及在整个投资组合层面检验影响投资策略之间的分散化益处的统计指标,影响交易策略内部的分散化。本章重点关注投资策略之间或整个投资组合层面的分散化,并且讨论了从纯粹趋势跟踪策略系统转变为多策略系统的情形。本章的实证分析表明,在单独考虑时,多策略方法可能对趋势跟踪策略的基金经理更加有利。尽管如此,从外部角度来看,在更大的投资组合中,纯粹趋势跟踪策略向多策略转变的这种分散化方式可能效果并不那么理想。更明确地说,从纯粹趋势跟踪策略转变为多策略,既减少了正偏度,又减少了提供危机阿尔法的潜力。为了更清楚地证明这一点,我们站在机构投资者的角度,比较纯粹趋势跟踪策略和多策略方法为投资组合带来的收益。从基金经理的角度来看,多策略方法是可取的,但从外部投资者的角度来看,多策略方法可能就不太理想了。鉴于相对价值策略和许多其他对冲基金策略往往是市场趋同策略,本章还讨论了使用非方向性市场趋同策略的隐藏风险的相关问题。

■ 从纯粹趋势跟踪策略到多策略

在 CTA 领域,从纯粹趋势跟踪策略转变到多策略的方法越来越普遍了。可想而知,

第 16 章 分散化投资
Chapter 16 Diversifying the Diversifier

向投资组合中添加非趋势跟踪策略，有一种随时间推移提高夏普比率的简单方法。如第 9 章所述，高夏普比率值往往存在隐藏风险。当转变为多策略时，投资者还会关注数量优势以外的其他问题。最重要的是，从纯粹的市场分歧策略（比如趋势跟踪策略）向市场趋同策略的转变，使得趋势跟踪策略和投资者的投资组合标的更类似了。其他问题还包括持续关注风格漂移、投资过程的清晰度和透明度。

对比纯粹趋势跟踪策略来进一步研究多策略方法的统计特征，可以更明确地检验这种方法的优缺点。本节先介绍多策略方法对夏普比率、投资组合的偏度和危机阿尔法的影响。此处的分析为下一节从机构投资者的角度，对投资组合的收益表现进行实证分析，提供了相应的背景。

夏普比率

第 9 章讨论了夏普比率作为一种衡量收益表现的统计指标的神话与神秘感。非方向性策略可能会将隐藏风险引入投资策略。更具体地说，这意味着，增加非方向性策略可能会提高夏普比率，而不会暴露潜在的隐藏风险。为了证明这一点，将代表性趋势跟踪策略系统的收益率时间序列与 HFRI 基金的基金指数相结合，来构建一个简单的多策略 CTA 模型。用 HFRI FoF 指数的收益率作为一系列分散化非趋势跟踪策略的简单代表。实证结果基于分散化投资的市场，包括股指期货、固定收益债券期货、利率期货、外汇期货和商品期货市场等。

在该模拟中，每个月末，80% 的风险配置给趋势跟踪策略，20% 的风险配置给 HFRI FoF 指数。如图 16.1 所示，多策略投资组合能够改善所有趋势跟踪策略的单独收益表现。乍一看，这似乎很有吸引力，因为单独考虑基金经理时，从纯粹趋势跟踪策略到多策略的转变，提高了 CTA 基金的夏普比率。为了理解分散化投资的影响，还应该检验其他基本的统计特征，如负偏度和危机阿尔法。

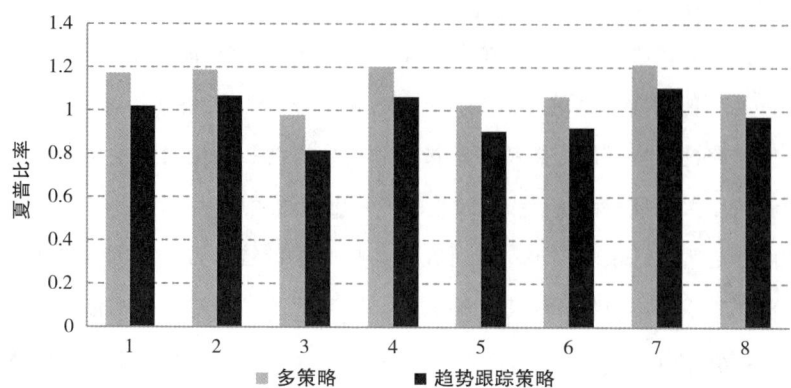

图 16.1 每个趋势跟踪策略系统的夏普比率,其中 20% 的风险配置在 HFRI FoF 指数(多策略)上。

数据来源:彭博。

负偏度

趋势跟踪策略这类市场分歧策略的基本收益特征之一是,收益分布体现出一定的正偏度。大多数对冲基金策略都是市场趋同交易策略,它们的收益率时间序列表现出负偏度的性质。图 16.2 展示了一个纯粹趋势跟踪策略(纯粹趋势跟踪策略系统)与多种其他策略的月度收益率时间序列偏度值的对比图。从图中可以看出,纯粹趋势跟踪策略是少数收益率时间序列具有显著正偏度值的策略之一。其他对冲基金策略的偏度值往往为负值。

偏度衡量了收益率分布的不对称程度。负偏度分布在平均值的左侧有长尾,而正偏度分布在平均值的右侧有长尾。为了研究偏度值,图 16.3 说明了月度收益率时间序列在不同的偏度水平下收益率低于 x 的概率,其中 x 的范围为 $-5\% \sim -9\%$。[1] 注意,尽管所有收益率时间序列具有相同的夏普比率值,但实现超大负收益率的概率显著不同。

---

[1] 我们模拟生成了几个月度收益率序列,这几个收益率序列有着相同的均值、标准差和峰度,但偏度值为 $-2 \sim 2$ 不等。所有收益率序列的夏普比率均为 1.0。每个收益率序列的月度收益率均值为 1.25%,标准差为 4.3%。

第 16 章 分散化投资
Chapter 16　Diversifying the Diversifier

例如，在偏度值为-1.0时月度收益率低于-5%的概率，是偏度值为1.0时月度收益率低于-5%的概率的两倍以上。

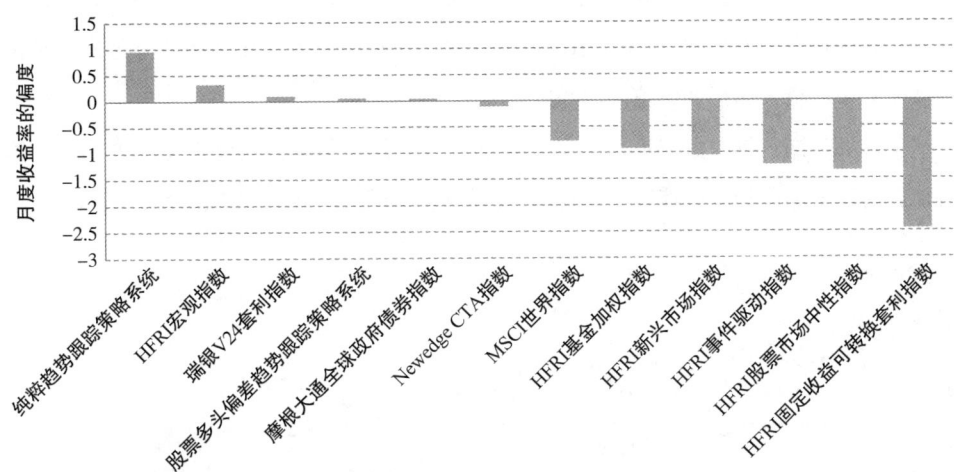

图 16.2　纯粹趋势跟踪策略系统和各种其他策略的月度收益率的偏度。

数据来源：彭博。

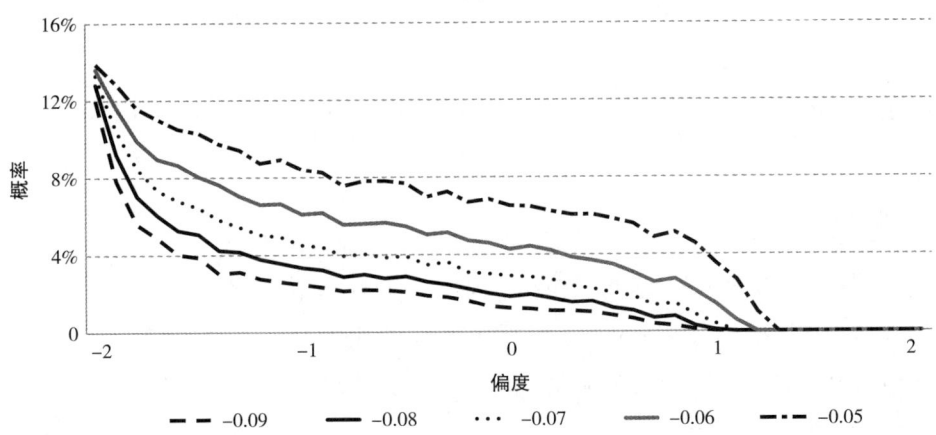

图 16.3　在各种不同的偏度水平下，在月度收益率时间序列中，收益率低于 x 的概率：x 的值介于-5%~-9%之间。

收益率时间序列分布的偏度也会对最大回撤的期望值产生直接影响。负偏的收益率时间序列，最大回撤的期望值也较大，反之亦然。使用简单的蒙特卡罗模拟，在一定范围的偏度水平下，具有相同夏普比率的各种收益率时间序列在 n 年（$2 \leq n \leq 10$）内的最大回撤期望值如图 16.4 所示。正偏收益率分布的最大回撤期望值远远低于负偏收益率分布的最大回撤期望值。

将市场趋同、具有负偏度的交易策略加入趋势跟踪策略，会降低正偏度的值。这可能会潜在地削弱趋势跟踪策略的收益，比如在整个投资组合层面减少最大回撤。

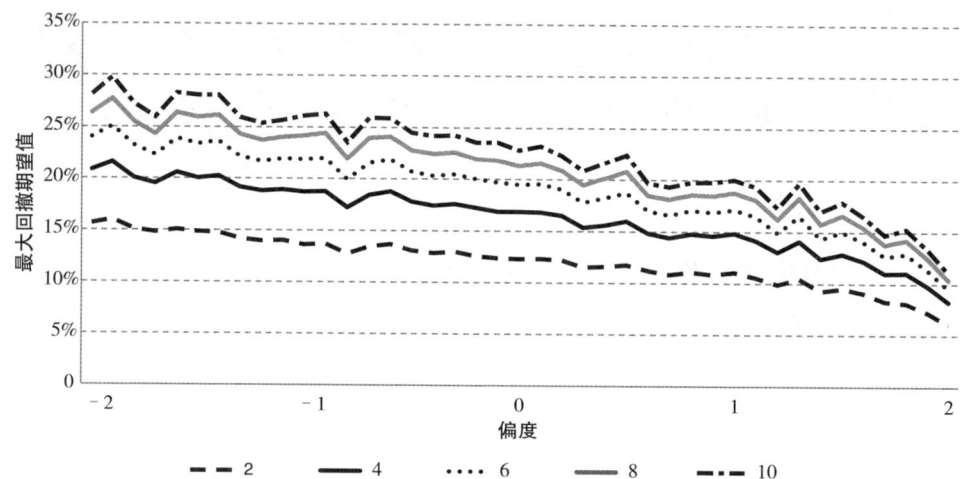

图 16.4 在一定范围的偏度水平下，收益率序列在 n 年（$2 \leq n \leq 10$）内的最大回撤期望值，其中每个模拟收益率时间序列具有相同的夏普比率值。

危机阿尔法

危机阿尔法衡量了交易策略在市场压力下的表现。这是趋势跟踪策略为投资组合带来的最大优势之一。图 16.5 展示了股票市场危机期间，纯粹趋势跟踪策略以及其他几种对冲基金策略和指数的危机阿尔法值。① 尽管其他大多数对冲基金策略和指数带来

---

① 在这个例子中，危机阿尔法定义为 MSCI 世界指数收益率低于其均值至少一个标准差的月份中，每个策略/指数的月度收益率平均值。

了负的危机阿尔法，但是纯粹趋势跟踪策略系统提供了每月约6%的危机阿尔法。考虑到市场危机期间大多数传统投资组合的收益表现，可见危机阿尔法为机构投资者提供了大量的分散化益处。接下来将从整体投资组合的角度，检验趋势跟踪策略的影响。

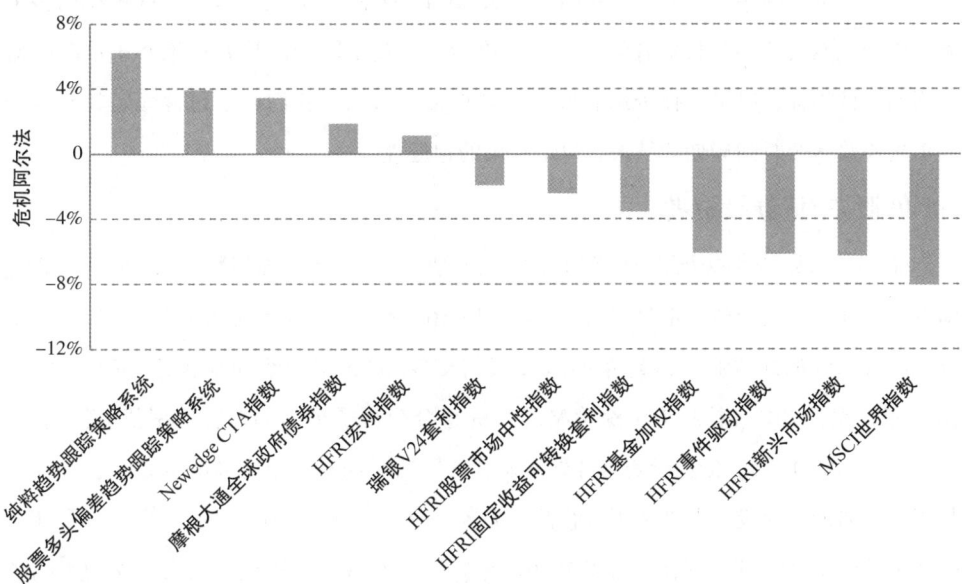

图16.5 纯粹趋势跟踪策略系统以及其他一些策略和指数的危机阿尔法。
数据来源：彭博。

■ 转向多策略的投资组合分析

一方面，从CTA基金经理的角度来看，从纯粹趋势跟踪策略转向多策略可能会提高投资组合的夏普比率，在短期内尤其如此。另一方面，对于传统的60/40股票/债券基金或FoF，机构投资者已经配置了大量的非趋势跟踪策略。从机构投资者的角度来看，从纯粹趋势跟踪策略到多策略的转变，可能会降低投资CTA的投资组合的部分收益率。为了证明这一点，可以通过建模，把代表性趋势跟踪策略系统和HFRI FoF指数的收益率时间序列组合起来，模拟一个简单的多策略CTA。用HFRI FoF指数的收益率来简单代表一系列分散化的非趋势跟踪策略。这里它只代表非趋势跟踪策略,其他非趋势跟踪策略的实证结果可能会有所不同。实证结果基于 1993—2013 年的 20 年期,使用包括股指期货、固定收益债券期货、利率期货、外汇期货和商品期货在内的分散化市场。在接下来的两个小节中,我们首先从 60/40 股票/债券投资者的角度审视向多策略的转变,然后从 FoF 投资者的角度进行检验。比较不同的趋势跟踪策略子策略收益表现的统计指标,以了解投资组合收益的离散度。最后,我们在不包含固定收益债券的市场检验多个时间周期的结果,讨论结果的稳健性。

60/40 股票/债券投资者

60/40 股票/债券投资组合配置了 60% 的股票——MSCI 世界指数,40% 的固定收益债券——摩根大通全球固定收益债券指数。图 16.6 展示了 60/40 股票/债券投资组合中分别配置 20% 的纯粹趋势跟踪策略或多策略 CTA 的 5 年期滚动夏普比率。① 1998—2013 年,配置 20% 纯粹趋势跟踪策略的投资组合获得了更高的夏普比率值。特别是,当传统的 60/40 股票/债券投资组合处于显著的回撤时期时,相比多策略 CTA,纯粹趋势跟踪策略能够给投资者带来更多收益。为了进一步说明这一点,图 16.7 展示了随着 CTA 投资组合配置更多风险到非趋势跟踪策略上,对减小投资组合最大回撤的影响越来越小的情形。例如,当以 50/50 的比例等权重配置趋势跟踪策略与非趋势跟踪策略的多策略 CTA,和纯粹趋势跟踪策略相比,纯粹趋势跟踪策略对减小投资组合最大回撤的影响是 50/50 投资组合的 2.5 倍。长期夏普比率值的提高和最大回撤幅度的减小,说明从整体投资组合的角度来看,多策略方法可能并不那么令人满意。

---

① 多策略 CTA 由趋势跟踪策略系统和 HFRI 指数以 50/50 的比例组合而成。

第 16 章 分散化投资
Chapter 16 Diversifying the Diversifier

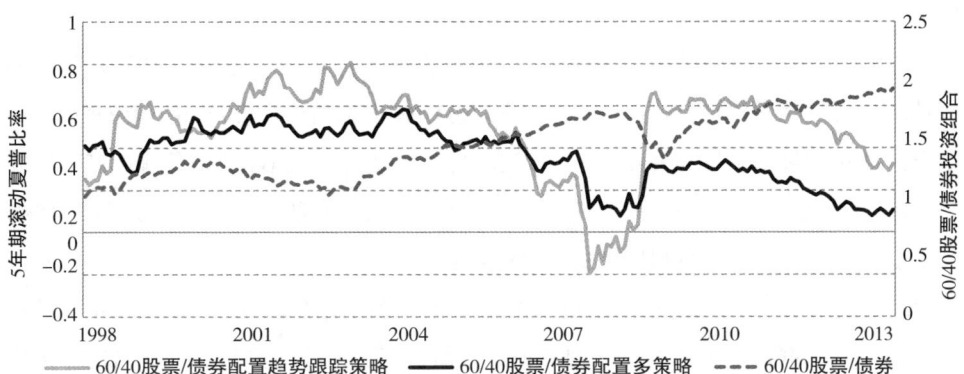

图 16.6 传统的 60/40 股票/债券投资组合分别与 20% 的代表性趋势跟踪策略系统和多策略 CTA 的 5 年期滚动夏普比率，以及 60/40 股票/债券投资组合的累计收益表现。为了便于比较，将三条曲线画在了一张图中。样本期为 1998—2013 年。

数据来源：彭博。

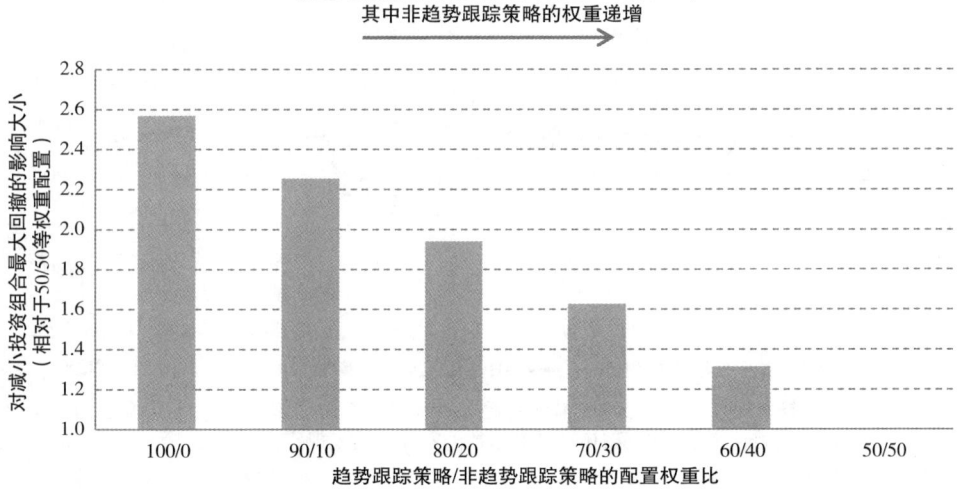

图 16.7 相对于趋势跟踪策略和非趋势跟踪策略 50/50 等权重配置，对减小投资组合最大回撤的影响大小与投资组合内趋势跟踪和非趋势跟踪策略的配置权重比的函数关系。纵轴是投资组合内的趋势跟踪和非趋势跟踪策略在各种配置权重比下，相对于 50/50 等权重配置，对减小投资组合最大回撤的影响大小。样本期为 1998—2013 年。

FoF 投资者

与传统的 60/40 股票债券投资者一样，FoF 投资者也会观察到纯粹趋势跟踪策略和多策略 CTA 之间投资组合收益的差异。我们用 HFRI FoF 指数来代表 FoF 投资者的投资组合，图 16.8 展示了投资组合的 5 年期滚动夏普比率，该投资组合将传统的基金投资与 CTA 以 80/20 的权重来配置。该分析中的 CTA 是纯粹趋势跟踪策略和多策略 CTA，其中多策略 CTA 将 50% 的风险配置在非趋势跟踪策略上。[①] 和 60/40 股票/债券投资者类似，在 20 年期间，FoF 投资组合中配置 20% 的纯粹趋势跟踪策略，会获得更高的夏普比率值。当 HFRI FoF 指数处于显著的回撤时期时，纯粹趋势跟踪策略相比多策略 CTA，能够给投资者带来更多收益。当 CTA 基金配置更多的风险在非趋势跟踪策略上时，FoF 投资组合的最大回撤如图 16.9 所示，与 60/40 股票/债券投资组合的最大回撤情形一致。例如，当以 50/50 的比例等权重配置趋势跟踪策略与非趋势跟踪策略的多策略 CTA，和纯粹趋势跟踪策略相比，纯粹趋势跟踪策略对减小投资组合最大回撤的影响是 50/50 投资组合的 3.1 倍。

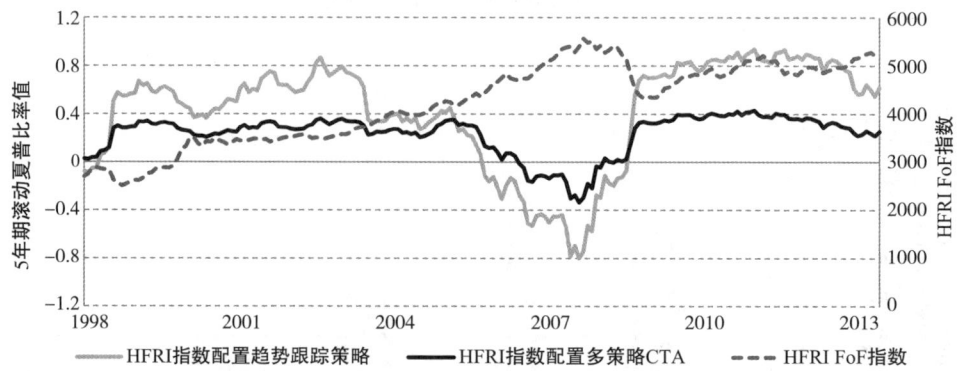

图 16.8 FoF 投资组合分别与 20% 的代表性趋势跟踪策略系统和多策略 CTA 组合后的 5 年期滚动夏普比率值，以及 HFRI FoF 指数的累计收益表现。

数据来源：彭博。

[①] 在这种情况下，非趋势跟踪策略与 FoF 投资组合完全相关。这只是一个例子。在实际投资中，两者的相关系数显然不是 1，但是理念是相同的。在实际投资中，如果该方法不是趋势跟踪策略，则投资者可以选择自己的非趋势跟踪策略。在这种情况下，多策略 CTA 会将非趋势跟踪策略添加到其投资组合中。

第 16 章 分散化投资
Chapter 16　Diversifying the Diversifier

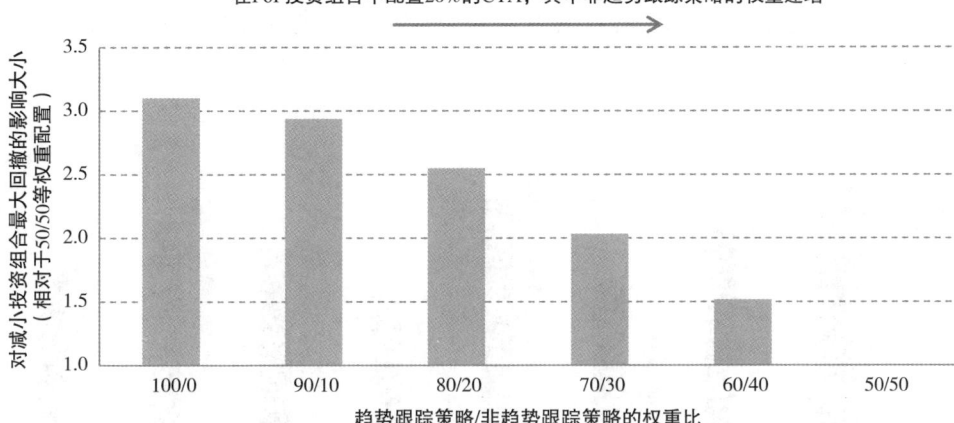

图 16.9　随着非趋势跟踪策略配置权重的增加，FoF 投资组合（相对于 50/50 等权重配置）对减小投资组合最大回撤的影响大小。纵轴是基金的基金投资组合在各种趋势跟踪和非趋势跟踪策略配置权重比下，相对于 50/50 等权重配置，对减小投资组合最大回撤的影响大小。样本期为 1998—2013 年。

为投资组合带来的好处和系统设计的差异

　　前一个小节讲述了从纯粹趋势跟踪策略到多策略的转变，在单独考虑时提高了夏普比率的值，同时可能降低了纯粹趋势跟踪策略为投资组合带来的效益。为了检验这种影响的稳健性，表 16.1 中列出了八个趋势跟踪策略系统为投资组合带来的好处。我们用夏普比率值的提高、最大回撤幅度的减少和贝塔的改变，来检验趋势跟踪策略系统为投资组合带来的好处。① 图 16.10 展示了 60/40 股票/债券投资组合配置 20% 的趋势跟踪策略投资组合或多策略 CTA 投资组合后，夏普比率值的提高程度。这两种方法都可以提高夏普比率值，但相比对应的趋势跟踪策略系统，多策略 CTA 为投资组合提高夏普比率值的程度更低。这一情况下，最大回撤幅度的减少程度如图 16.11 所示，从图 16.11 中可以得出同样的结论。根据最大回撤，纯粹趋势跟踪策略投资组合为 60/40

---

① 贝塔是用 MSCI 世界指数对股票的风险敞口定义的。如果采用标准普尔 500 指数和日经指数，贝塔的结果也类似。

股票/债券投资组合带来了更多显著的好处。在图 16.12 中，贝塔变化的方式虽然有些多样，但结果相对一致，多策略 CTA 基金在降低投资组合的贝塔方面，不如纯粹趋势跟踪策略投资组合那么有效。

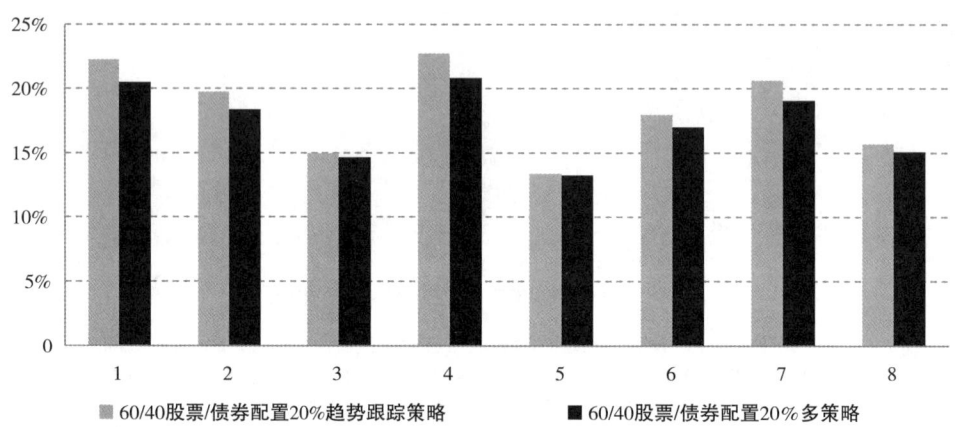

图 16.10　60/40 股票/债券投资组合配置 20%趋势跟踪策略或者多策略（系统 1~8）后，夏普比率的提高。

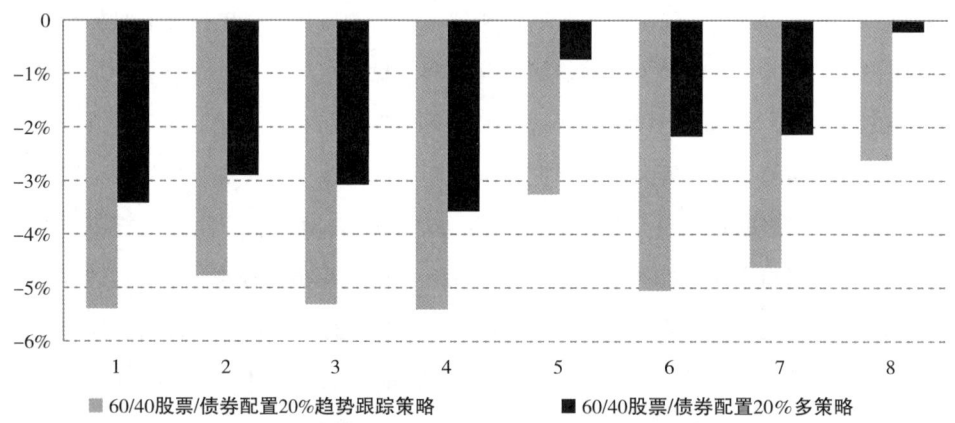

图 16.11　60/40 股票/债券投资组合配置 20%趋势跟踪策略或者多策略（系统 1~8）后，最大回撤的减小。

第 16 章 分散化投资
Chapter 16 Diversifying the Diversifier

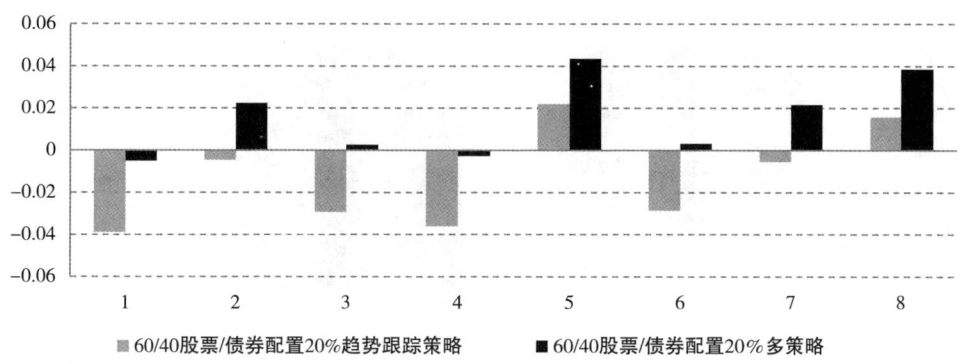

■ 60/40股票/债券配置20%趋势跟踪策略 ■ 60/40股票/债券配置20%多策略

图 16.12　60/40 股票/债券投资组合配置 20%趋势跟踪策略或者多策略（系统 1~8）后，贝塔值（相对于 MSCI 世界指数）的变化。

在比较趋势跟踪策略与多策略 CTA 对传统 60/40 股票/债券投资组合的影响之后，现在可以为 FoF 投资者更详细地考察每个趋势跟踪策略系统为投资组合带来的好处。60/40 股票/债券投资组合和 HFRI FoF 指数配置 20%的趋势跟踪或者多策略（系统 1~8）后，夏普比率的提高、最大回撤的减小和贝塔的变化如图 16.13~图 16.15 所示。纯粹趋势跟踪策略（系统 1 和系统 4，后者是慢速系统）始终为投资组合带来最大的好处，包括夏普比率值的提高，最大回撤幅度的降低和贝塔的减小。这一结论对传统的 60/40 股票/债券投资者和 FoF 投资者都适用。

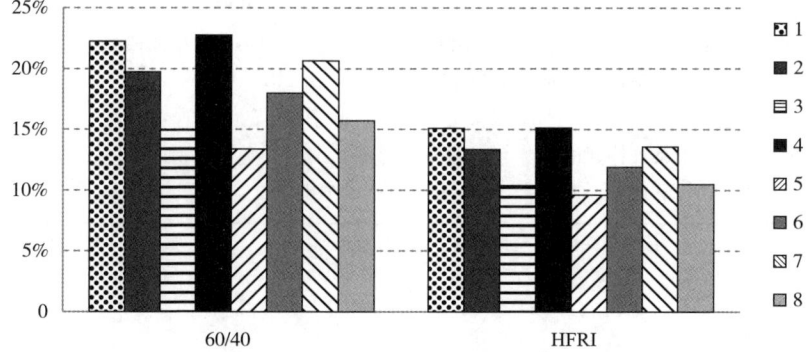

图 16.13　60/40 股票/债券投资组合和 HFRI FoF 配置 20%趋势跟踪策略或者多策略（系统 1~8）后，夏普比率的提高。

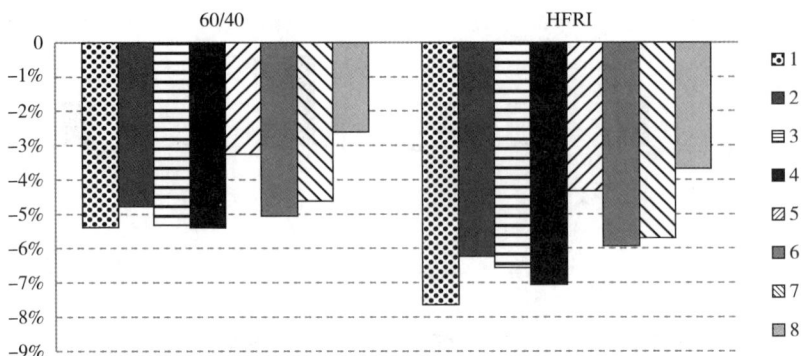

图 16.14 60/40 股票/债券投资组合和 HFRI FoF 配置 20% 趋势跟踪策略或者多策略（系统 1~8）后，最大回撤的减小。

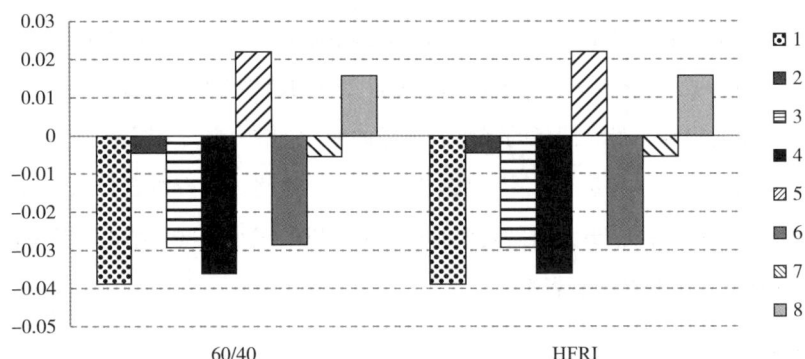

图 16.15 60/40 股票/债券投资组合和 HFRI FoF 配置 20% 趋势跟踪策略或者多策略（系统 1~8）后，贝塔值（相对于 MSCI 世界指数）的变化。

表 16.1 依据三个维度构建的八个趋势跟踪策略系统，三个维度分别为股票多头偏差、资金配置和持仓周期。此处，"非长期持仓"表示中期持仓。

	股票多头偏差	市值加权	长期持仓
1	无	否	非
2	有	否	非
3	无	是	非
4	无	否	是

第 16 章 分散化投资
Chapter 16　Diversifying the Diversifier

续表

	股票多头偏差	市值加权	长期持仓
5	有	是	非
6	无	是	是
7	有	否	是
8	有	是	是

为投资组合带来好处的稳健性

前几节的实证结果来自由股指期货、固定收益债券期货、利率期货、外汇期货和商品期货组成的多样化的全球市场。过去的 20 年是利率长期下行的时期。这一长期趋势在趋势跟踪策略的收益表现中发挥了主要作用（所有趋势都应该如此）。尽管如此，从投资组合中剔除掉固定收益债券可能会有助于表明多少结果可能取决于固定收益债券，甚至取决于最近的极低利率环境。为了衡量投资组合收益的稳健性，本节提供了两种不同的观点：在整个研究期间，从投资组合中剔除固定收益债券；进一步研究近 10 年来利率降至极低水平的情况。为了简单起见，我们重点讨论夏普比率值提高的情况。

不配置固定收益债券　趋势跟踪策略明显得益于捕捉过去几十年来利率下行环境所带来的强劲趋势。目前的利率接近历史上的低位水平，投资者自然会担心利率上行环境对趋势跟踪策略造成潜在的影响。在第 1 章对几百年历史数据的分析以及第 6 章和第 10 章关于利率环境的讨论中，利率上行环境并不一定会给趋势跟踪策略的收益表现带来不利影响。尽管如此，过去 20 年来固定收益债券期货仍存在着大量的趋势机会。为了在没有这种较大趋势的情况下，把投资组合收益的影响分离出来，有必要研究不配置固定收益债券时趋势跟踪策略的投资组合收益。在趋势跟踪策略的投资组合包含或者不包含固定收益债券市场两种情况下，60/40 股票/债券投资组合和 HFRI FoF 指数夏普比率的提高程度（上图）和最大回撤的减小程度（下图）对比，如图 16.16 所示。虽然不包含固定收益债券市场时，夏普比率提高的幅度确实有所降低，且对 FoF 投资者的影响相对较大，但夏普比率值仍然是正的。此外，对于两种投资者类型而言，最大回撤幅度的减小在很大程度上似乎与趋势跟踪策略中是否包含固定收益债券市场无关。

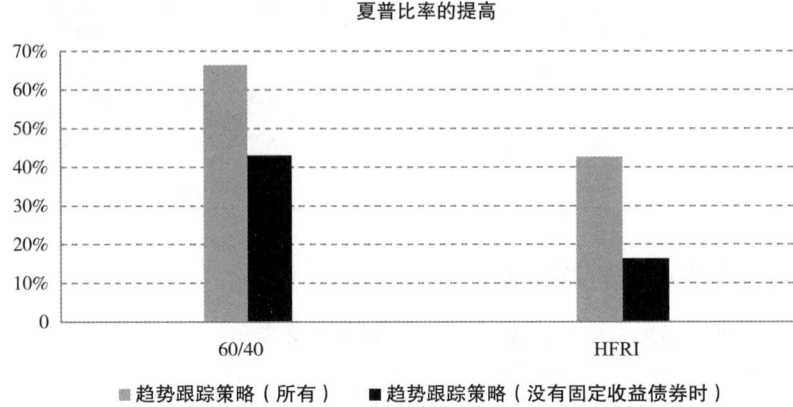

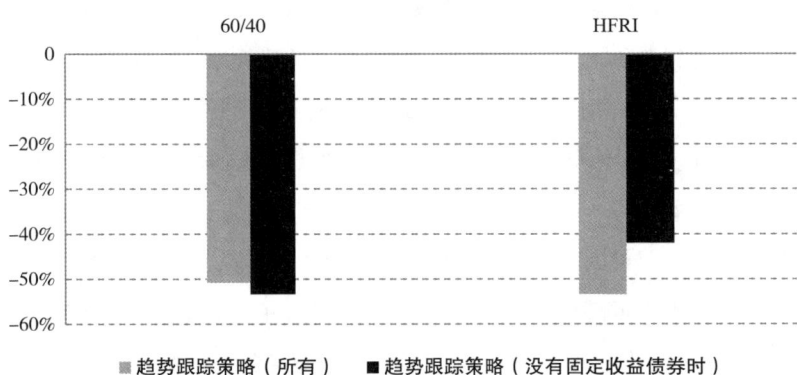

图 16.16　60/40 股票/债券投资组合和 HFRI FoF 配置 20% 趋势跟踪策略（有固定收益债券和没有固定收益债券），夏普比率的提高和最大回撤的减小情况。

为了进一步检验配置固定收益债券对投资组合收益的影响，我们考察不同类型的趋势跟踪策略系统。图 16.17 展示了当趋势跟踪策略投资组合包含或不包含固定收益债券市场时，60/40 股票/债券投资组合和 HFRI FoF 指数的夏普比率值提高程度的比较。对于趋势跟踪策略系统 4 和系统 7 而言，不配置固定收益债券市场似乎并未显著降低夏普比率值的提高程度。然而，对于基于市场规模配置的趋势跟踪策略系统而言，如趋势跟踪策略系统 3 和系统 5，不配置固定收益债券市场带来的负面影响更为显著。如第

第 16 章 分散化投资
Chapter 16 Diversifying the Diversifier

15 章所述，固定收益债券期货市场是市场规模最大，也是流动性最好的市场。

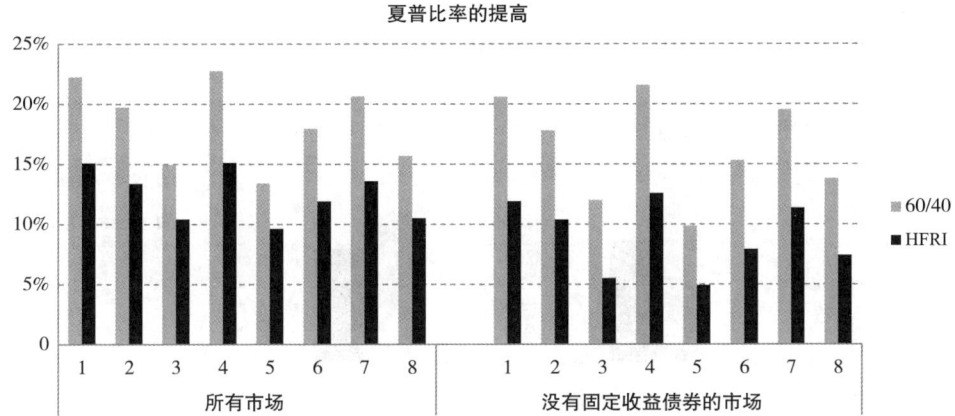

图 16.17 从趋势跟踪策略投资组合中去掉固定收益债券后，分别对 60/40 股票/债券投资组合和 HFRI FoF 夏普比率提高程度的影响。其中，在有固定收益债券和没有固定收益债券的情况下，60/40 股票/债券投资组合和 HFRI FoF 都配置 20% 趋势跟踪策略。

时间周期　为了评估为投资组合带来的好处随时间推移的稳健性，我们将 20 年的样本期分为两个独立的 10 年期。图 16.18 比较了 60/40 股票/债券投资组合和 HFRI FoF 指数分别在两个 10 年期内的夏普比率提高程度（上图）和最大回撤幅度减小程度（下图）。有趣的是，60/40 股票/债券投资组合的夏普比率提高程度在 2003—2013 年明显更低，但 HFRI FoF 指数的夏普比例提高程度则相对稳健。在两段时期内，对最大回撤减小程度的影响显得稳定多了。

如图 16.19 所示，看起来为 60/40 股票/债券投资组合带来的投资组合好处在 2003—2013 年的 10 年期内明显更低，而为 HFRI FoF 指数带来的投资组合好处则相对稳定。总而言之，两种类型的机构投资组合中都可以观察到显著的投资组合好处。此外，在这 20 年里，纯粹趋势跟踪策略（系统 1 和系统 4）始终为机构投资者提供了更大的投资组合好处。

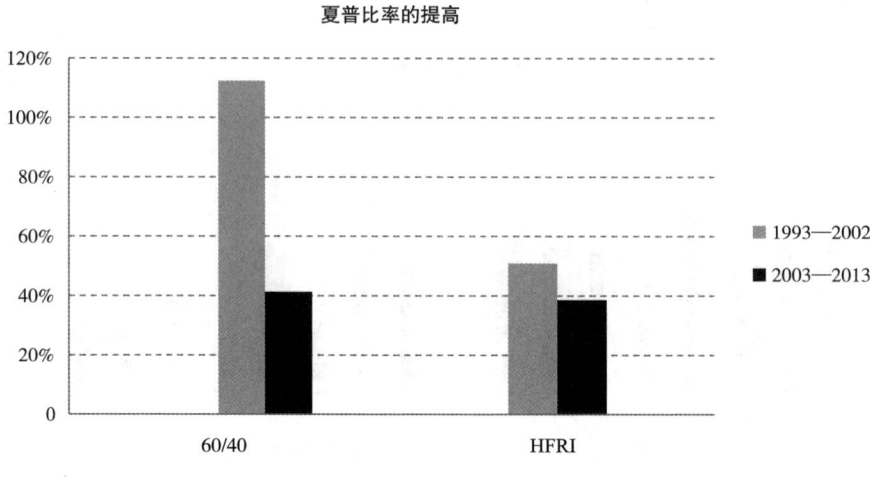

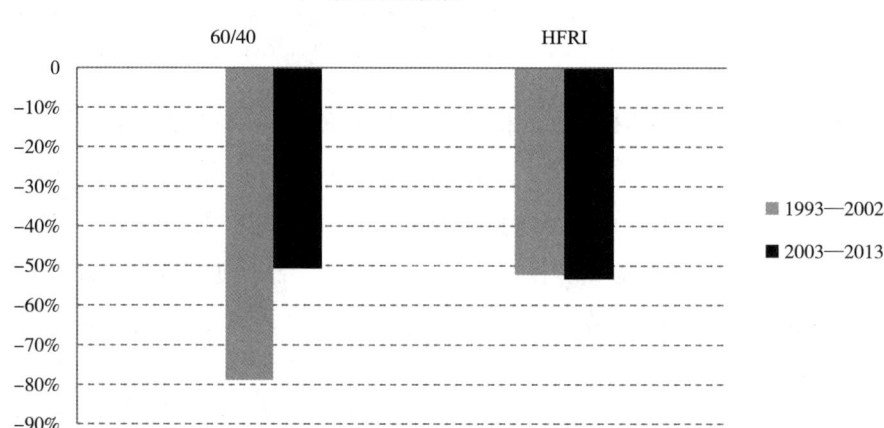

图 16.18 在不同的时期（1993—2002 年和 2003—2013 年）内，60/40 股票/债券投资组合和 HFRI FoF 配置 20% 趋势跟踪策略后，夏普比率的提高和最大回撤的减小情况的比较。

在本节中，我们观察到，尽管单独考虑时夏普比率有所提高，但在多策略 CTA 中，配置非趋势跟踪策略可能会减少机构投资组合的投资组合好处。为了证明这一结论的稳健性，我们比较了不同的趋势跟踪策略为投资组合带来的好处的差异。实证结果表明，

第 16 章 分散化投资
Chapter 16　Diversifying the Diversifier

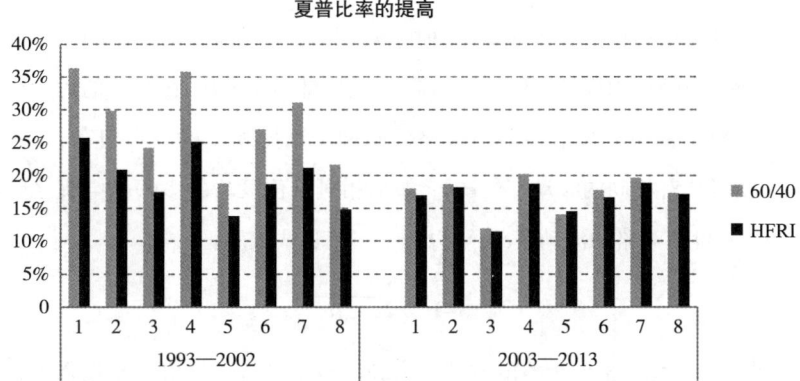

图 16.19　在不同的时期（1993—2002 年和 2003—2013 年）内，60/40 股票/债券投资组合和 HFRI FoF 配置 20%趋势跟踪策略后，夏普比率提高程度的比较。

以系统对称性和等金额风险配置为特征的纯粹趋势跟踪策略，对传统的 60/40 股票/债券投资者和 FoF 投资者都实现了最大的投资组合好处。该分析为管理期货领域的纯粹趋势跟踪策略转向多策略方法提供了重要的视角。从投资者的角度来看，他们必须先确定投资目标是什么。如果他们正在寻找具有更高夏普比率的一站式投资组合，那么多策略方法可能是有意义的。另一方面，如果投资者已经持有分散化的非趋势跟踪策略投资组合，他们可能为了分散化而投资趋势跟踪策略。在这种情况下，从纯粹趋势跟踪策略转向多策略可能更符合 CTA 基金经理的最佳利益，而不是寻求分散化的机构投资者的最佳利益。

■ 对低波动率策略放大杠杆的隐藏风险

虽然有很多方法可以在趋势跟踪策略之间实现分散化，但通常的方法是增加纯粹的市场趋同风险承担策略，比如相对价值策略。① 这些策略通常具有较高的夏普比率

---

① 相对价值策略是市场趋同风险承担策略，因为这种策略持有的观点是有一定的相对关系存在。随着时间的推移，它们往往表现出低的价格风险，但有着较高的隐藏风险，比如杠杆风险。有关隐藏和非隐藏风险的内容，在第 9 章讲述另类投资策略中的风险时讨论过了。

值,尤其是在较短的时间周期内。为了获得足够高的收益率,投资者通常也需要大量使用杠杆。杠杆的使用放大了市场趋同风险承担策略中尾部风险的影响。本节讨论低波动率相对价值策略使用杠杆后的隐藏风险(或尾部风险)。[①] 在此处的讨论中,使用一般的多空相对价值策略。这种多空策略涉及两个高度相关的投资组合,一个多头,一个空头,两者具有相同的波动率 (σ)。如果相对价值策略的多头和空头之间的相关性是 ρ,则相对价值策略的波动率 σ_{RV} 可以用以下表达式表示:

$$\sigma_{RV} = \sigma \sqrt{2(1-\rho)}$$

当 $\rho > 0.5$ 时,相对价值策略的波动率 σ_{RV} 低于 σ。由于多头和空头投资组合之间通常存在着很强的相关性,标准投资组合理论表明,随着相关性的增加,多空相对价值策略的波动率会变得非常低。例如,如果相关性为 0.9 且波动率为 20%,则相对价值策略的净波动率为 8.94%(远低于 20%)。在由多种风险大小的策略组成的投资组合中,通常需要显著的杠杆,使此类低波动率策略维持相同的风险水平。即使运用简单的风险预算方法,也可能需要使用大量杠杆。

首先,假想一个由多空相对价值策略和另外两个管理期货策略组成的投资组合。在一个简单的例子中,相对价值策略的多头和空头都有波动率为 σ 的风险,并且两个管理期货策略也都有波动率为 σ 的风险。为了在三个投资组合之间实现等金额风险配置(EDR),需要将杠杆因子 n($n>1$)应用于相对价值策略。在这种特定情况下,所需的杠杆因子可以用下式来表达:

$$n = \frac{1}{\sqrt{2(1-\rho)}}$$

当相关系数为 0.9 时,所需的杠杆因子为 2.24。当相关系数为 0.98 时,所需的杠杆因子为 5。[②] 在三种策略的情况下,相对价值策略的风险敞口为 1/3 或 33%。除了净

---

① 在此示例中,我们以相对价值策略为例。第 9 章讨论在交易策略中使用动态杠杆时,也进行了类似的分析。
② 令相对价值策略的风险等于其他策略的风险,来设置所需的杠杆率。在这种情况下,求解 n 可得出上面的公式。

第 16 章 分散化投资
Chapter 16　Diversifying the Diversifier

风险敞口外,还可以考虑总风险敞口。相对价值策略的总杠杆风险水平为 $2n\sigma$。如果其他两种策略都具有相同的风险 σ,则相对价值策略的净风险敞口(net exposure$_{RV}$)和总风险敞口(gross exposure$_{RV}$)可以分别通过以下公式来表示:

$$\text{net exposure}_{RV} = \frac{n\sigma\sqrt{2(1-\rho)}}{n\sigma\sqrt{2(1-\rho)}+\sigma+\sigma} = \frac{1}{3}$$

$$\text{gross exposure}_{RV} = \frac{2n\sigma}{2n\sigma+\sigma+\sigma} = \frac{n}{n+1}$$

例如,当相关系数为 0.9 时,n 为 2.24。相对价值策略的净风险敞口为 33%,但总风险敞口为 69%。此示例说明,使用等风险方法时,低波动率相对价值策略的总风险敞口可能远远高于净风险敞口。较高的总风险敞口可能导致潜在的灾难性左尾风险事件发生概率增加。

当多头和空头投资组合同时发生相反的不同于预期的不利方向变动时,随之而来的负的策略收益率将会因杠杆因子而成倍地放大。重要的是,要检查多空投资组合向不利方向变动的可能性。假设多头和空头投资组合收益率呈多元正态分布,多头和空头投资组合的杠杆水平和相关性处于不同水平,相对价值策略收益率等于或低于 -2σ 的概率,与正态分布的收益率等于或低于 -2σ 的概率(2.3%)的比值,如图 16.20 所示。相对价值策略和正态分布的收益率等于或低于 -2σ 的概率之比,称为**尾部风险乘数**(tail risk multiplier)。例如,当相对价值策略多头和空头投资组合的相关性为 0.75,杠杆因子为 4 时,得到的尾部风险乘数为 10,表示相对价值策略收益率等于或低于 -2σ 的概率是正态分布的 10 倍。

当多头和空头投资组合之间的相关性发生显著变化时,可能会出现更复杂的情况。当相关性降低时,相对价值策略的波动率 σ_{RV} 将相应增加。图 16.21 展示了当初始相关系数每减少 0.1,杠杆水平从 $1x$ 变为 $5x$ 时,策略波动率的增加。① 当初始相关系数较高时,由于相关性下降引起的波动率的边际增长较大。此外,当杠杆率更高时,波动

---

① 在图 16.21 中,多头和空头投资组合的波动率设置为 15%。

率的边际增长也更大。

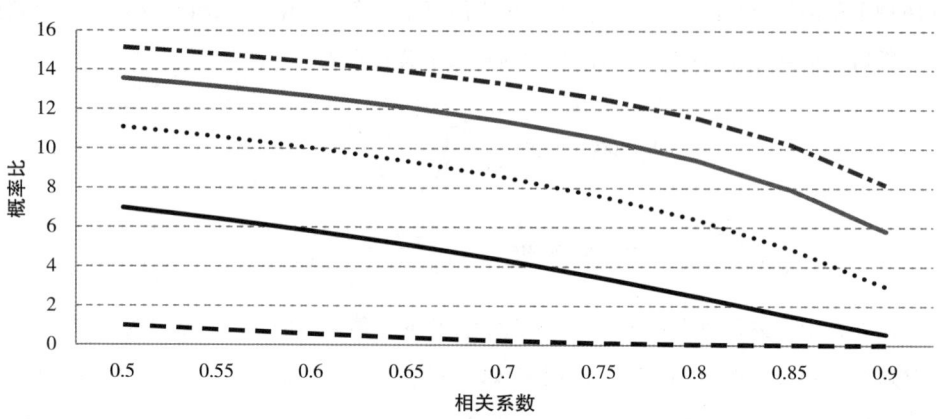

图 16.20　在多头和空头投资组合之间不同的杠杆水平和相关系数下，相对价值策略收益率等于或低于 -2σ 的概率与正态分布收益率等于或低于 -2σ 的概率（2.3%）的比值。

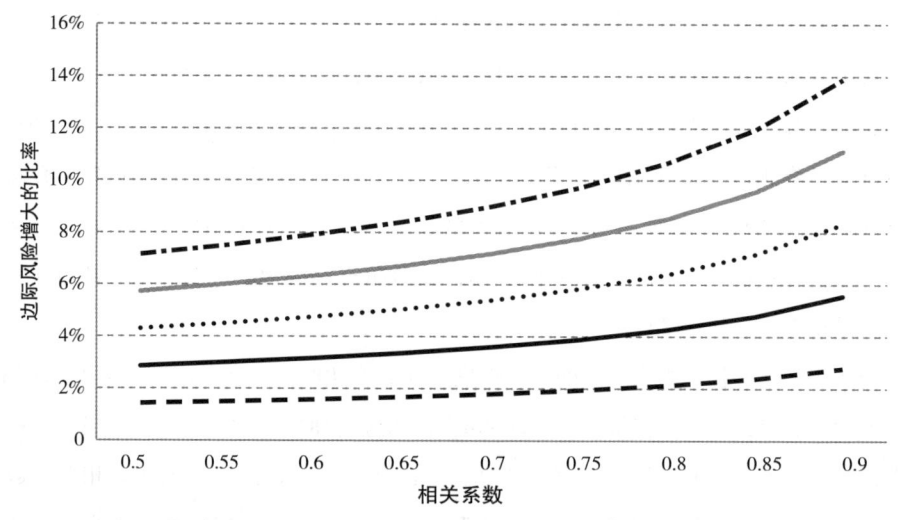

图 16.21　在不同的杠杆水平下，当相关系数每减小 0.1，边际风险增大的比率与初始相关系数的函数关系。

第 16 章 分散化投资
Chapter 16 Diversifying the Diversifier

相关性的变化对总投资组合的风险有几个影响。首先，投资组合之间初始的等风险配置不再相等了。因此，相对价值策略的风险配置可能远远高于初始的风险预算。其次，如图 16.20 所示，当多头和空头投资组合之间的相关性降低时，"出错"、左尾风险事件或大的不利变动发生的概率就会更高。

高的总风险敞口可能导致潜在的灾难性后果。在最坏的情况下，比如，当多头和空头投资组合都在不同于预期的相反方向上变动 0.5 倍的标准差时，由于杠杆作用，多头和空头投资组合的这些变动将在总投资组合水平上放大。当多头和空头投资组合在不同于预期的相反方向上有 m 个标准差的变动时，相应地，总投资组合水平的变动可用以下公式表示：

$$\Delta p_{\text{total}} = \frac{2mn}{k}$$

式中，Δp_{total} 为总投资组合的变化；n 为杠杆因子；k 为相对于单个投资组合的金额风险而言，总投资组合的金额风险乘数。根据策略之间的相关性，0.5 个标准差的移动可能导致总投资组合发生约 n 个标准差的移动。

当多头投资组合经历大量的反向移动，而空头投资组合经历大量的正向移动时，杠杆因子将放大该影响。重要的是，要考虑相对价值策略向不利方向变动的概率。利用多头和空头投资组合收益率的多元正态分布假设，可以计算出多头投资组合有负 0.5 倍标准差移动和空头投资组合有正 0.5 倍标准差移动的联合概率 $[P(\text{RetL}<-0.5\sigma, \text{RetS}>0.5\sigma)]$，与多头投资组合和空头投资组合之间相关系数的函数关系。

图 16.22 表明，即使在相对价值策略中，多头和空头投资组合之间的相关性很高，多头和空头投资组合向不利方向变动的概率也是不容忽视的。当杠杆因子为 3、多头和空头投资组合之间的相关系数为 0.7 时，相对价值策略有 1.5% 的概率发生负 3 倍标准差的变动。要知道，对于正态分布，负 3 倍标准差的变动概率只有 0.1%。

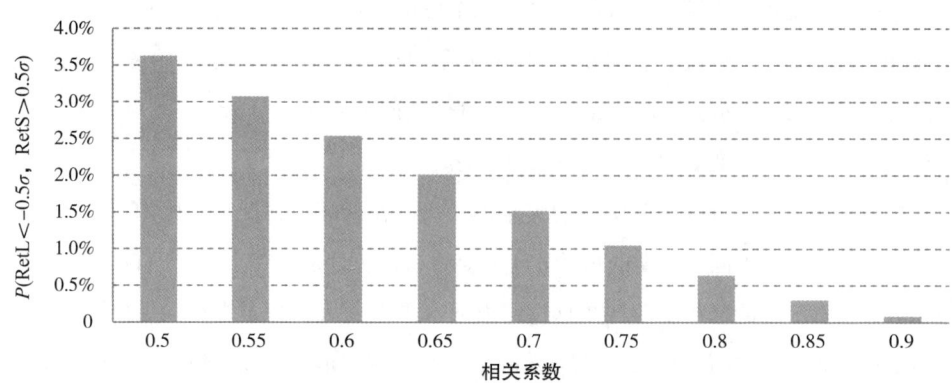

图 16.22 在多头和空头投资组合之间，多头投资组合的相对价值策略移动 -0.5σ 或空头投资组合的相对价值策略移动 0.5σ 的联合概率。

变量相关性的影响

实际上，相关性并不是固定不变的。当多头和空头投资组合之间的相关性降低时，相对价值策略的风险增加了。在不同的杠杆水平下，相关性减小 0.1 时，作为初始相关系数的函数，相对价值策略的风险有所增加，如图 16.23 所示。① 当相关性较高时，由于相关性变化带来的风险边际增加值更高。当杠杆率更高时，风险的边际增加值也更高。

相关性的变化对风险有几个影响。首先，随着相关性的变化，三个投资组合之间初始的等风险贡献配置变得不相等了。相对价值策略的风险配置可能远远高于初始时的风险配置。其次，如图 16.22 所示，随着多头和空头投资组合之间的相关性降低，出错的概率变得更高了。

我们也可以估计相对价值策略在总投资组合中发生 2 倍标准差的不利变动的概率。② 由于相对价值策略内部的多头和空头组合之间的相关性降低，总投资组合具有负

---

① 在图 16.23 中，相对价值投资组合的多头和空头的初始风险 σ 设置为 15%。
② 在这种情况下，投资组合风险乘数 k 为 1。

第 16 章 分散化投资
Chapter 16　Diversifying the Diversifier

2 倍标准差变动的概率增加了，如图 16.24 所示。① 相关性从 0.9 变为 0.7，使相对价值策略发生 2 倍标准差甚至更多不利变动的概率增大了 10%。

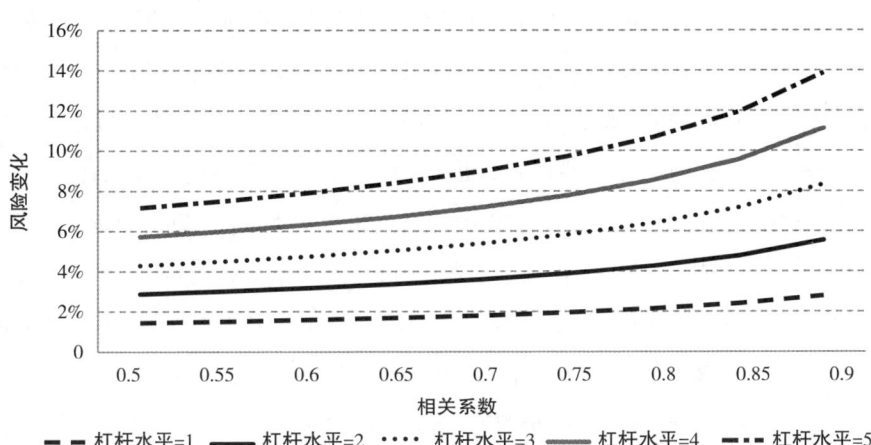

图 16.23　在不同的杠杆水平下，当相关系数减小时，风险变化的比率。

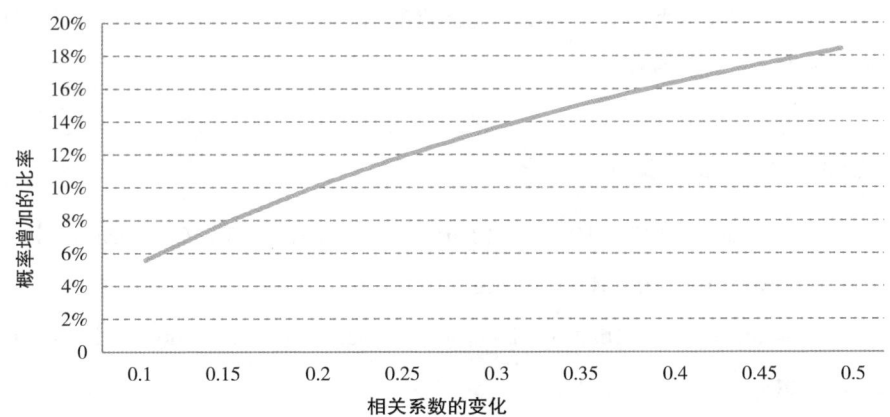

图 16.24　在相对价值策略中，随着多头和空头投资组合之间相关系数的减小，整个投资组合出现 2 倍标准差或更多不利变动的概率增加的比率。

---

① 当相对价值策略的多头和空头投资组合之间的相关性发生变化时，总投资组合的标准差应该也发生了变化。假设总投资组合的标准差长期保持不变。此例中，假定多头和空头投资组合之间的原始相关系数为 0.9。

■ 本章总结

大多数投资者将分散化投资好处列为投资趋势跟踪策略的主要原因之一。尽管纯粹趋势跟踪策略方法很有吸引力，但从纯粹趋势跟踪策略转向多策略的趋势仍在增加。本章既讨论了这种转变的趋势，也讨论了多策略方法对趋势跟踪策略分散化益处的影响。虽然多策略 CTA 在单独考虑时有着更高的夏普比率，但转向多策略的代价是，相比传统投资组合不太理想的相关性、更少的最大回撤减小程度、更小的危机阿尔法，以及更小的正偏度值。对于 60/40 股票债券和 FoF 投资者而言，向多策略的转变降低了趋势跟踪策略通过一系列趋势跟踪策略方法而产生的分散化好处。该分析的结果在较短的时期内和不包含固定收益债券期货的市场中均有一定的稳健性。由于大量的多策略 CTA 可能会考虑将市场趋同的相对价值策略或低波动率策略作为一般类别加入投资组合，因此本章的最后一节讨论了对低波动率策略放大杠杆所带来的隐藏风险。我们用等风险贡献配置中杠杆的必要性，来说明相对价值策略中的不利变动在总投资组合层面是如何因杠杆而放大的。从总投资组合的角度，这一讨论更详细地说明了用杠杆放大低波动率策略时的隐藏风险。

■ 延伸阅读与参考文献

Greyserman, A. "The Benefits of Pure Trend-Following: The Case against Diversifying the Diversifier." ISAM white paper, 2012.

Greyserman, A. "Hidden Risks of Leveraged Low Volatility." ISAM white paper, 2013.

第 17 章

对趋势跟踪策略的动态配置

随着时间的变化，趋势跟踪策略在资产类别上有着动态的风险敞口。理所当然会引出下一个问题：对趋势跟踪策略的市场择时是否可行。也就是说，投资者动态配置动态交易策略，比如趋势跟踪策略，是否有远见？在发生重大回撤期间，投资者是应该赎回、减少还是增加配置呢？在投资者主动尝试投资趋势跟踪策略的情况下，他们的总体表现将高度依赖于何时入市投资和何时退出。本章介绍了几种动态配置趋势跟踪策略的简单方法：寻找动量、均值回归和买入并持有。这些方法的盈利能力取决于影响趋势跟踪策略收益表现的对应分布。为了从实证角度来衡量获得收益能力的大小，趋势跟踪策略收益率的序列自相关性显示为负。随着时间的推移，负的序列自相关性意味着均值回归或买入并持有方法是配置趋势跟踪策略的谨慎方法，这也意味着寻找动量方法将降低其收益表现。

■ 动态配置的框架体系

在大多数情况下，对一个特定策略的配置方法可以分为两种：被动或主动。动态配置包括有关入场投资和退出投资的主动决策。动态投资有几种方法：被动（买入并持有）和主动（寻找动量和均值回归）。**买入并持有策略**可以看作是简单地投资，并随着时间的推移依然持有头寸。采取买入并持有策略，需要投资者简单地投资并忘记这笔投资。对于持续监控着基金收益表现的投资者而言，他们可能难以坚持这种方法，特别是在策略有着较大回撤期间。

管理期货的趋势跟踪策略：寻找危机阿尔法
Trend Following with Managed Futures: The Search for Crisis Alpha

寻找动量的投资策略在策略开始表现良好时投资，并在开始亏损时退出投资。和趋势跟踪策略类似，寻找动量的方法试图从动量、趋势或收益表现的持续性上获利。业绩追逐策略是寻找动量策略的一个例子。与大多数对冲基金策略一样，管理期货策略的资金流动也在追逐业绩。最高的资金流量发生在业绩良好的时期之后。2008年是趋势跟踪策略流入资金量创纪录的一年，2009年是高频交易策略流入资金量显著的一年；这表明资金有追逐历史投资高收益的倾向。在特定情形下，投资者寻求在趋势跟踪策略上运用趋势跟踪策略规则，这种方法可称为**趋势跟踪策略平方法**（trend following squared，TF^2）。

均值回归投资策略试图在策略表现不佳时投资，并在表现优异时获利。当收益表现均值回归时，均值回归策略很有效。例如，当策略在最大回撤期间，投资者采用**逢低买入**的投资方法。这类投资策略隐含着这样的假设：目前暂时性的收益表现不佳将恢复，其收益表现最终会恢复至长期均值水平。另一个例子是专注于优异业绩表现的获利回吐策略。在优异表现持续一段时间后，这种投资策略通过减少或者退出投资的方法锁定盈利。

尽管有许多动态配置的方法，但谨慎的方法取决于策略本身相对应的收益表现。如果趋势跟踪策略收益是均值回归的，则可以应用均值回归的方法；如果收益表现出动量或持续性，则可以应用寻找动量的方法。如果趋势跟踪策略收益呈现出随机游走，或者如果动量或均值回归的统计证据不那么令人信服，那么坚持买入并持有策略可能是明智的。要确定这一点，就要分析趋势跟踪策略收益的基本统计特征。收益率时间序列自相关性可以衡量用历史收益预测未来收益的效果。当序列自相关性为正（负）时，表示收益是有动量（均值回归）效应的。在随机游走的情况下，序列自相关性为零。价格过程、序列自相关性和相应的适当动态投资策略的示意如图17.1所示。

除了收益率时间序列均值回归或动量的持续性水平之外，波动率的基础水平也可以决定风险是否超过主动投资配置所带来的任何优势。根据相关风险调整绝对收益，可以用夏普比率来比较动态策略。例如，一个偶尔不足额投资（资金配置低于100%）

第 17 章 对趋势跟踪策略的动态配置
Chapter 17 Dynamic Allocation to Trend Following

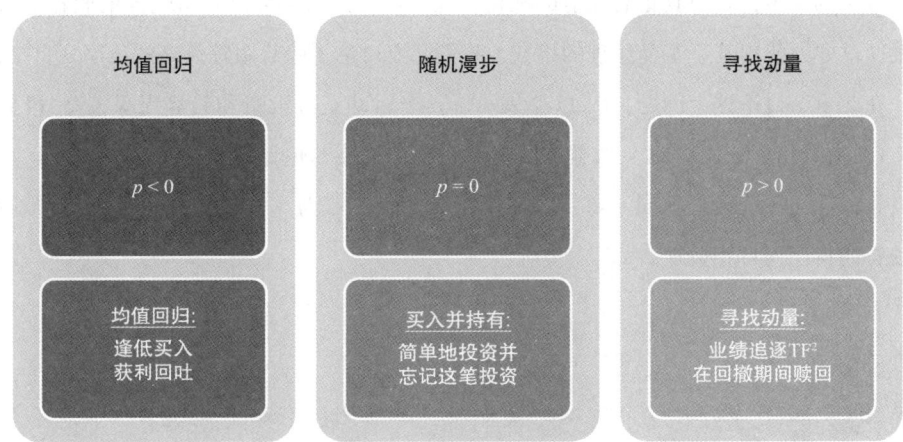

图 17.1 价格过程、序列自相关性（p）和相应的适当动态投资方法的示意。

的主动投资策略，可能收益和风险都较小。在这种情况下，风险和收益的比率可以衡量其收益表现。与所有动态策略一样，序列自相关性和夏普比率的特征是随时间变化的，二者并不相互独立。夏普比率受收益率时间序列自相关性水平的影响，正（负）序列自相关性会增加（减少）夏普比率值。

■ 趋势跟踪策略收益率时间序列的均值回归

收益率时间序列中均值回归的存在表明，寻找动量的方法可能会是无效的。如果趋势跟踪策略收益是均值回归的，正如许多实证研究所表明的，逢低买入甚至买入并持有策略也许更为明智。这也取决于序列自相关性的持续性水平。重要的是要指出，基于基金经理的收益率时间序列受到了幸存者偏差的困扰。因为存在幸存者偏差，所以对使用基金经理收益指数来估计均值回归的任何相关实证都可能会产生合理的怀疑。很容易这样解释：任何在大幅回撤中幸存的跟踪记录，看起来都是均值回归的，而无法在长期回撤中存活的策略会从样本中消失。Cukurova 和 Martin（2011）的一项研究讨论了与回撤相关的达尔文选择现象。他们提供的证据表明，经历过相对大的回撤并且存活下来的基金，是由真正有才能的基金经理管理的，未来可以获得优异的收益表现。在第9章中，使用基于基金经理的指数，我们简要讨论了趋势跟踪策略的负序列自相关性。在此重新讨论这个问题，图 17.2 展示了几个对冲基金策略和趋势跟踪策略（巴克莱 CTA 指数和系统化 CTA）收益率时间序列自相关性的估计值。标有 * 的策略具有序列自相关性，在统计上不同于零。仅使用指数的月度收益率，该图展示了趋势跟踪策略独特的负序列自相关性。

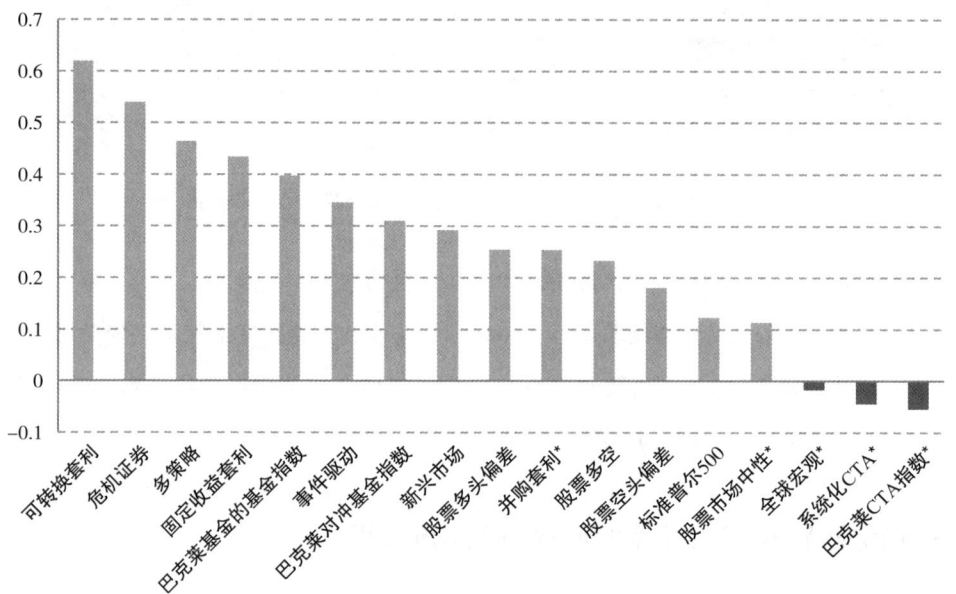

图 17.2　几个对冲基金策略和趋势跟踪策略（巴克莱 CTA 指数和系统化 CTA）收益率时间序列自相关性的估计值。标有 * 的策略具有序列自相关性，这在统计上不同于零。
数据来源：巴克莱对冲。

Newedge 白皮书（2012）还发现，基金经理收益率时间序列自相关性滞后时间长达 5 个月。对一个时间序列，滞后阶数为 n 的自相关函数（ACF）可用于衡量相距 n 个时间间隔的序列值之间的相关性效应。ACF-1 表示相距 1 个月时间间隔的序列值之间的相关系数。ACF-5 表示相距 5 个月时间间隔的序列值之间的相关系数。假设一个简单的 n 阶自回归模型 $AR(n)$，可以估计自相关系数。为了证明这一点，对于一组五个大型

第 17 章 对趋势跟踪策略的动态配置
Chapter 17　Dynamic Allocation to Trend Following

趋势跟踪策略的基金经理（迷你子指数）和每个基金经理（基金经理 1~5），图 17.3 绘制了滞后 1~5 阶（ACF-1~ACF-5）的前五个相关系数估计值的总和。这个例子说明，大多数趋势跟踪策略投资者似乎都表现出负的序列自相关性。滞后长达 5 个月时，收益率时间序列的序列自相关性依然为负。

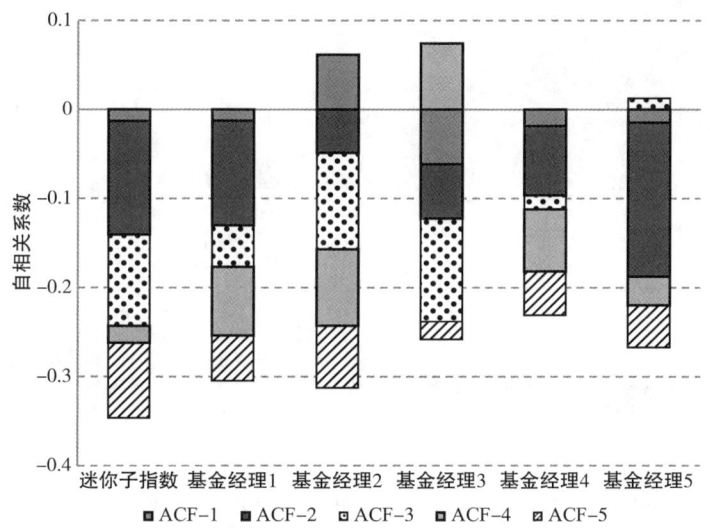

图 17.3　迷你趋势指数（迷你子指数）和构成指数的五个基金经理（基金经理 1~5）滞后 1~5 阶的前五个相关系数估计值（ACF-1~ACF-5）。

数据来源：巴克莱对冲和 Newedge 投资解决方案。

在同一项自相关性的研究中，Newedge 白皮书检验了多达 793 个 CTA。这个 CTA 大集合既包括趋势跟踪策略投资者，也包括非趋势跟踪策略投资者。对于样本中的每个 CTA，加总前五个自相关系数的估计值。同时也估计了每个 CTA 与迷你趋势指数（包含五个成熟的趋势跟踪策略基金经理）的相关性。图 17.4 首先对前五个自相关滞后阶数（度量负的时间序列自相关性）进行了排名，并将这一排名与趋势跟踪策略（通过迷你趋势指数）的相关性进行了比较。粗略地说，左侧前 100 个 CTA 的序列自相关性排名靠前，并且与迷你趋势指数的相关性较高，意味着这些基金经理是这些 CTA 样本中最有可能采取趋势跟踪策略的。将趋势跟踪策略基金经理作为一个类别来看，负的时间序列自相关性似乎是他们的普遍特征。

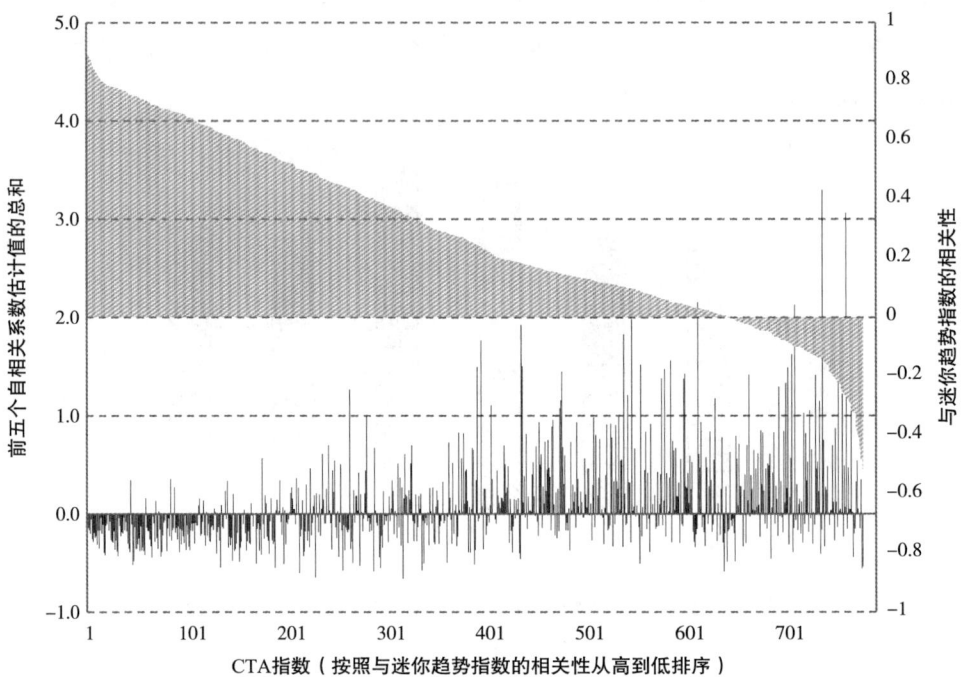

图 17.4　上方：序列自相关性（793 个 CTA 前五个的自相关系数估计值的总和）。下方：与迷你趋势指数（由五个成熟的趋势跟踪策略 CTA 基金构成）的相关性。

前面关于时间序列自相关性的讨论是基于真实的跟踪记录。通过时间序列自相关性的理论观点，也可以得出一些证明或讨论。Fung 和 Hsieh（2001）证明，可以通过回望跨式期权的投资组合来复制趋势跟踪策略。假设用回望跨式期权策略代表趋势跟踪策略随时间推移的收益表现，则可以使用方差比率检验来研究该策略的均值回归。由回望跨式期权策略的闭合表达式可以得到方差比率统计值的闭合表达式。**方差比率统计值**（variance ratio statistic）是 n 个时间单位（$n>1$）总变化的方差与单位时间变化方差的 n 倍之间的比值。方差比率统计值为 1，表示时间序列是随机游走的。当方差比率统计值低于 1 时，表示时间序列是均值回归的。在某些条件下（Greyserman，2012），

第 17 章 对趋势跟踪策略的动态配置
Chapter 17 Dynamic Allocation to Trend Following

回望跨式期权策略的方差比率统计值可以低于 1，表示趋势跟踪策略的收益率时间序列可能表现出均值回归。考虑到方差比率统计值和回望跨式期权的高度专业性，具体细节将在本章附录中讨论。

寻找动量方法的收益表现

如果趋势跟踪策略的收益率时间序列是均值回归的，采取寻找动量方法对趋势跟踪策略进行动态配置的策略，应该会收益表现不佳。为了考察极端情况，我们应用趋势跟踪的规则来动态配置趋势跟踪策略（趋势跟踪策略平方法）。为了演示采用趋势跟踪策略平方法的趋势跟踪策略投资者的收益表现，我们将趋势跟踪策略收益率时间序列反馈到一个具有卖空限制的趋势跟踪策略系统。与期货头寸不同，它只能投资于趋势跟踪策略投资者。对基金来说，卖空是不可能的。为了考察使用趋势跟踪策略平方法动态配置趋势跟踪策略的可能性，我们研究了一个夏普比率为 0.94 的通用趋势跟踪策略系统。① 重要的是要记住，0.94 的夏普比率值来自整个样本期间，对趋势跟踪策略进行买入并持有的收益表现。趋势跟踪策略平方法致力于在趋势跟踪策略的收益表现

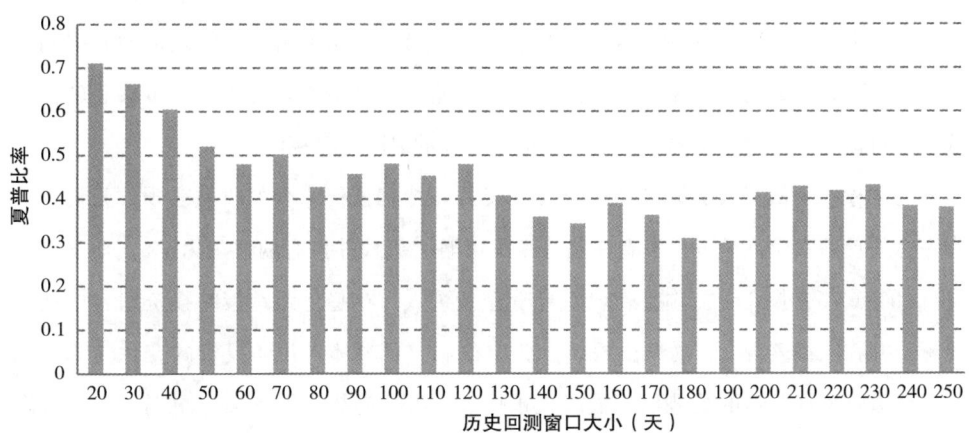

图 17.5 将趋势跟踪策略平方法配置策略应用于代表性趋势跟踪策略系统时的夏普比率值。

---

① 我们研究了 1993—2012 年的趋势跟踪策略。

中发现趋势，并基于这些趋势进行配置。图 17.5 展示了趋势跟踪策略平方法的夏普比率值与历史回测窗口大小的关系。图 17.3 表明，无论选择的参数（历史回测窗口的大小）如何，趋势跟踪策略平方法的收益表现都不会优于夏普比率为 0.94 的买入并持有趋势跟踪策略投资组合。类似于趋势跟踪策略平方法这种寻找动量方法的收益表现表明，不恰当的动态配置方法反而会降低投资组合的收益表现。

动态配置策略的收益表现

实证证据表明，趋势跟踪策略收益率时间序列表现出负的序列自相关性。如果是这种情况，那么均值回归策略的收益表现可能与买入并持有策略不相上下，甚至更好，尤其会优于寻找动量策略的收益表现。举一个简单的例子，逢低买入（或在回撤期间买入）的方法可能有一些优点，在策略发生回撤期间，逢低买入的方法会增加配置。另一方面，如果收益率时间序列有大量的噪声，则可能难以确定何时或是否发生了真正的回撤。在这种情况下，买入并持有的投资方法可能仍然比逢低买入更为谨慎。

逢低买入的策略有点类似于鞅投注。正如第 9 章所讨论的那样，动态杠杆会在提高夏普比率的同时，使投资者暴露在更大的尾部风险中。较高的杠杆率以及持续的回撤进一步放大了这类尾部事件的风险。在本节中，趋势跟踪策略收益的均值回归提高了逢低买入投资者的夏普比率。对于逢低买入策略，限制最大杠杆率时，虽然总的预期收益率可能更低，但在某种程度上发生极端亏损的风险是可控的。

为了检验逢低买入的策略是否会改善买入并持有投资组合的收益表现，我们可以做一个简单的实验。假设投资者在趋势跟踪策略中买入并持有的权重为 $x\%$。对于剩余的 $(100-x)\%$，投资者在收益表现下行时逢低买入，在趋势跟踪策略投资组合中增加投资，并在收益表现上行时减少投资，获取盈利。更具体地说，投资的变化与基于趋势跟踪策略累计收益的趋势信号强度成正比。当下行趋势变得更强（更弱）时，投资者线性地增加（减少）投资组合中的配置。这意味着回撤越大，相应的配置也就越大。

对于 $0\sim100\%$ 之间的配置，图 17.6 展示了总投资组合收益率时间序列的夏普比率值，其中买入并持有方法配置 $x\%$，逢低买入法配置 $(100-x)\%$。为了演示这种方法是

第 17 章　对趋势跟踪策略的动态配置
Chapter 17　Dynamic Allocation to Trend Following

如何运作的，假设一个投资者希望投资 2 亿美元到趋势跟踪策略中，其中 50% 的配置采取买入并持有的被动投资方法。也就是说，投资者买入并持有了 1 亿美元的趋势跟踪策略。当趋势跟踪策略累计收益的趋势信号变为负数时，投资者开始从余下的 1 亿美元投资预算中，添加配置到投资组合中。当负的趋势信号达到最大强度时，1 亿美元将完全投资于该系统中，总投资额将达到 2 亿美元。当趋势信号变为正数时，总投资额将减少至初始的 1 亿美元。使用这种均值回归的动态配置方案，投资者将获得高于 1.0 的夏普比率值。尽管该策略配置的资金少于全部资金，但它的夏普比率值高于买入并持有策略的夏普比率值 0.94。随着配置给买入并持有方法的资金金额减少，整体投资组合的夏普比率值略微呈线性地提高。①

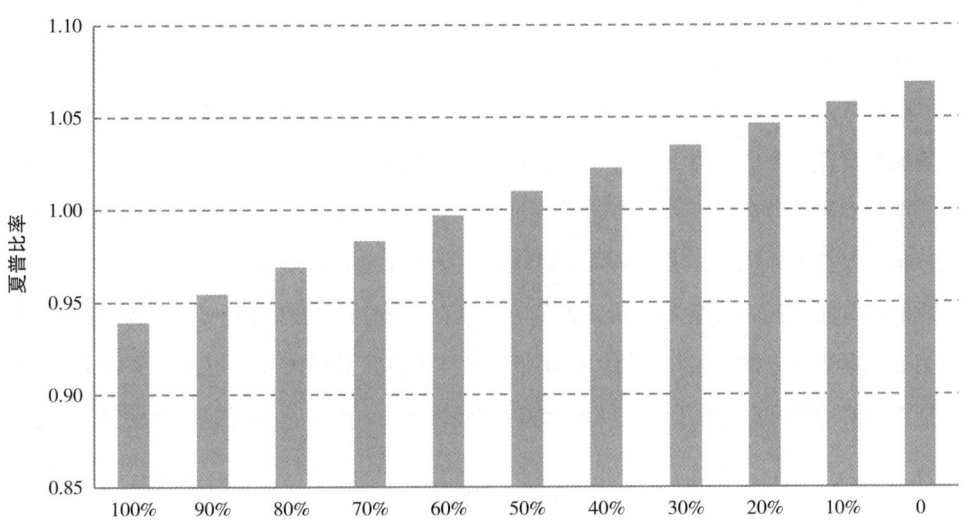

图 17.6　组合后的动态配置趋势跟踪策略投资组合的夏普比率，投资组合配置了 x% 的买入并持有策略（水平轴）和 (100−x)% 的逢低买入策略。x 值的范围为 0~100。

如果使用夏普比率值作为衡量收益表现的指标，投资者可以通过适当的择时配置

---

① 收益率基于总的最大配置来计算。我们假定未投资的资金为现金，收益率为 0。该分析没有考虑交易成本以及认购和赎回的成本。

和逢低买入策略来提高投资组合的收益表现。结合买入并持有 $x\%$ 的配置和逢低买入 $(100-x)\%$ 的配置，是动态杠杆的一种形式。更重要的是，在这种情况下，最大杠杆率仅限于买入并持有策略所采用的杠杆率。这意味着，投资组合的杠杆率通常低于并且永远不会高于买入并持有策略的恒定杠杆率。同样重要的是，要注意逢低买入策略并不总是完全投资，这意味着存在投资不足的机会成本。

逢低买入是一种动态的杠杆方法。在此处的研究中，逢低买入的杠杆率是有界的，因为我们限定它的最大杠杆率不超过买入并持有方法的杠杆率。这降低了发生极端亏损的概率。

在这个例子中，总杠杆率有上限，避免了加速动态杠杆方法（如鞅投注）发生巨大亏损的风险。为了说明这种影响，假设允许总配置超过100%，这个杠杆方法可能会显著提高夏普比率值，但在回撤期间，如果杠杆加速过快，则存在发生极端回撤的风险。考虑到需要为逢低买入策略的投资组合设定杠杆率的上限，投资者可能期望以降低总预期收益率为代价，来提高风险调整后收益率（也就是夏普比率）。当趋势跟踪策略收益率时间序列的自相关性显著为负时，逢低买入的方法可能会改善投资组合的收益表现。本节的分析表明，均值回归水平和整体风险回报权衡（通过夏普比率来度量）可能都会对均值回归方法何时适用于动态配置产生影响。我们将在下文中更详细地讨论这一点。

■ 研究动态配置策略

在本章的第一小节中，序列自相关性和夏普比率代表了收益率时间序列的两个统计特征，这些特征可能有助于界定何时更适合采取动态配置。序列自相关性为我们判断收益率时间序列何时表现出持续性或均值回归提供了一些指示。当夏普比率值较低时，动态配置可能更为理想，因为在某些时期可能会产生收益。当夏普比率值较高且

第 17 章 对趋势跟踪策略的动态配置
Chapter 17 Dynamic Allocation to Trend Following

序列自相关性较低时，买入并持有的被动投资策略是合适的。当收益均值回归且夏普比率较低时，逢低买入的投资方法可能更好。当收益表现出动量并且夏普比率值很低时，寻找动量的方法是有效的。从逻辑上讲，这些结论是直观的，但实际上，对序列自相关性和夏普比率的估计是点估计，并且通常有噪声。由于夏普比率值和序列自相关性相互作用，因此可以通过检验序列自相关性和夏普比率值的联合分布，来更明确地讨论最优配置策略。

为了检验动态配置策略的收益表现，可以使用自回归 AR（5）模型来生成收益率时间序列。选择此模型来模拟 Newedge 白皮书（2012）的结果，后者显示了长达 5 个月的均值回归。我们可以通过蒙特卡罗模拟方法来估计动态配置策略的收益表现。对 AR（5）模型中收益的序列自相关性和夏普比率值进行排序，可以考察趋势跟踪策略收益的各种情况。从逢低买入的方法开始，表 17.1 展示了逢低买入和买入并持有策略之间的平均收益差异。例如，如果相关系数为 -0.16 且夏普比率值为 0.4，则平均收益差异为 3.14%。与凭直觉获得的结论一致，当序列自相关性为负且夏普比率值较低时，逢低买入策略的收益表现优于买入并持有策略的收益表现。当序列自相关性为正时，逢低买入策略的收益表现不及买入并持有策略的收益表现。对寻找动量方法的检验结果也是一致的，当序列自相关性为正且夏普比率值较低时，寻找动量方法的收益表现优于买入并持有策略的收益表现。

表 17.1 逢低买入策略和买入并持有策略之间的平均总收益率差异。序列相关性在 -0.2~0.1 之间，夏普比率的初始值在 0.1~1 之间。

	-0.2	-0.18	-0.16	-0.14	-0.12	-0.1	-0.08	-0.06
0.1	5.21	4.84	4.76	3.51	2.98	2.97	2.04	1.43
0.2	4.81	4.30	3.80	3.21	2.68	2.20	1.54	1.07
0.3	4.26	4.41	3.21	3.20	2.16	1.32	0.93	-0.03
0.4	3.84	3.72	3.14	1.91	1.73	0.96	-0.31	-0.69
0.5	3.50	2.56	2.46	1.44	0.92	0.26	-0.93	-1.57
0.6	3.15	2.08	1.66	0.72	0.24	-0.46	-1.38	-2.35

续表

	−0.2	−0.18	−0.16	−0.14	−0.12	−0.1	−0.08	−0.06
0.7	1.97	1.57	0.84	0.32	−0.52	−1.20	−1.65	−3.30
0.8	1.14	1.35	−0.05	−0.27	−1.66	−2.42	−3.27	−3.71
0.9	1.08	0.41	−0.72	−1.16	−2.18	−3.47	−4.40	−4.65
1	0.46	−0.81	−1.34	−1.99	−2.84	−3.99	−5.51	−6.16
	−0.04	−0.02	0	0.02	0.04	0.06	0.08	0.1
0.1	0.55	−0.12	−0.69	−2.18	−3.22	−4.68	−5.72	−6.69
0.2	0.20	−0.99	−1.55	−2.30	−3.91	−5.74	−6.39	−8.78
0.3	−0.78	−1.52	−2.95	−4.17	−4.83	−7.43	−8.79	−11.53
0.4	−1.60	−2.20	−3.66	−4.60	−6.43	−8.37	−9.45	−12.29
0.5	−2.73	−3.85	−5.12	−5.47	−7.94	−10.29	−12.71	−14.22
0.6	−2.91	−3.74	−5.54	−7.29	−9.09	−12.10	−13.22	−19.80
0.7	−4.21	−5.66	−6.79	−8.27	−11.04	−13.52	−15.31	−19.41
0.8	−5.77	−6.45	−8.79	−9.76	−11.37	−14.06	−17.87	−24.18
0.9	−6.31	−7.37	−9.33	−11.48	−13.34	−15.64	−20.86	−24.28
1	−7.82	−9.20	−11.31	−13.08	−15.54	−19.53	−23.57	−28.00

对于夏普比率值和序列自相关性的一系列组合，表17.2列出了动态配置（包括买入并持有）的四种情景及相应的收益概况。基于模拟方法以及一定范围的示例，模拟结果直观反映了对逢低买入和业绩追逐的直觉判断。配置方法D（即在回撤期间赎回的方法）是一种特定类型的寻找动量策略，该策略在回撤时逢低赎回；这种策略刚好与逢低买入方法相反，逢低买入方法是在回撤时买入。

表 17.2 动态配置的四种场景及其相应的理想收益率表现。

配置方法	夏普比率	自相关性	示例
A 买入并持有	高	低	$Shp>0.8$, $|\rho|<0.1$
B 逢低买入	低	负相关	$Shp<0.3$, $\rho<-0.1$
C 业绩追逐	低	正相关	$Shp<0.3$, $\rho>0.1$
D 回撤期间赎回	高	正相关	$Shp>0.3$, $\rho>-0.1$

# 第 17 章 对趋势跟踪策略的动态配置
Chapter 17　Dynamic Allocation to Trend Following

最有效的投资方法取决于收益率的夏普比率和序列自相关性的联合分布。

再次回到逢低买入的配置方法,可以更细致地研究类似于实际的趋势跟踪策略收益率时间序列的点估计的收益概况。使用夏普比率值为 0.9、序列自相关性略微为负的收益率时间序列生成过程,可以考察逢低买入策略的收益表现与买入并持有策略配置百分比($x\%$)的函数关系。基于夏普比率值为 0.9 和略微为负的序列自相关性,总投资组合的收益率如图 17.7 所示,其中,买入并持有策略配置 $x\%$,逢低买入策略配置 $(100-x)\%$。与上一个逢低买入的例子类似,对于所有配置百分比(x)而言,总资金或投资于趋势跟踪策略的最大资金是相同的。投资组合的最大杠杆上限与 100% 买入并持有投资组合为同一水平。图 17.7 演示了 A 类情景,其中,买入并持有策略应该是一种有利的策略。在序列自相关性仅略微为负且夏普比率值较高的情况下,逢低买入策略会降低买入并持有策略的收益表现。更具体地说,当该策略有一半的资金配置买入并持有策略($x=50$)时,总收益率将从 13% 减小到大约 8%。

另一方面,对于夏普比率足够低且序列自相关性为负的时期,情况则恰恰相反。这是 B 类情景,逢低买入的收益表现可能优于买入并持有的收益表现。使用收益率时间序列生成过程,生成夏普比率较低、负的序列自相关性更大的序列,投资组合的总收益率如图 17.8 所示,其中,买入并持有策略配置 $x\%$,逢低买入策略配置 $(100-x)\%$。由于夏普比率较低,整体的收益率较低。在 B 类情景中,买入并持有策略的配置权重减少,逢低买入策略的配置权重增大时,会线性地改善投资组合的收益表现。

不确定性优化

夏普比率值和序列自相关性是不确定性的。更复杂的是,它们并不相互独立,通常用联合统计分布表示。A 类和 B 类情景的分类有些宽泛。从投资者的角度来看,理想情况是有一种方法能够用于确定 x,或者应该保持买入并持有的百分比。这个问题是

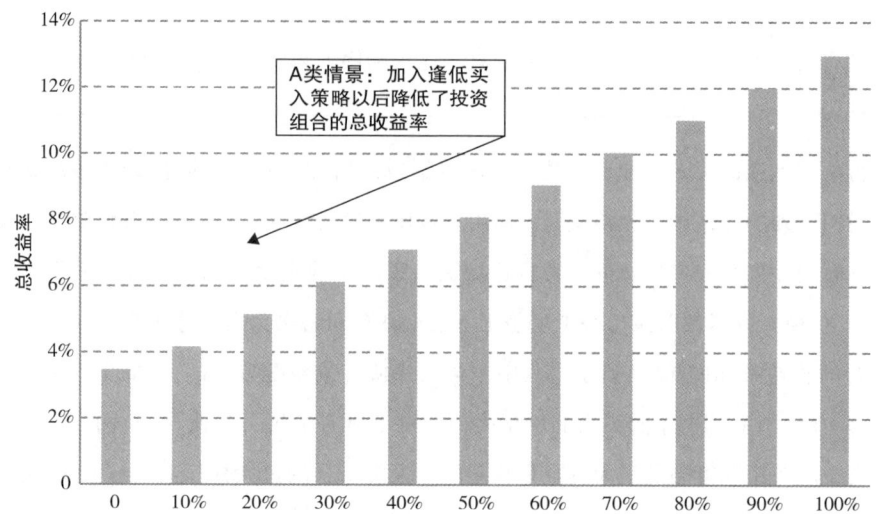

图 17.7　A 类情景：将 $x\%$ 的买入并持有策略（水平轴）和 $(100-x)\%$ 的逢低买入策略组合应用于代表性趋势跟踪策略系统后，投资组合的收益率表现，x 的取值范围为 $0\sim100$。

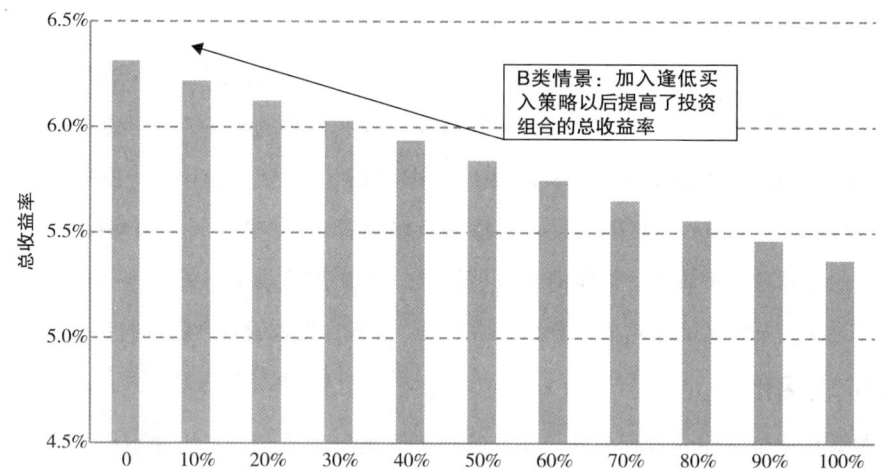

图 17.8　B 类情景：将 $x\%$ 的买入并持有策略（水平轴）和 $(100-x)\%$ 的逢低买入策略组合应用于代表性趋势跟踪策略系统后，投资组合的收益率表现，x 的取值范围为 $0\sim100$。

第 17 章　对趋势跟踪策略的动态配置
Chapter 17　Dynamic Allocation to Trend Following

经典的不确定性优化问题。目标是使用不确定性惩罚，将总的期望收益最大化。① 当投资者对夏普比率和序列自相关性的点估计比较有信心时，惩罚项的权重可能无关紧要。在这种情况下，100%的 A 类或 B 类是最优解。当投资者对夏普比率值或序列自相关性的点估计不太自信时，不确定性惩罚应该很大。最优解是在"真实"的夏普比率值和序列自相关性的一系列可能取值范围内，使总的期望收益尽可能均匀分布的 x。

由于夏普比率值和序列自相关性的联合分布的不确定性，最优的方法通常是两种投资方法的结合。

不确定性优化问题可能比较复杂，启发式方法通常可以为这些类型的问题提供相当稳健的解决方案。② 直观地说，考虑到收益率时间序列分布的不确定性，可以用启发式方法估计最优解：在夏普比率值和序列自相关性的一系列联合统计分布下，求得 x 的平均值。举一个具体的例子，考虑一个典型的趋势跟踪策略，具有 -0.1 的序列自相关性，夏普比率值在 0.3~0.8 之间均匀分布。在这种情况下，最优方法是配置 50% 的权重在买入并持有策略上，配置 50% 的权重在逢低买入策略上。此结果基于表 7.1 中的结果。另一个例子，想象一个投资者对夏普比率更为乐观的场景，夏普比率值可能介于 0.5~0.8 之间，并且序列自相关性的估计值在 $-0.12 \sim -0.08$ 之间。最优方法是配置 75% 的买入并持有和 25% 的逢低买入。

关于动态配置的思考

在收益表现均值回归的时期，逢低买入的方法已经被证明可以提高买入并持有策略的收益表现。这个结论可能会引发一个疑问，即趋势跟踪策略基金经理是否应该考虑将其纳入自己的方法。该结论还有几个问题。首先，趋势跟踪策略基金经理可能认

---

① 当惩罚项是夏普比率和序列相关性的可能值集合的期望总收益方差时，该优化类似于经典的均值方差优化方法。在这种情况下，此处的方差并不是投资组合收益率的方差。
② 当基本参数的分布不确定时，稳健优化领域提供了进行优化的替代方法。本节中采用启发式方法来估计此类优化问题的最优解。

为选择 x% 的配置比例并不是最理想的。其次，基金经理和投资者对夏普比率值和序列自相关性的观点可能会大不相同，从而带来了期望的不匹配。基金经理和投资者可能有着不同的投资目标。例如，对高危机阿尔法感兴趣的投资者可能不太关心总收益目标；使用风险平价方法的投资者也可能具有不同于总投资组合收益的投资目标。

尽管存在许多复杂的情况，但这一分析还有一个重要信息。只有在充分的证据表明趋势跟踪策略收益表现出恰当的收益特征时，才应采用动态配置策略。趋势跟踪策略收益的基本收益特征相应的不确定性水平，指向买入并持有策略方法或者逢低买入方法。对长期收益表现预期有信心的投资者（即夏普比率接近1）应根据期望回撤风险，确定初始投资金额的大小，并遵循买入并持有的方法①。对收益表现预期不太有信心的投资者，应保持显著水平（如50%~75%）的买入并持有投资，并用剩余的资金配置逢低买入方法。这种均值回归策略，在收益表现最大回撤期会累积风险敞口；随着收益表现显著提高，减少风险敞口。最后一点，这种分析也为业绩追逐提供了一个注意事项。业绩追逐与趋势跟踪策略收益率时间序列的均值回归特性不相容。

不同的投资者可能对夏普比率和序列相关性的分布，以及不同的投资目标有不同的看法。因此，对逢低买入的最佳配置是因投资者而异的。

■ 本章总结

一旦投资者决定投资趋势跟踪策略，自然会产生的问题就是如何投资以及何时投资。动态配置方法分为三种类型：买入并持有、寻找动量和均值回归。动态配置策略的选择直接取决于趋势跟踪策略收益率时间序列相对应的统计特征。实证研究表明，趋势跟踪策略的收益表现存在着均值回归。尽管有这样的证据，还是很有必要把收益

---

① 有关回撤特征的全面讨论，参见本书第8章的内容。

第 17 章 对趋势跟踪策略的动态配置
Chapter 17 Dynamic Allocation to Trend Following

率时间序列的风险水平和夏普比率考虑进来。本章比较了动态配置中的逢低买入方法和简单的买入并持有方法。使用夏普比率值和收益率时间序列自相关性的联合分布，可以总结不同配置方法各自的有利情景。当夏普比率高且自相关性的绝对水平较低时，买入并持有策略是最优的。当夏普比率较低且序列自相关为负时，均值回归策略（如逢低买入）是最优的。当夏普比率较低且序列自相关性为正时，动量策略（如业绩追逐）是最优的。基于关于趋势跟踪策略收益的实证和理论证据，合适的动态配置方法取决于投资者的投资目标和风险承受能力，在买入并持有和逢低买入方法之间不断变化。根据本章的分析，对业绩追逐趋势跟踪策略还有一个注意事项：这种动态配置方法可能会大幅降低投资组合的收益表现。

■ 附录：趋势跟踪策略均值回归的理论分析

在本章的前文中，趋势跟踪策略收益率时间序列的均值回归，是确定哪种动态配置适合投资者以及何时适用的关键因素。本节转向对序列自相关性和方差比率统计值的理论分析。假设用回望跨式期权复制趋势跟踪策略收益（Fung 和 Hsieh，2001），则可以将 PnL 表示为回望跨式期权的价格变化的函数。在某些简化假设下，Greyserman（2012）证明了，使用方差比率统计值（Lo 和 MacKinlay，1988），可以显示回望跨式期权的价格变化是均值回归的。本附录回顾了方差比率统计值和复制趋势跟踪策略收益的回望跨式期权（Fung 和 Hsieh，2001）。

均值回归和方差比率统计值

如果时间序列遵循随机游走，则 n 个时间单位的总变化的方差是单位时间变化方差的 n 倍：

$$V(n) \equiv \frac{\delta_n^2}{n \times \delta_1^2} = 1$$

其中，$V(n)$ 是 δ_n^2 和 $n\delta_1^2$ 之间的方差比率统计值；δ_n^2 为 n ($n>1$) 个时间单位的总变化的方差；δ_1^2 为单位时间变化的方差。方差比率检验是随机游走的标准统计检验之一

（Lo 和 MacKinlay，1988）。此部分的重点不在于测试随机游走时间序列的统计显著性；相反，重点在于方差比率与均值回归的关联。负序列相关性对应的方差比率统计值低于 1。① 鉴于此事实，当方差比率统计值低于 1 时，收益率时间序列可以粗略地定义为均值回归。价格过程、策略和方差比率统计值的示意如图 17.9 所示。

图 17.9　价格过程、策略和方差比率统计值的示意。

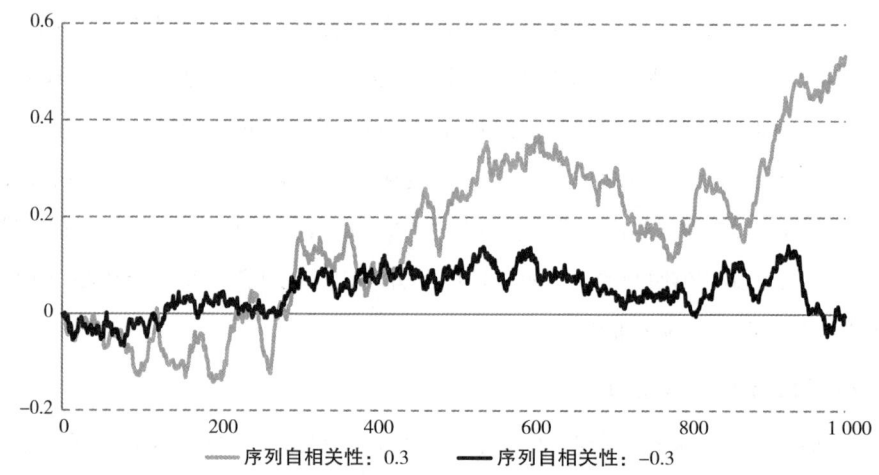

图 17.10　序列自相关性分别为 0.3 和 -0.3 的两个时间序列。

为了从实证研究的角度证明这一点，图 17.10 展示了两个序列自相关性分别为 0.3 和 -0.3 的时间序列。在该示例中，相比序列自相关系数为正的时间序列，序列自相关系

---

① 相反的情况是，当序列相关性为正时，方差比率大于 1，表示时间序列中的动量。

数为负的时间序列似乎表现出更多的均值回归特性。此例中,具有正序列自相关性的时间序列的方差比率统计值 $V(2)$ 是 1.25,而具有负序列自相关性的时间序列的方差比率统计值 $V(2)$ 是 0.70。这个例子说明了时间序列自相关性和方差比率统计值之间的联系。

趋势跟踪策略和回望跨式期权

从理论角度来看,Fung 和 Hsieh(2001)建立了趋势跟踪策略和持有回望跨式期权的等价性。第 13 章中已经讨论了回望跨式期权的收益表现。在本章中,相比其他基于基金经理的指数和基于价格的趋势指数,回望跨式期权在基于收益的风格分析中似乎拟合度最低。这可能表明了持仓和期权策略之间的细微差别。在有关趋势跟踪策略的著作和文献中,回望跨式期权具有重要的地位,因此这里将进一步对它展开讨论。根据 Goldman、Sosin 和 Gatto(1979),到期时间为 T 的回望看涨期权在 t 时刻($t<T$)的价格可表示为:

$$LC_t = S_t N(f_1(S_t, Q_t)) - Q_t e^{-r\tau} N(f_2(S_t, Q_t))$$

$$- \frac{S_t \sigma^2}{2r} \left[N(-f_1(S_t, Q_t)) - e^{-r\tau} \left(\frac{Q_t}{S_t}\right)^{\frac{2r}{\sigma^2}} N(-f_3(S_t, Q_t)) \right]$$

式中,$\tau = T - t$;r 是连续复合无风险利率;S_t 是 t 时刻的标的市场价格;σ 是标的市场波动率(假设是常数);Q_t 是标的市场直到时间 t 的最低价格;$N(\cdot)$ 是标准正态累积分布函数。另外,令:

$$f_1(x,y) = \frac{\ln\left(\frac{x}{y}\right) + \left(r + \frac{1}{2}\sigma^2\right)\tau}{\sigma\sqrt{\tau}}$$

$$f_2(x,y) = \frac{\ln\left(\frac{x}{y}\right) + \left(r - \frac{1}{2}\sigma^2\right)\tau}{\sigma\sqrt{\tau}}$$

$$f_3(x,y) = \frac{\ln\left(\frac{x}{y}\right) - \left(r - \frac{1}{2}\sigma^2\right)\tau}{\sigma\sqrt{\tau}}$$

同样，回望看跌期权在 t 时刻的价格表示为：

$$LP_t = -S_t N(-f_1(S_t, M_t)) + M_t e^{-rT} N(-f_2(S_t, M_t))$$

$$+ \frac{S_t \sigma^2}{2r} \left[N(f_1(S_t, M_t)) - e^{-rT} \left(\frac{M_t}{S_t} \right)^{\frac{2r}{\sigma^2}} N(f_3(S_t, M)) \right]$$

式中，M_t 是相应市场直到 t 时刻的最高价格。在 t 时刻，回望跨式期权的价格就是 $LC_t + LP_t$。相应的，趋势跟踪策略投资组合的 PnL 与 $LC_t + LP_t$ 的变化成正比。

在给定时期内，趋势跟踪策略的 PnL 可以用回望跨式期权的价格变化来表示。

■ 延伸阅读与参考文献

Cukurova, S., and J. Martin. "On the Economics of Hedge Fund Drawdown Status: Performance, Insurance Selling and Darwinian Selection." Working paper, 2011.

Fung, W., and D. Hsieh. "The Risk in Hedge Fund Strategies: Theory and Evidence from Trend Followers." *Review of Financial Studies* 14, no. 2 (2001).

Greyserman, A. "The Fallacy of Trend Following Trend Following." ISAM white paper, November 2012.

Goldman, M., H. Sosin, and M. Gatto. "Path Dependent Options: 'Buy at the Low, Sell at the High.'" *Journal of Finance* 34, no. 5 (1979).

"It's the Autocorrelation, Stupid." Newedge white paper, November 2012.

Lo, A., and A. MacKinlay. "Stock Market Prices Do Not Follow Random Walks: Evidence from a Simple Specification Test." *Review of Financial Studies* 1, no. 1 (1988).

词汇表*

适应　adaptation　一个进化过程，是指一个物种或一组市场参与者能够适应市场环境的变化。

适应性市场假说　adaptive markets hypothesis（AMH）　一种理解市场如何演变，机会如何出现以及市场参与者如何基于生物进化学原理成功或亏损的方法。

配置的金额风险　allocated dollar risk　配置在特定期货市场上的金额风险数额。

阿尔法衰减　alpha decay　延迟交易执行时收益表现衰减的速度。

平均持仓周期　average holding period　交易中持仓周期的平均值。

平均盈亏比　average PnL ratio　平均盈利金额和平均亏损金额的比值，这是一个衡量盈利幅度的指标，并不是简单的胜率。

平均行业配置　average sector allocations　配置在特定行业上的资金金额的平均值。

交易波动幅度均值　average trading range（ATR）　代表在一定时间窗口内交易波动幅度的平均值。

平均胜率　average winning trade rate　交易中胜率的平均值。

期货贴水　backwardation　与期货升水相反，期货贴水发生在期货价格低于预期的未来现货价格（有时是当前的现货价格）时。在这种情况下，套期保值者愿意以低

---

* 次序以英文原文顺序为准。——编者注

于预期现货价格的价格卖出期货合约。

固定收益债券危机阿尔法　bond crisis alpha　原始收益率时间序列与危机期间的月度收益率被无风险利率所取代的收益率时间序列之间的收益率差异。危机期间由固定收益债券期货业绩基准的亏损确定。

通道突破策略　breakout strategy　当价格突破一系列的值时，通道突破策略会产生多头或空头趋势信号。这些值的范围通常被称为阻力位和支撑位。当价格高于阻力位时，通道突破策略产生多头趋势信号；反之，当价格低于支撑位时，产生空头趋势信号。

买入并持有策略　buy-and-hold strategy　投资并随着时间的推移依然持有仓位的一种投资策略。

逢低买入　buying-at-the-dips　在策略发生回撤期间进行投资的一种投资方法。

卡玛比率　Calmar ratio　复合年化收益率的平均值和最大回撤的比值。

资金配置　capital allocation　在多个市场间配置资金的方法。

通道突破系统　channel breakout system　使用通道来确定信号何时突破了一定范围的突破系统。

变异系数　coefficient of variation　（保证金净值比率）离散程度的归一化量度。

抵押收益率　collateral yield　期货抵押收益率是通过保证金账户为保证金头寸赚取的收益率。

商品危机阿尔法　commodity crisis alpha　原始收益率时间序列与危机期间的月度收益率被无风险利率所取代的收益率时间序列之间的收益率差异。危机期间由商品期货业绩基准的亏损确定。

期货升水　contango　期货升水发生在期货合约价格高于预期的未来现货价格时。在期货升水的情况下，通常建议套期保值者将来以较高的价格在现货市场买入现货，而不是现在支付更高的费用来买入期货合约。

连续价格时间序列　continuous price series　通过消除期货价格序列中的价格缺口而创建的。期货合约的移仓过程将在价格序列中造成价格缺口，故而需要调整。

合约规模　contract size　期货合约的名义规模。

词汇表
Glossary

趋势反转策略　contrarian strategy　逆趋势交易，寻求从价格的逆转中获利的机会。

市场趋同　convergent　基于"标的资产是存在公允价值的"这一特定观点的风险承担方法。

持有成本　cost of carry　与投资头寸相关的成本。以商品为例，这些成本可能包括财务成本、利息成本或与便利性有关的成本。

交易对手风险　counterparty risk　交易对手方不履行协议条款的风险。

信用风险　credit risk　与交易对手无法偿还其义务或履行其合约或头寸相关的风险。信用风险依赖于个别交易对手的行为。

危机阿尔法　crisis alpha　在市场危机期间的收益表现。

危机阿尔法机会　crisis alpha opportunities　借助在危机时期产生的持续趋势而获得的盈利。

危机贝塔　crisis beta　基于传统贝塔定义的另一种贝塔。危机贝塔与传统贝塔的关键差异是，危机贝塔的构建考虑到了条件相关性。绝对值更大的负危机贝塔表明存在更多的分散化益处。

危机时期　crisis period　由危机定义的一段时期。有许多方法可用于界定危机时期。危机可以由历史收益率（比如波动率的增大）来界定，或通过其他指标来界定。

方向性策略　directional strategies　在金融证券中持有多头或空头头寸，希望从方向性的资产价格变动中获利。常见的方向性策略包括管理期货（CTAs）、股票多头偏差、股票空头偏差和全球宏观策略。

主观策略　discretionary strategies　某种程度上由基金经理自主决定的策略。

市场错位　dislocation　价格偏离简单无套利空间。

市场分歧　divergence　市场参与者和市场物种群体进化并适应新的市场条件，创造价格趋势的过程。

市场分歧风险承担　divergent　基于对标的资产的公允价值没有特定观点的一种风险承担方法。

市场分歧趋势跟踪策略指数 divergent trend following index，DI　代表了一系列广泛的亏损容忍度的一篮子市场分歧趋势跟踪策略。

市场分歧趋势跟踪策略 divergent trend following strategy　包括基本的入市开仓决策，以及使用追踪止损进行平仓退市的决策，并且在市场之间用等金额风险配置。

分散化比率 diversification ratio　是投资组合分散化的一种衡量标准。这个比率是通过每个组成部分的风险价值总和除以整个投资组合的风险价值得到的。

下行风险 downside risk　衡量低于某个阈值的收益率的波动程度。该阈值可以是零、无风险利率或任何其他固定值。在计算下行风险时，所有高于阈值的收益率都用零替代。

回撤 drawdown　衡量的是投资者的资产净值（NAV）从峰值下跌的损失。

回撤时长 drawdown length　回撤期经历的时间长度。

动态杠杆 dynamic leveraging　采用的杠杆大小由投资组合在过去一段时间内的盈亏（PnL）决定的情形。

入市开仓决策 entry decision　决定何时入市开仓的决策。

等金额风险配置 equal dollar risk allocation（EDR）　一种为每个市场配置相同数量的金额风险的策略。这种方法不考虑市场之间的相关性，类似于 $1/N$ 方法（但是是在金额风险水平上的类似）。

等风险贡献配置 equal risk contribution（ERC）　一种在考虑相关性的基础上，根据每个市场的风险贡献来配置风险的策略。这种方法类似于风险平价。

股票偏差因子 equity bias factor　一种风格因子，即具有明确的股票多头偏差的投资组合与具有明确的股票空头偏差的投资组合之间的差异。

股票危机阿尔法 equity crisis alpha　原始收益率时间序列与危机期间的月度收益率被无风险利率所取代的收益率时间序列的收益率差异，危机期间由股票业绩基准确定。

平仓退市决策 exit decision　决定何时平仓退市的决策。

期望回撤时长 expected drawdown length　特定回撤持续时长的期望值。

词汇表
Glossary

期望最大回撤时长　expected longest drawdown length　回撤持续时长的最大期望值。

期望最大回撤　expected maximum drawdown　在收益生成过程中基于特定分布的收益率时间序列最大回撤的期望值。

期望回撤恢复时长　expected recovery time　表示从回撤结束时间开始,需要多长时间才能达到回撤前的顶峰状态。

可解释的波动率　explained volatility　可归因于公允价值和基本面模型的波动率。可解释的波动率代表"可知"或可建模的风险水平。

远期合约　forward contract　两个交易对手(买方和买方)之间达成的协议,双方约定以合约开始时(协议时间)商定的确定价格(远期价格)交换某种货物或商品(标的资产),并在到期日(结算日)交割和结算。

期货合约　futures contract　一种类似于远期合约的合约,其价值取决于货物或商品(标的资产)的未来价值。期货合约是标准化的、可转让的,并且在交易所交易。合约以标准单位交易,当前的合约价值取决于特定标的资产的未来价值。

期货合约金额风险　futures contract dollar risk　某种特定期货合约的金额风险定义为每份合约的金额风险乘以点值(或合约价值)。

期货曲线　futures curve　期货合约价格随时间变化的曲线。

场外产品场内化　futurization　将传统的基于交易商的双边转变为多边标准化的"期货式"合约,集中清算并在交易所交易。

好波动率　good volatility　较高的波动率与较高的正偏度相关的波动率类型。

套期保值者　hedger　试图开方向相反的头寸,以防止不利价格变动带来的风险的市场参与者。

套期保值溢价　hedging premium　套期保值头寸的对手方赚取的溢价。当套期保值需求过剩时,另一方可以通过交易获得溢价。

单个市场相关性　individual market correlation　特定期货市场与其他市场的相关性。

单个市场波动率 individual market volatility 特定期货市场的价格波动率。

信息比率 information ratio 相对于特定业绩基准的年化超额收益率与相应的年化跟踪误差的比值。跟踪误差定义为超额收益率相对于业绩基准的标准差。

四分位距 interquartile range（IQR） 箱线图中箱体的上下边缘分别代表给定分布的第 75 百分位数和第 25 百分位数，两者之差即四分位距。

投资策略内部或投资策略之间 intrastrategy or interstrategy 投资策略内部是投资策略内部的差异，投资策略之间是不同投资策略之间的差异。

投资资金 invested capital 投入策略的总资金。

杠杆风险 leverage risk 定义为基于使用杠杆或借入资金所承担的风险敞口。

限价单 limit orders 当市场价格达到特定的限制或价格时执行的订单。一旦限价单被触发，就会标记为以最佳可用价格立即执行。

流动性风险 liquidity risk 由于缺乏市场要求或无法足够快地买入和卖出投资以防止或最小化亏损，从而导致的风险。

前瞻窗口 lookahead window 在观察周期中用于前瞻的一段时期。

历史回测窗口 lookback window 在信号生成中用于计算的一段时期。

亏损容忍度 loss tolerance 策略或个人可以容忍的亏损水平。

维持保证金 maintenance margin 维持期货头寸所需的保证金金额。当保证金账户中的金额低于维持保证金时，系统会发出追加保证金通知。

保证金账户 margin account 用于保护期货交易所免受价格波动影响的缓冲基金。

追加保证金通知 margin call 要求市场参与者向保证金账户提供额外的资金或变动保证金。如果追加保证金通知没有得到响应，期货头寸会被强制平仓。

保证金净值比率 margin to equity ratio 在任意特定时刻，以保证金形式持有的交易资金金额除以总资金，得到的比值就是保证金净值比率。

每日结算制度 mark-to-market 将头寸价值标记为当日结算价格的过程。这一过程在大多数期货市场每天进行。将账户的市场价值标记为结算价格，市场结算后，重新启动下一个交易日的交易。

市场配置 market allocation 资金在不同的期货市场上配置的过程。

市值加权配置 market capacity weighting（MCW） 将资金作为单个市场的市值的函数进行配置的方法。

市场相关性 market correlation 各个市场的买入并持有策略收益率的相关性。

市场分歧 market divergence 市场价格的分歧，另见词条**市场分歧**（divergence）。

市场分歧指数 market divergence index（MDI） 在投资组合层面，用于衡量市场趋势的指标。可以通过整个市场的平均信噪比来计算。

市场分散化益处 market diversification benefit（MDB） 每个市场的平均波动率除以投资组合波动率的比值。

市价单 market order 标记为以最佳可用价格立即执行的期货订单。

市场规模因子 market size factor 一种风格因子，表示将更多风险配置给规模较小的市场的策略，与基于市值加权配置方法将更多风险配置给规模较大（更大的市场容量）的市场的策略之间的差异。

市场波动率 market volatility 买入并持有策略投资组合的总市场波动率。

鞅投注 Martingale betting 一种明确的动态杠杆。鞅投注的运行方式如下：当面临亏损时，增大多头头寸，直到 PnL 为正值。即在亏损时增加投注（双倍下注的另一种形式）。

最大回撤 maximum drawdown 代表投资者在最高点买入，在最低处卖出，可能遭受的最大亏损。这一统计指标通常衡量投资者在最坏情况下的亏损。

均值回归 mean reversion 回归到平均值的行为。在统计术语中，均值回归可以通过负的序列自相关性来衡量。

动量 momentum 在金融市场中，价格向某一个方向移动，并在一段时期内持续如此。

寻找动量 momentum seeking 在策略开始表现良好时进行投资，并在开始亏损时退出投资的投资策略。

移动平均线交叉策略 moving average crossover strategy 使用不同窗口的移动平均线以及交叉规则来确定何时做多或做空的策略。

移动平均线交叉系统 moving average crossover system 使用移动平均线交叉策略构建的交易系统。

移动平均线策略 moving average strategy 使用跨越不同时间周期的窗口的移动平均值来确定何时做多或做空的策略。

负凸性 negative convexity 具有负二阶导数的函数。在实际中，极端事件的价值远低于线性外推。在负凸性情况下，通常输入可以是大于输出一倍的标量。

净便利收益 net convenience yield 包含在期货价格（特别是商品期货）中的收益率，是考虑了存储成本和便利性的净收益。

非方向性策略 nondirectional strategies 通常在同一资产类别中同时持有多头和空头的相对价值头寸。可转换套利、固定收益套利、并购套利、股票多空策略以及其他几种策略，通常被归为非方向性策略。

欧米茄比率 Omega ratio 是加权收益量与加权亏损量的比值。欧米茄比率不对收益率分布做任何假设，这使得它可以考虑收益率分布较高时刻的信息。

盈利市场的百分比 percentage of winning markets 在趋势跟踪策略程序化系统中，具有盈利头寸的市场的百分比。

投资组合相关性 portfolio correlation 投资组合的相关性。

投资组合的总波动率 portfolio volatility 投资组合的总波动率。

头寸选择 position selectivity 选择某些特定头寸而非其他头寸的行为。

正凸性 positive convexity 具有正二阶导数的函数。在实际中，极端事件的价值高于线性外推。在正凸性情况下，通常输入可以是大于输出一倍的标量。

正偏度 positive skewness 是指收益较大并且亏损较小的收益分布。

价格风险 price risk 通常又称市场风险，是指证券或投资组合的价格在未来向不利方向移动的风险。在实践中，价格风险通常由波动率衡量。

词汇表
Glossary

概率匹配 probability matching 一种行为启发式方法，当个体面临两个选择时，选择其一的概率与其发生的潜在概率分布相同。

间断平衡论 punctured equilibrium 进化生物学中的一种理论，该理论认为物种会表现出停滞状态，这是一种进化变化最小的情况，这些时刻有时会受到重大进化变化的冲击，从而破坏了以前的平衡。在这些重大事件之后，物种将会发生迅速的变化。

纯粹趋势跟踪策略系统 pure trend following system 可以构建的最不可知的系统。纯粹趋势跟踪策略系统是在流动性、风险配置或行业配置中没有特别偏差的交易系统。

随机入市交易系统 random entry system 是一种不可知的市场分歧风险承担系统，它以相同的概率入市开多头或空头头寸，并且只有在触发追踪止损条件时才从现有头寸退出。这样的系统不依赖于任何入市交易信号，并且从趋势跟踪策略系统的头寸管理方面提供了评估市场环境的独特平台。追踪止损的松紧性是表征该系统的唯一参数。

恢复期 recovery period 从特定回撤中恢复所需的时间。

阻力位和支撑位 resistance and support levels 由许多不同的技术指标定义，包括过去的价格、波动幅度和其他指标。当价格向上突破高于阻力位时，需要开多头头寸，当价格向下穿低于支撑位时，需要开空头头寸。

风险 risk 事情没有按照预期发展的可能性。

风险目标 risk target （杠杆使用水平）总体上配置给趋势跟踪策略的风险总量。

风险与不确定性比率 risk to uncertainty ratio 总风险中不确定性的量度指标。该比率等于可解释的波动率除以不可解释的波动率。当这个比率值较小时，相比基本面模型，波动率更加受不确定性的支配。

迁仓收益 roll yield 近期合约和远期合约之间的价格差异（近期减去远期），根据两个合约到期日之间的天数进行标准化。

行业偏差 sector bias 当特定行业相对于其他行业风险权重过大时，就会出现行业偏差。

行业方向性偏差　sector directional bias　交易系统专门设计成在特定市场行业偏向多头或空头头寸。一个常见的例子是股票多头偏差。

行业特定危机阿尔法　sector specific crisis alpha　初始的收益率时间序列，和在危机期间用3个月期美国短期国库券利率代替月度收益率的收益率时间序列的收益率之差。

夏普比率　Sharpe ratio　衡量风险调整后收益的简单指标。从总收益率中减去无风险利率，并除以相关的投资组合波动率，即可得到夏普比率。

信噪比　signal to noise ratio　一段特定时期内，个别价格变化与趋势的比率。

头寸调整函数　sizing function　介于-1~1之间的数字，表示某一特定市场的头寸大小和方向。头寸调整函数往往将趋势强度集成到头寸大小中。

偏度　skewness　分布中的不对称程度。它是指分布在均值周围不均衡的程度。

投机机会　speculative opportunities　当供需出现价格差异时，投机资本会出现投机机会。

投机风险溢价　speculative risk premium　当供求之间需要时间来纠正价格时，投机策略在此期间所获得的溢价。

投机者　speculator　试图预测市场价格向某一方向变动而开多头/空头头寸，以此投机的市场参与者。

斯特林比率　Sterling ratio　衡量风险调整后收益的指标，等于复合年化收益率除以最大回撤减去一个阈值。

止损单　stop loss orders　以预先指定的价格平仓的期货订单。限价止损单是一旦达到某个限定价格就成为限价单的止损单。

策略类别　strategy category　可以对策略进行分类的类别。

策略相关性　strategy correlation　在各个市场上，不同策略收益率的相关性。

策略收益率　strategy returns　某个市场中策略的收益率。

策略波动率　strategy volatility　某个市场中策略收益率的波动率。

胜率　success rates　盈利交易的比率。

词汇表
Glossary

掉期期货（或期货化的掉期） swap futures 掉期交易的新的交易所交易品种，旨在模仿掉期。

系统化 systematic 意味着基金经理使用技术信号和交易系统程序化地交易期货头寸。系统化的交易系统是完全自动化的。

尾部风险乘数 tail risk multiplier 相对价值策略收益率等于或低于-2σ的概率，和正态分布中收益率等于或低于-2σ的概率的比值，称为尾部风险乘数。对于特定的收益率时间序列，如果相对价值策略和正态分布中收益率等于或低于-2σ的概率之比为10，则尾部风险乘数为10。

追踪止损的松紧度 tightness of the trailing stop 定义为用来设置追踪止损点的日度价格变化的滚动标准差。

回撤恢复时长 time to recovery 表示策略从回撤中恢复所需的时间长度。

调整后总金额风险 total adjusted dollar risk 调整特定市场合约的金额风险后，配置给市场的风险总额。

可交易性 tradability 捕捉实际头寸趋势的能力。

交易波动幅度 trading range（TR） 对某个市场在指定的一天内波动幅度的估计。交易波动幅度是当天最高价和前一天收盘价的最大值与当天最低价和前一天收盘价的最小值之差。

交易信号 trading signal 在特定市场中确定多空头寸的信号。交易信号可以是直接趋势信号，也可以是经过滤或聚合形式的趋势信号。

交易速度因子 trading speed factor 一种风格因子，即高亏损容忍的慢速策略投资组合与低亏损容忍的快速策略投资组合之间的差异。

追踪止损 trailing stop 一种止损规则，取决于最近的价格走势，"追踪"价格进行止损。

追踪止损指示器 trailing stop indicator 用于确定何时由于达到追踪止损水平而退出头寸的指标。

追踪止损亏损容忍度 trailing stop loss tolerance 由追踪止损松紧度定义的市场

分歧风险承担策略所能容忍的亏损量。

趋势贝塔 trend beta 趋势指数与基础策略之间关系的贝塔系数。

趋势跟踪策略平方法 trend following squared 一种投资方法，指投资者寻求在趋势跟踪策略上运用趋势跟踪策略规则。

趋势跟踪策略系统 trend following system 一个接收数据输入、处理输入数据中的信息，并形成系统化交易决策的系统。

趋势泄漏 trend leakage 趋势泄漏到趋势信号中的速度。通常可以计算为，与期货趋势具有相同符号的头寸百分比和相反符号的头寸百分比之差。

趋势信号 trend signal 为量度趋势而产生的信号。常使用移动平均线规则或通道突破规则。趋势信号通常是（但不一定全是）二进制的。

趋势规模 trend size 以总价格变化衡量的趋势幅度。

趋势强度 trend strength 用于衡量趋势的强弱程度。这是对趋势确定性水平的定量衡量。趋势强度通常通过在总信号水平上，汇总各种回测窗口的趋势信号来量度。

不确定性 uncertainty 环境、条件或事件的后果、程度或范围未知的情况。

不可解释的波动率 unexplained volatility 归因于无法解释的因素的波动率。

方差比率统计值 variance ratio statistic n 个时间单位（$n>1$）总变化的方差与单位时间单位变化方差的 n 倍之间的比值。方差比率统计值可用于测试随机游走的偏差。

变动保证金 variation margin 为抵消不利价格变动而增加的额外现金。这通常是追加保证金通知的结果。

波动率的周期性 volatility cyclicality 特定交易策略的波动率周期的相对速度。波动率的周期性可以通过考察时间序列频谱中的频率来量度。

交易 PnL 的盈亏比 win/loss ratio (of trade PnL) 平均盈利金额与平均亏损金额的比值。

胜率 winning ratio （对于交易而言）目标周期内盈利的交易次数占总交易次数的比例。这个比例的大小可以表明盈利次数还是亏损次数更多。它没有考虑到盈利或亏损的金额大小。

关于作者

亚历克斯·格雷泽曼博士，担任 ISAM①的首席科学家一职，ISAM 是一家专业的管理期货基金管理人。亚历克斯在对冲基金行业有超过 25 年的丰富经验，他的职业生涯始于在明特投资管理公司（Mint Investment Management）担任研究总监一职，明特投资管理公司是世界上第一个资产管理规模超过 10 亿美元的管理期货顾问。在明特，亚历克斯负责交易策略的研究和开发，以及整体投资组合的风险管理。2001—2010 年，亚历克斯与拉里·海特在海特资本管理公司（Hite Capital）共事，担任首席投资官。海特资本管理公司于 2010 年和 ISAM 合并。在进入对冲基金行业之前，亚历克斯曾在工程领域行业担任过多个职位；他在转行前的最后一个职位是在 RCA 实验室从事信号处理相关的工作。

亚历克斯获得了罗格斯大学的数学学士学位、哥伦比亚大学的电气工程硕士学位和罗格斯大学的统计与管理科学博士学位。他的学位论文致力于研究实证数据分析和贝叶斯统计在投资组合选择中的应用。自 2001 年以来，亚历克斯一直担任哥伦比亚大学金融数学研究生课程的副教授，开设量化投资管理课程，并主持相关研讨会。

凯瑟琳·卡明斯基博士，担任斯德哥尔摩金融研究所（SIFR）的副董事总经理一职，同时任教于斯德哥尔摩经济学院金融系。她曾担任麻省理工学院斯隆管理学院的高级讲师和瑞典皇家理工学院客座教授。凯瑟琳曾是 CME 集团外部市场评论员、欧洲

---

① ISAM 是一家全球领先的另类投资管理公司，获 AIM 峰会颁发的 2016 年对冲基金奖"资产管理规模超过 10 亿美元的最佳管理期货提供商"。——译者注

期货交易所集团（Eurex）特约撰稿人。其作品发表于一系列行业出版物和学术期刊。2008—2012年，凯瑟琳担任CTA基金的基金、风险和投资组合管理（RPM）高级投资研究分析师。她还拥有固定收益和信贷方面的量化分析师经验。

凯瑟琳感兴趣的领域是行为金融学、趋势跟踪、管理期货、系统化交易、资产配置、衍生品和投资组合管理。凯瑟琳获得了麻省理工学院电气工程学士学位（2001年）和麻省理工学院斯隆管理学院运筹学博士学位（2007年）。她的论文得到了罗闻全教授的指导，主要研究止损策略和金融方面的启发式方法。凯瑟琳获"100名对冲基金女性，PAAMCO CAIA学者"荣誉称号。